아우슈비츠의

The Sisters of Auschwitz 자매

아우슈비츠의 자매

The Sisters of Auschwitz

**나치에 맞서 삶을 구한
두 자매의 실화**

나치의 심장부에서
살리고
사랑하고
살아남다

록산 판이페런 지음 배경린 옮김

arte

차례

일러두기

1. 외래어 표기는 국립국어원 외래어표기법을 따르되, 몇몇 역사적 사건이나 인명·지명은 관용적 표현을 따랐다.
2. 단행본·신문·잡지는 『 』, 논문·기사는 「 」, 극작품·노래·시·영화는 〈 〉, 단체는 ' '로 표기했다.
3. 역자 주석은 괄호 안에 '옮긴이'로, 편집자의 주석은 괄호 안에 '편집자'로 표기했다.
4. 독일어 문장은 이탤릭체로 표기했다.
5. 한국 표준 단위법으로 환산해 표기했다.
6. '–straat', '–gracht'로 끝나는 지명은 각각 '–거리', '–운하'로 표기했다.
7. 'Concentration camp'는 '강제수용소', 'Labor Camp'는 '노동수용소'로 표기했다.

프롤로그

숲길을 따라 차를 몰고 들어가다 나무 사이로 집을 발견한 바로 그 순간, 우리는 집과 사랑에 빠졌다. 꽤나 거대한 규모에 '하이네스트 The High Nest'라는 이름까지 지닌 저택은 사실 우리가 원하던 시골 마을 작은 오두막과는 거리가 멀었다. 남편과 나는 장엄한 파사드와 담쟁이넝쿨로 뒤덮인 벽돌 외벽, 오래된 덧문 프레임 씌운 창문을 찬찬히 눈에 담았다. 유구한 세월과 위엄을 머금었지만, 오래된 저택이 흔히 풍길 법한 차가움이나 가식은 느껴지지 않았다. 오히려 그 반대였다. 숲을 그대로 옮겨온 듯한 정원과 높이 자란 풀, 저택 뒤편에 자리한 과수원 곳곳에서 흔들거리는 밧줄 사다리들이, 어서 이리 와서 뛰놀고 모닥불을 피우고 도시의 손길이 닿지 않은 별빛 아래서 밤새워 수다 꽃을 피우라며 손짓했다. 남편과 나는 서로 마주보며 똑같은 생각을 했다. 이곳에서 살 수 있다니 정말 행운이라고.

그리고 상상도 못 했던 일이 펼쳐졌다. 2012년 늦여름, 우리 부부와 세 명의 아이들, 늙은 저먼 셰퍼드 한 마리와 고양이 세 마리는 하이네스트 정원 한구석의 이동식 주택으로 이사했다. 우리는 하이네스트의 과거의 영광을 되살리기 위한 긴 여정을 시작했다. 내벽을 수리하고 계단을 사포질하고, 오래된 나무 패널을 제거한 후 천장을 뜯어 보 구조를 노출시켰다. 그리고 손수 바닥 카펫을 뜯었을 때, 거의 모든 방바닥에 지하실 문이 설치돼 있는 것을 발견했다. 낡은 나무 바닥 아래로 거대한 은신처가 모습을 드러냈다. 내부에는 타고 남은 양초 밑동과 악보, 오래된 저항단체 신문이 가득했다. 리모델링이 하이네스트 역사 복구의 시작점이 된 것이다. 조사를 계속하며, 하이네스트가 저택 인근에 살던 사람들은 물론이고 대부분의 사람들이 미처 몰랐던, 제2차 세계대전 당시 네덜란드의 중요한 시기 한 자락을 담고 있음을 알게 됐다.

하이네스트의 이전 소유주, 지역 토박이, 인근 마을 상인 들을 수소문하고 토지 대장 기록과 아카이브를 찾는 과정에서 하나의 이야기는 또 다른 경이로운 이야기로 줄줄이 이어졌다. 제2차 세계대전이 극으로 치닫고 '유대인 문제에 대한 최종 해결책(이하 '최종 해결책')'이 제대로 굴러가고 있음을 증명이라도 하듯 집단수용소로 향하는 기차가 매번 발 디딜 틈 없이 빼곡하던 시절, 하이네스트는 유대인 자매가 운영하는 거대한 유대인 은신처이자 저항활동의 중심지였다. 그 후 나는 하이네스트에 살았던 사람들, 즉 어린 시절 하이네스트에 숨어 지내다 귀향한 사람들의 후손들과 가까워졌다. 그분들이 전해 준 기억과 기록물 덕에 이 책에 담긴 이야기에 색을 입히고 자매의 목소리를 되살릴 수 있었다.

천천히 또 찬찬히 방 한 칸 한 칸 지날 때마다 퍼즐의 조각들이 맞춰지며 믿을 수 없는 이야기가 점차 모습을 드러냈고 6년의 세월이 지나 마침내 책이라는 기록으로 완성됐다. 그 역사는 내가 하이네스트를 마주하고 느꼈던 첫인상을 확인시켜 줬다. 이 집은 우리 그 누구보다 거대하다는 사실을. 우리는 그저 스쳐지나가는 행인일 뿐이며 이곳에 잠시 머물 수 있음이 그 무엇보다 큰 행운이라는 사실을 말이다.

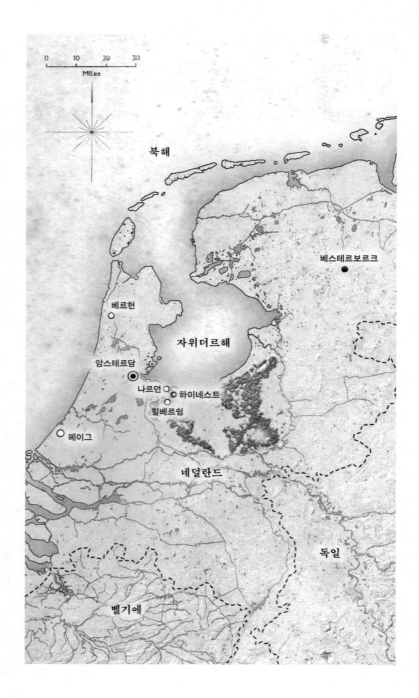

북해

0 10 20 30
Miles

베스테르보르크 ●

베르헌 ○

자위더르해

암스테르담 ◉
나르던 ○○ 하이네스트
힐베르쉼 ○

○ 헤이그

네덜란드

독일

벨기에

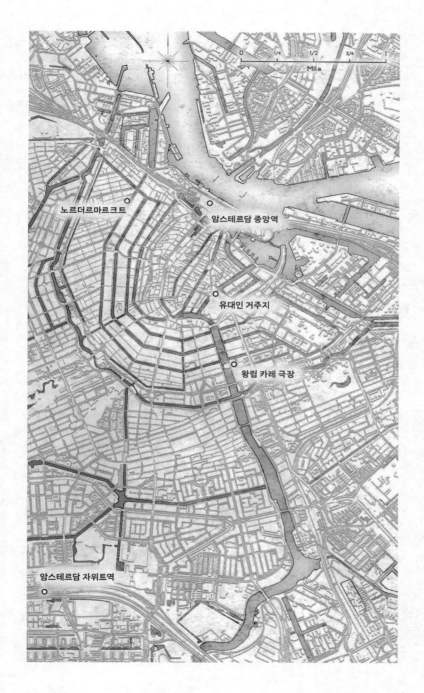

노르더르마르크트

암스테르담 중앙역

유대인 거주지

왕립 카레 극장

암스테르담 자위트역

I. 전쟁

"싸워야 한다면 싸우면 됩니다. 한 점 부끄럼 없이 살자.
나 자신을 속이지 말자. 이것이 우리의 신념이었지요. 우리는
해야 할 일과 할 수 있는 일을 했을 뿐, 그저 그뿐이었습니다."

야니 브란더스 브릴레스레이퍼르

1   니우마르크트의 난투극

1912년 암스테르담, 니우마르크트의 난투극이 다른 양상으로 전개됐다면 아마 브릴레스레이퍼르 가家는 존재할 수 없었으리라. 오래된 도시 성문 끝자락에 자리한 유대인 지구 중심 광장, 앳된 청년 요세프 브릴레스레이퍼르가 피트에 헤릿서를 쟁취하기 위해 일생일대의 격전을 치렀다.

두 사람의 집안은 물과 불만큼이나 달랐다. 요세프는 이디시어 Yiddish(중앙 및 동부 유럽에서 쓰이던 유대인 언어–옮긴이)를 쓰는 서커스 악단의 후손이었다. 그의 아버지는 청과 도매상을 하며 요텐브레이 거리에 정착했다. 브릴레스레이퍼르 가는 금요일 저녁마다 빼놓지 않고 집에서 작은 음악회를 열었고 다 함께 연극과 노래를 하며 왁자지껄 어울렸다. 반면 피트에 헤릿서는 프리지아계 언어 Frisian(유럽 북서부 지방의 전통 언어로 독일어, 네덜란드어, 영어와 유사–옮긴이)를 쓰는 유대인이었다. 큰 키에 무뚝뚝한 성격, 적갈색 머리가 특징인 헤릿서 부부는 부두 노동자들과 뱃사람, 매춘부로 득시글한 홍등가 무법지대에 살며 여섯 자녀를 엄격한 규율로 키워냈다. 피트에는 꽤 어릴 적부터 제이데이크 거리에 자리한 부모님의 심야 상점에서 일을 도왔다. 어린 피트에가 상자를 밟고 올라서서 계산대를 지키고 있으면 세 남자 형제들은 피트에 옆에서 경비를 섰다. 피트에는 밝고 낙천적인 요세프와 불같이 사랑에 빠졌지만 부모님의 반대에 부딪혔다. 무일푼에 백수인 데다 서커스단에서 일하는 조부모를 만난답시며 방방곡곡 돌아다니기 바쁜 녀석을 어느 부모가 기꺼워할까.

피트에의 형제들은 벌써 몇 차례나 요세프를 죽도록 팬 전적이 있었다. 요세프가 결혼을 허락해 달라며 헤릿서 가를 방문할 때마다 그를 질질 끌고 나가 돌바닥에 메다꽂았다. 요세프는 이제 남은 선택지가 하나밖에 없음을 알았다. 그는 자신의 패기를 단단히 보여주기 위해 제이데이크의 세 거인을 그들의 철옹성 밖으로 불러냈다. 그리고 친형인 뤼번과 함께 동네 친구들을 불러모았는데 그중에는 말은 하지 못하지만 힘은 황소처럼 센 바보, 외피도 있었다. 요세프 무리는 이를 악물고 주먹을 꽉 움켜쥔 채 도시의 옛 성문으로 향했다. 그렇게 니우마르크트의 생선 가판대 앞에서 엄청난 난투극이 벌어졌다. 이날 헤릿서 삼형제는 난생처음으로 타인에게 무릎을 꿇는 굴욕을 겪었다. 요세프는 손마디에 묻은 피를 닦은 후 헤릿서네 가게에서 피트에를 데리고 나왔고, 이후 두 사람은 뤼번 부부네 집에 들어가 살기 시작했다.

이 사건이 전략에 따른 성공이었는지, 단지 무자비한 폭력이었는지 아니면 크나큰 행운이었는지 간에, 앞으로 이어질 아름다운 관계의 시작점이 됐다. 피트에와 요세프는 1912년 5월 1일, 결혼식을 올렸고 요세프의 아버지는 갓 어린 티를 벗은 신혼부부에게 유대인 지구에서도 가장 못사는 동네에 방 한 칸을 얻어 주었다. 그리고 그곳에서 같은 해 12월 13일, 두 사람의 첫째 딸, 레베카 린테 브릴레스레이퍼르가 태어났다.

땡전 한푼 없는 처지였지만 두 사람은 행복했다. 몇 년간 고생한 끝에 야프 할아버지, 즉 요세프의 아버지에게 약간의 지원을 받아 니우어 케르크 거리에 자리한 작은 가게를 인수했고 가게 2층에 딸린 집으로 이사했다. 피트에가 가게에서 밤낮없이 일하는 동안 요세프는 부친의 사업을 거들었다. 불과 두 블록 떨어진 곳에 살지만 절연하다시피 했던 피트에의 부모님이 딸에게 다시 연락하기까지는 그 후로도 4년이 더 걸렸다. 피트에의 둘째 딸 탄생이 그 계기였다. 아기의 이름은 외할머니의 이름을 따 마리안네—애칭은 '야니'—라고 지었다. 그리고 5년 후, 오랫동안 바랐던 아들인 야코프—'야피'—가 태어나며 가족이 완성됐다.

가족들 입에 풀칠하기 위해 피트에와 요세프가 눈코 뜰 새 없이 일하는 동안 온 마을이 함께 아이들을 키웠다. 가로로 길고 폭이 좁은 집은 다섯 식구가 몸 누일 자리도 부족해 아이들은 싱크대 밑이나 거실 벽에 딱 붙어서 잤고, 하루 대부분을 집보다는 거리에서 보냈다. 린테와 야니는 집에서 모퉁이만 돌면 나오는 암스테르담 왕립 카레 극장으로 가서 화려하게 꾸미고 레뷔Revue(노래·춤 따위를 곁들인 풍자적인 연극—편집자)를 관람하러 오는 인파를 몇 시간이고 구경하곤 했다. 집에서 몇 블록 떨어진 요덴브레이 거리의 팁톱 극장에도 자주 들렀다. 무성 영화도 상영하고 라우이스 다비드스와 헤인트예 다비드스 같은 유명 배우들이 공연을 해서 당시 암스테르담의 명소

중 하나였다.

유대인 지구 사람들은 모두 한 가족처럼 지냈다. 남자아이들은 함께 삯일을 했고 여자아이들은 어린 동생들을 돌봤으며 거리는 늘 음식 냄새로 가득했다. 바테를로 광장에서 요덴브레이 거리로 이어지는 길에는 군밤과 신선한 생선, 각종 향신료와 야채 피클을 파는 노점이 이어졌다. 금요일이면 피트에와 동네 여자들은 화로 위에 수프를 냄비 가득 끓여 가난한 이들에게 대접했다. 제1차 세계대전이 한창이던 1914년에서 1915년, 벨기에 피난민들이 가게에 들르면 피트에는 얼굴에 근심이 가득한 아기 엄마들에게 선뜻 식재료를 내어 주면서도 항상 웃는 낯을 잃지 않았다. "장부에 적어 둘 테니 그냥 가져가세요."

금요일 저녁이면 항상 그랬듯 일가친척이 모두 요덴브레이 거리의 야프 할아버지네 집에 모였다. 치킨수프를 먹으며 삼촌, 숙모, 사촌 너 나 할 것 없이 함께 악기를 연주하고 단막극을 연기하며 어울렸다. 요세프는 부친이 돌아가신 후에도 이 전통을 이어받아 계속해 나갔다.

그렇게 브릴레스레이퍼르 가 아이들은 궁핍하지만 사랑과 음악이 넘치는 가족의 품 안에서, 그리고 인정 넘치는 암스테르담 유대인 지구의 울타리 안에서 보호받으며 유년 시절을 보냈다. 하지만 1920년대에 들어서며 삶은 더 팍팍해졌다. 사회적으로 실업률은 계속 증가했고 가족들이 먹을 음식은 점차 바닥났다. 피트에가 가난한 이웃들을 돕기 위해 매주 만들던 수프도 뜨끈한 맹물이나 다름없어졌다.

가게와 집이 딸려 있던 건물을 큰 회사가 사들이면서 가족은 쫓겨

나다시피 라펜뷔르헤르 거리로 이사했다. 옛집에서 한 블록밖에 떨어지지 않았지만 가게를 잃은 것은 피트에게 무엇보다 큰 부담이 됐다. 요세프의 월급만으로는 집세조차 감당하기 힘들어, 결국 요르단 구와 맞닿은 마르닉스 거리 한 귀퉁이에 방 두 칸짜리 집으로 다시 이사를 했다. 매일 아침 동틀 무렵이면 피트에와 요세프는 내다팔 과일과 채소를 구하기 위해 함께 집을 나섰다.

1925년, 야프 할아버지가 세상을 떠난 뒤 가족은 큰 슬픔에 빠졌지만 살림은 조금 나아졌다. 요세프는 뤼번 형의 도움으로 아버지의 도매업을 물려받았고 마르닉스 거리에 살고 있던 일가친척들과 살림을 합쳤다. 요세프네 가족은 1층에 살게 됐고 자매에게는 드디어 방이 생겼다. 하지만 마음의 고향인 유대인 지구는 마치 수만 리 떨어진 것처럼 느껴졌다. 린테와 야니는 옛 동네, 이웃사촌 그리고 이디시 −암스테르담 사람들 특유의 억양이 늘 그리웠다. 유대인 지구와 단절되면서, 자매는 러시아와 폴란드에서 물밀듯 몰려오는 유대인들이 손바닥만 한 집에 살면서도 꼭 붙어 지내는 이유를 이해하게 됐다. 가족들의 옛 가게는 니우어 프린센 운하와 가까웠는데, 그 지역에 모여 사는 동유럽계 유대인들이 피트에의 가게에 자주 들러 생선을 사 가곤 했다. 여자들은 머리를 두건으로 감쌌고 남자들은 특유의 전통 복식을 차려입고 다녔다. 그들은 매우 끈끈한 커뮤니티를 형성하고 살았다.

   린테와 야니 자매는 내내 붙어다녔고 생김새도 똑 닮아서 언뜻 봐서는 구별하기 어려울 정도였다. 부모님은 늘 사랑을 베풀었지만 바뻔 탓에 적당히 소홀했고 덕분에 자매는 자유를 누리며 자랐다. 피트에와 요세프가 새벽 어스름을 뚫고 시장으로 떠나고 야피는 아직 한창 꿈나라를 여행 중일 때, 자매는 헛간에서 자전거를 끌고 나와 힘차게 페달을 밟았다. 암스텔베인 거리를 내달리다 곧장 오른쪽으로 꺾어 에이스반파트로 향했고 올림픽 경기장에 다다랐다. 알스메이르행 기찻길을 가로지르는 보행자 전용 다리에 도착하면 자전거에서 내렸다. 다리는 너무 가파르고 고도가 높았다. 자매는 발아래 펼쳐진 철로를 보지 않으려고 실눈 뜨고 낑낑대며 자전거를 끌고 다리를 건넜다.

그리고 그곳, 쉰켈 강이 니우어 메이르 호수와 만나는 높은 지대에 나무로 만든 거대한 야외 풀장 쉰켈바트가 자리하고 있었다. 자전거를 타고 막판 비탈길을 오르느라 땀범벅이 된 자매는 차가운 물에 풍덩 뛰어들어 수영을 즐겼다. 늘 '조금만 더 놀아야지.' 하다가 헐레벌떡 집으로 돌아가 야피가 학교에 갈 수 있도록 챙겨 주었다.

린테와 야니는 가냘픈 몸과 까무잡잡한 피부, 쭉 뻗은 코와 높은 광대뼈, 여우꼬리같이 풍성한 속눈썹과 낮게 묶은 숱 많은 검은 머리칼을 지닌 아름다운 소녀로 성장했다. 초등학교 졸업 후에는 학교를 더 다니지 못했다. 부모님은 두 사람의 공부를 더 지원할 여력이 없었고 자매의 도움이 절실했다. 린테와 야니는 그리 개의치 않았다. 호기심으로 반짝거리는 자매는 기민했고 세상 이치를 읽는 눈이 탁월했다. 암스테르담의 모든 곳, 모든 순간이 자매에게는 배움의 터전이었다.

두 사람은 피트에를 도와 집안일을 하고 재봉사로 일하며 어린 남동생을 키웠다. 나이를 먹으면서 자매간의 터울은 점점 작게 느껴졌지만 성격 차이는 더 뚜렷해졌다. 린테는 즉흥적인 한편 활발하고 낙천적인 게 아빠를 꼭 닮은 몽상가였다. 야니는, 현실적이고 때론 소극적인 듯하나 뚝심이 있는 엄마를 쏙 빼닮아 갔다.

린테는 음악에 큰 소질을 보였다. 어릴 때는 어린이 합창단을 했고 야프 할아버지네 금요음악회에서 언제나 무대 한복판을 독차지했다. 10대 초반에는 플로리 로드리고의 무용학교에서 수업을 들었다. 플로리는 유대계 포르투갈인 무용수로 장 루이스 피수이스의 쇼에서 명성을 얻은 뒤, 표현주의 무용으로 베를린에서 입지를 굳힌 유명인이었다. 하지만 독일의 반유대주의가 점점 심해지면서 베를린을 탈출, 암스테르담의 유대인 지구에서 무용학교를 연 것이었다.

요세프는 큰딸의 취미를 시답잖게 여겼고 더이상 수업을 듣지 못하게 했다. 하지만 그의 핏줄이 어디 갈까. 제 아버지에게서 물려받은 집념이 아버지의 권위보다 힘을 발휘했다. 린테는 플로리를 통해 안무가인 릴리 그린을 소개받았고 열여섯 살 생일 즈음부터는 부모님 몰래 릴리에게 수업을 받기 시작했다. 릴리는 고전 발레의 테크닉을 현대화한, 무용계의 선구자였다. 릴리는 곧 린테를 무용수로 대성할 재목으로 점찍었다.

십 대 때부터 린테는 낮에는 재봉사로 일했다. 저녁에는 피터르 파우 거리에 있는 릴리 그린의 스튜디오에서 무용 연습을, 밤에는 렘브란트 광장의 클럽에서 공연을 했다. 동트기 시작한 새벽, 린테가 부랴부랴 집으로 돌아오면 어머니는 걱정스러운 얼굴로 계단 앞에서 딸을 기다리다, 요세프가 보지 못하도록 린테를 방에 서둘러 밀어넣었다.

야니는 재봉사로 취직하고 6개월도 버티지 못했다. 학교에 다닐 때와 마찬가지로 성격이 급하고 반골 기질이 강했기 때문이다. 야니는 신앙은 있지만 종교적이지는 않다고 스스로를 소개하곤 했다. 유대인 지구 한복판에서 자랐지만 시나고그Synagogue(유대교 회당－옮긴이)에 단 한 번도 간 적이 없었다. 야니는 식료품상 부모님 밑에서 자랐지만, 법관이나 의사 집안 자제들이 주축인 시오니즘Zionism(유대인의 국가 건설을 위한 민족주의 운동－옮긴이) 단체 '핫자이르Hatzair'에 가입했다. 그리고 그곳에서조차 사람들이 배경에 따라 차별 대우를 받는다는 사실을 알아차렸을 때 매우 거세게 저항했다. 아버지 쪽이 부족하다며 결혼을 반대했던 외조부모의 과거가 그녀의 분노에 불을 지폈으리라.

봉제공장 취업에 실패한 후, 야니는 여러 업종을 전전하다 마침내 한 연구소에 취직했다. 연구소에서 번 돈으로 여러 강의를 듣고 영어와 불어, 독일어를 배웠으며 응급처치 수업도 수강했다. 이때의 경험은 훗날 그녀와 린테의 목숨을 구하게 된다.

특정 계층만이 아니라 다 같이 잘 사는 사회를 위해 싸워야 한다고 믿었던 야니는 시오니즘 단체와 결별한 후 공산주의와 마르크스주의, 사회민주주의 원칙에 빠져들었고－부모님이 구독하던 사회주의 계열 신문인 『민중Het Volk』이 계기였다－모두와 모든 주제를 놓고 열띤 논쟁을 벌였다. 각 나라들이 점점 국경의 빗장을 걸어 잠그는 와중에 유대인 지구로 유입되는 망명자가 하루가 다르게 늘어나는 상황이 한없이 우려됐다. 야니는 아버지에게 '갈색 위협Brown Threat', 즉

파시즘의 위험성을 알리기 위해 애썼다. 히틀러와 무솔리니, 프랑코의 동맹 체제에 대해 요세프는 설마 그렇게까지 큰일은 일어나지 않을 것이라 여겼지만 야니는 생각이 달랐다. 1936년 여름, 스페인 내전이 시작됐고 열아홉 살의 야니는 저항활동에 투신했다.

그녀는 스페인 내전에 참전한 네덜란드 항전투사를 다양한 방면으로 지원하는 '국제 혁명 운동 희생자 구원회International Red Aid'에서 주로 활동했다. 또한 스페인 지원 단체 위원을 맡았고 케이제르스 운하 522번지의 커뮤니티 센터에서 공동체 생활을 하는 젊은이들과 함께 일했다. 린테의 소개로 연을 맺은 동료들로, 저널리스트 미크 판힐서, 포토그래퍼 에바 베스뇨와 카럴 블라저르 그리고 영화감독 요리스 이벤스 등이었다. 야니는 암스테르담을 주무대로 의료품 및 구호품 구매를 위한 모금 활동을 할 뿐 아니라, 스페인으로의 구급차 밀반입을 지원하고 독일의 박해를 피해 탈출한 사람들의 거처를 찾아 주는 일도 했다. 망명객들은 야니에게, 유대인과 볼셰비키를 향한 증오가 하루가 다르게 커지는 독일의 상황에 대해 생생히 들려주었다. 제1차 세계대전에서의 패망과 1929년 미국 월스트리트 대폭락으로 인한 경제 위기 그리고 사회에 만연한 반反유대 정서로 인해 히틀러의 국가사회주의 독일 노동자당, 즉 '나치당Nazi Party'이 압승을 거둔 터였다.

네덜란드의 상황도 점차 악화일로를 걸었다. 경제 침체로 인해 생계가 어려워진 사람들이 부지기수였고 실업률도 계속 증가했다. 헨드리퀴스 콜레인 총리는 강력한 긴축 정책을 펼쳤다. 브릴레스레이퍼르가의 가세도 점차 기울었다. 요세프는 몇 번의 눈 수술을 했는데 예후가 좋지 않았다. 피트에와 세 자녀가 생업을 책임졌지만 피트에 역시 건강 악화로 입원을 하게 됐다.

역경으로 가득한 1930년대, 하지만 그 고난의 끝자락에도 한줄기 희망의 빛이 비쳤다. 린테와 야니 모두 자신들의 삶을 뒤바꿔 놓을 영혼의 짝을 만난 것이다.

그 무렵, 린테는 딸이 무용을 계속한다는 사실에 화가 머리끝까지 난 아버지를 피해 독립한 상태였다. 스물네 살을 맞은 린테는 암스테르담에서 남쪽으로 약 70km 떨어진 네덜란드 북해 지역의 가장 큰 도시이자 국회의사당이 자리한 도시 헤이그로 이사했다. 헤이그에서도 개성 강한 대학생들이 모여 살기로 유명한 반카 거리, 린테는 그곳의 한 예술가 공동체에 들어가 살았다. 기숙사처럼 번호가 매겨진 입주자 방과 공용 주방, 거주자들의 정보 공유를 위한 칠판과 1층 현관의 입주민 안내문 그리고 회비로 기르는 새끼고양이가 그녀를 맞이했다. 어느 날, 린테는 무용 강습을 위해 길을 나서던 중 넘어졌고 뇌진탕이 와 며칠간 침대 신세를 졌다. 그때 갓 공동체에 입주한 청년이 직접 딴 야생화 한 다발을 들고 병문안을 왔다. 린테는 금발에 푸른 눈, 진중한 미소를 지닌 키 큰 청년에게 매력을 느꼈다. 그의 이름은 에베르하르트 레블링이었다. 독일 출신의 음악학 연구자이자 피아니스트였던 그는 조국에 팽배한 나치즘을 피해, 군국주의를 지지하는 군인 아버지를 피해 네덜란드로 건너온 터였다.

에베르하르트 역시 자그마하고 까무잡잡하면서 촌철살인을 날리는 이 아가씨에게 마음을 빼앗겼다. 서류상의 정보만 놓고 보면 그보다 접점이 없기 힘들었지만 두 사람은 깊이 사랑에 빠졌다. 음악 안에서 둘은 서로의 훌륭한 파트너였다. 린테는 건강을 회복하자마자 바로 무용과 공연을 가르치기 시작했고, 에베르하르트는 그녀의 연주자로 함께했다.

두 사람은 공동체를 드나드는 다른 학생들과도 금세 친구가 되어 이웃나라들의 불길한 정치 상황에 대해 몇 날 며칠 토론을 이어 나갔다. 그 무리들 중에는 젊은 의사 헤릿 카스테인과 오보에 연주자 하콘 스토테인, 그의 아내 미케 그리고 경제학을 전공하는 대학생이자 헤이그에서 유명한 건축가 집안의 아들인 보프 브란더스가 있었다.

1938년 여름, 린테는 레뷔 공연에 출연하면서 암스테르담 레이체 광장 부근에 단기로 방을 구했다. 야니는 퇴근 후 종종 언니네로 건너가 저녁을 함께 먹곤 했다. 여느 때처럼 야니가 린테를 방문한 어느 날, 그녀는 언니의 친구인 보프 브란더스와 맞닥뜨렸다. 그는 야니의 정치적 견해에 대해 짓궂게 걸고넘어졌다. 보프는 사회민주주의 남학생회 임원으로, 공산주의계열 출판사인 '페가쉬스'에서 인턴을 하기 위해 암스테르담에 잠시 머무는 중이었다. 보프가 어찌나 약을 올렸던지, 토론이 절정으로 치달았을 때 결국 야니는 똑똑한 척하는 보프의 입을 다물게 하기 위해 쿠션을 집어 던졌다. 하지만 몇 주 후 린테가 야니에게 헤이그 집 열쇠를 건네주자 야니는 언니가 아니라 보프를 만나기 위해 헤이그에 뻔질나게 드나들기 시작했다. "여기 완전 좌파 매음굴 아니야." 집에서 또 다른 커플이 탄생하자 세입자 중 한 명이 중얼거렸다.

보프의 사생활은 모친인 브란더스 부인의 귀에도 들어갔다. 그녀는 즉시 아들의 친구이자 브란더스 저택 응접실에서 연주회를 열었던 피아니스트 에베르하르트 레블링을 찾았다. 그러고는 근본도 알 수 없는 장사꾼 집안 딸이 우리 아들에게 가당키나 하냐며, 아들 녀석에게 한마디해 줄 수 없겠느냐 부탁했다. 에베르하르트는 특유의 사람 좋은 미소로 브란더스 부인을 진정시켰고, 브릴레스레이퍼르가의 딸들이 얼마나 참하고 훌륭한지 입에 침이 마르도록 칭찬했다. 1939년 1월, 보프는 야니와 헤이그 영화관에서 데이트한 뒤 그녀를 집으로 데려다줬고 그대로 그녀의 집에 눌러앉아 버렸다.

결혼 날짜를 잡았음에도 불구하고 보프의 부모님은 결혼을 허락하지 않았다. 야니의 사회적 배경과 유대인이라는 핏줄이 당시 상황에서 너무 위험한 조건이라 여겼다. 야니는 예비 시부모의 냉대에 상처받았음에도 고집 센 제 부모의 전철을 밟았다. 1939년 9월 암스테르담, 스물세 살을 앞둔 야니와 스물여섯 살의 보프는 신부 친정에서 결혼식을 올렸다. 신랑 측 부모님은 참석하지 않았지만 야니와 친했던 보프의 여동생 알레이트를 비롯해 신랑의 누이들이 참석해 자리를 빛냈다. 요세프는 하객들을 위해 손수 샌드위치를 만들었고 피트에는 결혼식을 위해 잠시 병원에서 나왔다. 세상 그 누구보다 빛나는 야니가 숨길 수 없을 만큼 부른 배를 하고 사람들의 중심에 섰다. 보프는 짓궂게도 헤이그의 신문에 자신의 결혼 소식을 알리는 기사를 실었다. 보프의 부모님은 한동안 지인들로부터 무수한 축하 인사를 받느라 곤욕을 치렀다.

결혼식을 치르고 한 달 후인 1939년 10월 10일, 로베르트 브란더스-'로비'-가 태어났다. 야니와 보프는 아들을 데리고 헤이그 바자를란에 방 두 칸짜리 집을 얻어 이사했다. 집주인인 토니 데 브라윈 부인이 프린센 거리의 매춘부라는 사실은 누구나 다 아는 비밀이었다.

신혼부부의 삶은 하늘 위를 걷는 듯 달콤했지만 하루하루 먹고사는 일 역시 중요했다. 야니는 임신 전 방직공장에서 일한 덕에 출산 지원금을 받았다. 하지만 지갑은 가벼워져만 갔다. 보프는 학업을 그만두고 공무원으로 취업했고 야니는 집에서 아들을 돌봤다.

가족 구성원은 빠르게 늘어났다. 1939년 여름, 브란더스 부부가 은신을 돕게 될 첫 번째 동지인 알렉산더르 데레이위가 집에 합류했다. 암스테르담의 유명한 변호사이자 네덜란드 공산당 위원인 그는 또한 페가쉬스 출판사의 임원이었다. 보프는 페가쉬스에서 인턴을 하며 그와 인연을 맺었다. 데레이위는 빈틈없는 품행과 더불어 파시즘을 맹렬하게 비판하는 논객으로 유명했다. 얼굴이 잘 알려진 공산주의자이자 공산당원 변호사였던 그는 점차 험악해지는 암스테르담의 정치 상황 속에서 손쉬운 공격 대상이 됐다.

수년간 지속된 콜레인 총리의 긴축 정책에도 불구하고 네덜란드는 경제 위기를 극복하는 데 실패했다. 경제 회복은커녕 만성화된 물자 품귀 현상으로 인해 사회 곳곳에서 갈등이 촉발됐다. 동시에 1938년 11월 '크리스탈나흐트Kristallnacht(나치대원들이 독일 전역의 유대인 상점을 약탈하고 시나고그에 방화한 날로 '수정水晶의 밤'이라고도 불린다-옮긴이)'를 기점으로 광기와 폭력의 고삐가 풀린 독일과 동유럽에서 수십만 명의 유대인과 사회주의자들이 탈출해 네덜란드로 밀려왔다. 독일의 심기를 거스를 것을 우려한 네덜란드 정부는 난민들을 '탐탁지 않은 인물들Undesirable Elements'이라 규정하고 입국을 불허했다. 또한 콜레인 총리는 유대인 난민의 대량 유입이 자국 내에 이미 존재하는 반유대주의 정서를 더 악화시킬 것이라고 주장했다.

이에 1938년 네덜란드 정부는 다음과 같이 공표했다.

타국민의 영구적인 이주와 정착을 가능하게 하는 모든 요소를 제거하겠다. 이미 인구 밀도가 높은 네덜란드에서 외국인의 추가적인 유입은 네덜란드 인종의 특성을 보존하는 데 위협이 되기 때문이다. 네덜란드 정부는 우리의 제한된 영토를 자국민을 위해 남겨 둬야 한다는 원칙을 고수하겠다.

이처럼 네덜란드 역시 희생양을 만들기 좋은 여건을 갖춰 갔고 공개적인 혐오 표현도 일상이 됐다. 1939년 겨울에는 암스테르담의 여러 영화관에서 레니 리펜슈탈의 다큐멘터리 〈올림피아Olympia〉가 상영됐다. 1936년 베를린 올림픽을 위해 히틀러가 제작을 지시한 이 다큐멘터리는 아리안족의 신체적 우월성을 구구절절 이상화하는 작품이었다. 수많은 젊은이와 네덜란드 나치당원이 영화를 보기 위해 몰려들었고 도시 곳곳에서 파시스트와 좌파계열 유대인 사이에 패싸움이 벌어졌다.

데레이위는 단골 카페인 레이체 광장의 레인더르스에서조차 더이상 안전하지 않다고 느낀 뒤, 몸을 숨길 곳을 찾아 나섰다. 그는 야니와 보프의 헤이그 집에 은거하며 다락방에서 잠을 잤고, 몸을 씻을 때만 갓 태어난 로비의 방으로 조용히 내려갔다. 야니는 예상과 달리 너무나 내성적이고 서툰 그의 성격에 충격을 받았다. 어느 날 아침, 린테가 예고 없이 동생 집에 들렀다가 거실에서 식사 중인 데레이위와 마주쳤다. 두 사람은 경악한 얼굴로 서로를 바라봤다. 데레이위는 무어라 웅얼거린 후 자신의 물건들을 주섬주섬 챙겨 다락방으로 줄행랑쳤다. 린테는 동생을 향해 이게 무슨 상황인지 설명하라는 듯 눈썹을 추켜세웠지만 야니는 마치 아무것도 못 봤다는 듯 입을 꾹 닫고 어깨만 으쓱할 뿐이었다.

1940년 5월 10일 새벽 3시 55분, 독일의 기갑열차가 네덜란드 국경을 넘고 루프트바페Luftwaffe(제2차 세계대전 당시 독일 국방군 공중전 담당 군대-옮긴이) 편대가 영공을 침범했다. 야니는 조금도 놀라지 않았다. 네덜란드가 품은 '중립'에 대한 환상이 뒤늦게 산산조각 난 셈이었다. 바로 그날, 빌헬미나 여왕은 다음과 같이 선포했다.

네덜란드는 지난 몇 달 동안 최대한의 양심을 가지고 엄격한 중립을 유지해 왔으며 이 중립을 확고히 유지하는 것 외 그 어떤 것도 도모하지 않았다. 하지만 어젯밤 독일군은 아무런 선전포고도 없이 우리 영토를 급습했다. 네덜란드가 중립을 유지하는 한 그 중립이 존중될 것이라는 엄숙한 약속을 위반하는 처사이다.

전쟁이 발발하고 며칠간 야니와 보프는 영국군이 독일군을 몰아낼 수 있을 것이라 믿었다. 하지만 그런 일은 일어나지 않았다. 바자를란에 자리한 신혼집은 노르드에인더 궁의 마구간에 닿을 만큼 지척에 있었기에, 두 사람은 5월 13일에 값비싼 차량들이 호송대에 에워싸여 궁을 빠져나가는 모습을 생생히 목격했고 이내 현실을 직시했다. 네덜란드가 함락된 것이었다.

그날 밤, 로비를 재운 후 야니와 보프는 앞으로 어떻게 할지 상의했다. 동쪽에서 몰려온 피난민들과 스페인 내전에 참전한 사람들의 이야기를 통해 전쟁이 나면 어떤 일을 겪게 되는지 잘 알고 있었다. 점점 심화되는 네덜란드 내의 혐오와 적개심도 피부로 느끼는 중이었다. 그럼에도 불구하고 두 사람의 입장은 명확했다. '우리는 파시즘에 맞설 것이다.' 앞으로 발생할 일에 대해 단단히 각오했음에도 불구하고 어떤 일이 벌어질지는 상상조차 할 수 없었다.

며칠 후, 야니가 아들을 유아차에 태우고 산책하고 있던 때 공습경보가 울리기 시작했다. 야니는 헤이그의 거리를 미친 듯 내달리며 피난처를 찾았다. 불길한 경보음이 낮고 묵직하게 울리기 시작했고 이내 날카로운 고음으로 내찌르기를 반복했다. 소리는 공기를 가득 채웠고 그녀를 온통 에워쌌다. 두려움으로 오장육부가 뒤틀리고 길바닥의 자갈이 발바닥을 찌르던 그때, 야니는 익숙한 건물을 발견했다. 브란더스 가문 지인의 집이었다. 야니는 초인종을 누르고 숨을 몰아쉬며 제발 몸을 피할 수 있게 도와 달라고 청했다. 그들은 면목없어 하면서도 단호하게 야니와 아기를 내쫓아 버렸다.

2   갈색 역병

네덜란드가 항복한 후, 야니와 보프가 가장 먼저 잃은 친구는 반카 거리에서 함께 살았던 밝은 아가씨 아니타였다.

1940년 5월 14일, 린테와 에베르하르트 그리고 공동체 동료들은 다 함께 거실 창가에 모여 저 멀리 로테르담 쪽에서 피어오르는 검은 화약 연기를 묵묵히 바라보고 있었다. 네덜란드가 항복 협정에 서명한 것을 미처 전달받지 못한 독일군 전투기가 실수로 공습을 해버린 것이었다.

그때, 1층에서 신음 소리가 들려왔다. 린테와 에베르하르트가 부랴부랴 아래층으로 내려갔을 때, 두 사람은 하얗게 질리고 온몸이 축 늘어진 아니타를 발견했다. 아니타의 침대 옆에는 작은 유리병이 떨어져 있었다.

아니타는 유대인을 향한 폭력이 난무한 독일에서부터 피신한 망명자였다. 가족들과 생이별할 때 의사인 아버지가 아니타에게 비소를 건네줬다고 했다. 독일의 상황이 얼마나 심각한지를 알려 주는 일화였지만 그래도 얼마간 과장이 섞여 있을 거라고 린테는 내심 생각했다. 아니타가 죽고 나서야 비로소 그 말이 사실이었음을 알게 됐다. "나치 놈들에게 붙잡히느니 차라리 죽는 게 낫다." 아니타의 아버지가 늘 하시던 말씀이라고 했다. 실제로 네덜란드의 항복 협정이 공표된 이후, 네덜란드에서만 수백 명의 사람들이 스스로 목숨을 끊었다.

그럼에도 불구하고 세상은 무심히 굴러갔다. 사람들은 여느 때처럼 출근했고 상점은 문을 열었고 신문은 매일 발간됐다. 린테와 야니는 부모님과 어린 동생의 안부를 확인하기 위해 암스테르담 친정에 꼬박꼬박 방문했다. 암스테르담 또한 모든 것이 희한하리만치 변함없었다.

보프의 동생 알레이트는 헤이그의 예술가 공동체에서 영감을 받아 암스테르담에 비슷한 생활 공동체를 만들었다. 니우어 헤렌 운하의 식물원 근처에 자리한 알레이트의 커뮤니티 하우스에 브릴레스레이퍼르 자매가 공통으로 아는 친구들이 대거 입주했다. 알레이트를 만나러 커뮤니티에 방문한 날, 자매는 친구들 대부분이 자리를 비운 것을 발견했다. 그제서야 두 사람은 지인들이 저항단체 활동을 시작했다는 사실을 알게 됐다. 다들 커뮤니티 하우스를 임시 거처로 삼고 곳곳에 흩어져 활동하다 짐을 챙길 때나 잠시 들르곤 했던 것이다.

한편 린테와 야니는 스페인 내전 당시의 항전 활동가들과 좌파계열 청년, 사회주의자, 공산주의자 그리고 여타 반파시스트계열 활동가들의 명단이 독일 측에 거래되고 있음을 알았다. 이들을 찾아내기 위해 독일은 '빨갱이' 고객 명단을 확보한 네덜란드인 사업가들이나 집안 속사정을 가까이서 봐 온 독일 출신 가정부 등, 파시즘에 동조하면서 오랫동안 지역 사회 안에서 정보를 축적해온 시민들을 내통자로 적극 활용했다. 야니는 보프와 그 동료들의 정보가 이미 누군가의 명단에 올랐을 것을 우려했다. 보프는 그저 어깨를 으쓱하며 "명단에 올랐다면 언젠가 알게 되겠지." 하고 말했다.

그렇게 지리멸렬한 기다림이 시작됐다.

1940년 5월 29일, 나치 국가보안위원회 위원인 아르투어 자이스잉크바르트가 점령군 최고 사령관의 자격으로 네덜란드 국회의사당 기사의 전당에서 첫 연설을 했다. 반지르르한 헤어스타일에 동그란 안경을 쓴 이 오스트리아 변호사 출신의 인물은 네덜란드 국민이 독일에게 두려워할 것은 아무것도 없노라 강조했다.

우리는 한 국가를 억압하고 파괴하고 자유를 박탈하기 위해 이곳에 온 것이 아닙니다. (…) 네덜란드에 온 것은 국가의 정신이나 재화, 자유의 문제가 아니며 우리는 네덜란드의 자원을 결코 탐한 적 없습니다. 우리가 온 까닭은 네덜란드가 독일 국민의 신앙과 자유, 삶을 향한 공격의 디딤돌로 악용될 것을 우려했기 때문입니다. (…) 바로 이 점이 네덜란드의 최고 정부기관을 인수하는 오늘, 네덜란드 국민에게 전하고자 하는 말입니다. 우리는 마지못해 무기를 들고 올 수밖에 없었으나 네덜란드의 보호자이자 협력자 그리고 친구로 남기를 희망합니다. 이 모든 상황은 우리 유럽인이 지닌 더 높은 의무를 수행하기 위한 조치이며, 우리는 국가의 명예와 집단 노동이 원칙이 되는 새로운 유럽을 건설할 사명을 지니고 있습니다.

온 나라가 안도의 한숨을 내쉬었다. '우리 네덜란드는 동유럽의 점령지와는 다른 대우를 받을 것이다.', '독일이 적어도 서방의 문명국가는 존중하는구나.' 히틀러는 항상 슬라브인은 인종 쓰레기이며 독일의 뒷마당에서 몽땅 쓸어버려야 한다고 주장했다. 또한 독일의 '생존권Lebensraum(나치 독일이 체계화한 게르만주의적 영토 확장을 꾀하는 이념 및 정책-옮긴이)' 창조라는 목표를 이루기 위해 서방의 게르만 형제들이 그를 도와줄 것을 천명해 왔다. 그동안 네덜란드가 독일의 억압 정책을 방해하지는 않았으니 그 보답으로 온건한 처사를 보일 것이라고 네덜란드 국민들은 생각했다. 독일군도 이렇다 할 문제를 일으키지 않았다. 화창한 여름날이면 스헤베닝언 해변가나 도심 길거리를 활보하며 날씨에 맞지 않는 핫초콜릿에 크림을 가득 얹어 즐기는 독일군들의 모습을 흔히 볼 수 있었다.

반카 거리의 공동체에서도 상황을 낙관적으로 보는 사람들이 늘어났다. 이들은 강한 군사력을 지닌 동맹국들이 머지않아 히틀러를 격파할 것이라 믿었다. 승리할 수 있을지 없을지가 아니라 얼마 만에 물리칠지가 관심사였다. 1, 2년 안에 상황이 마무리된다면 네덜란드 내 유대인들은 별다른 피해를 입지 않을 것이었다. 이들이 네덜란드 사회 일원으로 완전히 녹아든 만큼, 자국민이 피해 입는 것을 정부가 보고만 있지는 않을 테니.

린테는 한층 가벼워진 마음으로 동생 집에 들렀다. 야니는 린테의 장밋빛 시나리오에 동의하지 않았다. 야니는 이상하리만치 퉁명스러웠고 마음이 온통 딴 데 가 있는 듯했다.

"당분간은 여기 오는 걸 좀 자제해 줬으면 해."

심지어 언니가 자리에 앉기 무섭게 이 말부터 했다. 린테는 야니

집에서 계속 마주쳤던 수상쩍은 남자와 구독 금지령이 내려진 신문, 비밀모임을 떠올렸다. 설마 나를 의심하는 건 아니겠지?

"혹시 에베르하르트 때문에 그러니?"

린테는 겨우 속엣말을 꺼냈다. 그녀는 눈을 가늘게 뜨고 고개를 갸웃하며 여동생을 바라봤다.

린테는 야니가 현상황에 대해 일말의 희망도 갖고 있지 않다는 사실을 잘 알았다. 동생은 네덜란드를 활보하는 독일인이 하루가 다르게 늘어나는 상황을 경계했다. 그리고 당장 에베르하르트가 독일인 아니던가.

"무슨 그런 말을 해? 에베르하르트도 우리 가족이나 다름없잖아."

야니는 린테를 꼭 끌어안고 한숨을 푹 내쉬었다. 그리고 언니의 어깨를 붙잡고 두 눈을 똑바로 봤다.

"언니, 여기가 너무 위험해서 그래. 독일 놈들이 무슨 짓을 할 수 있는지 언니는 상상도 못 할 거야. 날 믿어줘. 여기에 발걸음을 덜 해야 안전해. 언니도, 나도."

며칠 후, 린테는 다음 수업이 시작하기 전 연습실 앞에서 잠시 바람을 쐬고 있었다. 그때 낯선 남자가 그녀에게 다가왔다. 모르는 사람이 말을 거는 바람에 화들짝 놀랐지만 이내 목소리로 그가 누구인지 알아챌 수 있었다. 바로 린테의 수업을 듣는 동유럽 출신 유대인 학생이었다. 길고 곱슬곱슬했던 턱수염을 민 데다 옷차림마저 평범해져 미처 못 알아본 것이었다. 그는 린테와 차마 눈도 제대로 마주치지 못했다. 린테는 애써 웃는 낯을 유지하며 여느 때와 다름없이 수업을 시작했지만, 그날 오후 내내 가슴이 꽉 막힌 듯했다. 팔다리는 첫덩이를 단 듯 무거워 들어올리기조차 힘겨웠다.

10월의 어느 날 밤, 보프가 웬 서류를 들고 퇴근했다. 아리아인 혈통 증명서였다. 네덜란드의 공직자는 이제 본인이 유대인인지 혹은 집 안에 유대인이 있는지 여부를 의무적으로 신고해야 했다. 야니와 보프는 아들을 재우자마자 식탁에 마주앉아 증명서 양식을 찬찬히 읽었다.

서명인:

소속:

직함:

출생 연도 및 지역:

거주지:

서명인은 본인이 아는 한 본인, 부인/남편/약혼자, 부모 또는 조부모 중 어느 누구도 유대교 신앙 공동체의 일원이었던 적이 없음을 선언합니다. 위 진술이 거짓으로 판명될 경우 약식 해고될 수 있음을 숙지합니다.

, 1940. (서명)

부부는 서류의 마지막 문장을 물끄러미 바라보다 이윽고 서로를 마주봤다. 시작됐구나. 보프는 아무 말 없이 얼굴을 찡그리며 엄지와 검지로 종이 모퉁이를 집은 뒤, 난로 뚜껑을 열어 불 속으로 천천히 밀어넣었다.

"뭐하는 거예요?" 야니가 물었다.

"나도, 당신도, 이걸 써 내는 일은 없을 거예요. 이딴 거에 발맞춰주고 싶지 않아요. 문제가 생긴다면 그때 돼서 알게 되겠지."

보프가 아리아인 혈통 증명서를 불태우고 한 달 후, 공직에 있던 유대인들이 모두 해임됐다. 두 사람의 친구인 틸리의 부친이자 네덜란드 대법원장 로데베이크 피서르도 그중 하나였다. 그의 동료 중 누구 한 명 피서르의 해임에 대해 항의하지 않았다.

야니와 보프는 이처럼 조직적인 유대인 등록제가 무엇을 위한 포석인지 알 수 없었기에 혈통 증명서를 불태운 일을 누구에게도 이야기하지 않았다. 더욱이 두 사람의 관심사는 혈통 등록이 아니라 점차 뚜렷해지는 저항의 움직임이었다. 암스테르담의 명문 학교인 포시위스에서 수십 명의 학생들이 등교 거부에 들어갔고, 레이던 대학의 뤼돌프 클레베링아 교수가 시민 불복종을 감행한 터였다. 대학생들은 정부의 검열을 피해 클레베링아의 연설문을 네덜란드 전역으로 퍼 날랐고, 린테와 야니도 사본을 구할 수 있었다. 보프와 마찬가지로 클레베링아 역시 아리아인 혈통 증명서 제출을 거부한 소수의 양심 중 하나였다. 그가 이런 선택을 한 까닭은 최근 해고된 두 명의 동료 유대인 교수, 메이에르스와 다비트에 대한 연대를 표명하기 위해서였다. 혈통 증명서 제출을 거부한 사람들 역시 해고 대상자 명단에 오르기는 마찬가지였다. 클레베링아는 결코 충동적이거나 다혈질적인 인물이 아니었다. 자신에게 어떤 불이익이 생길지 누구보다 잘 알고 있었음에도 불구하고 그는 현 사태에 대해 목소리를 내기로 결심한 것이었다.

1940년 11월 26일 아침, 메이에르스의 강의를 대체하게 된 클레베링아는 레이던 대학으로 향했다. 아무런 낌새도 느끼지 못했던 학생들 앞에서 그는, 지금까지도 네덜란드 역사에서 가장 위대한 연설로 손꼽히는 저항 연설을 펼쳤다. 자신의 스승이자 동료인 에두아르트 메이에르스에 대한 헌사로, 메이에르스의 연구 업적이 네덜란드 법체계에 어떻게 생명을 불어넣었는지 논했고, 나아가 법 분야의 초석이 된 개념들에 그의 이론이 어떻게 적용됐는지를 밝혔다. 메이에르스의 기라성 같은 업적을 증명한 클레베링아는 젊은 관중들의 정의감과 양심, 이성에 다음과 같이 호소했다.

학자이자 학생들의 아버지, 훌륭한 이웃이자 우리 네덜란드의 고귀하고 참된 아들이며 국민인 메이에르스, 그를 연구실에서 쫓아낸 것은 바로 적의에 가득 차 우리를 통치하고자 하는 외국인들입니다!

나는 오늘 내 감정에 대해서는 이야기하지 않겠다고 말했습니다. 내 감정이 들끓는 용암처럼 모든 균열을 타고 끊임없이 흘러내리며 머리와 가슴에서 터져 나올 것만 같아도, 나는 내가 한 약속을 지킬 것입니다.

하지만 정의를 지키고 따르는 것이 선생의 의무이기에, 나는 진실이 묵과되도록 내버려두지 않겠습니다. 그 진실이란 바로 네덜란드의 전통을 계승한 네덜란드 헌법은, 모든 네덜란드인이 어떤 방식으로든 국가에 봉사할 수 있으며 어떤 직위에도 임명될 수 있고 존엄성을 인정받으며 종교에 관계없이 동등한 시민권을 누릴 것을 명시하고 있다는 사실입니다.

클레베링아가 연설을 마치자마자 우레와 같은 박수가 터져 나왔다. 누군가 네덜란드 국가를 선창했고 이내 강당 전체가 노랫소리로 가득 찼다. 연대의 물결이 레이던 거리를 휩쓸었다. 하지만 바로 다음 날 클레베링아가 구속되면서 희망은 처참하게 부서졌다. 클레베링아는 이후 스헤베닝언의 유치장에 수감됐고 전쟁이 끝난 뒤에야 자유를 되찾게 된다. 구속 이후, 레이던 대학은 폐쇄됐다.

린테와 야니는 틸리와 클레베링아 사건에 대해 이야기하며 그녀를 위로했다. 그녀의 아버지 로데베이크 피서르 대법원장의 용기에 대해서도 경의를 표했다. 자매는, 나치와 법원 내 나치 동조자들에 의해 파면되고 동료 판사들에게 버림받았음에도 굴복하지 않는 피서르의 모습에 깊은 감명을 받았다. 파면을 통보받았을 때 피서르는 이 결정이 위헌이라고 맞섰다. 그를 대법관으로 임명한 것은 여왕이기에 그를 파면할 수 있는 권리를 가진 자 역시 여왕이 유일하므로 다른 모든 단체 혹은 개인의 개입은 월권이자 위헌이라는 것이었다. 피서르는 나아가 독일군에 대한 저항활동을 적극적으로 지원해 비밀신문 『암호』의 기고자로 활동했고, 이후에는 네덜란드 내 두 개의 유대인 종교 커뮤니티가 연합해 출범한 독립 단체 '유대인 조정위원회'의 의장으로 취임했다.

린테에게 피서르 같은 인물은 저항운동의 불씨를 당기는 존재였다. 그의 기상에는 네덜란드는 별 탈 없을 것이라 안일하게 여기다 역풍을 맞은 수많은 사람들의 마음을 움직이는 힘이 있었고, 이는 더 많은 사람들이 독일 점령군에 저항할 수 있는 동력이 됐다. 한편 야니는 독일군의 자비도, 네덜란드인의 도움의 손길도 기대하지 않았다. 공직자들의 아리아인 혈통 증명이 시행되고 몇 개월 후인 1941년 1월, 시행령 대상이 네덜란드에 거주 중인 모든 유대인으로 확대됐을 때에도 야니는 증명서를 제출하지 않았다. 그녀 주변의 몇몇 지인들과 마찬가지로 그녀 역시 자신의 신분증에 '유대인'을 뜻하는 검은 알파벳 J가 새겨지는 것을 거부했다.

훗날, 그녀가 이 결정에 대해 유일하게 후회한 부분은 바로 더 많은 사람들이 등록제를 거부하도록 보다 적극적으로 나서지 않았다는 것이다. 정부 방침을 순순히 따르던 언니에게도 숨기지 않고 얘기할걸. 그래서 네덜란드의 16만 유대인들처럼 신분증에 J표식이 새겨지는 일은 극구 말릴걸. 독일인들이 그토록 칭찬하는 '네덜란드인 특유의 효율성과 전문성'이 낳은 이 별것 아닌 듯한 행정 절차가, 이후 벌어지는 유대인 강제 이주 및 추방 정책에 엄청난 효율을 더했다.

암스테르담에서만 7만 명이 넘는 유대인이 등록됐는데 이는 당시 암스테르담 인구의 10퍼센트에 달하는 숫자였다. 제2차 세계대전 후기에 다다르면 암스테르담에 위치한 유대인 이민 중앙사무소에서는 단순한 인적 사항이 적힌 카드만으로 누가 수용소로 이송됐고 누가 남아 있는지를 확인하는 게 가능해졌다. 수용소행 기차가 출발하면 승객 명단 사본이 중앙사무소로 전달됐고, 사무소 경리는 각 승객의 이름과 일치하는 카드를 한쪽 상자에서 다른 쪽 상자로 옮겼다. 남녀노소 할 것 없이 한 명당 카드 한 장. 그렇게 '암스테르담에 등록된 유대인' 상자는 텅텅 비어 갔고 '이송 완료된 유대인' 상자는 꽉 차 버렸다.

3 　파업하라! 파업하라! 파업하라!

독일의 침공 이후 처음 맞이한 겨울은 유난히도 추웠다. 안톤 뮈세르트가 이끄는 네덜란드 나치당 휘하의 정치 깡패 조직 '검은셔츠단 Blackshirts'이 활개치기 시작했다. 1937년 대선 때만 해도 네덜란드 나치당은 볼셰비키 침공에 맞선 구원자로 뮈세르트를 내세운 광적인 선거 운동—'뮈세르트냐, 모스크바냐?'—에도 불구하고 득표율이 4퍼센트 미만일 만큼 존재감이 없었는데, 독일군의 침공 이후로는 대세로 치고 올라왔다.

네덜란드 나치당의 대범함은 히틀러의 강력한 군대의 비호를 받으며 하루가 다르게 네덜란드인들의 일상 속으로 침투했다. 유대인 인구 밀도가 높은 동네나 암스테르담의 유대인 지구, 도심의 유대계 주민을 표적으로 한 도발이 빈번하게 일어나면서 도시 전체에 긴장감이 맴돌았다.

독일군이 네덜란드 경찰을 지휘했다. 유대인 또는 저항조직에 소속된 민간인과의 갈등 상황에서, 네덜란드 나치당원을 우선 보호할 것을 명령했다. 또한 검은셔츠단에게 불체포 특권을 부여했다.

야니는 암스테르담에 자주 방문했다. 사람들의 굳은 표정과 골목에 숨어 속삭이듯 대화하는 모습을 보며 도심 안팎의 긴장감이 고조되는 것을 느꼈다. 길에서 마주치는 사람들은 모두 부랴부랴 제 갈길 가기 바빴고 볼일이 없는 이들은 되도록 문밖으로 나서지 않았다.

입구에 '유대인 출입 금지' 팻말을 붙이지 않은 가게들은 검은셔츠단의 습격을 받았다. 렘브란트 광장의 카페 레스토랑 데크론의 창문은 모두 깨졌고 어떤 카페는 가구가 모조리 박살났다. 네덜란드 경찰이 손놓고 물러서서 대기하는 동안 독일군이 괴한들을 지원했다.

"더 큰 사달이 날 게 분명해요, 여보." 야니가 헤이그의 집에서 보프에게 말했다. "유대인이 아닌 일반인들도 더이상 보고만 있지 않잖아요. 나치당원과 부딪치는 일이 점점 많아지는 데다 심지어 사망 사고도 일어났는걸요."

2월 11일 화요일, 유대인 구역에서 발생한 격렬한 싸움 중 부상을 입고 치료받던 검은셔츠단의 열혈 단원 헨드릭 코트가 병원에서 사망했다. 코트는 파시스트 사이에서 순교자로 추앙받았다. 그의 죽음이 다음 단계 계획을 실행하기 좋게끔 빌미를 제공했기 때문이다.

같은 날 밤, 2만 5,000명이 거주하는 유대인 구역의 중심가가 완전히 봉쇄됐다. 운하의 가교는 모두 들어올려졌고 구역으로 들어가는 길은 철조망으로 차단됐으며 나치 제복 경찰들이 그 앞을 지켰다.

다음 날, 점령군은 '유대인 의회'를 구성할 것을 요구했다. 유대인을 대표해 독일군과 소통할 수 있는 중앙 기구라 했지만, 이는 곧 독일군의 명령을 수행하는 꼭두각시를 의미했다.

유대인 조정위원회의 수장 격인 로데베이크 피서르는 즉각적으로 의회의 출범은 물론이요, 공동의장으로 추대된 아브라함 아스허르와 다비트 코헌의 방침도 거부했다. 아스허르와 코헌은 의회가 유대인 사회를 대표해 독일군과 협상할 수 있을 것이며, 심지어 점령군에게 긍정적인 영향력을 행사할 수 있을 것이라 믿었다. 하지만 피서르는 이들의 태도가 지나치게 협조적이라 여겼다. 피서르는 독일군과의 대화를 거부하고 오직 네덜란드 정부와 소통하려 했다.

그해 말, 독일군은 유대인 조정위원회의 활동을 중단시키고 유대인 사회의 유일한 대표로 유대인 의회를 지정할 것을 명령했다.

헨드릭 코트의 죽음 이후, 나치의 선전 활동은 전속력으로 내달렸다. 네덜란드 나치당의 주보 『민중과 조국』은 아래와 같이 말했다.

유다가 가면을 벗어 던졌다! (…) 헨드릭 에버르트 코트 하사가 사망했다. 사망? 아니, 가학적인 기쁨에 짓밟혔다! 우리와 다른 피를 가진 떠돌이들의 육중한 발에 으스러져 버렸다. 이 동방의 도살 방식이야말로 유대인 특유의 것이다. (…) 범죄자들에게 똑똑히 알려주자. 우리 중 한 명이 유대인의 손에 살해당하는 것은 이번이 마지막, 정말 마지막이라고.

다음주, 비슷한 논조의 사설이 네덜란드 신문에도 우후죽순 올라왔다. 기사는 코트의 몸에서 물린 자국이 다수 발견됐다고 보도했고, 더 심한 경우에는 유대인이 그의 목을 물어뜯었다고도 전했다. 며칠이 채 지나지 않아 코트의 죽음은 거의 신화처럼 포장됐고 피트에와 요세프 부부는 유대인 지구가 암스테르담으로부터 격리되는 것을 무기력하게 지켜볼 수밖에 없었다. 집뿐 아니라 주변 모든 곳에 '유대인 거주지'라는 팻말이 나붙었다.

이것이 끝이 아니었다. 2월 19일 아이스크림 가게 코코 앞에서, 독일에서 망명온 유대인이자 가게 주인인 알프러트 콘과 에른스트 칸을 보호하기 위해 단골들이 조직한 민병대와 나치 경찰 사이에 싸움이 붙었다. 사람들은 독일군에 맞서 사제 암모니아를 투척했다. 가게 주인과 손님 모두 체포됐고 이 사건은 즉각 나치 친위대 수장인 하인리히 힘러에게 보고됐다.

코트를 사망에 이르게 한 2월 9일 금요일의 소요와 코코에서의 암모니아 투척 사건은, 대규모 보복전에 착수할 빌미를 독일군에게 제공했다. 악화된 여론 덕에 네덜란드인들 사이에서도 유대인 탄압에 반대하는 목소리가 작을 것으로 예상됐다. 남은 작업은 단 하나였다. 유대인 의회를 통해 유대인 공동체의 무장 해제를 지시하는 것. 유대인 의회의 신임 회장인 보석상 아스허르와 고대사 교수 코헌은 유대인들을 불러모아 1941년 2월 21일 금요일까지 모든 무기를 반납할 것을 촉구했다. "이에 응하지 않는다면 더 강력한 정부 차원의 제재가 가해질 것입니다."

주말, 네덜란드인들은 앞으로 익숙하게 마주하게 될 '불심검문'을 처음으로 겪었다. 사람들이 집에서 끌려 나오고 유대인처럼 보이는 남자는 자전거에서 끌어 내려지고, 이를 말리려는 여성들은 거칠게 밀쳐졌다.

1941년 2월 22일에서 23일까지 벌어진 첫 번째 불심검문을 통해 스무 살에서 서른다섯 살 사이 유대인 남성 427명이 체포됐다. 대부분이 암스테르담의 바테를로 광장과 운하 사이 작은 삼각형 모양의 요나스 다니엘 메이에르 광장 시나고그 주변에서 잡혔다. 이 작전에 대해 네덜란드 경찰은 아무런 사전 통지도 받지 못했고, 주말시장을 방문하려고 지역에 들렀던 수많은 비유대인 시민들이 사태를 목격했다. 얼굴이 새하얗게 질리고 눈동자 초점이 나간 유대인 남성들이 두 손을 머리 위로 들고 땅에 무릎 꿇린 채 포박당했다. 군인들이 주변을 에워싸고 군홧발로 툭툭 차며 그들을 한곳으로 몰았다. 군인들은 새로 검거한 사람들을 총대로 후려치며 광장으로 끌고 갔다. 그러다 트럭이 도착하면 한 무리의 사람들을 우르르 싣고 부리나케 사라졌다. 그렇게 무장 해제가 된 사람들의 고함소리, 매질당하는 소리가 광장을 가득 채웠다. 작업복을 입었든, 일요일 예배를 위해 차려입었든, 연미복을 빼입었든 그들은 그저 유대인일 뿐이었다. 행인들은 그 자리에 못박힌 듯 멈춰 서서 이 광경을 지켜보거나 부랴부랴 집으로 돌아갔다. 일요일 밤, 마지막 트럭이 유대인 지구를 떠난 후 남은 것은 숨막히는 정적뿐이었다.

그날 체포된 사람들 중에는 린테와 야니의 친구들도 있었다. 그들 대부분이 화강암을 채굴하는 오스트리아의 노동수용소 마우트하우젠에 수감됐다. 로데베이크 피서르는 이번에도 목소리를 냈다. 자신의 해임안이 발의됐을 때 그에게서 등돌렸던 고위 관료들을 향해, 부당하게 이송되는 유대인 남성들을 구명해 줄 것을 읍소했다. 피서르는 노동수용소 수감자들이 채석장에서 착취당하다 굶주림과 질병, 고문으로 인해 사망한다는 소식을 들었고, 네덜란드 정부가 개입해야 한다고 믿었다. 하지만 이번에도 아무도 그의 말에 귀기울이지 않왔다.

한편 독일군에게 피서르는 눈엣가시 같은 존재였다. 그들은 피서르에게 그 입을 다물지 않으면 강제수용소로 이송할 것이라 대놓고 협박했다. 하지만 독일군의 걱정은 기우에 그치게 된다. 1942년 초, 피서르는 뇌출혈로 사망하고 말았다. 대법원에서 함께했던 그의 동료 중 누구도 피서르의 장례식에 참석하지 않았다.

1941년 2월 22일과 23일에 걸쳐 네덜란드에서 추방된 유대인 남성들 중 부헨발트 수용소로 이송된 단 두 명만이 '운 좋게' 살아남았고 이들을 제외한 전원이 몇 달 내에 사망했다.

아이스크림 가게 코코의 주인 에른스트 칸은 3월 헤이그 인근 모래 언덕에서 총살되며 제2차 세계대전의 첫 민간인 총살형 희생자가 됐다. 그의 동업자였던 알프레트 콘은 아우슈비츠에서 돌아오지 못했다.

하지만 불심검문 이후 이상한 일이 일어났다. 바로 다음 날 한밤중에, 정부에 의해 활동이 금지된 공산당원들이 도시 전역에 전단지를 뿌린 것이다. 느낌표가 가득한 검은 활자의 구호들은 유대인을 위한 연대와 파업의 필요성을 강하게 호소했다.

모든 회사들이여, 파업을 통한 반대 시위를 조직하십시오!!!
모두 하나되어 테러에 맞서 싸웁시다!!!

3. 파업하라! 파업하라! 파업하라!

체포된 유대인들의 즉각 석방을 요구합시다!!!

(…)

유대인 어린이들을 나치의 폭력으로부터 지키고
집에 들여 보호합시다!!!
우리의 단결된 행동이 얼마나 큰 힘을 지닐 수 있는지
깨달아야 합니다!!!
그 힘은 독일 점령군의 총칼에 비해 몇 배나 더 강력합니다!

파업하라!!! 파업하라!!! 파업하라!!!

2월 24일 저녁, 암스테르담 중앙역 근처인 프린센 운하의 시작점에 자리한 노르더르마르크트에서 주로 공무원으로 이루어진 수백 명의 공산당원들이 공개 집회를 가졌다. 살을 에는 추위에도 불구하고 두꺼운 코트와 귀마개, 모자로 중무장한 사람들이 사방에서 모여들었다. 주최자가 연설하는 동안 교회 앞에 운집한 대중들의 입김과 담배 연기가 뒤섞여 머리 위로 자욱이 내려앉았다.

일찍이 철강 노동자들이 독일로 강제 파견됐을 때, 첫 파업 시도가 무산된 바 있었다. 하지만 네덜란드 공산당 지도부는 이에 굴하지 않았고, 최근 벌어진 일련의 반유대주의 폭력 사건이 더 많은 이들의 시위 참여를 이끌어 내리라 믿었다. 공산당 지도부는 노르더르마르크트에 모인 시민들을 향해, 우리는 스스로 행동해야 하며 암스테르담 유대인에 대한 독일의 처사와 추방에 맞서는 집단 저항운동에 다른 이들 또한 동참하도록 용기를 북돋아야 한다고 강조했다.

요나스 다니엘 메이에르 광장에서 벌어진 유대인 탄압에 대한 공분은 그날 집회에 참석한 사람들의 마음속에서 무언가 끓어오르게 만들었고 이는 대규모 저항운동을 조직하는 동력이 됐다. 집회 막바지에는 전단이 대규모로 배포됐다. 집회 참가자들은 자신이 속한 지역에 소식을 전하기 위해 뿔뿔이 흩어졌다.

다음 날 아침, 유대인 박해에 반대하는 대규모 시민 저항운동인 '2월 파업'이 시작됐다. 암스테르담의 트램 운전사들이 첫발을 내디뎠다. 수많은 시민이 오지 않는 트램을 하염없이 기다리다 출근하지 못했다. 그렇게 도미노 효과가 일어나, 파업 소식이 순식간에 도시 전체로 퍼졌다.

대부분의 사람들이 '파업'이라는 다소 부자연스러운 불복종 행동을 처음에는 퍽 부담스러워 했다. 하지만 생각을 행동으로 옮기는 사람은 일터마다 한 명만 있어도 충분했다. 모자공장에서는 소년공 하나가 거대한 화로에 물 한 양동이를 끼얹었다. 원단을 다릴 증기가 사라지자 모든 공정이 중단됐고 일꾼들은 무더기로 공장을 빠져나갔다. 앳된 방직공장 직원 한 명은 남편과 함께 계획을 짰다. 공장 1층 창문가에서 대기하다, 남편이 밖에서 보낸 수신호에 맞춰 작전을 개시했다. 그녀는 여성 노동자들로 가득한 방을 향해 몸을 돌리고 그녀는 목청을 가다듬은 뒤, 점령군이 유대인을 향해 저지른 범죄에 맞서 일감을 내려놓고 파업하자고 외쳤다. 결과는 뜻밖이었다. 모든 직원이 즉시 자리에서 일어나 그녀를 따라 공장을 나섰다.

허가 없이 업무를 중단한 최초의 시민 무리가 외투를 여며 입고 모자를 눌러쓴 채 길거리로 나서자 마치 봇물 터진 듯 사람들이 거리로 쏟아져 나왔다. 이들은 추위에 맞섰고 도시 곳곳은 남자와 여자, 사무직과 일용직으로 가득 찼다. 처음엔 다소 눈치를 보며 삼삼오오 모였지만 더 많은 사무실과 공장이 비어 갔고 더 많은 이가 거리로 나와 합류했다. 사람들은 고개를 꼿꼿이 들고 어깨를 당당히 편 채 곧 다가올 사태를 기다렸다.

독일군은 뜻밖의 대규모 저항운동에 당황했다. 이튿날, 총파업은 북부와 위트레흐트 등 다른 지역으로 퍼져 나갔고 헤이그도 이 움직임에 조심스럽게 동참했다. 연대 의식은 압도적이었다. 최근 빈번했던 폭력 사태로 인해 만연했던 긴장감은 순식간에 희망과 용기에 자리를 내주었다.

하지만 그 기세는 오래가지 못했다.

총파업이 일어난 당일, 나치 경찰이 노르더르마르크트에서 열린 집회를 강제로 해산시켰고 시민들은 다시 공포에 휩싸였다. 이튿날에는 경찰 병력과 나치 친위대 그리고 네덜란드 나치당의 오랜 동지인 독일 검은셔츠단이 대규모로 투입됐다. 비상사태가 선포됐고 파업에 참여한 시민들의 저항은 무력 진압됐다.

헤이그에서 린테와 야니는 모든 상황을 예의 주시했다. 처음엔 벅차올랐지만 곧 두려움이 엄습했다. 경찰차가 사이렌을 울리며 거리를 질주했고 확성기를 통해 시민들에게 즉시 일터로 돌아가라 경고했다. 파시스트들이 대혼란에 빠진 것은 분명했다. 나치 점령지에서 이런 파업 운동은 전례가 없었다.

암스테르담에서는 시민들을 다시 직장으로 몰아넣기 위해 황급히 출동한 군인들이 거리를 메웠다. 파업 첫날 작업화로 가득했던 거리가 이튿날은 군홧발로 가득했다. 최소 아홉 명이 사망하고 수십 명이 중상을 입었으며 수백 명이 체포됐다. 독일군은 파업에 참여한 도시들에 벌금을 부과했고 암스테르담은 1,500만 길더를 지불했다. 암스테르담 시장 빌럼 데플루호트는 친독일 성향의 에드바르트 파우터로 교체됐다. 또한 그 무렵 설립된 유대인 의회는 모든 근로자에게 파업을 철회할 것을 촉구했다.

파업의 피비린내 나는 결말에 대해 공산주의자 친구들로부터 전해 들었을 때, 린테와 야니는 서로 다른 반응을 보였다. 유대인 불심검문 후 처음으로 린테는 희망의 가능성을 엿보았다. 암스테르담에서 일어난 이틀간의 총파업은 더욱 심각한 공포 사태에도 우리가 맞설 수 있음을 보여 줬다고 생각했다. 하지만 야니는 여느 때와 마찬가지로 희망을 믿지 않았다. 야니는 이 모든 사태가 유대인에게 악재로 작용할 것이라 믿었다. "유대인 의회도 유대인들에게 조용히 있으라고 하잖아." 야니가 언니에게 말했다. "그게 바로 독일 놈들이 원하는 바라니까."

훗날 제2차 세계대전 종전 직후, 2월 파업을 기념하는 행사가 조직됐다. 1946년에는 빌헬미나 여왕이 2월 파업의 정신을 기려, 운동 구호 "용맹하라, 단호하라, 자비로우라!"를 암스테르담의 국장國章에 새길 것이라 발표했다. 유대인 박해에 반대했던 이 조직적 시위가 단발성에 그쳐서인지 혹은 바로 그 점을 핑계로 삼은 것인지, 2월 파업을 이끈 공로에 대해 이후 수십 년 동안 논쟁이 펼쳐졌다. 네덜란드 공산당이 파업에 기여한 바는 부인되거나 거의 언급되지 않았고, 전쟁 발발 첫해 나치 정책에 분노한 네덜란드 시민들이 자발적으로 거리로 나섰다는 신화 같은 이야기가 곧 정설이 됐다. 냉전 시대를 거치며 네덜란드 공산당원들은 2월 파업의 공식 기념행사 자리에도 오랜 기간 초대받지 못했다.

오늘날까지도, 2월 파업과 네덜란드 공산당 사이의 연관성은 잘 알려져 있지 않다. 정의의 상징이 그 자체로 불의의 상징이 됐으니 참으로 기묘한 일이다.

유대인 불심검문의 첫 희생자들이 추위 속에서 몇 시간이고 꿇어 앉아 있었던 요나스 다니엘 메이에르 광장에는 파업을 기리는 동상이 세워져 있다. '부두 노동자'라 이름 붙은 이 덩치 좋은 남자는 두 팔을 걷어붙이고 턱을 당당하게 추켜든 채 불굴의 의지를 내뿜지만, 그의 두 손은 무기력하게 텅 비어 있다.

4 전쟁의 아이들

2월 파업 이후, 야니는 말 그대로 적의 머리 꼭대기에 앉게 됐다. 바자를란의 셋방 아래층에 네덜란드 나치당 전용 인쇄소가 들어선 것이다. 아래층에서 파시스트 프로파간다가 엄청난 속도로 찍혀 나오는 동안, 야니와 보프는 위층 다락에 숨겨 둔 거대한 등사기로 저항단체의 비밀 선전물을 만들었다. 그렇게 야니는 자신의 첫 지하신문 『더 시그널』을 발간했다. 신문 이름은 20개 언어로 250만 부씩 격주로 찍어내던 독일 국방군의 프로파간다지 『시그널』을 패러디한 것이었다. 『시그널』을 따라잡기엔 멀었지만 야니는 로비를 재우고 쉴 틈 없이 일했다.

활동 반경을 넓히기 위해 야니는 1.6km 정도 떨어진 곳에 방을 얻어 본격적인 지하언론사를 차렸다. 두려움과 불신이 하루가 다르게 자라났다. 2월 파업의 여파로 암스테르담과 접촉하던 사람들은 물론 암스테르담과 다른 도시를 연결하던 중간책들까지 대거 검거되면서, 완전히 낯선 인물들과 접촉하는 일이 점점 늘어났다. 이는 야니에게 큰 부담이 됐다. 정보를 교환하기 위해 눈빛을 교환하거나 발송인이 명시되지 않은 메모를 전달받을 때 그리고 길모퉁이에서 접선을 할 때에도, 야니는 자신이 당최 누구를 상대하는지 알 수 없었다. 이 사람, 스파이는 아닐까? 가벼운 호승심으로 접근했다 나를 위험에 빠트리는 건 아닐까? 나처럼 이 사람도 자신에게 닥칠 수 있는 모든 상황을 충분히 고민하고, 그럼에도 불구하고 대의를 위해 투신하기로 결심한 사람일까? 매번 깊게 눌러쓴 모자 아래로 낯선 얼굴이 경계심 가득한 눈빛을 드러낼 때마다 야니는 과연 이 사람을 믿어도 될지 고민했다. 접선의 목적을 확실하게 알 수 있도록 양측 모두 늘 암호를 사용했다.

이처럼 두려움이 걷잡을 수 없이 커지는 데에는 다 이유가 있었다. 체포된 유대인 남성들이 어디어디 노동수용소로 끌려갔다더라 하는 이야기가 하루가 멀다 하고 들려왔다. 수용소로 끌려간 사람들 대부분이 죽는다고 했다. 사망 원인은 극한 추위와 질병, 과로 등으로 다양했다. 유대인들은 영화관이나 카페, 가게 출입이 금지됐다. 또한 암스테르담에 거주하는 유대인들은 집이나 가게를 몇 채 소유하고 있는지, 자녀들은 어디 학교에 다니는지, 대중교통은 주로 어떤 노선을 이용하는지, 어떤 모임에 참석하는지를 정부에 전부 보고해야 했다. 여행은 꿈도 꿀 수 없는 일이 됐다.

독일 점령군의 다음 목표는 최대한 많은 유대인을 한곳에 몰아넣고 통제하는 것이었다. 암스테르담에서 시작해 곧 네덜란드 전역의 중심 권역에서 비슷한 일이 벌어졌다. 유대인 지구를 도시의 나머지 지역으로부터 완전히 격리시킨 것은 처음에는 꽤나 효과적인 조치로 보였다. 하지만 철조망과 바리케이드는 오래가지 못했다. 암스테르담에만 해도 유대인 인구가 너무 많아 유대인 지구에 모두 수용하는 것이 불가능했을 뿐 아니라, 유대인 지구 내에 거주 중인 비유대인 암스테르담 시민도 어림잡아 6,000명은 훌쩍 넘었다. 그 많은 비유대인을 어떻게 이주시킬 것이며 그들과 왕래하는 타지의 가족과 지인은 어떻게 할 것인가. 결국 바리케이드는 철거됐으나 '유대인 거주지'라는 팻말은 거둬지지 않았다.

유대인의 거주지 이동은 금지됐다. 모든 유대인을 원래 살던 곳에 붙들어 매면서 유대인 사회의 위치와 규모를 파악하는 일이 손쉬워졌다.

1941년 12월 어느 밤, 린테는 공연을 마무리하고 짐을 챙기며 공연의 피아니스트이자 절친인 이다 로센헤이머르와 현재 돌아가는 상황에 대해 이야기를 나눴다. 린테는 여전히 낙관적이었다. 아무리 점령됐다 할지라도 각 나라 정부가 히틀러의 계획이 더이상 실행되지 못하도록 제동을 걸 것이라 믿었다. 수만 명의 사람을 강제로 이주시킨다는 발상 자체가 린테에게는 불가능한 것으로 여겨졌다. 이다는 훨씬 비관적이었다. 이다는 가족들을 통해, 폴란드와 체코슬로바키아의 유대인들이 게토에 갇혀 지내며 조금이라도 반항하는 경우 즉시 새로 세운 집단수용소로 보내진다는 사실을 알고 있었다. 린테가 너무 세상 물정을 모른다는 생각이 든 이다는 친구에게 강하게 경고했다. 히틀러는 유대인들을 지구상에서 절멸시켜야 한다고 지난 20년간 떠들어 오지 않았냐고, 그리고 이미 동유럽에서부터 그 계획을 실행에 옮기고 있지 않냐고. 조만간 같은 일이 네덜란드에서 벌어지지 않을 것이란 보장이 어디 있겠느냐고 말이다.

야니에게는 이와 같은 경고를 할 필요가 없었다. 야니는 이미 자신의 저항활동 영역을 차근차근 넓혀 나가는 중이었다. 보프는 중앙 식량 보급부에서 근무 중이었고—이는 훗날 가족에게 매우 큰 도움이 된다—야니는 저항단체 신문을 발간하고 보급하는 일 외에 사람들을 보호하는 일도 맡았다. 부부의 작은 집은 정치범이나 저항투사처럼 독일군의 블랙리스트에 올라 위험에 처한 사람들의 임시 거처가 됐다.

머지않아 두 사람은 공산주의자들도 보호하게 됐다. 그중에는 전 하원의원이었던 케이스 스할커르도 있었다. 스할커르는 활동이 금지된 네덜란드 노동당의 지도부 중 한 명으로 독일의 블랙리스트에 올라 있었다. 스할커르는 덥수룩한 회색 수염과 모자, 낡은 옷으로 변장하고는 노인 행색으로 지냈다. 하지만 그보다 앞서 부부에게 의탁했던 알렉산더르 데레이위와 마찬가지로 스할커르 역시 종전을 보지 못하고 죽음을 맞게 된다.

어린 로비가 아는 것이라곤 가끔 부모님 친구들이 집에 들러 한동안 함께 지낸다는 사실 정도였다. 린테도 어쩌다 가끔 동생네에 들렀을 때 부엌에 앉아 신문을 읽는 낯선 이를 발견하더라도 아무것도 묻지 않았다.

신분증을 훔치고 위조하는 것 역시 중차대한 일이 됐다. 은신처를 구하는 사람들에게 위조문서는 목숨이나 다름없었다. 언제 어디서든 경찰의 불심검문에 걸릴 수 있으니, 내가 유대인이 아니며 (가짜로 등록된 주소의) 정식 거주민임을 언제고 증명할 수 있어야 했다. 그해 초 추가로 실시된 '유대인 등록제'는 가히 성공적이었다. 네덜란드에 거주 중인 유대인 중 무려 16만 명이 등록을 마쳤다. 그 신분증 왼쪽 페이지, 증명사진 바로 옆에는 커다란 J표식이 찍혔다. 야니처럼 제 신분증에 도장이 찍히는 걸 피한 사람은 극소수에 불과했다.

신분증은 매우 강력한 통제 수단이 됐다. 조그마한 종이 쪼가리가 절체절명의 순간 생사를 결정했다. 위조 신분증은 유대인이 검문을 통과해 친구나 가족을 만나고 안전한 은신처를 구할 수 있도록 도왔다. 신분증 오른쪽 페이지에 기재된 개인 신상 정보 역시 위조해야 했다. '시몬 발라흐'나 '헨드릭 아케르만'처럼 너무 티 나는 유대인 이름의 경우 네덜란드식 이름으로 변경했다.

위조 신분증 다음으로는 배급제 카드 암거래가 활발했다. 독일군 점령으로 인해 국제 무역이 중단되다시피 하며 네덜란드에서는 각종 식자재와 생필품의 품귀 현상이 빚어졌다. 모든 가정은 배급카드를 받았고 카드에 포함된 티켓을 필요한 물자와 교환했다. 카드 왼쪽 페이지에는 식량, 신발, 출산, 질병, 연료, 기타 등의 항목이 기재돼 있었고, 보급을 받을 때마다 그 옆의 공란에 어떤 항목에서 얼마만큼의 물품을 수령했는지가 기록됐다.

간단한 행정 절차처럼 보이는 배급카드 역시 실제로는 무시무시한 무기로 쓰였다. 전쟁이 발발한 직후 시행된 제1차 등록배급제 이후 1943년 시행된 제2차 등록배급제는 그 대상이 네덜란드의 '일반' 시민들로 제한됐다. 즉, 은신 중이거나 위조 신분증을 소지한 사람들은 모두 배급 대상에서 제외됐다. 은신 중인 개인 혹은 가정은 더이상 보급품을 수령할 수 없었고 각자 알아서 식량을 구해야 했다. 미등록 유대인으로 하여금 굶주림에 지쳐 결국 제 발로 기어나오게 만드는 술책이었다.

자연히 배급카드와 티켓을 확보하고 유통하는 것 역시 저항활동의 주요 임무가 되었다. 야니는 이를 위한 안전하고 든든한 네트워크를 갖추고 있었다. 속옷 안에 카드를 숨긴 채 헤이그와 암스테르담, 위트레흐트를 바삐 오갔다.

검은셔츠단과의 유혈 충돌과 첫 불심검문은 네덜란드 나치당과 독일 점령군이 가면을 벗어던졌음을 여실히 보여 줬다. 그럼에도 불구하고 자신들이 가담한 일이 얼마나 위험한 일인지를 야니가 뼈저리게 느끼기까지는 조금 더 시간이 걸렸다.

공산당 색출 작업은 계속됐다. 네덜란드 공산당을 위해 일하던 지하조직원들은 체포되는 즉시 재판도 받지 못한 채 사라져 버렸다. 다음 타깃은 스페인 내전의 반파시스트 항전투사였다. 소위 '전직 스페인 항전투사' 중 수많은 이들이 브릴레스레이퍼르 자매의 친구였다. 그들 중 대부분은 여전히 혹은 더욱더 활발히 저항활동에 헌신했다. 스페인 내전이 '제2차 세계대전의 드레스 리허설'이라고 불리는 데에는 다 그만한 이유가 있었다. 스페인 항전투사 출신 활동가들은 『암호』, 『자유 네덜란드』, 『진실』지와 같은 불법 신문에 기고하고 의기투합해 새로운 저항활동을 조직해 나갔다.

야니는 파시스트의 주적으로 간주되는 세 가지 집단인 유대인, 공산주의자 그리고 스페인 항전투사에 모두 속해 있었으므로, 감수해야 하는 위험 또한 세 배였다.

1941년 5월, 스페인 내전 관련 활동 기록이 있는 시민들을 모두 독일로 송환한다는 명이 떨어졌다. 시행령이 공표된 순간부터 그들은 모두 무국적 범죄자로 간주됐다. 유럽 전역으로부터 송환된 스페인 내전 투사들은 다하우 강제수용소에 설치된 스페인 항전투사 전용 막사에 수감됐다.

친구들로부터 이 소식을 전해 들은 야니는 점차 자신이 해 온 일이 초래할 결말을 실감했다. 하지만 두려움이 그녀를 멈추지는 못했다. 유대인과 위험에 처한 다른 사람들을 돕는 일은 나날이 더 중요해졌고 야니는 온 힘을 다해 자신이 신뢰하는 동지들과 함께 활동 영역을 넓혀 나갔다. 예를 들어 유대인들의 신분증에 찍힌 J표식을 지우기 위해 야니는 주기적으로 암스테르담의 한스 페르버르를 찾아갔다. 한스는 발레리나이자 린테의 절친으로, 두 사람은 전쟁이 발발하기 직전까지 릴리 그린과 함께 공연을 했다. 한스를 이름난 발레리나로 만들어 준 뛰어난 운동 신경과 우아함은 전시에 더없이 유용하게 쓰였다. 한스와 그녀 남편의 위조 기술이 타의 추종을 불허했던 것이다.

요세프가 딸의 안위를 걱정하는 동안 정작 야니는 친정을 통해 든든한 지원군을 구했다. 니우어 아흐테르 운하에 자리한 피트에와 요세프 집 위층에는 레오와 로어스 부부가 살았다. 레오는 유대인 식자층 사이에서 발이 넓었고, 지하활동에 필요한 적임자들과 야니 사이에 다리를 놓아 줬다. 예를 들어 시청에 근무하는 누군가를 통해 출생등록 신고서 원본을 빼돌리고 또 누군가를 통해 정식 도장이 찍힌 신분증 원본을 구해다 주는 식이었다. 원본은 야니가 제공한 위조품으로 대체됐고 야니는 새로 태어난 유대인 아기들을 위해 원본을 사용했다.

1941년 여름, 네덜란드 거주 유대인들의 소재를 파악하는 작업이 절정에 다다랐다. 유대인 등록제 이후 유대인의 이동의 자유는 제한 됐을 뿐 아니라 더이상 시장이나 수영장, 해변 등 공공장소에도 출입 할 수 없었다. 유대인 소유 회사들은 국가에 강제로 귀속됐고 라디오 방송사는 압류됐다.

8만 명의 유대인이 거주하는 암스테르담 시의 공무원들은 점묘도 작성에 동원됐다. 암스테르담 지도에 유대인 거주지의 정확한 위치와 거주민 숫자를 점으로 표시하는 작업이었다. 점 하나가 유대인 열 명 을 뜻했다. 어디서 얼마나 더 검문해야 할지가 한눈에 보였다. 어떤 지역은 점이 빽빽한 반면 어떤 지역은 드문드문하거나 일정했다.

천천히 그리고 조금씩, 네덜란드 정부의 별다른 저항 없이 유대계 시민들은 네덜란드 사회에서 격리되고 상세하게 기록되며 기본권과 존엄성을 빼앗겼다.

그럼에도 불구하고 삶은 계속됐다. 전쟁 이후 나치의 테러에서 벗어 나 맞이하게 될 밝은 미래를 꿈꾸며 사람들은 매일을 살아갈 힘을 얻었다. 심지어 자매의 동료들 중에는 출산을 앞둔 부부도 많았다.

안타깝게도 린테와 에베르하르트는 결혼식을 치르지 못했다. 1935 년 제정된 뉘른베르크 법으로 인해 유대인과 독일인 간의 혼인이 금 지됐기 때문이다. 린테는 여전히 연인과 사이가 좋았고 그와 함께 가 정을 꾸리고 싶었다. 야니와 보프는 저항활동에 헌신하는 와중에도 아들을 기르며 큰 행복을 느꼈다. 미케와 하콘 스토테인 부부 역시 딸 레네를 낳고 기쁨을 누리는 중이었다.

세계적으로 유명한 오보에 연주자이자 지휘자인 야프 스토테인의 아들인 하콘 스토테인은 힐베르섬의 방송국 오케스트라에서 경력을 쌓기 시작했고 곧 암스테르담의 로얄 콘체르트헤바우 오케스트라의 솔로 오보이스트로 발탁됐다. 이 영광스러운 제안을 기쁘게 받아들인 하콘은 가족과 함께 콘체르트헤바우 바로 뒤에 자리한 요하너스 페르휠스트 거리 26번지로 이사했다. 이후, 이곳은 린테와 야니 자매에게도 매우 중요한 장소가 된다.

많은 사람이 독일 점령군이 금방 물러날 것이라 믿으며 삶을 꾸려나갔다. 암스테르담의 친구 부부를 방문해 갓 태어난 아기를 안을 때면, 린테의 마음 한 켠에 스멀스멀 올라오던 의구심이 싹 사라지곤 했다.

머지않아 린테와 야니의 출산 예정일이 가까워졌다. 린테는 첫 아이를, 야니는 둘째를 맞이할 순간을 기다렸다.

에베르하르트는 독일에 계신 아버지가 자신의 아들이 어떤 꼴이 됐는지를 보면 뒷목 잡고 쓰러질지도 모른다며 농담하곤 했다. 그의 부친은 프러시아 제국군의 장교 출신으로 자부심이 엄청났다. 그런데 군가와 행진곡 외의 모든 음악을 혐오하는 그의 밑에서, 그가 질색하는 모든 것을 갖춘 아들이 났지 뭔가. 네덜란드의 예술가 공동체에 사는 마르크시스트이자 피아니스트이자 음악학자. 게다가 유대인 여성과 동거하며 혼전 임신까지 한 망나니 아들이라니.

에베르하르트는 아주 어릴 적부터, 군국주의에 심취한 아버지가 끔찍이 싫었다. 독일 제국 찬양 일색에 제1차 세계대전을 미화하는 아버지에게서, 전쟁 당시 벨기에에 주둔하며 들었던 군가가 얼마나 웅장했는지를 귀에 못이 박히도록 들어야 했다. 아버지가 자신의 기준을 강요하고 아들을 순종시키기 위해 매질해댄 것 또한 결코 잊을 수 없었다.

옛 전우들과 함께하는 모임에서 아버지가 에베르하르트에게 연주를 시킨 적이 있었다. 황제의 탄생일마다 아버지는 거나한 모임을 열었고 만세 삼창과 더불어 '좋았던' 옛 시절과 전쟁의 영광을 되새기는 일장 연설을 했다. 갓 열여섯 살이 된 에베르하르트에게 연주를 시킨 것도 이런 제국주의자 모임 중 한 곳에서였다. 에베르하르트는 베토벤의 〈피아노 소나타 21번〉을 연주하기 위해 꽤 오랜 시간 연습에 매진했다. 하지만 소나타를 연주하는 동안 아버지와 아버지 친구들은 장단에 맞춰 발을 구르고 손뼉을 쳐댔다. 아버지는 소나타 나부랭이는 집어치우고 제대로 된 행진곡이나 연주하라고 말했다. 얼굴이 새빨개진 에베르하르트는 아버지의 윽박에도 불구하고, 연습을 완벽하게 마친 곡이 아니면 섣불리 남들 앞에서 연주하지 말라고 스승님이 가르쳤다는 핑계를 대며 지시를 거부했다.

오토 클렘페러를 사사한 것은 에베르하르트에게 큰 행운이었다. 클렘페러는 제자를 스트라빈스키와 힌데미트, 바그너, 베토벤의 세계로 이끌었고 에베르하르트는 금세 피아노 유망주로 성장했다. 베를린에서 음악사와 독일어, 철학을 공부하며 공산주의에 매료된 그는 1935년, 스물네 살의 나이에 「20세기 중반 독일의 음악 형식을 변화시킨 사회학적 기반」이라는 논문으로 박사 학위를 취득했다. 이 시기 에베르하르트는 이미 공산당원으로 활동 중이었고 독일 사회와 가족

내 분위기는 그의 숨을 턱턱 막히게 했다.

2년 전 총선에서 국가사회주의 독일 노동자당이 승리하며 바이마르 공화국은 역사 속으로 사라졌고 히틀러는 '독일국의 건설'이라는 야심을 이룰 수 있는 독재 권력을 거머쥐었다. 형 디트리히가 국가사회주의당에 가입하며 아버지의 기준에서 그나마 만족스러운 아들이 되자 에베르하르트는 마침내 결단을 내렸다. 학자금 대출을 갚는 즉시 자신이 경멸하는 길을 택한 조국을 떠나기로. 히틀러의 야망에 함께하는 것만을 유일한 자랑으로 여기는 가족을 떠나기로.

1년 후인 1936년, 에베르하르트는 타자기와 돈 몇 푼만 지닌 채 독일을 떠나 헤이그에 정착했고 그곳에서 평생의 연인 린테를 만났다.

역사는 그렇게 시작됐다.

5 가택 수색

야니와 보프의 헤이그 신혼집은 비밀 저항활동의 중심지였다. 국가
에서 적으로 지목한 유대인, 저항투사, 공산당원 들이 부부의 집으로
모여들었다. 침울한 성격의 변호사 데레이위를 시작으로 정치인 케
이스 스할커르가 머물다 갔고, 부부의 친구인 프리츠 뢰터르도 종종
신세를 졌다. 프리츠는 2월 파업을 주도한 열성 공산당원 중 한 명으
로 야니와 함께 저항신문사를 운영했다. 야니는 전단과 자보, 신문을
발간하고 배포하느라 여념이 없었다. 로비를 유아차에 태우고 남산만
큼 부푼 배를 추스르며 야니는 자신의 담당구역을 바삐 돌아다녔다.
주로 혼자 다녔지만 벽보를 붙일 때면 망을 봐주는 동지와 함께했다.

야니는 지하신문사의 열쇠뿐 아니라 공산당 자료 전체를 자택에
보관했다. 공산당 투사가 된 친구 헤릿 카스테인은 네덜란드가 점령
당한 직후 당과 관련된 모든 자료를 야니에게 의탁했다. 하지만 한곳
을 거점으로 너무 많은 활동을 하다 보면 결국 덜미가 잡히는 법.

그해 여름, 사달이 났다.

독일이 헤이그의 반파시스트 전단을 입수했다. 누군가가 체포됐고

심문 끝에 결국 야니와 보프의 이름을 대고 말았다. 그리고 찌는 듯한 무더위 속에서 퉁퉁 부은 몸으로 둘째 출산을 준비하고 있는 야니의 집 주소까지 실토해 버렸다.

1941년 8월 17일 일요일. 후덥지근한 한여름 날, 한 무리의 남성이 야니의 집으로 들이닥쳤다. 나치 보안대원들과 그들을 보좌하는 네덜란드 경찰들이었다. 바로 그때, 야니가 신생아 물품 한 바구니를 짊어지고 로비를 태운 유아차를 끌고 집에 도착했다. 가사육아 지원센터에서 요강과 고무시트, 요람을 만들 재료를 받아 오는 참이었다. 아닌 척 돌아설 겨를조차 없이 경찰들과 마주쳐 버렸다. 천만다행으로 보프는 출근해서 집에 없었다. 아래층 입구를 지키고 선 장정들이 야니를 멈춰 세웠다.

"여기가 보프 브란더스 집 맞지?" 그중 하나가 윽박지르듯 물었다.

"네, 여기 살았던 건 맞는데요. 이사간 지 꽤 됐어요." 야니는 생각나는 대로 둘러댔다.

남자의 고압적인 태도가 퍽 불쾌했다. 로비는 엄마에게 꼭 달라붙어 울음을 터트렸다. 네덜란드 경찰 한 명이 거의 코가 맞닿을 듯 바짝 얼굴을 들이밀며 으르렁댔다.

"그쪽이 보프 브란더스 아내잖아."

야니는 공포에 질려 아무런 말도 할 수 없었다. 그저 방패라도 되는 양 조용히 열쇠만 꼭 움켜쥐었다. 이들이 나를 인도적으로 대할 거였다면 애초에 집 문을 부수고 들어오지도 않았을 테지.

그들은 야니와 로비를 끌고 위층으로 올라갔고 야니를 부엌 의자에 앉혔다. 이미 집 수색이 한창이었다. 서랍이란 서랍은 다 열어젖혀

옷가지를 헤집어 놓았다. 책꽂이도 와르르 무너져 있었다. 야니는 점점 패닉에 빠졌다. 하지만 최대한 침착한 척 애쓰며, 어떻게 해야 경찰이 불법 활동의 증거를 찾지 못하게 막을까 머리를 굴렸다. 손바닥만 한 집에서 북적이는 경찰들 사이에서는 그 어떤 시도도 불가능해 보였다.

순간 야니는 배를 움켜쥐고 예정일이 얼마 남지 않았다며 원하시는 게 뭐냐고 외쳤다. 그 누구도 그녀의 물음에 반응하지 않자 야니는 아기가 나오는 것 같다고 비명을 질렀다. 만삭인 그녀의 배는 부풀대로 부풀어 있었으니 꽤 그럴싸한 핑계였다. 경찰관들이 바짝 긴장하는 게 느껴졌다. 갑자기 출산이라니, 이 얼마나 성가신 상황인가. 야니는 제발 의사라도 부르게 해 달라고 사정했고 결국 한 보안대원이 이를 허락했다.

야니는 로비의 손을 꽉 잡고 맞은편 식료품 가게로 달려가 전화를 이용했다. 그녀가 연락한 사람은 바로 폴하르딩 병원의 의사이자 친구인 유프 무스였다. 유프는 바로 이전 주에 린테의 출산을 도운 의사이기도 했다. 야니가 처한 상황을 한번에 알아들은 유프는 친구를 돕기 위해 즉각 병원을 나섰다. 야니는 로비를 데리고 다시 집으로 돌아와 신문사의 열쇠를 챙겼다. 한 손에는 열쇠를 움켜쥐고 다른 한 손으로는 로비의 손을 꼭 쥔 채, 야니는 침대에 가만히 누워 의사를 기다렸다. 경찰들이 온 집을 뒤집어 놓는 소리를 들으며 야니는 제발 공산당 자료를 찾아내지 못하기를 빌고 또 빌었다. 자료들은 부엌 선반 위에 쌓아 둔 냄비와 양동이 속에 감춰져 있었다.

푹푹 찌는 날씨 탓에 숨쉬기조차 힘들었다. 경찰들이 번갈아가며 부엌으로 가 물을 따라 마시는 소리가 들렸다. 수도꼭지가 돌아가고 컵에 물 받는 소리가 들릴 때마다 야니는 그들 머리 바로 위 선반에 숨겨 둔 공산당 자료집을 떠올렸다. 만약 누군가 자료집을 발견한다면 그녀는 꼼짝없이 죽은 목숨이었다. 로비를 꼭 끌어안고 숨을 헐떡이며 야니는 물을 들이켜는 소리에 귀를 기울였다. 컵이 비워질 때마다 이번에야말로 머리 위 선반에 눈길이 가겠지, 생각했다. 하지만 매번 컵을 탕, 하고 내려놓는 소리만 들렸고 물을 다 마신 경찰들은 바로 자신이 수색하던 곳으로 돌아갔다.

때마침 유프가 도착했다. 유프는 서둘러 침실로 들어오며 방 안에 대기하던 대원들을 쫓아냈다.

"신사분들, 산모 내진을 해야 해서요. 자리 좀 비켜 주시겠습니까?"

야니는 유프에게 동조하며 서둘러 바지를 끌어내렸고, 그 와중에 유프에게 슬쩍 신문사 열쇠를 넘겼다. 야니의 동업자 프리츠 뢰터르는 유프의 집에 은신 중이었고 바닷가에 자리한 그곳은 야니의 집과 꽤 거리가 있었다. 그곳이라면 열쇠는 안전할 것이었다.

유프는 처방전을 써준 후 집을 떠났다. 그전에 대원들도 다 들을 수 있도록 큰 목소리로 또박또박 설명했다.

"이건 진정제 처방전이에요. 지금 당장 약국에 가서 약을 받으세요. 안 그러면 아기가 위험해요."

벌써 다섯 시가 가까웠다. 시계가 정각을 가리키면 보프는 사무실을 떠날 것이었다. 야니는 로비를 데리고 밖으로 뛰쳐나갔다. 약국은 보프의 직장 바로 맞은편에 있었다. 보프가 수색대와 마주치기 전에 서둘러 그를 멈춰 세워야만 했다. 경찰 한 명이 야니를 따라나섰다.

자그마한 광장을 끼고 한쪽이 약국, 건너편이 보프의 사무실이었다. 야니는 로비의 손을 꼭 잡고 경찰을 뒤에 단 채 광장을 걸었다. 때마침 소나기가 쏟아졌다. 자갈로 포장된 거리가 순식간에 빗물로 검게 물들었다.

야니는 잽싸게 한 건물 출입구 아래로 뛰어들었다. 경찰은 미처 눈치채지 못하고 야니를 지나쳐 버렸다. 바로 그때, 맞은편 건물의 문이 열리고 보프가 모습을 드러냈다. 아내와 아들을 발견한 보프가 놀란 얼굴로 광장을 가로질러 왔다. 정면으로 스쳐지났지만 경찰과 보프는 서로를 알아보지 못했다. 보프가 야니에게 키스하며 물었다.

"대체 여기까진 웬일이에요, 여보?" 질문이 끝나기 무섭게 보프는 아내의 기색이 심상치 않음을 알아챘다. "무슨 일 있어요?"

"도망쳐요. 지금 당장!" 야니가 말했다.

아내의 말이 떨어지기 무섭게 보프는 뒤도 돌아보지 않고 지나가던 트램 위로 뛰어올랐다. 그 순간 마차 뒤로 경찰관이 모습을 드러냈다. 잠깐 사이 야니를 놓친 그는 야니를 찾아다니는 중이었다.

"약국에 가는 길 아니었나, 부인?"

"네, 맞아요. 비가 너무 많이 와서 잠깐 피하고 가려구요."

야니는 약국에서 처방받은 약을 구한 뒤, 로비와 함께 다시 집으로 돌아왔다. 보프가 다시는 돌아오지 못할 그 집으로.

보안대원과 경찰은 그야말로 집을 탈탈 털었다. 심지어 야니를 침실에서 쫓아내고 매트리스까지 찢어 속을 확인했다. 책도 몽땅 압수했다. 대부분 보프의 책이었지만 야니가 어릴 적부터 소중히 여기던 책도 포함돼 있었다. 제본 기술자 친구가 선물한 아름다운 빨간 가죽

책도 그중 하나였다. 물론 보안대원들에게 충분히 수상하게 보일 법한 모양새였다.

책장을 몽땅 털고 부엌 찬장 속 물품도 다 끄집어냈지만 다행히 그 누구도 선반에 놓인 냄비와 양동이는 건드리지 않았다. 먼지가 풀풀 날리는 집 안, 공산당 자료집이 담긴 냄비들 외에 예전과 같은 것은 무엇 하나 없었다. 마침내 수색대원들이 집을 떠났다.

무시무시한 분위기에 로비는 경기하듯 울었다. 악을 쓰다 열까지 오른 아들을 겨우 침대에 누이며 야니는 근심에 빠졌다. 그때 초인종이 울렸다. 어느새 어둠이 깔린 아래층 입구에 웬 소년이 서 있었다. 마치 나는 너와 한편이라는 듯 소년은 은밀한 목소리로 야니에게 오늘 일을 전해 들었다고 말했다.

"열쇠는 저에게 넘기세요." 소년이 나지막이 속삭였다.

야니는 대체 무슨 말을 하는지 모르겠다고 답했다.

"우리를 연결해 주던 분에게 급히 연락을 해야 하는데 주소라도 좀 알려 주세요, 그럼."

소년의 물음에 야니는 답했다.

"아니. 안 돼. 내일 노르드에인더의 빌럼 3세 동상 앞에서 다시 만나자." 곧바로 야니는 문을 쾅 닫았다.

야니는 무거운 몸을 이끌고 다시 위층으로 뛰어 올라갔다. 탈진한 채 얼굴이 새빨갛게 달아오른 로비를 담요로 꼭꼭 싸맨 후 들처업고 자전거로 달려 유프의 집으로 향했다.

야니는 숨을 고르지도 못한 채 프리츠 뢰터르에게 상황을 공유했다. 어떻게 하지? 꼬리가 밟힌 건 분명한데. 누군가가 이름을 댄 것 같아. 보프가 표적이 된 게 분명하고 우리도 마찬가지일 거야. 대체 어디까지 알고 온 걸까? 집에 찾아온 소년은 누구지? 인쇄소에 대한 정보를 알고 온 걸까, 아니면 그냥 뭐 하나 얻어걸리라는 식으로 수색한 걸까?

적어도 오늘 수색대는 별다른 성과를 얻지 못했고 보프도 안전하게 피신한 것으로 보였다. 야니와 프리츠는 소년에게 흘린 대로 내일 노르드에인더에 나가 보기로 했다. 그들이 누구인지 파악할 수 있도록.

야니와 로비는 뜬눈으로 밤을 지새웠다. 동이 트고 야니는 피로와 긴장으로 천근만근인 몸을 이끌고 노르드에인더로 향했다. 약속 장소에서 서성이는 자들을 본 순간, 그녀는 그들이 어느 편인지 알 수 있었다. 천천히 걸어가며 야니는 프리츠와 약속한 바를 되새겼다.

"만약에 독일 놈들이거든 신호를 줘. 그럼 바로 몸을 피할게."

야니는 미리 약속한 몸짓으로 프리츠에게 신호를 보냈다. 독일 요원들이 그녀를 멈춰 세웠을 때, 야니는 아무것도 모르는 척 굴었다. 그들이 윽박지르고 로비가 울기 시작했지만 동요하지 않고 그저 침묵을 지킬 뿐이었다. 독일 놈들이 집에 들이닥친 것은 동지 중 누군가가 정보를 발설했기 때문이 아닌가. 따라서 야니는 어떤 일이 있어도 그 자신은 결코 입을 열지 않으리라 다짐하고 또 다짐했다. 결국 독일군은 그녀를 보내줬다. 하지만 그녀를 지켜보고 있다고 으름장 놓는 것도 잊지 않았다.

그날부터 보프는 암스테르담 요하너스 페르휠스트 거리의 미케와 하콘 스토테인 부부의 집에 은신했다. 야니는 로비와 함께 헤이그 집에 계속 머물렀다. 중요한 자료는 모두 난로에 넣고 불태웠다.

며칠 후, 리셀로테 브란더스가 태어났다.

6 저항의 축

야니는 전쟁 초기부터 저항활동의 핵심 멤버로 활약했다. 반면 린테는 에베르하르트와 만난 뒤, 예술활동에 더 전념했다. 린테는 암스테르담 케이제르스 운하의 예술가 공동체에서 언제나 환영받는 손님이었다. 독일의 점령기가 길어지며 공연 수요가 점점 줄어들던 중, 린테는 임신을 했다.

그 무렵, 미크 판힐서가 린테에게 도움을 청했다. 은신 중인 사람들 대부분이 하루빨리 위조 신분증을 구해야 했는데 직업상 여행이 잦았던 린테는 여러 도시에 인맥이 많았다. 미크는 린테에게 최대한 많은 지인을 만나 신분증 분실 신고를 부탁해 줄 수 없겠냐 물었다. 신분증을 재발급받고 '분실한' 신분증은 지하활동을 위해 사용하는 방법이었다.

그렇게 1941년부터 린테도 저항활동에 합류했다. 린테가 처음 방문한 지인은 공연용 마스크를 제작해 주던 젊은 조각가였다. 그는 린테의 요청을 선뜻 수락하지 못했다. 때마침 그의 아버지가 들어와 둘이서 무슨 이야기를 하는 중이냐 물었다. 린테가 자초지종을 설명하자 나이 지긋한 어르신이 껄껄 웃으며 말했다.

"이 녀석아, 너 아직도 신분증을 안 잃어버렸어? 이런 부끄러운 일이 다 있나! 당장 드리지 않고 뭘 하고 서 있어? 그래, 그렇지. 당장 시청에 가서 재발급 신청서나 넣고 와. 그게 뭐 그리 어려운 일이라구."

말을 마친 노인은 린테를 향해 눈을 찡긋했다. 그 순간부터 린테의 저항활동이 본격적으로 시작됐다. 린테는 무엇이든 빨리 배웠다. 아니만큼 경험이 많지는 않았지만 이 바닥에서 꼭 필요한 자질을 모두 갖추고 있었다. 대범했고 그 어떤 도움이라도 너무나 절실한 시기라는 사실을 누구보다 잘 알았다.

무용가로서의 본업은 잠시 뒤로 할 수밖에 없었지만 무용가 특유의 민첩한 몸이 그 어느 때보다도 유용하게 쓰였다. 예를 들어 '유대인 출입 금지'라고 쓰인 팻말에도 아랑곳하지 않고 공공수영장에 가서 몇 바퀴 수영을 즐긴 후, 개인용 칸막이 탈의실 문틈 아래로 기어들어가 신분증을 훔쳐 오는 식이었다. 배가 점점 더 많이 불러 문틈 아래로 드나들 수 없게 되자 벽을 타 넘기 시작했다. 얇고 가벼운 간이 칸막이가 혹여나 불어난 그녀의 몸을 버티지 못하고 무너지면 어쩌나 늘 마음을 졸여야 했다.

이처럼 처음에는 최대한 많은 신분증을 확보하는 일에 집중했다. 하지만 검은 머리에 55세인 여성의 신분증이 필요하다는 등, 요구사항이 점점 구체적으로 늘어나자 작업도 더 까다로워졌다. 위조 신분증을 이용하다 적발된 유대인의 수가 점점 늘어났기에 더 정교하고 세심하게 작업해야 했다. 네덜란드 신분증은 유럽에서 가장 위조하기 어렵기로 명성이 높았다. 신분증에 증명사진과 지문이 모두 등록돼 있었으며 모든 신분증이 위조 방지를 위해 중앙등기소에 연동돼 있었다. 전용 잉크도 가품을 만들기 매우 까다로웠다. 시약 반응을 통해 가품을 찾아내기 쉬웠으며, 증명사진 뒷면에는 보이지 않는 봉인이 있어 증명사진을 분리할 경우 지문 찍힌 봉인이 훼손될 수밖에 없는 구조였다.

린테는 이 문제에 대해 미크에게 조언을 구했고 마침내 이를 타개할 방안을 찾아냈다. 두 사람과 함께 일하는 그래픽 디자이너가 원본 증명사진의 뒷면은 보존하고 앞면만 분리해 내는 기술을 고안했다. 분리 후, 종이 두께만큼 얇게 만든 새 증명사진을 덧붙이면 감쪽같았다. 그렇게 솜씨 좋은 동지들이 수백 개의 신분증을 위조하는 데 성공했다. 물론 지문까지 위조할 수는 없었지만 불심검문 정도는 별 탈 없이 통과할 수 있었다.

어느 날, 미크가 린테에게 위조 신분증을 이용해 헤이그의 란 판메이르데르보르트의 식량사무소에 다녀오길 요청했다. 사무소에 동지가 있다고 했다. 미크는 동지의 생김새를 자세히 묘사하며 일렀다.

"잊지 마. 무조건 그 사람이어야 해. 혹 다른 사람이 근무 중이거든 바로 돌아서서 나와."

린테가 할 일은 위조 신분증을 이용해 다음 달 배급카드를 수령하는 일이었다. 배급카드를 구하면 조직원들이 이를 품목별 교환티켓과 거래했다.

자그마한 사무소로 들어서는 린테의 심장은 터질 듯 뛰었다. 린테는 미크가 설명한 사람을 알아봤고 그에게 위조 서류를 건넸다. 그가 린테를 쳐다봤을 때 린테는 모든 것이 들통났다는 두려움에 사로 잡혔다. 하지만 남자는 눈 하나 깜짝 않고 무심히 배급카드를 넘겨 줬다. 린테는 그 순간을 평생 기억했다. 일면식도 없는 두 사람이 그 저 서로를 믿어야만 했던 그 순간을. 더 큰 위험에 처한 타인을 돕기 위해 위험을 기꺼이 감수하며 아무 일 없다는 듯 의연하게 행동했던 두 사람의 모습을.

임신 초기, 린테는 저항활동뿐 아니라 무용 수업과 공연도 병행했 다. 암스테르담에서 유대인 관객들을 대상으로 한 카바레 공연을 하 며, 더이상 일반 공연장에 설 수 없게 된 다른 유대계 예술가들과 함 께 공연을 꾸렸다. 막스 에를리히나 오토 발뷔르흐처럼 유럽에서 이 름난 배우, 카바레 아티스트 들이 함께했다. 덴마크 출신의 테너 막 스 한센도 합류했다. 1932년, 한센은 히틀러를 동성애적으로 풍자하 는 곡 〈아직도 나에게 반하지 않았나요?〉를 발표하면서 나치 지지자 들에게 어마어마한 공분을 샀다. 또 다른 멤버로는 뮤지컬과 영화로 크게 흥행한 네덜란드 작품 〈선원들〉에 출연했던 헤인트예 다비드스 도 있었다.
　린테는 이디시 전통 공연으로 널리 알려졌으며 유명한 레뷔에 다 수 출연하며 명성을 쌓았다. 그녀는 당대에 주목할 만한 예술가들과 팀을 꾸려 공연한다는 사실에 너무나 행복했고, 임신 후 점차 배가 불러 더이상 공연에 서지 못하게 되자 누구보다 속상해했다. 막스 에 를리히는 "촉망받는 젊은 안무가를 키워 놨더니 홀랑 임신을 해 버 렸네!"라며 그녀를 놀렸다.

린테는 하는 수 없이 소속사를 떠났다. 경력 면에서 큰 좌절감을 맛봤지만 이 불운은 비극적인 행운이 됐다. 헤인트예 다비드스와 막스 한센을 제외한 모든 멤버가 곧 체포돼 베스테르보르크 수용소로 보내졌고 이후 아우슈비츠로 이송됐다. 그중 살아 돌아온 사람은 아무도 없다.

1941년 8월 8일, 진통이 시작됐다. 마침 에베르하르트는 타지에서의 오케스트라 협연 때문에 부재중이었다. 린테는 남산처럼 부푼 배를 자전거 핸들에 기댄 채 힘겹게 폴하르딩 병원으로 향했다. 유프무스가 출산을 도왔다. 에베르하르트가 공연 중간 휴식 시간에 병원에 전화를 걸었고 유프는 뿌듯한 목소리로 방금 막 아버지가 된 걸 축하한다고 전했다.

1941년 8월 12일, 에베르하르트는 뉴욕에 거주하는 친구에게 아래와 같이 편지를 썼다.

딸이 태어났어. 이름은 카팅카 아니타. 3.5kg에 까만 머리칼, 눈썹은 그보다 옅은 색이고 눈동자는 진한 파란색이야. 코는 엄마를 닮았고 입은 아빠를 닮았어. 아기도 산모도 다 건강해서 얼마나 다행인지 몰라. 우리의 부유한 제자들이 축하 선물을 어찌나 많이 보내주는지, 린테가 아주 응석받이가 될 것 같다니까. 꽃다발에 과일에 최고급 초콜릿 트러플까지!

이 편지는 에베르하르트가 친구에게 보내는 마지막 서신이 됐다. 이윽고 우체국 해외 업무가 중단됐기 때문이다. 그해 12월 7일 일본군이 진주만을 공격하면서 미국이 참전했고 이로써 다른 나라와 연락할 수 있는 방도가 사실상 모두 사라졌다.

야니는 언니와 비슷한 시기에 딸을 낳은 것이 좋았다. 서로 의지가 됐으니 말이다. 처음엔 린테가 지하활동에 가담하는 것을 걱정했지만 이젠 동지로 함께할 수 있어 너무나 감사했다. 보프는 여전히 스토테인 부부 집에 은신 중이었기에 야니는 한창 걸음마를 시작한 꼬마 로비와 갓난쟁이 리셀로테를 앞뒤로 들쳐 업고 홀로 저항신문 발간을 계속해야 했다. 야니는 신문 일부를 린테의 집, 에베르하르트의 베히슈타인 그랜드 피아노 내부에 숨겼다. 이 유명한 피아노 회사의 소유주 헬레네 베히슈타인은 히틀러의 최측근이자 후원자로, 히틀러를 친자식처럼 여겨 공공연하게 '우리 아기늑대'라고 부르곤 했다. 그런 그녀의 회사에서 만든 피아노가 어떤 용도로 쓰이는지 그녀가 알았다면 어떤 반응을 보였을지, 참으로 볼만했을 테다.

야니는, 갓난 카팅카를 유아차에 태우고 유아차 매트 아래에 『더 시그널』, 『진실』, 『자유의 연단』과 같은 저항신문을 가득 숨긴 채 도시 전역을 활보하는 언니가 자랑스러웠다. 린테의 주요 접선지는 소아과로, 그곳에서 아기를 낳아 기르는 동지와 만났다. 육아 관련 수다를 떨고 서로의 아기를 안아 보다 아기용 모포를 바꿔 써 보는 척하며 모포 속에 든 전단과 주보를 주고받았다. 검진을 마치면 아기들을 밀수품 더미 위에 다시 눕히고 각자 집으로 돌아갔다.

하지만 감시망은 점점 이들을 옥죄었다. 이들은 더 많은 동지를 잃었다. 소아과에서 만났던 린테의 친구들이 결국 체포됐고 엄마와 아기 모두 아우슈비츠에서 살아 돌아오지 못했다.

　비록 남편과 떨어져 홀로 지냈지만 야니는 친정과 자주 왕래했다. 아버지와 동생 야피는 물론 린테 가족까지 다 함께 바자를란의 야니 집에서 함께 시간을 보내다 가곤 했다. 야피는 눈에 넣어도 아프지 않을 만큼 소중한 동생이었다. 야니보다 다섯 살 어린 브릴레스레이퍼르가 막내는 스위스 시계 장인들 뺨칠 만큼 손재주가 좋았다. 피트에가 야니를 낳을 당시, 산파는 남자아이 머리가 보인다고 말했다. 호언장담과 달리 딸이 나왔을 때, 아들을 한껏 기대했던 요세프는 화가 치밀어 올라 산파의 머리를 후려쳐 버렸다. 물론 머지않아 딸바보가 됐지만 말이다.

　야피는 누나들과 쏙 닮은 외모를 타고났다. 두드러진 광대뼈와 도톰한 입술, 검고 짙은 눈썹. 상당히 이국적인 외모 때문에 사람들은 삼남매를 네덜란드령 인도(현 인도네시아 - 옮긴이) 사람으로 착각하곤 했다. 다만 누나들은 얼굴형이 둥근 데 반해 야피는 말상에 가까웠는데, 동그란 철제 안경까지 쓰면 영락없이 발명가처럼 보였다. 야피는 아버지의 창의력과 어머니의 근면 성실함을 이어받았다. 아주 어린 시절부터 이것저것 고안하고 직접 만들었다.

　야니에 따르면 야피는 휴대용 자전거라디오를 최초로 발명한 사람이다. 며칠간 방에 틀어박혀 나오지 않던 야피가 어느 날 라디오를 하나 만들어 나왔다. 음질이 불량하긴 했지만 음성이 출력됐고 무슨 말을 하는지 알아들을 정도는 됐다. 가족들이 다 함께 모였을 때 마침 영국 라디오 신호가 잡혔다. "대번트리에서 전합니다!"

　야피는 널빤지와 병뚜껑, 유리판 등으로 라디오의 겉을 감싼 후 자전거에 달았다. 핸들에 몸체를 고정시켰고 구리 선이 안테나 역할을 하게 했으며 작은 발전기로 전원을 공급했다. 그리고 라디오에서 흘러나오는 음악에 맞춰 페달을 밟고 노래를 부르며 등교했다.

누나들이 결혼하고 아기를 낳아 기르는 동안 야피는 어느덧 스무 살 청년이 됐고 계속 암스테르담 본가에서 살았다. 학비가 없어 중학교는 중퇴해야 했다. 아버지가 시력 때문에 일을 못 하는 기간이 길어지며 한창 생활고에 시달리던 터였다. 야피는 상업 통신 기술을 배우기 위해 야학에 다녔지만 1941년 8월 말, 다른 유대인 학생들과 함께 퇴학당했다.

그보다 몇 년 전, 야피는 생계에 도움이 되고자 본가 맞은편 공터에서 자전거 보관소 사업을 시작했다. 그 누나에 그 동생 아니랄까봐, 야피 역시 그곳을 저항단체 활동의 거점으로 활용했다. 자전거 보관소로 눈속임했지만 실제로는 저항활동에 필요한 자료, 물품, 소식 등을 전국 곳곳으로 전달하는 우체국 역할을 했다.

유대인들이 사회로부터 점점 더 격리되고 비유대계 시민 사회가 점차 무관심해져 가는 동안, 브릴레스레이퍼르 가 사람들이 총동원된 저항단체 활동망은 네덜란드 전역으로 뻗어 나갔다. 가족 모두가 목숨을 걸고 암스테르담과 헤이그를 중심으로 한 저항전선을 구축하고 있었다.

병역 기피

가족 중 가장 먼저 은신한 사람은 독일인 망명자도, 유대인 자매도 아닌 네덜란드인 보프였다. 이 아이러니한 상황에 차마 웃을 수 없었던 건 그다음 타자가 누가 될지 알 수 없었기 때문이다.

에베르하르트에게 징집령이 떨어지면서 가족의 걱정은 현실이 됐다. 4주 후 헤이그 주둔 독일군 병무청에 출석하라는 통지서가 날아들었을 때, 린테와 에베르하르트는 갓 태어난 딸 카팅카와 병원에서 집으로 돌아온 지 며칠도 되지 않은 참이었다. 그해 가을, 신체검사를 통과한다면 에베르하르트는 꼼짝없이 1942년 1월에 독일 국방군에 입대해야 했다.

그날 저녁, 막 부모가 된 두 사람은 통지서를 놓고 앞으로 어떻게 할지 의논했다. 우선 옆방의 클라리넷 연주자 욜러 휘크리더에게 카팅카를 재워 달라 부탁했다. 욜러는 아기를 위해 기꺼이 자장가를 연주했다. 카팅카가 울음을 그치는 건 그 자신의 심신의 평화에도 매우 중요한 문제였으니 말이다. 예술가 공동체 이웃들 모두 아기의 탄생에 하늘 위를 둥둥 떠다니듯 행복해했으나 불행히도 이 꼬마 아가씨는 제 엄마 성격을 그대로 물려받아 태어났다. 카팅카가 보채지 않고 얌전히 몇 시간을 보낸 건 집에 돌아오고 딱 한 번뿐이었다. 모유 수유를 시작하기 전이던 린테는 '이때다!' 하고 딸의 탄생을 축하하며 스파클링 와인 한 병을 냅다 비웠다.

카팅카가 잠에 들자 욜러는 조용히 방을 빠져나왔고 린테와 에베르하르트는 대화를 시작했다. 보프처럼 은신처를 구해야 할까? 하지만 어디에? 아니면 그냥 소집일에 출석하고 신체검사 결과를 두고볼까? 혹시 불합격 통지를 받는다면 그냥 집으로 돌아오면 되지 않나? 아무리 생각해도 뚜렷한 답은 나오지 않았고, 두 사람은 처음으로 낙관적 희망이 사그라지는 것을 느꼈다. 에베르하르트가 최전선에 배치되기라도 한다면 그는 결코 살아 돌아오지 못할 것이었다. 적군과의 싸움 때문이 아니라 본인 스스로와의 싸움 때문에.

"르헤인에게 가서 상의해 보는 게 어때요?" 린테가 마침내 제안했다. "르헤인이라면 답을 알 거예요."

르헤인비스 페이트흐는 야니와 보프를 통해 알게 된 소중한 동료였다. 부유한 페이트흐 가문의 아들이자 헤이그의 신경과 전문의인 그는 네덜란드 저항활동 초창기부터 주축 멤버로 활약했다. 소아마비는 그에게 굽은 몸과 큰 머리, 좁은 어깨라는 평생의 장애를 남겼지만, 그는 고결한 도덕성의 소유자로 명성이 자자했다.

르헤인은 헤릿 카스테인과 함께 연대 기금을 창설해 지하활동에 필요한 자금을 확보하고 배분했다. 이미 도움이 필요한 사람들을 계속해서 지원 중인 르헤인에게 에베르하르트의 상황을 논의하는 것은 너무나 당연한 절차였다. 그의 진료실은 '환자'로 등록된 저항투사들의 임시 주소로 쓰이기도 했다. 보프가 몇 주 전 은신처를 찾을 때에도 르헤인이 큰 도움을 준 바 있었다.

야니의 집이 가택 수색을 당하고 다음날 아침, 르헤인은 한 손에는 커피 가루가 담긴 컵을, 다른 한 손에는 담배 한 갑을 들고 본인의 진료실에서 나와 바자를란으로 향했다. 그는 야니네 이층집에 도착해서는 만삭의 야니에게 인사를 건넸다.

"안녕! 지나다 들렀습니다. 커피 좀 내려 주겠어요? 앞으로 어떻게 할지 얘기도 좀 하고요."

야니가 따뜻한 커피를 홀짝이고 르헤인이 담배를 피는 동안, 르헤인은 배 속에 또 다른 아기를 품은 야니에게 보프가 없는 동안 월세며 공과금은 어떻게 낼 것인지 단도직입적으로 물었다. 야니는 아무런 대답도 할 수 없었다. 차마 거기까지는 생각할 겨를도 정신도 없었다. 하지만 보프가 출근하지 않는다면 월급을 받지 못하는 건 당연지사였다.

"부군 월급이 얼마였죠?" 르헤인이 물었다.

정확한 액수는 몰랐지만 야니는 생활비로 필요한 비용이 얼마인지 어림잡아 답했다. 르헤인은 부부의 은행 계좌 번호와 야니가 계좌를 이용할 수 있는지 여부를 물어본 후 홀쩍 돌아갔다.

그리고 며칠 후, 야니는 보프의 월급을 고스란히 지급받았다. 보프의 직장이 아닌 르헤인비스 페이트흐의 필명인 'P. G. 욘커르'로부터. 그 후 보프가 다시 생업에 복귀할 때까지 르헤인은 보프의 월급에 달하는 금액을 매달 야니에게 송금했다. 그리고 매일 아침 야니의 집에 들러 커피 한 잔과 담배 두 개비를 즐긴 후 출근했다.

1941년 가을, 에베르하르트는 르헤인을 만난다. 신체검사에서 부적격 판정을 받는 게 무엇보다 중요했다. 르헤인은 거두절미하고 본론으로 들어갔다.

"지금 체중이 얼마나 나갑니까?"

"67kg이 조금 안 됩니다. 키는 175cm고요."

"체중 미달을 노립시다. 50kg, 정 안되면 52kg까지 감량을 해야 해요. 그 정도 피골이 상접하면 징집에서 제외될 확률이 높지요. 그리고 지병도 하나 만들어 냅시다."

"형이 신장에 문제가 있어서 독일 국방군 입대 신체검사에서 떨어진 걸로 기억합니다."

"딱 좋네요." 르헤인이 말했다.

"검사 열흘 전에 대황으로 만든 약을 지어 드리지요. 그럼 신장 감염 초기 증상 같은 소변을 볼 겁니다. 미리 말씀드리자면 엄청나게 고통스러울 거예요. 하지만 죽을 일은 없으니 걱정 마세요."

에베르하르트는 르헤인의 계획에 동의했고 즉각 엄격한 식단 조절을 시작했다. 르헤인은 어떻게 하면 보기 좋게 늘씬한 청년의 몸을 최단 시간 안에 뼈다귀처럼 만들 수 있는지 일러 줬다.

"이렇게만 하시면 됩니다. 새벽 세 시까지 일을 하고, 아주 진한 커피를 몇 잔 들이부은 후 한두 시간만 눈을 붙이는 거예요. 그 이상자면 안 됩니다. 그러고 나서 곧장 자전거를 타고 최대한 빠른 속도로 도시 전체를 적어도 8km, 컨디션이 괜찮을 땐 16km 정도 질주하세요. 일주일에 두 번씩 만나서 상태를 체크합시다. 오늘부터 에베르하르트 씨는 제 환자예요."

에베르하르트는 그날부터 관리를 시작했다. 일찍 일어나는 게 가장 고역이었다. 새벽 다섯 시, 아직 집이 고요한 시각에 에베르하르트는 굶주린 몸을 이끌고 밖으로 나가 헤이그 전역을 자전거로 내달렸다. 울렁거리는 속과 오징어처럼 흐느적거리는 다리를 애써 추스르며 사이클 경기에 출전한 선수처럼 도시를 질주한 후 새벽 어스름이 돼서야, 따뜻한 침대에서 한잠에 든 린테와 카팅카에게 돌아왔다. 땀범벅에 기진맥진한 몸을 이끌고 집에 들어설 때면 하늘이 노랗고 눈앞에 별이 빙빙 돌았다. 하지만 에베르하르트는 자신의 목표에 집중했다. 독일 국방군에 징집돼 아내와 갓 태어난 딸의 곁을 떠나는 일은 부디 일어나지 않기를.

에베르하르트가 단기간에 체중 감량을 하는 동안 히틀러의 대(對)소비에트연합 전선 소식이 전해졌다. 역사상 가장 광범위한 군사 행동인 '바르바로사 작전'이 개시된 것이었다. 히틀러의 최종 목표는 동쪽으로의 진출이었다. 독일 민족에 대한 그의 계획을 실현할 수 있는, 충분한 생존권을 확보할 수 있는 광활한 땅. 본인의 자서전 『나의 투쟁』에서 그는 일찍이 슬라브 민족을 '하위 인간'이라 칭하고 그들의 구역질나는 이데올로기인 공산주의를 비판하며 적개심을 표출한 바 있었다.

1941년 6월 22일, 독일 국방군은 병력 400만 명과 기마 60만 필, 전투기 2,000대를 동원해 선전포고 없이 소비에트 연합을 침공했다. 전쟁이 오래가지 않을 것이라 확신한 린테와 에베르하르트는 나치의 네덜란드 침공 이후로도 줄곧 낙관적인 태도를 유지해 왔으나, 동부 전선의 개전과 전격전의 성과는 두 사람의 믿음에 처음으로 균열을 냈다.

 몇 주 후 우중충한 가을날, 껍데기만 남은 에베르하르트가 헤이그의 병무청에 출석했다. 허벅지 사이는 텅 비고 피골이 상접해 있었다. 볼은 푹 파이다 못해 해골이 드러나 보일 지경이었다. 축 늘어진 누르스름한 눈밑 주름과 이마에 배어난 식은땀이 그를 곧 죽을 사람처럼 보이게 했다. 풍채 좋은 몸에 딱 맞는 군복을 차려입은 검사관이 속옷만 입고 선 에베르하르트를 탐탁지 않은 눈길로 쳐다보며 체중과 키를 쟀다.

 "50kg!" 검사관이 외쳤다.

 "그것밖에 안 돼? 다른 문제는 없고?" 다른 검사관이 덧붙였다.

 "네, 근시가 있습니다." 에베르하르트가 답했다.

 "해당 사유 없음!"

 "다리가 휘어서 오래 걷지 못합니다."

 "보병은 부적격. 대공포병은 가능."

 에베르하르트는 점점 자신감이 사라지는 걸 느꼈다. 지난 며칠 죽을 만큼 힘들었지만 그의 몰골에 경악하는 이웃들의 반응에 용기를 얻곤 했다. 몸만 잘 버텨 준다면 부적격 판정을 받는 일이야 어렵지 않을 것이라 내심 기대했다. 하지만 아무런 동요 없이 그를 쳐다보는 검사관을 마주하자니 '아, 심장만 뛰면 누구나 다 끌고 가겠구나.'라는 생각이 들기 시작했다. 필요한 건 그저 총알받이였으니 말이다.

 "어린 시절 심한 중이염을 세 차례 앓았습니다. 그래서…" 에베르하르트가 애써 핑곗거리를 댔다.

 "너 음악가잖아. 청력에는 문제없는 거 아니야?"

"그리고 중증 신장염도 최소 두 번 걸렸습니다." 그의 목소리가 점점 작아졌다. 그간의 모든 노력이 수포로 돌아가리란 걸 직감했다.

"상비군 판정!" 검사관이 서류를 작성하는 사무관에게 외쳤다.

"추후 통지가 갈 때까지 대기하고 있도록."

그렇게 신체검사가 마무리됐다. 에베르하르트 앞뒤로 검사를 받은 자들은 모두 현역 판정이 나왔고 현장에서 즉시 입대 영장을 받았다. 에베르하르트는 실낱같은 희망을 느꼈다. 일단 급한 불은 껐으니 시간을 벌 수 있겠다.

이후 몇 주 동안 에베르하르트는 린테가 차려 주는 것이라면 무엇이든 닥치는 대로 먹으며 몸을 회복하는 데 집중했다. 하루에도 열두 번도 더 우편함을 확인하며, 다시 소집 통지서가 왔을 때는 어떻게 대처할지 수많은 시나리오를 계획했다. 무사히 린테와 카팅카에게 돌아갈 수 있을 거라 희망을 품은 채 그토록 혐오해 온 나치 군복을 입고 전장에 나가야 하는 걸까? 아니면 부부가 도와 온 수많은 사람들처럼 그 역시 도피해야 하나? 어쩌면 두 사람은 이런 상황이 오리란 걸 진작에 알고 있었는지 모른다. 그럼에도 불구하고 실제 결정을 내리고 실행하기란 쉽지 않았다. 징집된다면 결국에는 은신할 수밖에 없었다.

1941년 12월 6일에 날아든 입대 영장은 결국 에베르하르트를 탈영병으로 만들었다. 조국의 제1공공의 적, 탈영자. 히틀러는 늘 반역자, 조국의 뜻을 거스르는 자 들에 대한 입장을 분명히 했다.

"전선에서 싸우다 보면 목숨을 잃을 수도 있다. 하지만 반역자에게는 죽음뿐이다."

에베르하르트는 독일 볼펜뷔텔 연대에 나치당 행정병으로 자대 배치를 받았고, 이듬해 1월 15일 전까지 자대에 전입해야 했다. 영장에는 볼펜뷔텔행 편도 기차표도 동봉돼 있었다. 에베르하르트는 기차표를 손에 쥐었다. 최근 동부 전선 소식을 들은 터라 결코 입대하지 않겠다는 그의 마음은 이미 확고했다.

저항단체 소식망을 통해 에베르하르트는 전격전의 양상을 쭉 지켜봤다. 소련군의 오금을 저리게 만들었던 대규모 기습전은 혹한 속에서 지지부진한 장례 행렬로 변모했다. 첫 몇 달간 독일군의 연이은 승리 이후, 군수 지원이 삐걱거리기 시작한 게 화근이었다. 보병이 기갑 부대의 속도를 따라잡지 못해 뒤처지고 군수 물자 지원은 부족해지는 와중, 히틀러는 그 누구도 이해하지 못할 결정을 내렸다. 그는 수백만에 달하는 군인들을 시베리아의 스텝 지대와 툰드라를 향해 꾸역꾸역 진격시켰다. 러시아의 무자비한 혹한은 본격적으로 시작도 하지 않았는데 말이다.

에베르하르트가 입대 통지서를 받은 바로 그날, 모스크바의 기온은 영하 29도를 기록했다. 바르바로사 작전 초기 단계, 소련군에서 약 80만 명의 사상자가 발생했으나 12월 초가 되면서 소련군은 매서운 반격을 시작했다. 독일군은 동상으로 사지는 물론 눈꺼풀, 머리칼, 코, 귀를 잃었지만 그럼에도 불구하고 계속 진군해야만 했다. 좀비 같은 독일군이 지나간 자리에는 허수아비 같은 송장과 공포스러운 까마귀의 흔적이 을씨년스럽게 펼쳐졌다. 피에 굶주린 나치 부대와 격전을 벌인 소련군은, 독일군의 시체를 죽음의 춤을 추는 조각상처럼 기괴하게 꺾은 후 눈더미 위에 꽂곤 했다.

소련 영토는 광활했고 러시아의 인해전술은 나치 부대를 한없이 작게 만들었다. 공산군은 그야말로 인간으로 만든 쿠션과 같아 독일군이 제아무리 공격해도 충격을 모조리 흡수해 버렸다. 스탈린에게는 현역 군인 600만 명과 더불어 설원을 온통 피로 적시고도 남을 총알받이용 상비군 1,400만 명이 있었다.

1942년 1월, 야니가 남편과 생이별한 지 어언 반년이 지나 있었다. 보프는 아직 딸 리셀로테의 얼굴도 본 적이 없었다. 보프는 여전히 암스테르담의 스토테인 부부 집에 은신 중이었고 야니는 남편이 그리워 미칠 지경이었다.

그때, 야니의 시누이 알레이트가 두 사람이 잠시나마 재회할 수 있도록 좋은 수를 생각해 냈다. 알레이트는 노르트홀란트 주의 유지인 유대인 가문에 시집을 갔다. 그녀의 시아버지 야프 헤멜레익은 독일 나치당의 시행령으로 인해 해임당하기 전까지, 네덜란드 서북부의 작은 도시 알크마르의 사립학교 교장 및 베르헌 시의원을 역임했다. 이 명망 높은 인물을 야니 역시 '헤멜레익 할아버지'라는 애칭으로 부르며 존경해 왔다. 유대인에 대한 핍박이 나날이 거세지며 고충을 겪는 와중에도 그는 늘 꿋꿋한 기상을 지켰고 그 모습은 야니에게도 큰 귀감이 됐다.

알레이트와 얀 헤멜레익 부부는 베르헌에 거주 중이었다. 알레이트는 남편과 시아버지 혹은 친척 중에 인근 휴가용 별장을 소유한 분이 있다면 오빠네 가족이 며칠만이라도 조용히 시간을 보낼 수 있도록 도와주십사 부탁했다. 그리고 이 계획은 조금 다른 방향으로 발전했다.

에베르하르트가 징집됐다는 소식을 전해 들은 야니는 우선 진심을 다해 언니를 위로했다. 에베르하르트가 독일군에게 잡히거나 입대를 거부해 체포되거나, 어쨌든 결말은 죽음뿐이라는 사실에 린테는 제정신이 아니었다. 그런 언니를 보며 야니는 한 가지 계획을 떠올렸으나 우선 르헤인에게 이야기해 보고 조언을 듣기로 했다. 아무래도 에베르하르트를 베르헌에 먼저 보내는 것이 더 나을 것 같았다. 야니와 보프가 재회할 방법은 다시 찾으면 되니까. 에베르하르트를 구하는 것이 더 중요했다.

르헤인도 야니의 생각에 동의했다. 하지만 시간이 촉박했다. 에베르하르트는 1월 15일까지 볼펜뷔텔의 자대에 전입 신고를 해야 했고 네덜란드 내에서 운신의 자유는 극도로 제한된 상황이었다. 유대인의 거주지 이동이 금지된 지 꽤 됐고 강제 이주 시행이 준비 중이었다. 그 계획은 '이주'라는 허울 좋은 표현으로 포장됐고 네덜란드의 매체와 국민들 역시 이 단어를 금세 따라 쓰기 시작했다. '이주령'의 골자는 네덜란드 전역의 유대인들을 암스테르담으로 이동시키는 것이었다. 기존의 세간살이는 모조리 내버려 둔 채 맨몸으로 말이다. 네덜란드의 유대인 인구를 암스테르담 내 네 곳의 '유대인 거주 구역'인 트란스발뷔르트, 리베렌뷔르트, 유대인 지구와 아스테르도르프에 분산시켜 격리하는 것이 궁극적인 계획이었다.

야니와 르헤인은 하루빨리 얀 헤멜레익에게 도움을 청하기로 했다. 또한 보안을 위해 린테에게는 계획을 공유하지 않았다. 비밀경찰(게슈타포)의 심문은 잔인하기로 악명이 높았다. 린테가 아는 것이 없다면 어떤 고문을 해도 린테에게서 정보를 빼낼 수 없을 터였다.

그렇게 계획이 세워졌다. 야니는 시매부 얀과 직접 이야기를 나눈 끝에, 에베르하르트가 가장 안전할 수 있는 길은 베르헌의 카텔 더 그로텔란에 자리한 헤멜레익 부부의 집에 은신하는 것이라 결론 내렸다. 이 계획은 야니와 얀, 르헤인, 에베르하르트 외에는 철저히 비밀에 부치기로 했다.

에베르하르트는 즉시 볼펜뷔텔로 입대하러 가는 것처럼 준비를 시작했다. 심지어 예술가 공동체의 동료들조차 그의 진짜 계획을 알지 못했다. 에베르하르트는 피아노 수강생들에게 작별 인사를 하고, 악보와 음악책은 모두 상자 하나에 담아 옆방의 욜러에게 보관해 달라 부탁했다. 끝으로 부모님에게 한동안 소식을 전할 수 없겠지만 걱정 마시라 편지를 부쳤다.

꼭 필요한 것으로만 짐을 꾸린 후 가방 속 남는 공간은 모두 책으로 채웠다. 독서와 공부에 몰두한다면 앞으로 견뎌야 할 고독과 격리 생활이 조금이나마 덜 암울할 테니.

새해 전야제는 암스테르담의 야니의 친정에서 지냈다. 우울한 연말이었다. 차마 떨어지지 않는 입으로 가족들은 애써 새해 덕담을 나눴다. 그러고는 부디 하늘이라도 편이 돼 주기를 바라며 다 함께 식탁에 둘러앉아 손을 맞잡고 기도했다. 요세프가 기도를 시작했다.

"소련이 중요한 전투마다 승리를 거둘 수 있도록 도와주시고, 영국과 미국이 서유럽에 두 번째 전선을 구축할 수 있도록 인도해 주옵소서. 바라옵건데 파시스트 놈들은 하루빨리 망하게 하시고 히틀러는 빨리 뒈지게 해 주시옵소서."

마지막 문장에 피트에가 슬쩍 눈썹을 추켜세우긴 했지만 자신도 같은 생각임을 부정할 수 없었다.

"그리고 마지막으로 우리 모두가 최후의 승리를 맞는 그날까지 견딜 수 있도록 힘을 주시옵소서. 이 슬픔을 미래에 대한 희망과 꿈으로 이겨낼 수 있도록 도와주시옵소서."

기도를 끝낸 뒤, 가족들은 다가온 새해를 위해 달콤하고 쌉쌀한 축배를 들었다.

1942년 1월 14일, 에베르하르트는 모든 사람이 확인할 수 있도록 공동체 건물 현관 게시판에 자신의 볼펜뷔텔 새 주소를 남겼다. 그리고 린테와 카팅카에게 작별의 입맞춤을 한 후 암스테르담행 기차에 몸을 실었다. 같은 시각, 르헤인과 얀 헤멜레익이 계획한 대로 익명의 젊은 투사가 에베르하르트의 기차표를 들고 대신 네덜란드 국경을 넘어 에베르하르트가 볼펜뷔펠에 도착한 것처럼 기록을 남겼다.

암스테르담의 유대인 지구에서 에베르하르트는 삭발을 했다. 다시 언제 제대로 된 이발을 할 수 있을지 모를 일이었다. 그리고 늦은 오후, 그는 르헤인이 일러준 주소대로 프린센 운하 구역에 자리한 예술가 전용 호스텔에 숙박했다. 그곳에서 밤을 보낸 후 아침 일찍 북쪽으로 약 50km 떨어진 베르헌으로 이동하는 일정이었다. 하지만 빡빡민 머리가 문제였을까, 아니면 묵직한 짐 가방이 문제였을까. 호스텔 주인이 에베르하르트를 수상히 여겨 숙박을 거부했고 그는 엄동설한에 길바닥으로 내쫓겼다. 그동안 유대인인 아내가 모욕을 당하는 일은 숱하게 봤지만, 에베르하르트만은 늘 친절한 대접을 받아왔다. 하지만 그도 이제는 '버림받은 자Pariah'가 된 것이었다.

프린센 운하에서 중앙역까지 땅거미가 진 길을 터벅터벅 걸으며 그는 퇴근하는 인파 속에 섞여 들고자 최대한 노력했다. 알크마르까지는 기차로 이동했고 그곳에서 베르헌으로 향하는 증기 트램에 탑승했다. 마지막으로 르헤인이 일러준 길을 따라 알레이트와 얀 헤멜레익의 집까지는 도보로 이동했다. 르헤인은 에베르하르트에게 위조 신분증도 구해다 주었다. 신분증 속 남성은 그와 비슷한 연배에 직업 역시 피아니스트였으나 전형적인 네덜란드 이름을 갖고 있었다. 해가 저물고 저녁 시간에 딱 맞춰 헤멜레익 부부 집에 도착한 그 순간부터 에베르하르트는 '장 자크 보스'가 됐다.

8 구급

1942년의 봄, 암스테르담 중심가인 니우어 아흐테르 운하를 따라 늘
어선 흑갈색 벽돌의 건물들을 물에 젖은 여명이 비췄다. 야피는 매일
아침 부모님 집을 떠나 본인의 사업장인 자전거 보관소로 출근하기
위해 유대인 지구 한복판을 가로질러야 했다. 사회 분위기를 고려했
을 때 그리 권장할 만한 일이 아니었으나 야피는 본인이 오가는 길이
어떤 길인지에 대해 크게 신경 쓰지 않았다.

점령과 불심검문 그리고 야피와 그의 친구들이 어딜 가든 점점 더
환영받지 못하는 존재가 되어 간다는 사실도 모두 멀게 느껴질 뿐이
었다. 햇살은 아름답게 비추고 세상은 평소와 다름없어 보였다.

거리를 따라 내려가면 한쪽 어깨 너머로는 왕립 카레 극장이, 다
른 한쪽으로는 그의 자전거 보관소가 자리한 길이 이어졌다. 야피는
베이스퍼르 거리를 사랑했다. 거리 특유의 북적임과 가게 하나하나,
그곳의 주민들 그리고 간간이 지나가는 8번 트램까지. 이곳에서 그가
모르는 건 아무것도 없었다.

길 건너편, 야피의 부모님이 운영했던 식료품 가게 자리는 담배장

8. 구급

93

수 메이어르 바테르만 아저씨의 공방이 됐다. 아저씨의 가족은 길모퉁이의 베이스퍼르 거리 74번지에서 커다란 시가 샵을 운영했다. 야피는 늘 바테르만 아저씨가 한 치의 어긋남 없는 손놀림으로 시가 마는 모습을 구경하는 것을 좋아했다. 바테르만 공방 옆에는 중고 물품상이 있었고 그 옆으로는 구리 세공을 하는 베르커르 씨 가족이 살았다. 그 건물에는 총 세 가구가 살았는데 2층에는 엘자스, 지하에는 코르퍼르 가족이 세들어 지냈다. 코르퍼르 할머니는 연세가 많았지만 집 한 켠에 청과물 가게를 운영했고 자그마한 지하방에서 적갈색 고수머리에 새하얀 얼굴, 주근깨를 가진 손자 두 명과 손녀 한 명을 데리고 살았다. 아이들의 부모도 함께 지내는 것으로 보였다. 이른 아침부터 지하로 내려가는 계단에 야채 상자와 감자 포대가 발 디딜 틈 없이 놓여 있었지만 코르퍼르 가족은 집을 드나들 때 절대 상자 위를 넘어 다니는 행동 따윈 하지 않았다.

코르퍼르 할머니네 건너편에는 '절름발이' 욘 아저씨가 살았다. 아저씨는 다리 한쪽에 나무 의족을 찼지만 그 누구보다도 걸음이 빨랐다. 그는 사람들에게 노래를 불러 주고 한두 푼 받으려 했지만 그가 노래를 부르고 나면 아무도 그에게 돈을 안 주고 싶어 했다. 그러다 언젠가부터 카트를 타고 다니는, 아버지 요세프가 '앉은뱅이 벽돌공'이라고 부르는 사내가 등장했다. 새끼고양이처럼 작고 마른 아내가 그가 탄 카트를 밀고 다니면 그는 온 거리가 떠나가라 외쳤다.

"불쌍한 벽돌공, 반신불수가 됐네! 열두 살부터 스물여섯까지 뼈빠지게 일하다 지붕에서 떨어지니 다들 나 몰라라 한다네!"

수백 번도 더 마주한 광경이지만 볼 때마다 가슴이 미어졌다. 그가 구걸하는 동안 아내는 모자를 돌렸고 돈이 좀 모이면 그를 다시 카트에 태운 후 호빙 씨네 펍으로 들어갔다. 바테르만 시가 샵 건너편 모퉁이에 자리한 호빙 펍은 나무로 된 파사드가 눈에 띄는 예쁜 건물이었다. 늦은 저녁이면 이웃들은, 앉은뱅이를 카트에 태운 채 그의 술취한 아내가 비틀비틀 집으로 돌아가는 모습을 볼 수 있었다. 그리고 동네 아이들은 꽥꽥 소리내 두 사람을 놀리며 그 뒤를 따랐다.

야피가 출근을 위해 대문을 막 나섰을 때, 동네 경찰관이 그를 향해 걸어왔다. 요나스 다니엘 메이어르 광장 지구에서 근무하는 그는 야피가 태어났을 때부터 쭉 봐 온 사이였다.

야피는 경찰관에게 인사하려고 했지만 그는 야피에게 눈길도 주지 않았다. 하지만 스쳐지날 때 그는 잇새로 야피에게 말했다.

"헹크가 잡혔어. 얼른 도망가."

그 순간, 야피는 온몸이 꽁꽁 얼어붙어 버렸다. 길거리에 못박힌 채 방금 들은 말이 무슨 소리인지 되새겼다. 헹크는 그의 동업자였다. 두 사람은 함께 자전거 보관소를 운영하며 저항단체 활동 연락망을 관리했다. 생각을 마친 야피는 외투깃을 단단히 여미고 곧장 중앙역으로 향하는 트램에 몸을 실었고 중앙역에서 헤이그로 향했다. 몇시간 후, 그는 바자를란의 둘째 누나 집 대문을 두드렸다. 말 한 마디없이 야니는 동생을 부랴부랴 집 안으로 들였다.

다음날 아침. 체포 대상을 놓친 독일군이 분풀이로 노쇠하고 반쯤 장님이 된 아버지를 구금했다는 소식이 전해졌다.

남매는 그동안 주도면밀하게 비밀 연락망과 암호, 경보 시스템을 구축했기에 내 한 몸과 조직을 보호하는 것쯤이야 당연히 해낼 수 있다고 믿어 왔다. 하지만 이런 상황은 미처 예상하지 못했다. 브릴레스레이퍼르 가 특유의 배짱을 타고났을지라도 이번만큼은 남매도 어찌할 바를 몰랐다. 사랑하는 아버지가 유치장에 갇혀 있다니, 상상만 해도 미칠 것 같았다.

다행히 야니는 빨리 정신을 추슬렀다. 그리고 당장 이 일을 해결해 줄 적임자를 생각해 냈다. 암스테르담에서 유명한 변호사 베노 스톡비스. 독일 측 인사들 사이에 발이 넓을뿐더러 수완이 좋아 수감된 유대인 여럿이 풀려날 수 있도록 도운 바가 있었다.

야니는 스톡비스에게 제발 이 상황을 최우선으로 다뤄 주길, 무슨 수를 써서라도 아버지를 유치장에서 꺼내 주길 부탁했다. 뇌물과 감언이설을 총동원한 스톡비스의 활약으로 며칠 만에 석방된 요세프는 피트에를 꼭 부둥켜안았다. 그사이 야니도 암스테르담으로 건너왔다. 야피는 헤이그에 남아 조카들을 돌봤다.

니우어 아흐테르 운하의 친정에서 변호사와 다시 만난 야니는 깊은 감사를 전한 후 앞으로의 거취에 대해 의논했다. 독일군은 여전히 보프를 수색 중이었다. 그리고 지난 몇 주간, 린테는 하루가 멀다 하고 에베르하르트의 행방을 취조하는 독일군의 전화에 시달렸다. 그런데 동생 야피마저 체포망에 걸려든 것이었다. 올가미가 사방에서 가족의 목을 옥죄어 왔다. 아직 린테와 야니가 체포되지 않은 게 기적이었다. 스톡비스가 조언을 건넸다.

"지금 당장 떠나요. 당장 부모님을 모시고 떠나서 다시는 돌아오지 마세요. 우리가 무엇을 상상하든 그 이상의 재앙이 닥칠 테니."

두 번 생각할 것도 없었다. 스톡비스의 의견에 적극 동의한 그녀는 꼭 필요한 것만 챙긴 어머니와 함께 아버지의 팔을 붙들고 헤이그로 향했다. 그리고 야피와 아이들이 기다리는 바자를란으로 돌아갔다. 그렇게 친정 부모님과 남동생이 야니와 함께 지내게 됐다. 부모님과 남동생, 이 세 사람은 사랑하는 고향 암스테르담 땅을 다시는 밟지 못하게 된다.

브릴레스레이퍼르 가 사람들이 거취를 재정비하는 가운데, 나치는 인구 정책의 다음 단계로 나아갔다. 네덜란드 거주 유대인의 대다수를 암스테르담 일대로 이주시킴으로써 네덜란드 국가위원장 아르투어 자이스잉크바르트는 유대인 강제 추방을 위한 기반을 마련했다. 무직이거나 비非 네덜란드 국적인 유대인은 모두 베스테르보르크 수용소로 이송됐다. 베스테르보르크 수용소는 인접 국가의 난민들을 수용하기 위한 용도로 1938년 지어졌으나, 나치는 이 수용소를 다른 용도로 사용할 계획이었다. 유대인들을 각국의 수용소로 보내기 전 환승 거점으로 활용한다는 것이었다.

베스테르보르크에서 약 1,126km 떨어진 폴란드의 작은 도시 오시비엥침. 엄청난 수의 폴란드 유대인을 수용하기 위해 나치는 1940년 오시비엥침의 전 병영에 수용소를 건설했다. 도시의 이름은 곧 독일식 발음인 '아우슈비츠Auschwitz'로 더 유명해졌다. 이 수용소의 벽돌 건물들은 대략 1만 5,000명에서 2만 명을 수용할 수 있었다. 턱없이 작은 규모였다. 히틀러는 해당 수용소의 증축을 명했고, 1941년 3월 기존 아우슈비츠 제1수용소에서 조금 떨어진 곳에 제2수용소, 즉 아우슈비츠-비르케나우 수용소가 지어졌다. 전쟁이 이어지면서 아우슈비츠 주변에 약 40개의 보조수용소가 증축됐고 수감자들은 공장 일에서 농사까지 다양한 강제 노역에 동원됐다.

최종 해결책을 향한 다음 행보는 1942년 1월 20일 비밀리에 개최된 반제 회의에서 정해졌다. 베를린 남서쪽 반제의 영지에 자리한 에른스트 마를리어의 저택에서 열다섯 명의 나치당 최고위 간부가 회담을 가졌다. 국가보안본부장 레인하르트 하이드리히가 주최한 이 회의는 약 90분 가량 이어졌다. 15쪽 분량의 회의 기록에는 각국의 유대인 사회 규모를 정리한 도표가 실려 있다. 유럽 전체 유대인 인구 추정치는 약 1100만, 그중 네덜란드 유대인은 16만 800명으로 적시돼 있다.

반제 회의에서 유대인 격리와 집단 불임시술 등 다양한 방안이 통과됐다. 1100만이나 되는 유대인 인구를 어떻게 통제하고 관리할 것인가는 다음과 같이 명시돼 있다.

최종 해결책 실행을 위한 실질적 조치로써 유럽의 서쪽에서부터 동쪽까지 샅샅이 뒤진다. 거주 문제와 여타 사회정치적 문제를 고려할 때, 보헤미아와 모라비아를 포함한 독일 영토에서부터 집행을 시작한다. 열차를 통해 소위 '환승 거점'으로 유대인을 모은 다음, 그곳을 기준으로 더 동쪽에 위치한 수용소로 배분 및 이송한다.

독일은 유대인 이송을 더 원활히 진행하기 위해 네덜란드 국영 철도인 NS에게 베스테르보르크 수용소와 연결된 철로를 건설하도록 지시했다.

수용소와 인접한 소도시 베일런의 시장이 자연을 해칠 우려가 있다며 베일런 경지를 가로지르는 철로 건설에 반대 의견을 냈지만 이는 가볍게 기각됐다. 해당 의견에 대해 독일은, 철로 건설은 그저 일시적인 것으로 수용소가 본연의 임무를 모두 달성하고 나면 즉각 철거될 것이라 답했다.

NS는 100여 명의 유대인 수감자를 동원해 호그할런 역에서부터 베스테르보르크 강제수용소를 잇는 철로를 건설했다. 이 간이 구간의 개통은 기실 이송 시간 단축에 별다른 효과를 내지 못했다. 수송 마차에 실린 수천 명의 사람들은 호그할런 역에서 열차에 탑승하기까지 기약 없이 대기해야 했다. 독일군을 위한 보급품과 군수 물자 수송이 우선순위를 차지했기 때문이다. 당시 호그할런에 거주했던 시민들과 공무원들은, 아기와 병들고 다친 사람 그리고 출산하는 여성까지, 마차의 나무판자를 뚫고 들리던 그들의 비명과 절규를 생생히 기억했다. NS는 철로 건설 비용과 독일-네덜란드 국경 지역 및 동쪽의 강제수용소로 유대인을 이송하기 위해 신설한 노선의 운영 비용을 모두 독일 점령군에게 청구했다. 그리고 독일군은 유대인으로부터 강탈한 자금으로 이 비용을 지불했다.

한편 아우슈비츠 제1수용소에서는 독가스인 '치클론B' 상용화를 위한 실험이 한창이었다. 수용소의 화장장 한곳에서 소련군 포로와 건강이 심하게 악화된 수감자 1,000여 명이 실험 쥐로 전락했다. 과립 형태의 독성 물질을 화장장 내부에 흩뿌린 후 화장장을 완전 밀폐하면 공기와 접촉한 과립이 기화하면서 사이안화 수소, 즉 청산을 방출했다. 모든 수감자가 사망하기까지는 불과 몇 시간도 걸리지 않왔다.

1941년과 1942년 사이, 나치는 더 많은 실험을 통해 집단 학살에 최적화된 독가스의 정량을 확립했다. 실험 희생자 대부분이 폴란드의 강제 거주지에서 끌려온 유대인과 소련군 포로였다. 1942년, 유럽 전역에서부터 유대인을 실은 열차가 수용소로 밀려들어 왔다. 이는 나치가 고안한 대규모 공장식 살상을 향한 첫걸음이었음이 드러났다. 곧 기존 아우슈비츠 수용소 인근, 인구 약 10만 명의 소도시 비르케나우에 더 큰 규모의 제2수용소 개설이 허가됐기 때문이다. 바로 이곳에서 최종 해결책인 '절멸'이 벌어졌다.

수용소의 구조를 살펴보면 모든 요소가 유대인 절멸 목표를 위해 고안됐음을 알 수 있다. 수도관도 연결돼 있지 않고 몸을 씻을 수 있는 공간도 제대로 갖춰져 있지 않아 수용소 내 질병 감염율이 비약적으로 높았다. 독일 내 수용소는 의례적으로 1인 1실이 원칙이었으나 아우슈비츠에서는 4인 1실이 기본이었다. 그렇게 수용소의 수감 가능 인원이 약 13만 명으로 늘었다. 아우슈비츠-비르케나우 수용소 옆에는 4개의 거대한 가스실과 화장터가 지어졌다. 이곳에서 목숨을 잃은 유대인의 수는, 5대 유대인 처형장 중 두 곳인 트레블링카와 베르제크 수용소에서 목숨 잃은 유대인을 합한 수를 금세 뛰어넘었다.

도망길에 오르다

랑어 보르하우트의 장엄한 보리수들이 꽃망울을 터뜨리고 길가에는 수선화 봉오리가 아롱졌다. 하지만 야니는 살면서 처음으로 이 모든 것에 아무런 감흥이 일지 않았다. 봄이 오는 풍경도 그녀의 근심, 걱정을 달래지는 못했다.

네덜란드 점령 후 첫 2년, 나치 독일은 덫을 놓는 데 심혈을 기울였다. 유대인들은 조금씩 시민 사회로부터 분리되고 고립됐다. 차별과 억압, 재산 몰수와 존엄성 말살의 정도가 점점 심해졌다. 어떤 이들은 모든 것이 잘 해결되리라는 헛된 믿음을 가지고 제 발로 덫에 걸어 들어갔다. 어떤 이들은 유대인 의회를 비롯한 지역 사회 지도자들의 말에 속아 미끼를 물었다. 그리고 대부분은 경찰이나 군인의 그물망에 얽혀 들어갔다.

그중 운 좋게 도망친 이들도 있었다. 운이 지독하게 좋았거나 배짱이 두둑했거나 혹은 둘 다인 경우였다. 유대인 등록제를 거부한 사람들, 제때 위조 신분증을 구한 사람들 그리고 발 빠르게 은신을 선택한 사람들이 그런 경우였다. 혹은 다른 운 좋고 배짱 좋은 사람들과 관계망을 구축함으로써 나치 부역자나 겁쟁이에게 손 벌릴 필요 없이 자급자족이 가능한 사람들도 있었다. 그렇게 살아남은 이들은 덫에 걸린 이들을 최대한 많이 구해야 했다.

암스테르담의 경우, 한때 어울려 살았던 유대인 이웃들에 대한 억압이 갈수록 공공연해지고 수위도 강해졌다. 아스허르와 코헌이 이끄는 유대인 의회는 독일인들에게 유대인 실업자 명부를 공유했다. 그 명단에 적힌 이들은 체포돼 노동수용소로 보내졌다. 유대인 의회는 왕궁이 자리한 헤이그의 노르드에인더에도 사무국을 신설했으며 헤이그 곳곳에 지부를 설치했다. 이 뒤숭숭한 와중에 프리츠 뢰터르마저 다시 야니의 집에 합류했다. 그가 의탁하던 동료가 체포돼 급히 임시 거처를 구해야 했다.

굳이 입 밖에 내지는 않았지만 야니는 노쇠한 아버지가 구금됐다 풀려난 일 때문에 더없이 착잡하던 참이었다. 게다가 집은 발 디딜 틈 없이 북적댔다. 비록 아버지를 무사히 되찾았지만 야니는 자신이 불장난하고 있다는 사실을 그 어느 때보다 절실히 깨달았다. 독일군이 그녀의 동생과 남편 심지어 형부까지 쫓는 와중에 그녀의 지하 활동 영역은 점점 더 넓어져만 갔다. 도움을 청하는 사람들이 하루가 다르게 늘어났기 때문이다. 네덜란드 정부가 자신들을 보호해 줄 거라는 눈먼 믿음과 신뢰, 안일한 희망에 기댔던 유대인 가족들은 공황 상태에 빠지고 말았다. 자발적이었든, 유대인 의회의 권고를 따랐든, 신분증에 J표식이 찍힌 유대인들은 비로소 그 알파벳이 '추방'을 의미한다는 사실을 깨달았다.

두려움에 이성을 잃은 사람들이 야니의 집에 전화를 하거나 길거리에서 큰소리로 외치는 일이 빈번해졌다.

"여기가 브란더스 부인 집이 맞지요? 제발 제 신분증에서 J표식 좀 지워 주세요!"

요세프의 신경이 점점 날카로워지던 어느 날이었다. 백주 대낮에 웬 여성이 대문을 미친 듯이 두드리며 그녀를 부르자 요세프는 딸이 내려가지 못하게 막아섰다. 피트에는 아직 말도 못 알아듣는 어린 손녀의 울음을 달래고자 필사적이었고 야피도 로비의 관심을 돌리느라 진땀을 뺐다. 현관을 두드리는 소리가 온 가족의 신경줄을 갉아먹었고, 야니는 당장 아래층으로 내려가 여자의 뺨을 휘갈기고 싶었다. 그때 요세프가 딸을 조용히 복도로 불러냈다.

"야니야, 네가 우리 모두를 죽음으로 내몰고 있구나. 이 짓거리를 당장 멈추지 못하겠니!"

아버지의 나지막한 목소리가 우레와 같이 들렸다. 아래층에서 온 거리가 떠나가라 고함을 지르는 여자의 목소리보다도 더 크게 야니의 귓가를 때렸다. 아버지를 조용히 바라보던 야니는 문득 부모님이 카레 극장에서 〈베니스의 상인〉 공연을 보고 온 날 밤을 떠올렸다. 두 분은 한껏 흥이 올라 돌아오셨고 아버지는 그 후 몇 달 내내 공연 레퍼토리를 흥얼거렸다. 그 좋았던 날이 너무나도 멀게 느껴졌다.

아래층 현관에서 계속해서 그녀를 찾는 여자의 목소리를 들으며 야니는 가족 모두 이곳을 떠나야 한다는 사실을 깨달았다. 그것도 지금 당장.

그녀의 시매부 얀 헤멜레익이 또다시 도움의 손길을 내밀었다. 얀과 그의 부친이, 브릴레스레이퍼르 가 사람들이 지낼 수 있도록 베르헌에 집을 한 채 마련해 줬다. 마을 중심가에서 떨어져 해변 가까운 숲속 깊은 곳에 자리한 그 집은 '헷 아프예Het Aafje'라고 불렸다. 그리고 보프도 다시 함께 지낼 수 있을 것이라는 좋은 소식도 전해졌다. 네덜란드 나치당은 공식적으로 보프 브란더스를 자위트홀란트주 공산주의자 명단에 등록했다. 그리고 2년간의 지하 활동을 통해 저항 투사들은 남북부의 행정 체계가 통합되지 않았다는 사실을 알아차렸다. 두 지역간에 정보 공유 시스템이 구축되지 않은 것이었다. 이에 야니는 모험을 감행하기로 결심했다. 노르트홀란트 주의 보안 당국은 보프를 모를 확률이 높았다. 게다가 보프는 유대인이 아니므로 신분증에 J표식이 찍힌 것도 아니었다. 혹 베르헌에서 보프가 체포되더라도 지역 나치당원들이 그를 의심하거나 구금하는 일은 없을 것이었다.

야니는 자녀들과 함께 베르헌으로 이사하기 위해 정식 허가증을 신청했다. 유대인 등록으로 인해 이동이 제한된 나머지 가족 구성원들은 이삿짐 칸에 숨어 이동할 예정이었다. 프리츠 뢰터르에게는 저항단체에서 새로운 은신처를 찾아 줬다.

이사 당일, 준비를 마친 야니가 밖으로 나왔다. 짐은 모두 짐칸에 실었고 리셀로테와 로비는 앞좌석에 앉았다. 야피와 부모님이 몸을 숨긴 뒷칸의 문을 닫으려는 찰나, 길 건너편에 사는 이웃이 다가왔다. 야니가 싫어하는 여자였다. 늘 창을 반쯤 가린 커튼 뒤에 숨어서 야니네 거실을 감시하는 것이 영락없는 나치 부역자로 보였다.

"이주하시는군요?" 여자가 인사도 없이 말을 걸었다.

"네, 보시다시피." 야니가 대꾸했다.

"그럴 줄 알았어요. 저기 몰려 사는 유대인들, 얼마 못 버틸 거라고 생각했거든요."

야니의 얼굴이 시뻘개지기 시작했다. 더이상 나눌 얘기가 없다는 듯 스카프를 머리에 두르고 운전석에 올랐다.

"더 큰 집으로 옮기시나요?"

야니는 여자의 질문을 무시하고 차문을 닫고 시동을 걸었다. 액셀에 발을 올리고 몇 번 공회전을 하자 여자가 놀라서 보도 위로 뛰어 올라갔다. 야니는 그대로 길을 떠났다. 옆자리의 로비는 신이 나서 소리를 질렀다. 야니는 아무런 생각 없이 그저 로비의 머리를 쓰다듬으며 이웃 여자의 모습이 점점 작아지는 것을 백미러를 통해 지켜봤다. 심장이 어찌나 쿵쾅대는지 차가 덜컹거리는 소리를 압도했고 베르헌의 새집에 도착할 때까지 마음이 진정되지 않았다. 도착 후, 몇 개월 만에 드디어 보프의 품에 안겼다. 그리고 보프에게 두 사람의 딸 리셀로테를 마침내 소개해 줬다.

헤이그에 있는 린테의 상황도 점점 위험해졌다. 린테는 무용과 가수 활동으로 인해 대중적으로 이름이 알려진 인물이었고 그녀의 수강생들이 도시 곳곳에 있었다. 눈에 띄는 외모를 지닌 그녀는 사람들 속에 쉽게 숨어들기 어려웠고 무엇보다 그녀의 신분증에는 J표식이 떡하니 찍혀 있었다. 야니는 제 언니가 그런 멍청한 지시에 따랐다는 사실에 여전히 분통이 터졌다.

독일군이 에베르하르트의 행방을 취조하기 위해 밤낮없이 공동체에 전화를 걸었다. 다행히 이웃 모두 입을 모아 에베르하르트가 게시

판에 남긴 볼펜뷔텔 주소를 알려 줬다. 그럼에도 불구하고 린테는 안심할 수 없었다. 남편의 거취를 알아내기 위해 린테를 체포하기 전에 혹은 헤이그에 거주 중인 등록 유대인들에게 '이주령'이 떨어지기 전에 카팅카와 함께 헤이그를 떠나고 싶었다.

에베르하르트가 소중한 책들을 맡기고 떠난, 옆방의 클라리넷 연주자 욜러 휘크리더가 묘안을 냈다. 욜러의 형 얀 휘크리더는 오랫동안 함께한 연인이 있었다. 비올레터 코르넬리우스라는 이름의 젊은 사진작가로, 그녀 역시 저항투사로 활약 중이었다. 비올레터의 모친이 암스테르담의 프린센 운하에 살았다. 욜러는 이곳에 린테의 은신처를 제공해 주겠노라 제안했다. 심지어 린테와 아기뿐 아니라 에베르하르트에게도 말이다.

에베르하르트는 알레이트와 얀의 집에서 그해 겨울을 났다. 부부는 그를 정성껏 돌봤다. 하지만 에베르하르트는 몇 개월간 방에 틀어박혀 고독과 좌절감, 무력감과 싸워야 했다. 르헤인이 전해 주는 린테의 편지를 제외하면 바깥세상과 완전히 단절돼 지냈다. 아이러니하게도 유일하게 그의 기분을 북돋아 주는 것은 바로 무시무시한 서릿발이었다. 그해 네덜란드의 겨울은 유난히 매서웠고 기온은 영하를 한참 밑돌았다. 월동 준비가 무력하게 사람들은 몇 개월이고 추위에 떨어야 했다. 하지만 에베르하르트는 기뻤다. 그와 얀은 라디오를 통해 소련에 진출한 독일군의 동향을 꾸준히 체크했다. 히틀러가 추위에 제대로 대비하지 못한 탓에, 독일군이 시베리아 설한의 장벽을 넘지 못하고 있다는 소식이 들렸다. 세 사람이 함께 라디오를 듣는 일은 독일 국방군에 입대하지 않았기에 누릴 수 있는 행운이었다.

얀 헤멜레익은 에베르하르트가 망명자 신분으로 부부의 집에 머무는 것을 불편해 한다는 사실을 알았다. 그가 부부와 함께 지낼수록 부부까지 위험에 빠트리는 셈이었기 때문이다. 그래서 얀은 베르헌에 에베르하르트가 홀로 지낼 수 있는 작은 거처를 마련했다. 덕분에 에베르하르트는 낮 시간 동안에는 조각가 친구의 작업실에서 시간을 보냈고, 밤이 되면 작업실에서 걸어서 갈 수 있는 브레일란의 여름 별장에서 잤다. 이렇게 탈영병 신분인 에베르하르트는 운신의 폭을 넓힘으로써 체포 위험성을 낮췄다. 혹여 한 장소가 수색당하더라도 숲을 통해 다른 장소로 도망칠 수 있었다.

에베르하르트는 5월 1일까지 여름 별장에 머물 수 있었다. 그 후에는 다른 장소를 다시 물색해야 했으므로 린테와 함께 암스테르담으로 이동한다는 계획은 타이밍이 딱 좋았다. 두 사람의 친구인 저널리스트 미크 판힐서가 계획에 필요한 모든 것을 준비했다. 그는 코르넬리우스 부인과 소통하며 언제 에베르하르트가 암스테르담으로 합류하면 좋을지, 그리고 린테가 언제 어떻게 카팅카와 함께 헤이그를 탈출할 수 있을지 조율했다.

그렇게 5월, 기다리던 순간이 왔다. 린테와 에베르하르트, 카팅카는 드디어 운하 옆에 자리한 코르넬리우스 부인의 자택에서 재회했다. 세 가족은 금세 집에 적응했다. 코르넬리우스 가는 그들이 살았던 헤이그의 예술가 공동체와 비슷한 분위기로, 창의적이고 정치적으로 깨어 있는 사람들이 가득했다. 항상 방문자가 끊이지 않았고 에베르하르트는 그동안 베르헌의 숲속에서 홀로 지내며 느꼈던 대화에 대한 갈증을 실컷 해소했다. 비록 암스테르담에서의 활기찼던 삶을 전쟁의 공포가 자욱하게 뒤덮었지만, 그 암운 아래에서도 사람들은 이전과 같은 도시의 삶을 만들어 냈다. 독일군들이 미처 파악하지 못한 뒷골목, 비밀 카페와 어두운 다락방에서 사람들은 카드놀이를 즐겼다. 통금 시각 이후 길거리의 불이 모두 꺼지고 난 뒤에는 밀실 음악회를 열었다.

처음에 린테와 에베르하르트는 다시 암스테르담 공동체의 일원이 된 것을 무척이나 기뻐했다. 하지만 얼마 지나지 않아 이러한 삶이 더이상 자신들에게 허락되지 않는다는 사실을 알게 됐다. 일반적인 암스테르담 시민들은 독일군의 점령이 얼마나 일상에 영향을 끼치건 상관없이 이동의 자유를 보장받았다. 그러나 린테는 신분증에 떡하니 J표식이 찍혀 있었고 여전히 미크를 도와 지하활동에 가담하며 주기적으로 헤이그를 오가야 했다. 그리고 에베르하르트는 수배령이 내려진 독일 반역자였다. 수염을 기르고 장 자크 보스라는 가명으로 살고 있었지만 발각되지 않으리라는 보장이 없었다. 코르넬리우스가 늘 북적댔기에 두 사람과 일면식도 없는 사람이 방문할 때면 이 사람을 과연 신뢰해도 될지, 배신자는 아닐지 걱정을 떨칠 수 없었다. 길거리 역시 위험하긴 매한가지였다. 거리에는 경찰과 군인, 나치가 득시글댔다. 에베르하르트는 집밖으로 나갈 시도조차 하기 힘들었고 린테는 두 번이나 아슬아슬하게 독일군에 잡힐 뻔했다.

첫 번째 위기는 헤이그에서 다른 저항단원에게 새 배급제 카드를 받는 임무를 수행한 뒤 벌어졌다. 린테는 반카 거리의 예전 집에 잠깐 들러 마지막 남은 짐을 챙겨 올 요량이었으나, 안전한지 확인하기 위해 먼저 공동체에 사는 친구에게 전화를 걸어 상황을 파악했다.

"부인, 안녕하세요." 린테의 친구인 앙키가 그녀의 목소리를 듣자마자 존칭을 사용하며 답했다. "죄송하지만 시간을 헷갈리신 거 같네요. 오늘이 아니라 내일 만나기로 했잖아요. 내일 봬요!" 말을 마치자마자 앙키는 전화를 끊었다.

린테는 곧바로 상황을 파악했다. 에베르하르트의 행방을 쫓는 독일군이나 네덜란드 나치당원이 바로 옆에 있는 것이 분명했다. 아마 린테 역시도 추적망에 올랐을지 몰랐다. 떨리는 손으로 수화기를 쥔 채, 그녀는 적이 얼마나 가까이 다가왔는지를 체감했다.

친구 집 의자에 털썩 주저앉은 채 린테는 애써 마음을 다잡았다. 몇 시간이 지나도 도저히 밖으로 나설 수가 없었다. 카팅카와 함께 공동체를 떠날 때 자신이 친구들에게 했던 말이 떠올랐다. "우리가 없는 동안 베히슈타인 그랜드 피아노도 쓸래? 만약 우리가 전쟁 중에 살아 돌아오지 못하면 그냥 가져도 돼." 농담처럼 했던 그 말이 더 이상 농담이 아니었다.

몇 시간 후, 린테 대신 친구가 다시 공동체에 전화를 걸어 줬다. 이번에도 앙키가 전화를 받았다. 예상했던 대로 가택 수색이 있었다고 했다. 모든 사람이 에베르하르트는 독일행 기차를 탄 게 확실하고 린테의 행방에 대해서는 아는 바 없다고 진술했지만 긴박한 상황에 모두 잔뜩 겁에 질렸다고 했다.

그날 저녁, 린테는 후들거리는 다리를 이끌고 힘겹게 암스테르담으로 돌아갔다. 그리고 며칠 동안이나 잠을 설쳤다.

두 번째 위기는 자정이 지난 시각 암스테르담 중앙역에서 경찰을 마주친 순간 찾아왔다. 이번에도 린테는 미크를 위해 헤이그에서부터 위조 서류를 반입하는 중이었다. 그런데 시간이 너무 늦어 버렸다. 진작 집에 도착했어야 했다. 자정부터 통금이 시작되는 데다가 카팅카에게 젖을 먹일 시간도 훌쩍 지나 있었다.

헤이그에서 암스테르담행 기차를 탔어야 할 시간, 아무리 기다려도 기차가 오지 않았다. 마침내 역에 정차한 기차에는 '독일 국방군 관계자 전용'이라는 안내판이 붙어 있었다. 에베르하르트가 숨이 넘어가라 우는 딸을 어르며 계단을 오르내리는 모습, 그리고 다른 사람들이 집을 드나들며 대체 린테에게 무슨 일이 생긴 것인지 걱정하는 모습이 눈앞에 어른거렸다. 린테는 기차에 몸을 실었다.

바퀴에 진득한 게 들러붙은 듯 기차는 더디게만 움직였다. 지나치며 본 기차역 승강장의 시계가 이미 자정을 지난 시각을 가리켰다. 중앙역에서 집으로 가는 길에 틀림없이 검문을 당할 터였다. 린테는 눈을 감고 이제껏 한 연기 경험 중 이 상황을 빠져나가는 데 도움이 될 만한 게 있는지 돌이켜 봤다.

다시 눈을 뜬 린테는 맞은편 군인의 눈을 똑바로 바라봤다. 린테에게서 몇 좌석 떨어진 곳에 앉은 군인은 키가 크고 살집이 통통한 것이 그닥 똑똑해 보이지 않았다. 다른 부대원들이 서로 이야기하느라 바쁜 와중에도 그 소년병은 계속 린테를 쳐다봤다. 린테는 그에게 윙크를 날렸다. 암스테르담 중앙역에 내리자 그가 린테에게 따라붙었다.

"동행해 드릴까요?" 군인이 물었다.

린테는 수줍은 미소를 지으며 살포시 고개를 끄덕였다.

"좋아요. 그런데 통금 시간이 지나서요. 집에 잘 갈 수 있을지 모르겠어요."

"걱정 마십쇼." 군인이 그녀의 팔뚝을 감싸쥐며 말했다.

두 사람은 함께 검문소로 다가갔다. 보초를 서는 네덜란드 경찰 사이에 나치 친위대원 두 사람이 버티고 서서 승강장을 확인하는 중이었다. 군인은 거침없이 그들을 향해 직진했고 린테도 고개를 당당히 쳐든 채 그를 따랐다. 친위대원들이 군인에게 경례했다. 군인도 그들에게 경례하며 말했다. "이 숙녀는 제 일행입니다."

그렇게 둘은 검문소를 지났다. 린테는 너무 무서워서 숨도 제대로 쉬지 못한 채 그저 가슴팍에 가방만 꼭 끌어안았다. 가방 속에 든 위조 서류가 가죽을 태울 듯 뜨겁게 느껴졌다. 트램도 끊긴 지 오래였다. 아무 말 없이 그녀는 희미한 전등이 비치는 중앙역 광장을 가로질러 암흑에 잠긴 도시를 향해 걸었다. 군인은 린테를 따라잡기 버거워했다. 자갈에 걸린 그가 비틀거리며 욕설을 내뱉는 소리가 들렸다. 미친 듯한 헐떡임이 멈춰지지 않아 군인에게 이상한 기색을 들킬까 두려웠다. 길거리는 바늘 떨어지는 소리마저 들릴 것처럼 적막했다. 음악도, 불빛도, 술 취한 행인도, 거리의 창녀도, 밤새 문을 연 술집도, 길을 막고 선 관광객 무리조차도 하나 보이지 않았다. 암스테르담은 버림받은 도시였다.

린테는 뒤따라오는 군인의 목소리를 무시한 채 점점 더 빨리 걸었다. 베스터르마르크트에 닿고 나서야 짐짓 미안한 표정을 지으며 뒤를 돌아봤다.

"저는 이 근처에 산답니다. 시간이 너무 늦었네요. 우리 어머니가 얼마나 걱정하고 계실까요. 정말 감사합니다."

어안이 벙벙해진 군인이 뭐라 채 말하기도 전에 그녀는 로젠 운하를 향해 달음박질쳤다. 아무 건물 현관으로 뛰쳐 들어가 그가 뒤따라오는지 확인했다. 몇 분 후, 아무런 발자국 소리도 들리지 않자 린테는 온 힘을 그러모아 프린센 운하의 가족들을 향해 곧장 내달렸다.

문을 열고 들어가자마자 숨이 넘어갈 듯 우는 카팅카와 린테 걱정에 패닉에 빠진 에베르하르트가 그녀를 맞이했다.

"너 미쳤어?"

미크가 제 이마를 검지로 꾹 누른 채 길쭉한 창문 앞을 서성거리며 일갈했다. 운하 맞은편 건물 너머에서 해가 떠올랐다. 수면에 반사된 빛이 집 안을 비췄다. 나무 바닥 위로 늘어진 미크의 그림자가 물그림자를 따라 일렁였다.

길모퉁이의 레이드서 거리에 트램이 정차하는 소리가 들렸다. 린테는 차마 미크의 눈을 바라볼 수 없었다. 그가 이렇게 화난 모습을 보는 건 처음이었다. 미크에게 위조 서류를 전달한 후, 지난밤 있었던 일에 대해서도 털어놓았다. 카팅카는 젖을 먹고 나자 기절하듯 잠에 빠졌다. 하지만 린테와 에베르하르트는 찌르레기의 울음소리가 아침을 열 때까지 침묵 속에서 뜬눈으로 밤을 새웠다.

"레베카 브릴레스레이퍼르. 신분증에 J표식을 떡하니 박아 놓고는, 네가 정말 제정신이야?"

미크는 그녀 앞에 서서 손을 양옆으로 휘둘렀다. 미크의 눈이 이글이글 불타는 것만 같았다. 린테는 한 번도 미크에게 유대인 등록을 했다는 사실을 말한 적이 없었다. 전날 밤의 사건 때문에 미크가 그녀에게 어떤 신분증을 가지고 있는지 물어봤고 그 사실을 알고는 그야말로 격분한 것이었다. 꼭 야니가 그랬던 것처럼.

"잘 들어. 이제부터 어디 샐 생각 말고 곧장 집에 가. 우리가 이 문제를 해결할 때까지 집밖으로 얼씬도 하지 말고. 알아들어?"

쿵 닫힌 문을 뒤로하고 린테는 불현듯 그녀의 목숨이, 그녀의 친구와 가족들의 목숨이, 끈끈한 우정으로 엮인 동아줄에 의지해 간신히 버티고 있음을 깨달았다.

며칠 후, 린테는 새로운 신분증을 받았다. 아무 말 없이 신분증을 응시하던 린테는 거울 앞으로 가 짙고 풍성하게 땋은 머리를 신분증 사진 속 동인도 제도 출신 여인처럼 동그랗게 말아 올렸다. 그 순간부터 카팅카의 엄마는 네덜란드령 인도의 수라바야에서 출생한 안테 실레비스가 됐다. 도시를 떠나야 하는 순간이 온 것이었다.

첫 기차

얀 헤멜레익이 린테의 가족에게 베르헌에 훌륭한 은신처를 찾아 줬
다. 야니와 나머지 가족들이 지내는 곳에서도 가까운 곳이었다. 세
사람이 암스테르담을 떠나는 준비를 하는 중에도 유대인들이 속속
암스테르담으로 유입됐다. 자신의 집과 마을에서 쫓겨난 사람들이
네덜란드 전역에서부터 미어터질 듯한 기차에 몸을 싣고 암스테르담
내 배정된 지역으로 이주해 왔다. 암스테르담 도시 전체가 천천히 게
토로 변했다. 유대인을 한곳에 몰아넣고 비유대계 네덜란드 사회로부
터 단절시킴으로써 나치 독일은 최종 해결책을 실행하기 위한 단계
로 차근차근 나아가는 중이었다. 지방 의회의 거주 관리 부서는 유
대인들에게 강제 배정된 집들의 월세를 훌쩍 올려 받았다. 더불어 각
가정당 10길더의 보증금을 요구했는데, 말이 보증금이지 돌려받을
수 있는 돈이 아니었다.

　얼마 후, 추방 대상인 유대인들의 이름 카드를 보관 관리 중인 암
스테르담 유대인 이민 중앙사무소에 새로운 지시가 떨어졌고 사무소
직원들은 엄청난 야근에 시달리게 됐다.

네덜란드 국가위원장 자이스잉크바르트는 애초 1942년 한 해 동안 1만 5,000명의 유대인을 수용소로 이송하도록 할당받았다. 그야말로 식은 죽 먹기였다. 네덜란드 내 외국 국적의 유대인들만 잡아들여도 그 정도 숫자는 채우고도 남았으니. 하지만 프랑스에서 목표했던 할당량인 10만 명을 절대 채우지 못할 것이라는 계산이 나왔다. 나치 수뇌부는 모자란 숫자를 다른 지역에서 부랴부랴 채우기 시작했다. 그렇게 펜촉을 한 번 휘갈김으로써 네덜란드의 1942년 할당량이 1만 5,000명에서 4만 명으로 훌쩍 뛰게 됐다. 1942년 7월, 4,000명의 제1차 이송 대상자들이 암스테르담 중앙역으로 소집 통보를 받았다.

암스테르담 시장은 즉각 시 공무원들에게 네덜란드 국적의 유대인 명단도 뽑아 올 것을 지시했다. 거주 등록 신고를 마친 16만 명의 네덜란드 유대인 목록과 유대인 거주 분포 점묘도가 절차를 원활하게 했다.

행정적이고 구조적인 절차만 따진다면 4만 명의 유대인을 갖다 바치는 정도로 업무에 과부하가 걸릴 일은 없었다. 하지만 괴뢰 정부와 네덜란드 나치당은 이전까지 가까이 지낸 유대인 이웃, 직장 동료, 친구 들이 갑자기 무더기로 짐을 싸서 대규모로 이동하는 사태가 벌어진다면 시민들 사이에서 집단 반발이 일어날 것을 우려했다. 중앙사무소는 소요가 발생하는 것을 막기 위해 유대인 의회에 협조를 구했다.

6월 26일 금요일 저녁, 안식일 도중 중앙사무소의 소장 페르디난트 아우스 더르 퓐턴이 유대인 의회의 공동의장인 코헌을 소환했다. 그는 며칠 내로 독일의 경찰 감독 하에 강제 노동수용소로의 제1차

유대인 이송이 실시될 것이라 고지했다. 훗날 코헌은 회고록에서 이 통보에 엄청난 두려움을 느꼈으나 그 결정에 반대하며 회장직을 내려놓겠다 저항했다고 기록했다. 또한 아우스 더르 퓐턴이 대부분의 유대인은 계속 네덜란드에서 지낼 수 있을 것이고 독일에서의 근무 환경 역시 나쁘지 않을 것이라며 그를 설득했다고 밝혔다.

그 말이 사실이든 아니든, 유대인 의회는 명단을 선별하는 과정에 협력해 본인들과 가족, 친구를 포함해 이송 대상자에서 제외될 사람을 간추렸다. 본인들이 작업하지 않는다면 아우스 더르 퓐턴이 임의로 명단을 뽑을 테니 말이다. 유대인 의회는 그렇게 나치에 협력하며 매일 800명의 이송자 명단을 추렸다.

1942년 7월 5일, 제1차 통지서가 공식적으로 발송됐다.

알림!

독일에서 경찰이 감독하는 일자리가 확대돼
귀하는 고용 대상자로 선정됐습니다.
호그할런 역 베스테르보르크 환승 캠프에서의 신체검사를 위해
○시 ○분에 ○로 집합하기 바랍니다.

유대인 사회가 온통 패닉에 빠졌다. 사람들은 부랴부랴 은신처를 찾아 헤매거나 짐 가방 안쪽에 비밀 주머니를 만들어 돈과 사진 등

을 숨겼다. 주변 지인과 가족 중 또 누가 소집 통보를 받았는지, 무슨 기준으로 소집 대상자로 선정 혹은 제외됐는지를 알아내기 위해 안간힘을 썼다.

코헌과 아스허르, 아우스 더르 퓐턴은 다시 한 번 모임을 가졌다. 머지않아 모든 유대인이 강제 이송될 것이라는 소문이 유대인 의회 위원들 귀에 들어갔기 때문이다. 아우스 더르 퓐턴은 물론 그것이 최종 목표이긴 하나, 유대인 의회에서 일하는 사람들은 전혀 걱정하지 않아도 된다고 호언장담했다. 또한 노동수용소에서 일하는 사람들은 외부와 자유롭게 서신도 교환할 수 있으니 널리 알려 달라 했다. 의회는 즉시 더 많은 사람을 고용했다. 의회에 고용된 사람들은 독일로의 강제 이송에서 면제돼서였다.

미크가 이 소식을 야니에게 전달했고, 야니는 이를 또다시 남편과 친정 부모님, 남동생에게 전했다. 암스테르담의 등록 유대인들은 모두 소집령을 받을 것이고 노동수용소로 보내질 것이라고 말이다. 가족들은 침묵에 휩싸였다. 그게 대체 무슨 뜻일까? 걱정할 만한 일일까? 이미 상상조차 하기 힘든 일들이 숱하게 일어났다. 이제껏 상식이라 믿어 왔던 것들이 모두 사라진 지 오래였다.

요세프는 일단 있는 그대로의 사실만 따져 봤다. 전쟁이 유럽 전역으로 확대됐고 미국까지 참전했기에 독일이 더 많은 노동력을 필요로 하는 것은 당연했다. 그리고 소집 대상은 16세에서 40세 사이 유대인 남성으로 한정돼 있었다. 전쟁을 계속하기 위해 공장과 전투 지역 등에 광범위한 노동력이 필요하다는 데에는 피트에도 동의했다. 노동에 동원되는 것이니 그렇게 우려할 만한 상황은 아닐지 몰랐다.

하지만 야니는 눈을 찡그리고 동생 야피를 뚫어져라 바라봤다. 야피는 스물두 살, 암스테르담에서 계속 지냈다면 이번 동원령에 최우선으로 선발됐을 테다. 야니는 가족들의 실낱같은 희망을 한마디로 산산조각 냈다. "이번에 집단수용소로 가는 사람들 중에 살아 돌아오는 사람은 아무도 없을 거예요."

소집령은 실제로 암스테르담 내 유대인 사회에 경종을 울렸다. 사람들은 집단으로 은신하기 시작했다. 이에 최종 해결책 실행에 지장이 갈 것을 눈치챈 독일군은 제1차 소집일 바로 전날 불심검문을 감행했다. 7월 14일 화요일, 단 몇 시간 만에 유대인 700~800명이 무작위로 체포됐다. 체포된 사람들은 암스테르담—사우스의 아다마 판스헬테마 광장과 외테르퍼 거리를 향해 줄지어 이동했다.

그곳에서 나치 보안대와 유대인 이민 중앙사무소 직원들이 사람들을 다시 소규모 그룹으로 나눠, 폐교한 여자중학교 안으로 끌고 갔다. 학교는 저항투사들을 고문하거나 강제 이송 절차를 마무리하는 장소로 이용되고 있었다. 강당과 학교 안 곳곳에 나뉘어 배치된 유대인들은 이송을 위해 대기했다. 빌럼 헨네이커가 관리하는 악명 높은 '가구 소유재산 등록사무소' 역시 아다마 판스헬테마 광장에 자리하고 있었다. 이곳에서 근무하는 20~30명 가량의 공무원은 '헨네이커 칼럼'이라 불렸다. 이들은 퇴거당한 유대인 거주지에 남은 재산 품목을 정확하게 파악하고 목록을 작성하는 업무를 담당했다. 또한 당국에 신고되지 않은 유대인 물자를 추적, 회수해 리로 수탈 은행에 귀속시켰다. 리로, 즉 '립만 로젠탈 & CO.'은 유대계 은행이었으나 괴뢰정부가 들어서며 징발됐다. 개전 직후부터 리로 은행은 유대인들이 재산을 보관할 만한 '신뢰 기관'이라고 선전됐다. 은행을 통해 수탈한 생활용품 일부는 독일 가정으로 보급됐고 대부분은 최종 해결책을 실행하기 위한 자금으로 운용됐다.

어린이와 여성, 아기, 노약자를 포함해 700명이 훌쩍 넘는 유대인을 체포한 점령군은 이들을 포로 삼아 유대인 의회가 계속 협조할 것을 요구했다. 아스허르와 코헌은 선택지를 건네받았다. 사람들로 하여금 소집령에 순순히 따라 노동수용소로 가도록 설득할 것인지, 아니면 지금 구금 중인 사람들을 마우트하우젠 등의 집단수용소로 보낼 것인지 말이다. 의회는 즉시 유대인 주보 특별호를 발행했다.

특별호

1942년 7월 14일, 암스테르담

나치 보안 경찰대에서 아래와 같은 전문을 보내왔기에 전달드립니다:

오늘 암스테르담에서 700여 명의 유대인이 검거됐다. 이번 주 제1차 소집령을 받은 4,000명의 유대인이 노동수용소 출석에 불응할 경우, 구금된 700명을 독일 내 집단수용소로 이송할 것이다.

암스테르담 유대인 의회 공동의장 A. 아스허르, D. 코헌 교수

이튿날, 962명의 유대인이 암스테르담 중앙역에 출석했고 베스테르보르크에서 아우슈비츠-비르케나우로 향하는 첫 기차가 출발했다. 기차에는 고아를 포함해 1,137명의 유대인이 탑승했다. 그중 대다수가 도착 즉시 죽임을 당했다.

1944년 9월 13일까지, 총 96편의 베스테르보르크발 기차가 약 10만 7,000여 명을 싣고 떠났다. 그중 5,000명이 생환했다. 사회의 '불순물'을 제거하기 위해 서유럽 전역에서 기차들이 쉼없이 오갔다. 목표 달성률은 제각각이었다. 벨기에는 자국 내 유대인의 30퍼센트를, 프랑스는 25퍼센트를 강제수용소로 이송하는 데 성공했다. 그리고 네덜란드는 26개월 동안 자국 내 유대인의 76퍼센트를 수용소로 보냈다.

11

베르헌 바닷가

베스테르보르크발 아우슈비츠행 첫 기차가 떠나고 바로 다음날인 1942년 7월 16일, 린테와 에베르하르트는 작은 짐 가방을 들고 카팅카를 유아차에 태운 채 프린센 운하를 따라 중앙역으로 향했다. 묵묵히 기차에 오른 부부는 도시가 점차 시야에서 멀어지며 사라지는 광경을 바라봤다. 암스테르담이 폐쇄되기 직전, 타이밍 좋게 베르헌으로 탈출할 수 있었다.

베르헌 역 승강장에서 얀 헤멜레익이 가족을 기다리고 있었다. 잔머리 하나 없이 금발을 빗어 넘기고 심각한 표정을 한 얀은 도저히 스물다섯으로 보이지 않았다. 얀은 린테네 가족이 9월 1일까지 지낼 수 있도록 지인의 빈집을 제공해 줬다. 이후에는 에베르하르트가 지난 겨울을 보냈던 여름 별장으로 이동하면 됐다. 별장이 자리한 브레일란과 야니와 친정 식구들이 머무는 뷔에르베흐는 수풀 지대를 끼고 약 1.6km 정도 떨어져 있었다. 베르헌의 서부 외곽 바닷가를 따라 자리한 두 거처는 자연에 둘러싸인 천혜의 은신처였고 가족들은 원한다면 얼마든지 걸어서 서로의 거처를 오갈 수 있었다.

그렇게 1942년 여름, 브릴레스레이퍼르 가 사람들이 재회했다. 하지만 재회의 기쁨에도 불구하고 분위기는 침울하기 그지없었다. 가족들이 머무는 은신처는 안락했고 베르헌의 경관 역시 아름다웠지만, 2년여 동안 그들이 집이라 여기는 곳이, 그곳에 머무는 사람들이, 상상할 수 없을 만큼 많이 변하고 말았다. 자매와 가족들이 할 수 있는 이야기는 그런 것들뿐이었다.

린테와 에베르하르트, 카팅카가 아슬아슬하게 피한 불심검문과 곧바로 이어진 베스테르보르크 제1차 소집령 이후 면제권을 구하려는 유대인 행렬이 이어졌다. 점령군은 유대인 의회에게 총 1만 7,500개의 임시 면제권을 제공했다. 이 자리를 따내기 위해 암스테르담의 유대인 사회 내 경쟁이 치열했다. 유대인 의회가 자리한 니우어 케이제르스 운하 58번지 앞은 간절하게 애원하는 목소리와 주먹다짐으로 북새통을 이뤘다. 면제권을 받은 사람과 혼인 신고를 하려는 사람들도, 유대인 의회에서 일하게 해달라 애걸하는 사람도 있었다. 의회가 유대인 사회에 기여도가 크고 중요한 사람이라고 지명한 유대인들 외, 유대인 의회에서 일하는 사람들과 부양 가족 모두 면제권을 받아서였다. 이로 인해 약 1만 7,000여 명의 사람이 의회에 '고용'됐고 1년의 유예 기간을 벌 수 있었다.

베르헌으로 본진을 옮긴 야니의 저항활동은 계속됐다. 그녀의 친구 미크 판힐서가 설립한 신분증 센터를 위해 일하며, 문서를 위조하고 배분하기 위해 수많은 곳을 오갔다. 대부분의 경우, 신분증을 필요로 하는 유대인과 출생 연도가 일치하는 신분증을 확보해야 했다. 야니는 또 다른 친구 트레이스 레마이러와 파트너로 일했다. 야니가 훔친 신분증을 트레이스에게 가져다 주면 트레이스가 지하 조직망을 통해 다음 책임자에게 장물을 전달하는 식이었다.

카팅카의 첫돌 전날 밤, 린테와 에베르하르트는 함께 유대인 주보를 읽었다. 에베르하르트는 암스테르담을 오가며 생일 파티에 필요한 음식을 사들이는 중이었다. 베르헌의 상점가에서는 더이상 디저트류를 구할 수 없었다. 에베르하르트는 암스테르담에 간 김에 프린센 운하의 코르넬리우스 부인에게 인사차 들렀고, 부인으로부터 바로 전날 유대인 사회를 대상으로 한 새로운 불심검문이 있었다는 소식을 전해 들었다. 부인은 유대인 주보의 가장 최신판인 1942년 8월 6일자 호를 건넸다. 에베르하르트는 셔츠 속 허리춤에 주보를 끼워 숨긴 채 베르헌으로 돌아오는 기차를 탔다.

특별호

독일 내 고용 확대로 인한 소집령에 즉각 회신하지 않는 유대인은 예외 없이 체포돼 마우트하우젠 강제수용소로 이송될 것이다. 1942년 8월 9일 5시까지 회신하거나 자발적으로 고용 확대에 참여하는 유대인은 해당 처벌에서 제외된다.

다윗의 별 표식을 달지 않는 유대인은 마우트하우젠 강제수용소로 이송된다.

> 당국의 허가 없이 임의로 거주지를 옮기는 유대인은 마우트하우젠
> 강제수용소로 이송된다. 임시 거주의 경우도 예외로 두지 않는다.

공지에 담긴 저의를 파악하는 데 꽤 시간이 걸렸다. 린테는 제1차 소집령에 대해 언급한 첫 번째 조항을 가리키며 생각보다 다행이라 말했다. 소집령에 다수의 유대인이 불응했고, 통지를 받자마자 은신에 들어간 사람들이 많다는 사실을 독일이 에둘러 시인한 것이니 말이다. 에베르하르트는 눈썹을 추켜세우고 두 번째 조항을 가리켰다. 이 역시 고무적일지도 몰라. 강제 이송 운운하면서 다윗의 별을 달고 다니라 협박하는 건 시행령이 잘 지켜지지 않는다는 뜻이니까. 하지만 사람들의 저항이 얼마나 갈까? 마우트하우젠에 가면 6개월을 버티기 힘들다는 사실을 이제 모르는 사람은 없었다. 그리고 폴란드에 더 거대한 규모의 수용소들이 우후죽순 지어지는데, 그곳에서도 살아 돌아오는 사람이 아무도 없었다.

린테와 에베르하르트는 이 공지가 헛된 희망을 선사하는 척한다는 데 동의했다. 유대인 의회는 파시스트에게 완전히 순종하기를 지시하는 것이나 다름없었다.

에베르하르트의 손가락이 세 번째 항목을 가리켰다. 이는 린테와 브릴레스레이퍼르 가에 해당하는 것이었다. 그들은 당국의 지시를 따르지 않았을 뿐 아니라 행방도 묘연한 상태였다. 에베르하르트는 잠자코 주보를 덮었고 린테는 부엌으로 갔다. 돌아갈 길이 남아 있지

않으니 더이상 의논할 것도 없었다.

1942년 9월, 베스테르보르크발 아우슈비츠행 기차가 첫 경적을 울리고 유대인 의회가 첫 소집령을 알린 지 두 달 후, 얀 헤멜레익이 에베르하르트에게 아이 한 명을 맡아줄 수 있겠느냐 부탁했다. 에베르하르트는 이전에도 비슷한 일을 한 적이 있었다. 친구들은 농담으로 에베르하르트를 '어린이 무역상'이라 부르기도 했다.

유대인 사이에 남아 있던 순진한 믿음은 최근 소집령과 일련의 사건으로 인해 깨끗이 사라졌고 사람들은 자식만이라도 나치의 손아귀에서 벗어나게 하기 위해 발버둥쳤다. 부모·형제자매와 함께하거나 떨어지거나, 이 상황에 대해 충분한 설명을 들었거나 듣지 못했거나, 지인에게 맡겨지거나 완전한 타인에게 맡겨지거나, 네덜란드 전역에서 아이들이 부활절 달걀처럼 숨겨졌다. 왜 이런 상황이 벌어지는지를 이해할 만큼 머리가 굵은 아이들도 있었고 가족들과 작별 인사를 할 수 있는 아이들도 있었지만, 부모님이 기차에 태워지면서 하루아침에 집에 홀로 남아 공포에 떨게 된 아이들도 허다했다.

흐로닝언에 거주하던 한 간호사는 일곱 아이의 어머니였던 유대인 상사의 부탁을 기억했다.

"그들이 잡으러 오면 막내는 옷장 깊숙한 곳 담요 더미 안에 숨길 거예요. 우리 집을 지켜봐 주세요. 우리가 잡혀갔다 싶으면 꼭 와서 아기만이라도 구해 주세요!"

우려했던 일은 벌어졌다. 부모와 여섯 자녀가 잡혀간 후, 간호사는 옷장 속 모포 더미 안에서 아기를 구출했다. 아기를 포대기에 감싸 등에 꽁꽁 동여맨 후 그녀는 곧장 자전거를 타고 차가운 바람을 맞으며 바다를 향해 뻗은 긴 자갈길을 질주했다. 바닷가에 다다른 그녀는 작은 보트에 탄 어부에게 아기를 건넸고 어부는 바다 건너 노르웨이로 아기를 데려갔다. 그곳에서 한 노르웨이 부부가 아기를 입양해 사랑으로 길렀다. 그들이 아기에 대해 아는 것이라고는 간호사가 알려 준, 성씨를 제외한 이름과 중간 이름뿐이었다.

수십 년 세월이 흐르고 세상을 떠나기 직전, 은퇴한 간호사는 신문에서 잊지 못할 이름을 발견했고 즉시 남성에게 연락해 그의 부모에 대해 이야기했다. 또한 나치가 몰살한 그의 가족이 다 같이 찍은 사진이 담긴 앨범도 마침내 전달했다. 언젠가 아기에게 전해 줄 수 있기를 바라며 가족이 끌려간 후 빈집에서 찾아낸 사진들을 모아 평생 간직해 온 것이었다.

얀 헤멜레익이 에베르하르트에게 부탁한 임무 역시 비슷한 것으로 상황은 덜 복잡했지만 위험하긴 마찬가지였다. 암스테르담에서 부모와 함께 살던 열여섯 살 소년 헤르베르트 스페이어르가 그 주인공이었다. 도시 전역에서 추방과 불심검문이 이어지자 소년의 부모는 아들의 목숨만이라도 살리고 싶었다. 그들은 너무 늦기 전에 아들을 숨겨 줄 곳을 찾았다.

턱수염과 모자로 엉성하게 변장한 에베르하르트는 기차를 타고 암스테르담으로 직행, 잔뜩 겁에 질린 소년을 베르헌으로 데려와 가족과 함께 지내게 했다. 꼬리를 밟히지 않는다는 것 자체로 기적이었다. 중앙역에는 검문소가 부쩍 많아졌고 사복을 입고 잠행 중인 경찰도 도처에 널려 있었다. 경찰들은 무표정한 얼굴로, 승강장에서부터 좁은 계단을 따라 중앙 홀과 바깥으로 향하는 사람들을 훑어봤다. 에베르하르트는, 오가는 사람들을 잘 볼 수 있도록 사복 경찰이 주로 계단 아래에 포진해 있을 것이라 추측했다. 그는 아이와 함께 계단을 내려갈 때 그의 큰 키에 가려질 수 있도록, 아이에게 뒤에 바짝 붙어 따라오도록 시켰다. 실패로 돌아간 병역 기피 시도 이후 몸이 예전만 못했지만, 그래도 아이 하나 정도는 숨길 만했다.

11월, 에베르하르트는 스페이어르 가를 위해 또 다른 임무를 수행했다. 암스테르담의 모처에 은신 중인 열일곱 살 딸 엘레케를 벨센으로 이동시키는 일이었다. 소녀를 새 가정에 안전하게 데려다주고 나자 그가 타야 할 알스마르발 베르헌행 트램의 막차 시간이 지나 버렸다. 길을 몰랐던 에베르하르트는 방향만 대충 가늠하며 어둠 속을 걸어야 했다. 통금 시간이 다가오며 그의 숨통을 옥죄었다. 가족이 은신 중인 오두막에 닿으려면 군부대와 호수 사이에 난 길을 반드시 거쳐야 했다. 그 외에 다른 길은 없었다. 이미 열 시가 넘은 시각. 통행이 금지된, 특히 독일 탈영병이 절대 밖을 나돌아다녀서는 안 되는 시간이었다. 에베르하르트는 마치 스파이처럼 수풀 속을 기어 마침내 무사히 집으로 도착했다. 린테가 펑펑 울며 그를 기다리고 있었다. 남편이 비밀경찰에 잡힌 것이 틀림없다며 체념하던 차였다.

그 외에도 암스테르담 중앙역에서 검문을 통과할 때마다 아슬아슬한 순간이 벌어졌다. 기차 문이 열리기 무섭게 에베르하르트는 인파에 섞여 들었다. 기차에서 내려 승강장을 지나 계단을 내려가는 동안 고개를 살짝 숙이고 어떤 의심 가는 행동도 하지 말 것. 몸을 숨기려 하지도 관심을 끌지도 말 것.

"신분증이요!"

검문소에서의 몇 초는 마치 영겁처럼 길게 느껴졌다. 주머니에서 신분증을 꺼내 건네면 날카로운 눈이 서류를 위아래로 훑고 그의 얼굴을 확인하곤 했다. 그 짧은 순간, 에베르하르트는 마른침을 삼켰다. 귓전을 울리는 쿵쾅쿵쾅 심장 소리가 마치 콘크리트 벽을 향해 돌진하는 증기 기관차 소리처럼 들렸다. 슬로우 모션처럼 천천히 굴러가지만 결코 충돌을 막을 수 없는 기차를 볼 때처럼 그저 모든 상황을 지켜볼 뿐이었다.

"통과!"

그 한 마디면 안도감이 몰려왔고 차갑게 굳어가던 피가 다시 온몸을 천천히 돌았다. 그러고는 쿵쾅대던 심장이 진정될 때까지 뜨거운 피가 온몸에서 미친 듯이 들끓었다.

같은 임무를 수없이 반복해도 공포에는 도무지 익숙해지지 않았다. 에베르하르트는 암스테르담 중앙역 계단을 내려갈 때마다 언제나 숨이 멎을 듯한 두려움과 싸워야 했다. 그리고 마침내 역전 광장으로 나온 뒤, 도시의 그늘 아래 몸을 숨긴 채 몇 분이나 진정하고 나서야 임무를 수행하러 떠날 수 있었다.

바다 너머에서 커다란 폭발음이 울려 퍼질 때마다 야니는 밖으로 뛰쳐나가 귀를 쫑긋 세우고 원하는 소식이 들리기를 간절히 기대했다. 스탈린이 라디오를 통해 발표했던 연합군의 제2전선이 어서 빨리 상륙하기를 말이다. 히틀러의 군대를 해상전이나 공중전으로 반격하는 것은 쉽지 않았다. 연합군이 조금이라도 승기를 잡기 위해서는 반드시 유럽 대륙에 상륙해 전선을 형성해야 했다.

바르바로사 작전은 막강한 군사력과 더불어 엄청난 속도전으로 몰아쳤다. 하지만 1941년 말에 다다르며 히틀러는 병력 75만 명을 잃었고 독일군의 사기는 겨울 기온보다 더 급속도로 하락했다. 12월, 국민계몽 선전부 장관 요세프 괴벨스가 독일 라디오를 통해 애국심을 고취하는 연설을 펼치며 국민들에게 군대를 위한 방한물품 모금운동을 촉구했다.

"최전방에서 엄동설한에 제대로 갖춰 입지 못하고 추위에 떠는 군인이 단 한 명이라도 남아 있다면 조국은 단 한 시간조차 마음 편할 자격이 없습니다."

독일 국민들 역시 2년에 걸친 배급제로 인해 근근이 지내고 있었지만 괴벨스는 연설로 독일 전역에서 76만 점의 방한용품을 끌어모았다. 하지만 전쟁의 핵심 전략이었던 속도전은 이미 빛을 잃은 후였다. 우선 독일의 예상을 깨고 모스크바가 1942년 1월까지 함락되지 않고 버텼다. 지리멸렬했지만 어쨌든 성공을 거둔 1942년 봄 독일군의 재공습 이후, 1942년 8월부터 1943년 2월까지 악명 높은 스탈린그라드 전투가 이어졌다. 이 피비린내 나는 시가전은 히틀러와 스탈린 사이 결투의 클라이막스로, 양쪽 모두 수백만의 사상자를 냈다.

하지만 야니는 동부 전선에서 무슨 일이 일어나고 있는지 세세히 알지 못했다. 히틀러의 '생존권 창조 계획'이 실현되는 게 그리 호락호락하지 않다는 사실도 알지 못했다. 야니가 아는 것이라고는 그저 연합군이 아직 상륙하지 못했다는 사실 그리고 베르헌에서의 삶이 날이 갈수록 고단해진다는 사실이었다.

팍팍한 상황에도 불구하고 로비는 그럭저럭 잘 지냈다. 하지만 리셀로테는 계속 울며 보채기만 했고 도대체 무엇이 문제인지 알 수가 없었다. 카팅카도 문제였다. 카팅카는 내내 축 늘어져 있었다. 베르헌에 이질이 돌면서 린테와 야니는 어린 딸들 걱정에 잠을 이루지 못했다. 들리는 소문에 의하면 길 끝자락에 있는 군부대에서부터 전염병이 시작해 근처 마을로 번졌다는데 아이들에게 특히 잘 옮는다고 했다.

머지않아 카팅카가 앓기 시작했다. 더 쏟아낼 것도 없을 만큼 설사를 계속하면서 젖살이 쏙 빠지고 갈비뼈가 앙상하게 드러났다. 하다 하다 피똥을 싸기 시작하자 린테는 절망했다. 다행히 헤멜레익 부부가 의사인 친구에게 카팅카를 봐 달라 연락했다. 의사는 약과 함께 계피를 섞은 죽을 처방했다. 얀이 치료에 필요한 물품을 모두 구해 줬고 일주일 내내 어른들은 카팅카의 병상에 둘러앉아 아기에게 무엇이라도 먹이기 위해 어르고 기도했다. 이웃에 사는 가톨릭 가정은 이 돌림병으로 열한 명의 자녀 중 두 명을 잃었다. 린테와 에베르하르트가 체념할 때쯤 카팅카가 드디어 음식을 받아먹으며 차도를 보였다. 마침내 일반 유아식도 조금씩 먹기 시작하자 비로소 부부는 다시 웃을 수 있었다.

1942년 겨울은 혹독했다. 식량이 부족했다. 날이 따뜻해 자연이 번성하고 동물들도 제 먹거리를 챙길 수 있는 계절에조차 식량 부족은 힘든 문제였는데, 날이 추워지자 그야말로 목숨이 위험했다. 자매는 숲에서 꾀꼬리버섯을 채집했다. 간을 해서 구우면 아이들도 곧잘 먹었다. 최악의 상황에 대비해 버섯 한 바구니를 절여 병조림으로 만들었다. 야니는 붉은 버섯에 영양소가 풍부하다는 얘기를 들은 적 있었다. 그해 연말, 가족들은 다양한 버섯으로 배를 채웠다. 아직까지는 웃으며 지낼 만했다.

"오늘 저녁은 뭘 드세요?"

잠깐 들른 보프가 에베르하르트에게 물었다.

"버섯 구이. 자네는?"

"저희도요."

12월, 기온이 급속히 떨어지며 몇 주간 최저 기온이 영하 27.4도를 기록했다. 서리가 벽을 뚫고 스미자 아무리 난방을 떼도 소용이 없었다. 야피는 얀 헤멜레익을 통해 톱과 도끼를 구해 종일 나무하고 장작을 팼고 두 누나네 집에 실어 날랐다. 린테와 야니는 불이 꺼지지 않도록 밤낮없이 난로를 돌봤다.

야니와 에베르하르트는 주기적으로 암스테르담에 들러 임무를 수행했는데, 와중에 불심검문이 또 시행됐다는 소식을 접했다. 이제껏 벌어진 검문 중 최대 규모였다. 10월, 네덜란드 경찰의 협조 아래 나치 보안대는 암스테르담과 노르트홀란트 주 전역에서 총 1만 5,000여 명의 유대인을 잡아들였다. 11월에도 같은 방식으로 네덜란드 동부에서 수백 명의 유대인을 추가로 체포했다.

체포된 유대인들은 모두 베스테르보르크로 이송됐다. 엄청난 수의 인원이 합류하면서 베스테르보르크의 수감자들은 집단 패닉과 공황 상태에 빠졌다. 막사가 수용 인원을 훌쩍 넘겼을 뿐 아니라 새로 끌려온 사람들은 여성과 아동, 노인이 다수였다. 그렇게 노동수용소에 대한 마지막 남은 믿음마저 모조리 날아가 버렸다.

강제 이송을 착착 진행하기 위해서는 평화와 질서가 중요했고, 이에 상황을 잘 통제할 수 있는 지휘관이 절실했다. 베스테르보르크의 전 지휘관이었던 에리히 데프너나 요제프 디슈너는 가학적이고 예측불가능한 성격 탓에 수감자들을 동요시키기 십상이었다. 수감자들은 자연스럽게 상황에 의심을 품었다. 베스테르보르크에서조차 이런 대접을 받는다면 앞으로 대체 얼마나 더한 취급을 받게 될까? 네덜란드의 강제 이송 할당량을 채우기 위해서는 수감자들을 진정시킬 수 있는 지휘관이 필요했다.

이에 1942년 10월, 영화배우처럼 훤칠하고 교장 선생 같은 아우라를 지닌 나치 친위대 중위 알베르트 콘라트 게메커가 신임 지휘관으로 부임했다. 베스테르보르크로 오기 전 그는 브라반트의 신트-미힐스헤스털의 베이크블리트 포로수용소에서 근무했다. 베이크블리트는 정치적으로 영향력 있고 명망 높은 네덜란드 지식인들을 인질로 수감한 곳으로, 네덜란드 국민들이 나치 독일에 협력하는 한 베이크블리트의 포로들은 안위가 보장됐다.

온화해 보이지만 사실은 강압적인 게메커는 베스테르보르크의 질서를 빠르게 재정비했다. 우선 수용소 입구에 지어진, 뾰족 지붕과 온실이 아름다운 목조 건물에 입주했다. 그는 베스테르보르크가 마치 자신이 통치하는 도시이며, 자신은 그 도시의 시장인 것처럼 지내며 유대인 직원들의 시중을 받았다. 수용소 안에서의 삶이 최대한 평범하게 느껴질 수 있도록 다양한 활동을 조직했고 일거리와 운동거리를 제공했다. 저녁에는 카바레와 음악 공연도 개최했다. 세탁소와 바느질 공방, 거대한 텃밭까지 마련해 수감자들이 자급자족하며 지낼 수 있도록 했다.

수용소의 삶을 정비하는 동시에 게메커는 강제 이송 명단도 정리했다. 매주 베를린에서 각 수용소로 향할 인원수를 정해 헤이그로 보내면 게메커는 헤이그를 통해 본인의 업무를 전달받았다. 그리고 매주 정기 회의에서 이송자 명단을 확정했는데 게메커는 이 작업 대부분을 유대인 행정 직원들에게 시켰다.

첫 몇 달간은 매주 월요일과 금요일에 기차가 운행됐으나 1943년부터는 화요일로 변경됐다. 당일, 막사마다 이송 대상자를 공지하면 누군가는 가족 전체가, 또 누군가는 홀로 짐을 꾸려야 했다. 둘 중 어느 쪽이 더 불행한 상황인지 어느 누구도 감히 물어볼 엄두조차 내지 못했다. 수용소 안에는 침울한 분위기가 감돌았지만 사람들은 조직적으로 움직였다. 심지어 기차 칸에 더 들어갈 자리가 없으면 합심해서 서로를 밀어넣었다. 탑승자 수를 확인하고 기록하는 승강장 칠판에는 늘 엄청나게 큰 숫자가 적혔다. 그리고 문이 닫히면 기차는 길을 떠났다.

어찌나 물 흐르듯 이송을 진행시켰던지 게메커는 1942년 말까지 네덜란드에서 폴란드로 향하는 기차에 4만 명을 태워 보내는 데 성공하며 베를린의 총애를 받았다. 할당량을 채운 게메커는 자축하며 연회를 벌였다.

네덜란드의 유대인들이 강제로 이송되거나 살기 위해 전국으로 뿔뿔이 흩어지는 모습을 보며 린테와 야니는 가족들이 다 함께 할 수 있다는 것이 얼마나 큰 축복인지 절감했다. 아직까지는 저항단체를 통해 배급 쿠폰도 충분히 확보할 수 있었다. 무엇보다 야니는 저항활동을 그만두는 건 꿈에도 생각하지 않았다. 무모하다거나 순진해서가 아니라 그저 다른 선택지가 없었다. 이 험난한 시대, 싸워야만 살수 있었다.

어른들은 아이들을 위해 이전과 다름없는 일상을 보내기 위해 노력했다. 심지어 성 니콜라스 축일에는 뷔에르베흐의 야니네 집에서 다함께 파티를 열었다. 잠깐이지만 모든 게 전쟁 이전처럼 느껴졌다. 하지만 그 순간, 먼 과거처럼 느껴지는 시절이 고작 2년 반 지났을 뿐이라는 사실을 깨달았다.

그날 밤, 모두 흥에 겨워 아이들을 위한 성 니콜라스 축일의 풍습을 준비했다. 리셀로테와 카팅카는 아직 너무 어려 상황을 잘 몰랐다. 하지만 로비는 성 니콜라스로 분장한 얀 혜멜레익이 자신을 무릎에 앉히고 우렁찬 목소리로 말을 걸자 눈이 휘둥그레져 바짝 얼어붙어 버렸다.

"꼬마 신사분, 혓바닥을 잃어버리셨나요?" 성 니콜라스가 툴툴 댔다.

"아, 아니요, 고모부." 로비가 더듬대며 말하자 가족들이 배를 잡고 웃었다.

이게 대체 무슨 상황인지 모를 로비는 눈물이 터지기 일보 직전이었다.

"첩보국에서 특채로 뽑아도 되겠구만."

얀 혜멜레익이 조카를 엄마에게 넘겨주며 가짜 수염 너머로 중얼거렸다.

늦은 저녁, 축제가 끝나고 다들 작별 인사를 나눌 즈음 비가 쏟아졌다. 머리 위 하늘에는 은회색 먹구름이 자욱했지만 저 멀리 보이는 하늘에서는 별이 반짝이며 이 비가 금방 지날 것이라 알려 줬다. 린테와 에베르하르트는 아빠 우비 속에 폭 안긴 카팅카와 함께 집으로 돌아갔다. 알레이트와 얀도 린덴란으로 돌아가기 위해 함께 길을 나섰다. 보프는 비가 쏟아지는 중에도 성 니콜라스에게 한껏 손을 흔들며 배웅하다 그만 소중한 담배쌈지를 잃어버렸다. 야니와 보프는 소년소녀처럼 깔깔대며, 젖은 머리칼이 얼굴에 달라붙고 젖은 바지의 무릎이 튀어나올 때까지 쌈지를 찾아다녔으나 결국 찾지 못했다.

며칠 뒤, 야니는 수풀 아래에서 쌈지를 발견했다. 폭 젖은 담배 가루가 반절 넘게 상해 있었지만 그 정도로는 보프의 흡연을 막을 수 없었다. 고달픈 시절, 온전한 맛을 상상하며 피는 것만으로도 충분히 행복했다.

얀선 가 자매

언젠가는 베르헌에서도 떠나야 할 날이 올 거라 예상했음에도 불구하고, 그 순간이 왔을 때 충격을 받기는 마찬가지였다. 1943년 2월 1일, 독일군은 '대서양의 벽 구축The Construction of the Atlantic Wall'을 위해 덴헬더르에서 후크반홀란트에 이르는 해안선의 주민들에게 퇴거 명령을 내렸다.

히틀러는 야니가 그토록 기다렸던 연합군의 상륙 작전을 막기 위해, 유럽 북서부 해안을 따라 방어선 구축을 지시했다. 북노르웨이부터 남프랑스에 이르기까지 약 4,830km의 해안을 따라 요지마다 장애물과 요새를 설치하는 작업이었다. 네덜란드 모래 언덕에는 수천 개의 벙커와 콘크리트 벽, 모래주머니, 깊은 참호 등 대전차 장애물을 설치할 예정이었다. 탄약창과 방공포대, 지뢰 매설 지역으로 접근하기 위한 길도 추가로 필요했다. 이에 해안으로부터 10km 이내에 위치한 마을 주민들은 모두 1943년 2월 1일까지 퇴거할 것을 통보받았다. 예전부터 멀쩡히 해안 지역에서 살아가던 주민들에게도 날벼락이었지만, 은신 중이던 사람들에게는 재앙이었다. 그야말로 독 안에 든 쥐가 된 셈이었다.

1942년의 마지막 날이 무심히 저물었다. 야니는 부모님이나 아이들 앞에서는 힘든 내색을 하지 않으려 애썼다. 하지만 집안만 단속한다고 될 게 아니었다. 주변 사람들이 하나둘 떠나기 시작했다. 공식적인 이주 허가를 받은 '일반' 시민들은 그들과 상황이 달랐다. 피신 중인 유대인과 독일 반역자에게는 죽음이 기다릴 뿐이었다. 지붕까지 짐을 꽉꽉 채운 자동차들이 하나둘 베르헌을 떠나고 군인들이 매일 마을로 속속 도착했다. 근처 부대의 나무 막사에 배치된 군인들이 내는 소음에 야니는 밤늦도록 잠을 이루지 못했다. 보프가 손을 꼭 잡아 주면 침대에 누운 채 눈을 뜨고 천장만 하염없이 바라봤다. 두 사람의 머리 위로 영국군 전투기가 비행하며 어둠에 잠긴 모래 언덕과 베르헌의 막사를 향해 공습을 퍼부으면 독일군들이 부랴부랴 대공포를 발사했다.

어느 날 밤, 독일군이 영국군 전투기를 명중했다. 불타는 전투기가 나무로 지은 막사에 추락하면서 주변이 화염에 휩싸였다. 무슨 기적인지 로비와 리셀로테는 그 난리통에도 잠에서 깨지 않았다. 하지만 야니와 보프, 야피, 피트에와 요세프는 모두 거실 창 앞으로 모였다. 작열하는 화염의 물결이 마치 웅장한 한여름날의 태양처럼 거실을 환하게 밝혔다. 충격으로 얼어붙은 가족들은 눈을 가늘게 뜨고 커튼 뒤에 숨어 타오르는 불꽃을 지켜봤다. 야니와 보프는 눈빛을 교환했다. 군인들이 린테와 에베르하르트의 은신처, 알레이트와 얀의 집 지척에 닿았을 확률이 높았다.

다음 날, 천만다행으로 두 부부 모두 안전한 것을 확인했다. 하지만 한 가지는 확실했다. 하루가 다르게 수많은 위험이 다가온다는 사실이었다. 새 은신처를 찾아 나서야만 했다.

자매와 보프, 에베르하르트는 긴급회의를 했다. 도움을 줄 만한 지인이 있을까? 믿어도 되는 사람일까? 알레이트와 얀도 피신해야 하지만 자매의 가족들과 함께 가긴 힘들 듯했다. 각각 흩어지고 아이들은 낯선 사람에게 맡기는 것이 나을까? 이 제안은 두말할 필요도 없이 기각됐다. 하지만 과연 다른 대안이 있을까? 일행은 함께 움직이기에 너무 규모가 컸다. 하지만 이 시기를 살아남기 위해서 가족은 계속 다 함께 지내기를 원했고 꼭 그래야만 했다. 더이상 베르헌에서는 지낼 수가 없고 헤이그도 마찬가지이며 암스테르담은 이미 패쇄된 지 오래였다. 게다가 암스테르담으로 간다면 결국 베스테르보르크로 끌려갈 수밖에 없을 것이었다.

결국 야니와 에베르하르트가 각자 네덜란드 내륙을 답사하며 외딴 지역이나 빈집을 찾아보기로 했다. 성공 가능성은 희박했지만 지푸라기라도 잡을 수밖에 없었다.

이미 숱한 은신처를 수소문한 경력이 있는 얀 헤멜레익은 이제 도심 지역에서는 도망자들을 받아 줄 집이 거의 없을 것이라 조언했다. 너무 위험했고 살 공간도 부족했고, 독일과 네덜란드 나치의 감시의 눈길이 어디에나 널려 있을 뿐 아니라 네덜란드 경찰 역시 유대인 은신처를 찾는 데 혈안이었다. 더불어 살던 유대계 이웃들을 나 몰라라 하기 영 내키지 않아 했던 비유대계 네덜란드 시민들조차 2년간의 점령기를 거치며 대부분 운명에 굴복한 상태였다.

저항투사 동지들이 알려 주길 암스테르담은 나치복을 입지 않은 변절자 천지라 했다. 평범한 시민들이 이웃과 전 동료, 심지어 가족까지 저버리는 일도 허다했다. 나치의 '립만 로젠탈 & Co. 수탈 은행'은 나날이 번창했다. 추방되는 유대인이 늘어나며 빈집도 늘어났다. 헨네이커 칼럼은 득달같이 달려들어 빈집에 남은 물건을 파악하고 챙겼다. 가구 소유재산 등록사무소의 역할은 그 어느 때보다 중요해졌다. 그들은 네덜란드 전역을 오가며 유대인들이 쫓겨난 집의 물건 목록을 작성했다. 아직 침대에 온기가 남아 있거나 탁자 위에 다 마시지 못한 찻잔이 남아 있기도 했다. 심지어 거주민이 채 집밖으로 끌려 나가기도 전에 부대원들이 들이닥쳐 자신들의 업무를 시작할 때도 있었다. 이들은 각 가정의 일상과 내부 전경을 꼼꼼하게 기록했다. 진정한 공무원답게 꼼꼼하기가 이루 말할 수 없었다. 가구당 총 네 개의 사본이 작성됐다. 한 장은 유대인 이민 중앙사무소 본청으로, 한 장은 퇴거 물품과 함께 수탈 은행으로, 다른 한 장은 칼럼 직원에게 마지막 한 장은 퇴거한 가족들에게 전해졌다. 집 문을 닫아걸며 평범한 한 가정의 마지막을 알리는 영수증인 셈이었다.

칼럼의 눈을 피하려면 최대한 외떨어진 곳을 찾아야 했다. 전형적인 아리아인 외모와 가짜 신분증을 가지고 있고, 유창한 네덜란드어를 구사하는 에베르하르트가 가족들을 위해 길을 나섰고 야니도 저항활동 임무를 위해 암스테르담을 오갈 때마다 틈틈이 근교 마을을 둘러봤다. 둘은 암스테르담 동쪽의 삼림 지역이 제일 적합하다고 의견을 모았고, 이에 에베르하르트는 매일 아침 기차를 타고 힐베르쉼으로 출근하다시피 하며 근방을 훑었다.

어느 날은 자연으로 둘러싸인 작은 시골 마을 홀란체 라딩을 답사했다. 역에서부터 큰길을 따라 내려가며 대문마다 초인종을 눌렀다. 금발에 푸른 눈, 흰칠하고 잘생긴 외모 그리고 정중한 몸가짐 덕에 사람들은 비교적 순순히 에베르하르트에게 문을 열어줬다.

"혹시 세들어 지낼 만한 방이 있을까요?" 그는 똑같은 질문을 반복했다. "아니면 근방에 놀고 있는 여름 별채가 있으실까요?"

집집마다 골목골목마다 다녔지만 허사였다. 결국 마을 전체를 훑고 반대쪽 숲에까지 다다랐다.

12월 추위는 영하를 밑돌았다. 꽁꽁 언 손가락을 녹이려 애쓰며 차라리 숲속에 텐트를 치고 다 함께 지내야 하나, 말도 안 되는 생각까지 했다. 하지만 이상하게도 눈앞의 숲에 계속 시선이 갔다. 혹시 사냥꾼들이 머무는 임시 거처나 버려진 집이 한 채라도 있지는 않을까? 베르헌의 가족들을 생각하며 그는 다시 힘을 내 울창한 숲속으로 걸음을 옮겼다.

숲길은 바른 지역까지 길게 이어졌다. 인적은 느껴지지 않았다. 몇 시간이나 지났을까. 몸이 꽁꽁 얼어붙어 슬슬 걱정이 되던 찰나, 모래를 깔아 만든 통로가 나타났다. 주택으로 이어지는 길이 틀림없었다. 아니면 역이라도 나올 것이었다.

날이 저물고 있었다. 집에서 기다리는 가족들이 실망하는 모습을 보고 싶지 않았고 더이상 꾸물댈 수 없었다. 바로 그때, 나무 사이로 무언가 반짝였다. 블라인드가 닫힌 길쭉한 창이 난, 하얀 벽의 건물이었다. 가까이 다가가자 거대한 저택이 모습을 드러냈다.

너머로는 규모가 작은 집들이 몇 채 보였다. 그날 오후 처음으로 에베르하르트는 화색이 돌았다. 작은 집들 가운데 불이 켜진 집을 찾아 초인종을 눌렀다. 문이 벌컥 열리고 짜증난 듯한 남자가 그를 쳐다봤다.

"실례합니다. 저기 커다란 저택 말입니다."

에베르하르트는 저택 쪽으로 고갯짓하며 말을 이었다.

"비어 있는 것 같아서요. 혹시 세 들어 지낼 만한 방이 있을지⋯."

"정신 나간 소리!"

에베르하르트가 말을 끝내기도 전에 남자는 면전에 대고 문을 쾅 닫아 버렸다.

에베르하르트는 빈손으로 베르헌에 돌아올 수밖에 없었다. 다른 가족들이 불 꺼진 창문 너머로 빼꼼 그를 기다리고 있었다. 다들 아무것도 묻지 않았다. 그의 얼굴만 보아도 알 수 있었으니 말이다. 야피가 난로에 장작을 더 넣었다. 에베르하르트는 몸을 녹이며 오늘 있었던 일을 전했다. 마지막 희망을 걸었던 집에서 쫓겨났던 쓸쓸한 일도 털어놓았다.

린테와 야피는 잠시 안쓰러운 눈길로 서로를 바라보다가 이윽고 박장대소하기 시작했다.

"여보, 정신 줄을 놓은 거예요?" 에베르하르트가 린테를 바라보며 말했다. "이게 웃겨?"

"그 커다란 건물이 뭔 줄 알기나 해요?" 린테가 물었다.

심지어 집에 얹혀사는 유대인 소년 헤르베르트도 킬킬거렸다. 에베르하르트는 그저 어깨를 으쓱했다.

"그거 궁전이잖아요! 수스트데이크 궁전!"

에베르하르트가 그 농담을 이해하기까지는 몇 년이 더 걸렸다.

크리스마스 시즌, 분위기는 한층 더 가라앉았다. 크리스마스는 새해와 퇴거 일이 다가온다는 사실을 일깨울 뿐이었고 해결책은 묘연하기만 했다. 가족들이 야니네에 다시 모였다. 가족의 절친한 친구 프리츠 뢰터르와 그의 연인 코르 스널도 휴일을 함께 보내기 위해 위험을 무릅쓰고 베르헌으로 건너왔다. 반국가 세력으로 규정된 암스테르담 공산당의 대표인 프리츠는 다양한 대내외 소식을 전해 줬다. 하지만 이조차도 가족들의 기분을 북돋아 주지는 못했다.

12월 13일, 네덜란드 나치당은 당 창립 11주년을 기념하기 위해 암스테르담 콘체르트헤바우에서 거대한 축하 행사를 벌였다. 나치 문양과 휘장, 배너가 도배되고 군중이 빽빽하게 들어찬 홀에서, 국가위원장 자이스잉크바르트는 히틀러가 네덜란드 나치당의 창시자 안톤 뮈세르트를 '네덜란드의 지도자'로 지명했음을 발표했다. 나치식 인사를 하며 앞으로 쭉 뻗은 팔들이 줄지은 곳에서 뮈세르트는 새로운 직함을 부여받았다.

모두 묵묵히 린테와 야니가 차린 리즈타펠Rice Table(네덜란드령 인도 문화에서 따온, 나시고랭 등 쌀 요리를 중심으로 차린 정찬—옮긴이)과 도넛을 먹으며 프리츠의 이야기를 들었다. 늦은 저녁, 파티가 끝나고 린테와 에베르하르트는 잠든 딸을 안고 헤르베르트와 함께 숲 반대편 자신들의 거처로 돌아갔다. 잘 자라 인사를 나눈 후 침대에 누워, 이 밤이 지나면 부디 가족들에게 기적이 찾아오기를 기도했다.

그리고 기적이 일어났다. 야니와 에베르하르트가 가족들이 흩어져 지낼 수 있을 만한 곳이라도 찾기 위해 엄동설한을 뚫고 길을 나선 사이, 얀 헤멜레익이 좋은 소식을 들고 달려왔다.

"찾았어요. 암스테르담 바로 밑의 나르던 숲이요. 거기 외딴 저택이 하나 있는데, 부유한 노부인 자매가 여름 별장으로만 사용한대요. 다함께 지내기 충분할 거 같아요. 여기, 주인 집 주소예요."

기대감에 뜬눈으로 밤을 지새운 보프와 에베르하르트는 제일 좋은 양복을 차려입고 해가 뜨기 무섭게 암스테르담으로 향했다. 하늘에서 내려온 동아줄이라도 된 양 주소가 적힌 종이를 손에 꼭 쥐었다. 집주인인 얀선 자매는 미네르발란의 부촌에 살았다. 사랑하는 아내와 아이들, 브릴레스레이퍼르 가의 명운을 짊어진 두 사람이 초인종을 울렸다.

최대한 진중하면서 매력적으로 보일 수 있도록 애쓰며 보프와 에베르하르트는 자신들이 처한 안타까운 상황을 적당히 순화해 이야기했다. 제아무리 좋은 사람 같아 보여도 그 누구도 믿어서는 안 되는 시절이었다. 보프와 에베르하르트는 대서양의 벽 건설로 인해 부랴부랴 처자식과 함께 베르헌을 떠나게 된, 지극히 평범한 비유대계 네덜란드인 가장으로 자신들을 소개했다. 두 사람의 기구한 사연은 "두 분께서 소유한 나르던의 여름 별장에서 전쟁이 끝날 때까지 세 들어 지낼 수 있을까요?"라는 질문으로 끝을 맺었다.

노부인 자매는 젊고 훤칠한 두 신사에게 호감을 보였다. 그리고 이틀 후 다시 만나 임대 계약서에 서명을 하기로 했다. 보프와 에베르하르트는 야니네에서 두 사람을 오매불망 기다리고 있을 가족들을 향해 서둘러 돌아갔다. 드디어 살길이 열렸다. 하지만 아이들과 떨어져 지내야 할 수도 있다는 걱정에 몇 주 내내 속앓이를 했던 가족들은 좋은 소식에도 마음껏 기뻐하지 못했다.

지낼 곳은 구했지만 나르던으로 이주할 수 있는 공식 허가증이 없었다. 그나마 보프가 모험을 감행해 볼 만했다. 나머지 가족들은 유대인이고 에베르하르트는 탈영자 신분이었지만 보프는 은신 전까지 중앙 식량 보급부의 국가공무원으로 근무했기에 신분이 보장될지도 몰랐다.

야니는 즉각 헤이그로 가 도움을 줄 만한 사람과 접선했다. 차마 면전에 대고 "안 돼요!"라고 말하기 힘든 호감형 외모에 은근한 매력까지 총동원해, 보프가 북부 지역의 보급부에 복귀할 수 있도록 허가를 얻었다. 그의 새 부임지는 암스테르담과 나르던 사이에 위치한 소도시 베이숩이었다. 야니가 이 비밀 작전을 수행하는 동안 보프의 신분이 '수배 중인 저항단원'이라는 사실을 언급하는 사람은 아무도 없었다. 이에 야니는 보프가 자위트홀란트 주에서만 지명 수배자로 등록돼 있을 거라는 자신의 추측이 사실이었음을 확인했다. 물론 이 추측이 사실인지 아닌지 여부는 별 상관이 없었다. 이외에는 대안이 없었으니 말이다.

필요한 서류를 챙긴 가방을 가슴에 꼭 품은 채 야니는 북쪽으로 돌아가는 기차에 올랐다. 금요일 늦은 오후, 주말을 위해 퇴근하는 직장인들 속에 껴 있기란 쉽지 않았다. 기차 안의 대부분은 남성들이었고, 여성은 손에 꼽았으며 그들 역시 야니처럼 황망해 보였다. 사람들은 웬만해서는 먼길을 떠나지 않았다. 특히 늦은 시각에는 더더욱. 일행이 없는 승객들은 무심하게 침묵을 지켰다.

야니는 몸을 웅크리고 창밖만 봤다. 땅거미가 내리며 창문 너머 들판이 어둠에 잠겼고 그녀의 얼굴이 창문에 서서히 비쳤다. 귀 뒤로 묶은 생머리와 피부를 팽팽하게 당긴 듯 높게 솟은 광대와 흑갈색 눈동자가 그녀를 마주봤다. 야니는 자신에게 의지하는 사람들에 대한 책임감을 무겁게 느낀 적이 거의 없었지만 그날따라 유독 버거웠다. 지난 몇 주간 겪어야 했던 무력감, 당장 내일이라도 아이들과 생이별하게 될지 모른다는 두려움, 더 나아가 온 가족이 체포될지도 모른다는 상상, 그리고 체포된 후에는 어떤 일이 일어날지 상상할 수조차 없는 상황까지….

어깨가 천근만근 무거웠다. 힘겹게 숨을 내쉬었을 때, 야니는 마치 좌석에서 굴러떨어져 기차 밖으로 튕겨 나갈 것만 같았다. 생명줄 같은 가방 아래로 아랫배를 칼로 찌르는 듯한 통증이 찾아온 것이었다. 야니는 고통에 몸을 웅크리며 주변의 기색을 살폈다. 그녀 맞은편 좌석은 비어 있었다. 가장 가까운 승객들도 몇 좌석 건너에 앉아 있었다. 하나님, 감사합니다.

야니는 차분하게 숨을 골랐다. 그때, 아까보다 더 강렬한 통증이 배를 쑤셨다. 결국 고통을 참지 못해 신음을 흘리며 상체를 푹 숙이고 기침을 했다. 기침을 하자 아랫배가 단단하게 수축하며 그녀의 몸을 쥐어짜기 시작했다. 더이상 숨을 쉴 수 없을 때까지 그녀의 몸에서 온 생명을 다 짜내려는 듯한 수축이 계속됐다. 저쪽에 앉아 있던 승객이 흘끔 그녀를 바라봤다. 야니는 최대한 창가 쪽 구석에 붙어 몸을 웅크리며 눈에 띄지 않기 위해 애썼다.

다리 사이로 따뜻한 뭔가가 울컥 흘러내렸다. 기차 칸의 싸늘한 추위와 대비되는 뜨끈함과 함께 고통이 가셨고 야니는 혼절할 것만 같았다. 바닥에서 살짝 뜬 두 다리가 기차 진동에 맞춰 흔들거렸다. 다

리 사이 액체가 식으며 허벅지 사이가 끈적거리기 시작했다. 야니는
자리에서 살짝 엉덩이를 들어 축축한 모직 치마의 뒷자락이 앞으로
오도록 돌려 입었고 치마를 적신 얼룩을 잠시 바라봤다. 이윽고 얼
룩을 가죽가방으로 덮어 감춘 후 머리를 창가에 기댔다. 야니는 칠흑
같은 어둠을 응시했다. 저 멀리 드문드문 불빛이 비쳤다. 더운 숨결로
창문에 김이 서리는 동안 뜨거운 눈물이 야니의 볼을 타고 뚝뚝 떨
어지며 손등을 적셨다.

집에 도착한 야니는 애써 웃음을 지으며 보프에게 서류를 흔들어
보였다. 보프가 정성껏 서류를 작성하는 동안 야니는 침실로 가 옷
을 갈아 입었다. 이주 허가증을 구했다는 사실에 온 가족이 가슴을
쓸어내렸다. 야니는 유산한 사실을 그 누구에게도 알리지 않고 가슴
에 묻었다.

베르헌 해안 지역 퇴거 시한을 이틀 남긴 1943년 1월 30일, 두 가장
이 암스테르담을 재방문했다. 에베르하르트는 가짜 신분인 'J. J. 보스'
라는 이름으로 얀선 자매와 나르던 드리프트베흐 2번지의 별장 하이
네스트에 대한 임대 계약을 체결했다. 세간살이가 이미 갖춰진 별장
의 월세는 112길더 50센트였고, 임대인은 가구에 손상이 가지 않도
록 주의해 줄 것과 고급 도자기들은 사용하지 말 것을 조건으로 달
았다.

"나르던 시장에게 전입 신고를 하는 게 좋을 거예요."

노부인들이 지나가듯 언질을 주었다.

"안 그러면 빈집으로 여기고 거주권을 독일인들에게 넘길 수도 있

어요."

보프와 에베르하르트는 집주인들에게 감사 인사를 전한 후 은밀히 눈빛을 교환했다. 만일 그렇게 된다면 정말 큰일이었다. 강제 퇴거가 시작되기 전까지 베르헌으로 돌아가 이사를 마치려면 일분일초가 시급했지만, 노부인들은 적막하기만 한 미네르발란의 대저택에 젊은이들이 함께 있다는 사실에 들떠 그들을 도무지 놓아줄 생각을 하지 않았다.

"말해 봐요." 자매 중 한 명이 에베르하르트의 팔을 잡으며 물었다. "말투를 듣자 하니 헤이그 출신은 아닌 것 같은데, 고향이 어디유?"

에베르하르트는 이런 류의 질문을 받는 게 익숙했기에 당신에게만 알려 준다는 듯 은근한 목소리로 답했다.

"아, 실은 남부의 림뷔르흐 출신이에요. 아무리 억양을 고치려고 해도 티가 나나 보네요."

네 사람은 기분 좋게 웃은 후 작별 인사를 나눴다.

나르던 시장이라는 마지막 관문이 남았다. 나치가 임명한 나르던 시장의 이름은 마리뉘스 판레이우언이었다. 보프가 베르헌으로 돌아가 두 집의 이사를 준비하는 동안 에베르하르트는 나르던-뷔쉼행 기차를 탔다. 역에서부터 나는 듯한 발걸음으로 다리를 건너 별 모양의 요새 도시 나르던으로 향했다. 그리고 곧장 마르크 거리의 대성당 맞은편에 위치한 시청으로 향했다.

나르던 시청은 마치 형제처럼 보이는 두 채의 저택으로 이루어진 아름다운 건물이었다. 한 채의 규모가 더 컸지만 톱니 모양의 박공과 종탑, 지붕 뒤편의 풍향계 등 건물의 전반적인 형태는 동일했다. 에베르하르트는 왼편의 큰 건물에 난 아치형 정문을 통해 내부로 들어섰다. 입이 바짝 마르고 팔다리가 뻣뻣하게 굳는 기분이었다. 건물 안에서부터는 친절한 여직원의 안내를 받아 시장 집무실에 도착했다. 거대한 집무용 책상 뒤 벽에는 히틀러와 뮈세르트의 대형 초상화가 나란히 걸려 있었다. 에베르하르트가 집무실로 들어서자 시장이 자리에서 벌떡 일어서며 팔을 뻗고 나치식 인사를 했다.

"하일 히틀러!"

에베르하르트는 린테와 카팅카를 떠올리며 용기를 끌어모아 난생처음 나치식 인사를 외쳤다. 그리고 시장에게 전입 신고용 서류를 건넸다. 임대 계약서와 야니가 보프를 위해 구해 준 고용 허가증, 그리고 베르헌의 의사가 카팅카에게 처방해 준 의견서였다. 의견서에는 "카팅카 아니타 보스, 중증 이질로 인한 후유증 치료와 회복을 위해 생활 여건이 더 좋은 나르던으로 이주할 것을 강력하게 권한다."라고 적혀 있었다.

판레이우언 시장이 무뚝뚝한 표정으로 서류 더미를 넘겨 보는 동안 에베르하르트는 떨리는 손을 진정시키기 위해 안간힘을 썼다. 손가락이 자꾸만 꼼지락거렸다. 손바닥을 벅벅 긁고 싶은 충동에 휩싸이던 찰나, 시장이 자리에서 일어났다.

"신분증은?"

에베르하르트는 장 자크 보스와 안테 보스 실레비스, 카팅카 아니타 보스의 신분증을 내밀었다.

에베르하르트의 뒷골을 타고 경종이 댕댕 울리기 시작했다. 귓가를 잠식하는 종소리에 에베르하르트는 작게 숨을 몰아쉬었다. 그 힘

든 절식 요법으로도 실패에 그쳤던 병역 기피 시도와 베르헌으로의
도피, 헤멜레익 부부 집에서부터 암스테르담으로 이어졌던 은신, 또
다시 베르헌으로 되돌아가 지내야 했던 나날들. 이번만큼은 실패해
서는 안 된다. 이게 실패하면 끝이다. 가족 모두가 끝장이다.

"전입을 허가한다."

판레이우언이 전입 신고서에 허가 도장을 찍고 날인했다. 10여 분
이 지난 후, 시청 밖으로 나온 에베르하르트는 나르던 대성당을 우러
러보며 살짝 고개를 끄덕였다. 누구를 향한, 혹은 무엇을 위한 감사
인사인 걸까. 에베르하르트 스스로도 알 수 없었다.

II. 하이네스트

"드리프트베흐 저택의 이름은 '하이네스트'였어요.
커다란 부지에 자리잡은 대저택으로 숲이 호숫가까지
이어졌지요. 그곳에서 다 함께 은신하며 우리는 한 인간이
경험할 수 있는 온갖 모험을 다 겪었답니다."

야니 브란더스 브릴레스레이퍼르

1   숲속의 저택

가족이 원한 건 그저 전쟁통을 무사히 날 수 있는 곳이었다. 이 전쟁이 언제까지 이어질지는 누구도 예측할 수 없었다. 또한 다른 지인이나 친구들이 그래야 했던 것처럼, 가족이 뿔뿔이 흩어지거나 특히 아이들과 떨어져 지내는 것만은 반드시 피해야 했다. 이 조건만 갖출 수 있다면야 다 쓰러져 가는 헛간이나 빈 창고도 괜찮았다. 그 어떤 열악한 환경도 감수할 수 있다고 여겼는데, 이렇게 대궐 같은 집을 구하게 되리라고는 상상도 하지 못했다.

목적지에 다다랐을 때는 이미 날이 저물어 있었다. 나르던 마을에서부터 약 5~10분 정도 들어갔을까. 보프는 황무지를 지나 그 너머로 이어진 숲속으로 계속 차를 몰았다. 알려준 대로라면 이쯤일 텐데. 가족들은 이동하는 내내 쥐 죽은 듯 조용했다. 혹여나 검문에 걸릴까, 내내 긴장의 끈을 놓지 못하는 바람에 다들 진이 쏙 빠져 버렸다. 포장길에서부터 수레바퀴 자국이 움푹 파인 모랫길로 이어지면서, 숲은 점점 깊어졌다. 더 안쪽으로 들어갔다간 차가 진흙에 빠질지도 몰랐다.

보프가 시동을 껐다. 차 전조등 불빛이 사그라들고 낮게 울리던 엔진 소리가 나무 사이로 흩어지자, 가족들 주위로 정적이 살포시 내려앉았다. 하얀 숨만 피어오르는 자동차 안에서 먼저 몸을 움직인 이는 보프였다.

"나가 봅시다. 거의 다 왔어요."

야니는 어머니가 차 밖으로 나올 수 있도록 도운 다음 리셀로테를 안아 들었다. 차가운 빗줄기가 가족들의 지친 뺨을 따갑게 두드렸다. 숲길을 따라 걸어가는 가족들의 발아래로는 낙엽 바스락거리는 소리가, 머리 위로는 나뭇가지가 바람에 흔들리며 삐걱대는 소리가 들렸다. 가족들은 숲길을 따라 그저 걸었다. 막다른 길 아닐까? 숲이라는 거대한 암흑의 벽에 가로막힌 것만 같았다.

야니가 로비의 손을 잡고 걷는 보프를 흘끔 봤다. 로비는 너무 지쳐서 울 기운도 없어 보였다. 아내의 시선을 느낀 보프는 어깨를 으쓱해 보인 후 계속해서 걸었다. 야피는 한 팔로 어머니를 지탱하고 다른 팔로는 추위에 달달 떠는 어머니의 몸을 꼭 감쌌다. 나머지 가족들은 아직 오는 중이었다. 에베르하르트가 아버지를, 린테가 카팅카를 데려와 합류하기로 했다. 다 함께 움직이기에는 너무 위험했다.

숲 끝자락에 다다랐을 때 가족들은 평평하게 다져진 길을 발견했다. 그들 오른편의 탁 트인 황무지에서 시작해 왼편의 나무들 사이로 이어지는 길이었다. 길을 따라 검은 나무들 사이에 다다랐을 때, 야니는 내내 경직돼 있던 어깨가 탁 풀리는 느낌을 받았다. 그녀를 짓눌렀던 중압감이 순식간에 사라지면서 예전부터 그곳에서 살아온 것만 같은 편안함을 느꼈다.

좁은 길을 따라 걷자 오른편으로 그림자에 휩싸인 거대한 건물의 형체가 모습을 드러냈다. 건물 주변의 나뭇가지들은 바람에 이리저리 흔들리며 울부짖었지만 건물은 한 치의 흔들림 없이 굳건히 서 있었다.

어느새 비가 그쳤다. 가족들 뒤로 펼쳐진 들판을 덮은 먹구름 사이로 달무리가 비치기 시작했다. 모두들 길 위에 멈춰 서서 저택을 바라봤다. 야니의 시선이 육중한 파사드를 훑고 1층과 2층 창문 사이에 걸린 하얀 현관에 머물렀다. 현관에는 검은 글씨로 'The High Nest'라고 적혀 있었다.

탄탄한 정육면체 건물에 이엉지붕을 올린 저택은 하위전과 나르던의 거주 지역 사이 광활한 자연보호구역 한가운데 있었다. 문명의 잣대에 무심한 자유분방함이 한눈에 보였다. 부르주아 건축 양식 따위는 깡그리 무시한 건물은 자연을 더 닮아 있었다. 하이네스트는 가족들이 걸어온 길에서부터 등을 돌아앉은 형상으로, 중앙 현관이나 부엌으로 향하는 문이 모두 건물 뒤쪽으로 나 있었다. 때문에 저택을 방문한 사람들은 좁다란 길을 따라 뒤쪽까지 빙 돌아가야만 '진짜 현관'에 닿을 수 있었다. 그리고 방문객이 집으로 다가오는 동안, 집 안의 사람들은 수많은 창문을 통해 방문객의 모습을 지켜볼 수 있었다. 집의 네 개 면, 1, 2층 모두에 창문이 고르게 나 있었고, 짙붉은 덧창이 하얀 창틀을 가렸다.

현관을 열고 저택 안으로 들어가자 널찍한 홀이 나왔다. 홀은 세 개의 공간으로 이어졌다. 정면에는 저택으로 향하는 길을 내다볼 수 있는 거실과 다이닝 룸이, 홀 왼편에는 부엌이, 오른편에는 화장실

딸린 방이 있었다. 1층에는 전화기도 놓여 있었다. 가족들은 킥킥거리며 수화기를 귀에 갖다 댔다. 놀랍게도 전화선이 연결돼 있었다.

2층에는 침실 네 개와 화장실 하나가 있었다. 그리고 지붕 바로 아래에는 건물 전체 면적 만큼 뻥 뚫린 다락이 자리했다. 지붕 앞뒤로는 교회 첨탑처럼, 성인 남성 크기의 반원 창이 하나씩 달려 있었다. 그곳에서는 주변 숲과 황무지의 장엄한 풍광은 물론, 하이네스트의 축소판인 듯 이엉지붕에 같은 모양의 창틀이 달린 헛간까지 내려다 보였다.

장식용 기둥처럼 우뚝 솟은 세 개의 굴뚝은 난공불락의 요새처럼 저택을 지키고 서 있었다. 은신하기에 더없이 완벽한 장소였다.

그날 밤, 야니는 몇 달 만에 갓난아기처럼 곯아떨어졌다. 날아다니는 포탄의 폭발음도, 마을에서 들려오는 소음도, 군인들이 강제 퇴거를 앞당겨 시행할지 모른다는 두려움도, 어디로 거처를 옮겨야 할지에 대한 근심도 없었다. 그녀의 몸을 묵직하게 내리누르는 것이라고는 오직 정적뿐이었다. 다음 날, 꾸물대는 겨울 해가 집 내부를 밝힐 때까지 야니는 잠에서 깨지 않았다. 눈을 떴을 때, 침대 옆자리 시트는 차갑게 식은 지 오래였다. 보프가 야니를 더 재우기 위해 일찌감치 아이들을 데리고 1층으로 내려간 것이었다.

전날 밤, 칠흑 같은 어둠 속에서 가족들은 차를 오가며 짐을 날랐다. 아이들을 재운 후에는 거실에 둘러앉아 마음을 졸이며 린테와 카팅카를 기다렸고, 모녀가 도착한 후에는 에베르하르트와 아버지를 기다렸다. 마침내 모두가 안전하게 도착하자 가족들은 곧바로 잠자리에 들었다. 이야기를 나눌 기운이 남아 있지 않았고, 밤중에 불을 켜기엔 아직 경계심도 누그러지지 않았다. 이런 까닭에 야니는 도착한 후로 집 내부를 제대로 살필 기회가 없었다. 야니는 팔로 몸을 감싸안은 채 주변을 둘러봤다. 집 안으로 햇살이 쏟아져 들어왔다. 다락 앞뒤로 난 커다란 창에는 얇은 면 커튼만 쳐 있었다. 멋진 보 구조가 지붕 꼭대기를 받쳤고 다락 구석에는 자기로 만든 세면대, 거울 그리고 수건이 놓인 찬장이 보였다. 바닥은 길쭉한 널판지를 깐 나무 마루였다.

야니는 침대에서 홀쩍 내려와 창문을 향해 다가갔다. 조심스러운 손길로 커튼을 살짝 걷고 밖을 내다봤다. 사람의 흔적은 전혀 보이지 않았다. 야니는 한쪽 커튼을 걷고 창 앞에 대담히 몸을 드러냈다. 사방이 나무였다. 시야가 닿는 데까지 온통 숲이 펼쳐져 있었다. 집 한 채, 길 하나, 사람 한 명 보이지 않았다. 야니의 얼굴에 함박 미소가 번졌다. 가족들의 목소리가 계단을 타고 다락까지 둥실둥실 날아왔다. 야니는 계단을 뛰어 내려가 아이들이 있는 곳으로 향했다.

다들 한창 바빴다. 야피는 일찌감치 헛간 탐색을 시작했고 자신만의 작업실을 꾸릴 만한 재료와 장비를 찾아냈다. 어머니는 환기를 위해 부엌 뒷문을 활짝 열어 두고 창틀을 닦는 중이었다. 살을 에는 차가운 공기가, 여름 이후 내내 비어 있던 집에 차오른 쿰쿰한 나무 냄새와 습기를 몰아냈다.

야니는 어머니에게 입을 맞춘 후 외투를 걸치고 밖으로 나갔다. 그리고 문을 나서자마자 못 박힌 듯 우뚝 서 버렸다. 눈앞으로 공원처럼 탁 트인 잔디밭과 키 큰 관목, 자작나무 울타리, 위풍당당한 나무와 큼직한 로도덴드론(진달래속 식물-옮긴이), 원형의 화단이 펼쳐져 있었다. 어안이 벙벙해진 야니는 조용히 주변을 둘러봤다.

정원 곳곳에 나무의자와 낡은 쇠붙이들이 흩어져 있었다. 어떤 것들은 파란 이끼로 뒤덮여 있었고 어떤 것들은 최근까지 사용한 듯 깔끔했다. 나뭇가지 곳곳에는 나무로 만든 새집이 있었다. 집에서 떨어진 곳의 새집은 대부분 비어 있었다.

정원은 비탈길로 이어졌다. 이제껏 있으면서 집이 언덕 위에 지어졌다는 사실을 미처 깨닫지 못했던 야니는, 왜 진작 눈치채지 못했을까 픽 웃어 버렸다. 이곳은 하이네스트, 즉 '높은 둥지' 아니던가. 저택은 황무지와 숲에 싸여 외부와 차단돼 있었다. 잔디밭 중앙에는 뾰족한 지붕과 사면이 통창으로 이루어진 정자가 있었다. 모자와 목도리로 중무장한 세 아이와 린테가 그곳에 서 있었다. 야니는 손을 흔들며 그들을 향해 걸어갔다. 제 엄마를 발견하자 로비는 입이 귀에 걸릴 듯 환히 미소 지었다. 야니는 로비 이마에 입을 맞추며 리셀로테와 카팅카의 머리를 쓰다듬었고, 린테 언니 곁에 서서 어깨를 꼭 맞댔다.

"우와!" 야니의 입에서 감탄사가 흘러나왔다.

두 사람은 자연의 품에 홀쩍 올라앉은 하이네스트를 바라봤다.

"너무 좋다, 그치?" 린테가 말했다.

야니는 그저 고개만 끄덕였다. 마음을 완전히 놓고 즐거워하기엔 여전히 아슬아슬했지만 사실 이보다 더 운이 좋을 수는 없을 터였다. 린테는 턱짓으로 건물 뒤편을 가리켰다.

"가장 가까운 이웃도 수백 미터는 떨어져 있더라고."

야니 역시 주변을 탐색했지만 다른 집의 지붕이나 여타 사람의 흔적은 보이지 않았다. 린테는 몸을 돌려 손가락으로 정원 너머를 가리켰다.

"저쪽으로 쭈욱 내려가면 바다가 나와."

야니는 눈썹을 추켜세우고 고개를 갸웃댔다.

"바다가 있다고?"

"에이설 호수라던가, 바다라던가. 아무튼 엄청 큰 물가야."

두 사람은 키득키득 웃었다.

야니는 지난밤의 여정을 떠올리며 방향을 가늠했다.

"그러니까 하위전이 저쪽이고…" 야니가 저택의 왼쪽, 바위투성이 황무지와 성긴 나무숲을 가리키며 말했다. "나르던은 이쪽…" 저택의 오른쪽, 끝없이 펼쳐진 숲 쪽으로 손가락을 옮겼다. 바로 그때, 헛간 문틈으로 야피의 머리가 불쑥 솟아 나왔다. 코끝에 안경을 걸친 맹한 얼굴에 누나들이 웃음을 터트렸다.

"야피!"

야니는 자신이 낸 소리에 흠칫 놀라며 반사적으로 입을 막았다. 린테가 다독이듯 말했다. "괜찮아. 아무도 들을 사람 없어."

베르헌에서는 늘 이웃이나 행인, 군인이 지척에 있었다. 이 때문에 항상 목소리를 낮춰야 했고 아이들이 울기라도 하면 부랴부랴 집 안으로 데리고 들어와 숨죽이기 일쑤였다.

야피가 품에 잡동사니를 잔뜩 들고 누나들을 향해 달려왔다.

"내가 뭘 찾았게!"

야피가 신이 나서 제 보물을 소개했다. 장도리와 못이 든 상자, 시가 박스, 밧줄, 방수포, 끝이 갈라진 전선, 몸통 없이 꼬불꼬불 전화선만 연결된 수화기. 야니 눈에는 그저 고물 더미에 불과했지만 굳이 말하진 않았다. 동생의 눈이 반짝거리고 있었으니.

"헛간 안에 온갖 물건이 가득해. 와서 한번 봐 봐! 일단 라디오 먼저 만들고, 그다음에는 애기들 놀거리를 만들어 줄게. 알겠지?" 말을 끝마치기 무섭게 야피는 헛간으로 향했다. 날듯 뛰어가는 야피의 깡마른 허리춤에서 바지가 줄줄 흘러내렸다.

린테와 야니는 앞으로 며칠간 할 일에 대해 상의했다. 야니는 미크에게 받은 임무가 있어서 당분간 낮시간에는 자리를 비울 예정이었다. 보프는 당장 내일부터 베이숍으로 출근해야 했다. 따라서 주변을 탐색하고 살림을 채우는 건 린테와 에베르하르트가 하기로 했다.

대화하는 와중에도 자매는 양치기 개처럼 주위를 맴돌며, 숲속에서 볼이 발갛게 상기돼 뛰노는 아이들에게서 눈을 떼지 않았다. 잔디밭을 벗어나 숲속으로 들어가자 집은 시야에서 점점 사라졌고, 햇살을 받아 반짝이는 짙붉은 덧창만 나무 사이로 간간이 보였다.

로비는 낙엽 더미로 몸을 던졌고 두 손 가득 낙엽을 퍼 담아 여동생 머리 위에 들이부었다. 리셀로테는 숨이 넘어갈 듯 까르륵거렸다. 카팅카도 질세라 낙엽 더미로 냅다 머리를 들이박았다. 어찌나 재빨랐던지 린테가 미처 막을 틈도 없었다.

그날 오후, 온종일 밖을 쏘다니며 기운을 뺀 아이들은 몇 달 만에 처음으로 정신없이 낮잠을 잤다. 야니는 아이들을 침대에 눕힌 후 아버지를 찾았다. 환기하느라 문을 활짝 연 탓에 차가워진 공기를 덥히기 위해, 요세프는 거실 난로에 불을 피우는 중이었다. 쇠약해진 아버지의 모습을 보자 야니는 마음이 아팠다. 암스테르담을 호령하던 풍채 좋고 목청 좋던 상인은 온데간데없었다. 나치 독일은 열흘간의 구금 기간 동안 요세프에게서 자유만 빼앗아 간 것이 아니었다. 그 이후 이어진 은신과 더불어 하이네스트로 오기까지의 여정은 그가 감당하기에 너무나 고됐고, 아버지의 회복력은 어느새 다 닳아 버렸다. 야니는 아버지 손에 들린 땔감을 가져간 뒤, 아버지를 커다란 창앞 안락의자에 데려다 앉혔다. 그곳에서는 마법 같은 숲의 풍광을 훤히 내려다볼 수 있었다.

하이네스트로 이동하기 전, 에베르하르트는 나르던을 몇 번 오가며 짐을 미리 옮겼다. 첫 여정 때, 헤르베르트를 다른 위탁 가정에 맡겼다. 헤르베르트의 새로운 은신처는 제 부모가 지내는 곳과 더 가까웠다.

짐 가방을 주렁주렁 들고 암스테르담 중앙역을 오갈 때마다 에베르하르트는 두려움에 식은땀을 흘렸다. 역은 해안 지역에서부터 몰려든 이주민으로 인산인해를 이뤘고 그는 손쉽게 인파에 섞여 들 수 있었다. 그야말로 민족 대이동이었다. 남녀 할 것 없이 황망한 표정의 사람들이 아이와 노부모, 반려동물, 가구를 줄줄이 매달고 이동했다. 누군가는 분명한 목적지를 향해, 누군가는 정해진 거처 없이 부랴부랴 승강장을 가로질렀다.

승강장과 이어진 계단 통로는 늘 사람으로 꾸역꾸역 들어찼고, 중앙 홀에 다다르면 사람들이 쏟아져 나오며 역전 광장을 향해 흩어졌다. 덕분에 에베르하르트는 짐 가방을 바리바리 싸 들고도 눈에 띄지 않을 수 있었다. 나르던-뷔쉼행 기차로 환승한 뒤에는 역에서 내려 하이네스트까지 약 4.8km 정도 황무지를 따라 도보로 이동했다.

처음 하이네스트를 방문했을 때 에베르하르트는 피아노가 있는 것을 단박에 알아차렸지만 린테에게 미처 말하지 못했다. 말할 겨를도 없이 바빴다. 짐을 놓고 빈손으로 곧장 나르던-뷔쉼 역으로 돌아가 암스테르담을 찍고 알크마르로 이동, 그곳에서 베르헌으로 향하는 증기 트램을 탔다. 그런데 드디어 바삐 오가던 여정의 마지막 날이 온 것이었다.

베르헌에 도착한 에베르하르트는, 텅 빈 채 어둠에 잠긴 여름 오두막을 마주했다. 내부로 들어가자 표백제 냄새가 풍겼고 커튼은 꼭 닫혀 있었다. 마치 아무도 머문 적이 없는 것만 같았다. 린테는 에베르하르트로부터 자세한 길 안내를 몇 번이나 듣고 카팅카와 먼저 길을 나섰다.

에베르하르트는 마지막으로 대문을 잠그고 열쇠를 우편함에 넣은 후, 사슴공원 반대편에 있는 야니네 오두막으로 향했다. 그곳도 별반 다를 게 없었다. 식탁 의자는 모두 가지런히 밀어넣어져 있었고 카펫에는 부스러기 하나, 먼지 한 점 남아 있지 않았다. 지난 몇 달간 이곳을 돌아다녔던 어린아이들의 흔적은 눈 씻고도 찾을 수 없었다. 그리고 어두운 거실 한구석, 요세프가 의자에 앉아 사위를 기다리고 있었다.

"이쪽으로 오세요."

에베르하르트가 장인어른에게 팔을 내밀며 말했다. 잠시였지만 요세프는 움직일 생각이 없는 것처럼 보였다. 그는 베르헌으로 온 후,

한 번도 집밖에 나간 적이 없었다. 에베르하르트는 요세프의 팔뚝을 잡고 장인이 자리에서 일어날 수 있도록 부축했다. 그리고 새로운 은신처로 떠나기 위해 함께 길을 나섰다.

암스테르담으로 향하는 기차 안에서 요세프의 불안 증세가 심해졌다. 그는 계속해서 거칠게 숨을 몰아쉬었고, 제대로 볼 수 없음에도 불구하고 계속해서 주변을 두리번거렸다. 지난번 눈 수술의 예후가 좋지 않았기에 요세프는 두꺼운 안경을 쓰고도 군인과 광부를 구분하는 것조차 어려워했다. 에베르하르트도 덩달아 긴장할 수밖에 없었다. 하지만 주변에 사람이 가득한 가운데 이목을 끌지 않으면서 장인을 진정시키기란 쉽지 않았다.

기차가 암스테르담 중앙역에 도착했을 때는 밤이 운하 위로 내려앉은 후였다. 사람들은 제각각 흩어졌고 순식간에 인적이 드물어졌다. 에베르하르트는 승강장 아래 계단 주변에 몰려 있을 사복 경찰들을 떠올리며, 부디 장인어른이 얼어붙지 않고 의연히 대처할 수 있기를 속으로 기도했다.

하차한 뒤, 요세프는 사랑하는 도시의 이름이 적힌 팻말 아래에서 잠시 멈칫했다. 에베르하르트는 장인이 제 손을 뿌리치고 운하를 따라 베이스퍼르 거리를 향해 갈지도 모른다고, 왼쪽 모퉁이를 돌아 현관을 지나 자신의 안락의자가 있는 옛집을 향해 갈지도 모른다고 생각했다. 눈 감고도 갈 수 있는 고향의 길. 에베르하르트는 장인어른의 팔을 잡은 손에 힘을 줬다. 하지만 그럴 필요 없었다. 요세프는 덤덤히 몸을 돌렸고 잠자코 다음 열차를 기다렸다.

여정의 마지막 일정이 가장 고됐다. 나르던-뷔쉼 역을 빠져나왔을 때 소나기가 내리기 시작했다. 폭우까지는 아니었기에 별것 아니라 생각하고 걸었는데 꾸준히 내리는 비에 어느새 온몸이 젖었다. 두 사람은 지칠 대로 지친 상태였고 요세프는 비틀비틀 힘겹게 걸음을 뗐다. 에베르하르트는 서두르지 않았다. 이제 다 왔다. 조금만 기운을 내면 된다. 밤새워야 할지라도 목적지에 도착하기만 하면 된다.

나르던 중심가를 지나는 동안, 내부가 훤히 드러남에도 개의치 않고 불을 밝힌 집들이 흔히 보였다. 집 안의 사람들은 거실 소파에 앉아 쉬거나 부엌을 오갔다. 중심가를 벗어날수록 집이 점점 적어졌고 불빛도 드문드문 이어졌다. 사방이 쥐 죽은 듯 고요한 가운데 오직 빗방울이 아스팔트 도로 위를 때리며 두 사람의 발자국을 씻어냈다. 요세프의 안경에는 김이 잔뜩 서렸고 이마를 타고 흐르는 빗물은 안경과 볼을 적셨다. 하지만 요세프는 시선을 바닥에만 고정한 채, 사위의 팔을 잡고 그가 이끄는 대로 움직였다.

서로 팔짱을 끼고 침묵 속에서 30여 분간 걸었을까. 규칙적인 끼익끼익 소리가 그들을 향해 다가왔다. 두 사람은 멈춰 서서 숨을 죽였다. 에베르하르트는 자신에게 의지한 노쇠한 몸이 바들바들 떨리는 것을 느꼈다. 그것이 추위 때문인지, 두려움 때문인지는 알 수 없었다.

에베르하르트는 요세프를 덤불 속에 숨겨야 하나 고민하며 어둠 속을 뚫어져라 응시했다. 그러다 들려오는 소리가 자전거 페달이 돌며 흙받기에 진흙 튀기는 소리, 자전거 바퀴가 젖은 길 위를 지치며 내는 마찰음인 것을 알아차렸다. 몸을 푹 숙인 채 자전거에 올라 있는 그림자가 약 2m쯤 떨어져, 그들의 존재를 눈치채지 못한 채 지나쳐 갔다. 에베르하르트와 요세프는 가슴을 쓸어내리며 계속해서 걸었다.

하이네스트까지 도착하는 데 얼마나 걸렸는지 가늠할 수는 없었지만, 에베르하르트는 온 가족의 딱딱하게 굳은 얼굴을 보고는 그들이 얼마나 마음 졸이며 기다렸는지 알 수 있었다. 가족들 모두 창문을 꼭꼭 여민 거실에 모여 앉아 두 사람을 기다리고 있었다. 일렁이는 촛불이 일자로 굳게 다문 피트에의 입가에 짙은 음영을 드리웠다. 피트에는 남편을 끌어안으며 사위에게 감사를 표한 뒤, 수건으로 요세프의 얼굴을 부드럽게 닦아 줬다.

에베르하르트는 훗날 린테에게, 그날 밤이 살아생전 가장 무서웠던 날 중 하루라고 말했다. 그럼에도 불구하고 무사히 해낸 것이었다. 열 명의 가족 모두가 안전하게.

1943년 2월부터 유대인 은신처이자 지하활동의 중심지인 하이네스트에서, 브릴레스레이퍼르 가의 놀라운 행보가 본격적으로 시작됐다.

1942년 7월을 기점으로 네덜란드 전역에서 베스테르보르크 및 동쪽 수용소로 향하는 기차는 쉼없이 운행됐고 유대인들은 은신처를 찾기 위해 필사적이었다. 나치 독일의 네덜란드 점령 3년 차, 폭력을 저지하는 것은 이제 아무것도 없었고 나치의 이데올로기는 독일군의 압력 없이도 순조롭게 굴러갔다. 어느 앳된 네덜란드 경찰이 이렇게 말했듯이. "유대인 한두 명쯤 곤죽이 되도록 패지 않으면 제대로 된 일요일을 보냈다고 할 수 없지."

물론 핍박받는 이들을 돕는 비유대인 네덜란드인 역시 존재했다.

하지만 이 경우 사달이 나기가 너무 쉬웠다. 은신하는 사람들은 자신들이, 보호해 주는 이들의 제한된 식량을 얻어먹고 살며 충분치 않은 공간에 얹혀 지낸다는 사실을 매우 잘 알고 있었다. 일면식도 없는 이들에게 맡겨진 아이들은 절대 말썽을 부리면 안 된다는 사실을 금방 알아챘다. 보호처를 제공하는 이들의 호의가 그들에게는 곧 생명줄이었으나 그 생명줄은 언제고 쉽게 끊어질 수 있었다.

야니와 보프는 두 자녀와 함께 공식적으로 나르던에 전입 신고를 했으나 나머지 가족 구성원들은 불법 체류자에 수배령까지 내려져 있었다. 피트에와 요세프는 거주지로 등록된 암스테르담을 이탈한 상태였다. 야피는 유대인인 데다 자전거 보관소 사업을 통해 저항활동을 한 반국가 세력이었다. 에베르하르트는 독일군 탈영병이었고 유대인 여성과 자식을 낳음으로써 아리아인 핏줄을 더럽힌 민족의 수치였다. 린테는 유대인이자 에베르하르트의 탈영을 도운 공범이었다. 야니의 경우, 유대인 등록을 하지 않은 것도, 법적으로 유대인과 비유대인 간의 결혼이 금지되기 전에 남편을 만난 것도 모두 천운이었다.

완벽한 행정력과 빈틈없는 통계 수치는 네덜란드의 유대인 추방이 매우 효율적이고 매끄럽게 진행되고 있음을 확인시켜 줬다. 그럼에도 불구하고 나치 독일은 행방이 묘연한 유대인의 수가 무시하기 힘들만큼 많다는 사실에 주목했다. 약 2만 5,000여 명의 유대인의 행적이 묘연했다. 대부분이 등록 신고를 하지 않았고 거취도 불분명했다.

1943년 3월, 브릴레스레이퍼르 가문이 하이네스트로 이사를 마친 지 한 달 후 괴뢰 정부는, 추방된 유대인의 재산을 몰수하고 파악해 온 헨네이커 칼럼에게 새로운 업무를 지시했다. 그들의 새로운 업무는 해 오던 활동의 연장선이었지만 그들에게 막대한 부를 가져다 줬다. 바로 은신 중인 유대인을 색출하는 작업이었다. 체포한 유대인 한 명당 7길더 50센트의 성과급이 지급됐다.

2   자유 예술가

머지않아 저항활동가들 사이에서, 자매가 관리하는 암스테르담 근교의 안전하고 믿을 만한 은신처에 관한 소문이 널리 퍼졌다. 이삿짐을 미처 다 풀기 전부터 야니는 위험에 처한 사람들을 데려오기 시작했다. 신분증 센터에서 함께 활동했던 친구 트레이스 레마이러가 자신의 지인인 예티 드뤼에이프와 예티의 약혼자이자 유명한 소아과 전문의인 시몬 판크레벨트를 보호해 줄 수 없냐고 물은 게 시작이었다. 미케와 하콘 스토테인 부부는 파울리너 판덴베르흐를 부탁했다. 붉은 머리와 새파란 눈, 강한 로테르담 억양 때문에 어딜 가나 쉽게 눈에 띄었던 파울리너는 '아흐예 호닝'이라는 가명을 이용, 하이네스트에 '하녀'로 입주했다. 야니, 보프와 나이를 초월해 우정을 쌓은 노부부, 루스와 브람 테세이라 데마토스는 두 사람의 딸인 리타와 사위 빌리 예허르를 데리고 헤이그를 떠나 하이네스트로 이사했다.

1943년 2월이 되자 집에 상주하는 인원만 해도 이미 열일곱 명에 달했다. 그 밖에도 임시 보호를 위해 며칠, 몇 주, 몇 달을 지내다 가는 객식구도 꾸준히 있었다. 요세프는 늘 딸에게 조심하라고 잔소리했지만 야니는 눈 하나 깜짝 안 했다. 요세프도 진심으로 딸을 멈추게 할 생각은 없었다. 절박한 시대, 발악해야만 살길이 트였다. 은신처를 찾는 일은 나날이 어려워졌다. 사람들이 겁을 먹었기 때문이다. 야니도 두렵기는 마찬가지였으나 하이네스트에 의탁하는 이들을 단 한 번도 내치지 않았다. 한 지붕 아래 스무 명, 아니 스물다섯 명이 지내고 있을 때에도 마찬가지였다.

하이네스트에 머무는 사람 대부분은 린테와 에베르하르트, 저항단체, 그리고 야니와 보프를 통해 인연을 맺은 예술계 종사자들이었다. 네덜란드 한복판에 자리한 하이네스트는 중간 거점으로서 최적의 입지였다. 알레이트와 얀 헤멜레익 부부도 종종 손님을 데려왔고, 피트에와 요세프의 암스테르담 이웃이었던 레오와 로오스 퓍스 부부 역시 하이네스트에 머물렀다.

이디시어 전문가인 레오는 린테에게 이디시어를 가르쳐 주기 시작했다. 점령 전에는 두 사람 모두 이디시 문학과 예술, 희곡을 연구하는 동유럽 유대인 문화 연구회 'Sh.-Anski(유대인 작가이자 유대계 전통문학 연구가이자 정치 활동가인 인물에서 따온 단체명-편집자)'의 회원으로 활동했다. 레오는 연구회 간사로 일했고, 린테는 훗날 자신의 주요 활동 분야가 되는 이디시 노래를 공부했다. 전쟁이 발발하기 전, 린테는 에베르하르트를 전속 반주자로 두고 네덜란드 전역에서 공연을 했다. 그녀의 활동명인 '린 알다티'는 히브리어 노래 가사 "알다 알다티, 야파 야파티." 즉 "소녀 나의 소녀여, 미인 나의 미인이여."에서 따온 것이었다. 하지만 점령기 동안 공연은 점점 줄었고 베르헌에서 지낸 마지막 몇 달간 두 사람은 음악을 완전히 놓고 살았다. 에베르하르트에게는 피아노가 없었고, 린테는 노래하거나 춤출 기분이 아니었다. 음악을 즐기기에는 상황이 너무 위태로웠다.

한편 하이네스트는 요새나 다름없었다. 밖으로는 깊고 울창한 숲이 펼쳐졌고 집 안은 밝고 널찍했다. 하이네스트에 머무는 사람들은 오랜만에 마음 가는 대로, 하고 싶은 대로 지낼 수 있었다. 점점 큰 소리로 이야기하고 거리낌없이 웃을 수 있게 됐다. 에베르하르트는 1층 방의 피아노를 차지하고 앉아 몇 시간이고 몸을 구부정하게 숙인 채 어려운 악보를 연습했다. 린테는 자신의 공연 레퍼토리를 꺼내 들었고 다른 이들도 각각 자신의 특기에 몰두했다. 시몬은 헛간에서 찾아낸 북을, 파울리너는 정자에서 바이올린을 연습했다. 가족들은 파울리너에게 '빨간 머리 퍽Puck(영국 민화에 자주 등장하는 장난꾸러기 요정—옮긴이)'이라는 별명을 지어 주었다.

전쟁이 절정에 치닫던 시기, 하이네스트는 이전까지 얀선 가 자매들이 여름휴가를 보내며 만들어 낸 소음보다 더 많은 양의 소리를 쏟아 냈다. 야니가 온종일 임무를 수행하고 집으로 돌아올 때면 집이 채 보이기도 전부터 각종 불협화음이 흘러나와 그녀를 맞이했다. 숲과 숲속 동물들이 땅을 울리는 고동 소리에 맞춰 그녀를 위해 노래하는 것만 같았다.

최소 스무 명의 식구들을 먹여 살리는 건 쉽지 않았다. 따라서 보프의 역할은 그 무엇보다 중요했다. 하이네스트에서 밥벌이하는 유일한 사람이었으니 말이다. 그는 매일 아침 집을 떠나 자전거를 타고 베이숩의 식량 보급부로 출근했다. 자전거는 당시 네덜란드 사람들에게 희귀품이었다. 한 해 전 괴뢰 정부가 유대인 소유의 자전거를 모두 수탈한 상태였고, 비유대계 시민들의 자전거마저 독일군을 위해 기부하라고 압박하고 있었다. 나치는 유아차와 외발 수레, 가정용 손수레와 외발 자전거까지 바퀴가 달린 것이라면 모조리 빼앗으려 혈안이었다. 소중한 자전거를 지키기 위해 사람들은 일부러 나무 바퀴를 달거나 앞바퀴를 조그만 롤러스케이트용 바퀴로 바꿔 달았다. 콧대 높은 독일군이 그런 해괴한 물건은 거들떠보지 않아서였다. 다행히 나르던 시장이 '농업 위기 대책 본부에 종사하는 공무원으로서의 원활한 업무 수행을 위한 필수품'이라는 명목으로, 보프에게 자전거 소지 특별 허가증을 발급해 줬다. 자전거는 그 무엇보다 값진 재산이었다. 보프의 발이 되어 황금 같은 시간을 벌어 줬으니 말이다. 보프는 퇴근하자마자 자전거로 주변 마을을 돌며 식구들을 먹이기 위한 우유와 쌀, 밀가루를 구했다.

보프의 상사는 노르트홀란트 주 식량 배급소의 지역 총괄로 네덜란드 나치당원이었다. 따라서 보프가 도움을 청할 만한 인사는 아니었다. 보프는 식량을 배급받는 데 필요한 공식 서류인 쿠폰과 운송장을 매일 조금씩 빼돌려야 했다. 검문은 나날이 삼엄해졌다. 신분증과 서류 없이 밖을 돌아다니는 것은 불가능했다. 야니와 보프는 자신들이 확보한 문서 대부분을 미크 판힐서나 프리츠 뢰터르에게 전달했고, 두 사람은 이를 필요한 곳에 배분했다.

보프는 노르트홀란트 주 정부에서 매달 150길더의 월급을 받았다. 집세를 내고 하이네스트 사람들 입에 풀칠하기엔 턱없이 부족한 돈이었다. 하이네스트의 객식구 중에는 간혹 돈을 내는 사람도 있었다.

하지만 그 많은 사람을 먹여 살리려면 더 많은 돈이 절실했다. 어느 날, 미크가 누구도 예상하지 못한 구원의 동아줄을 찾아 들고 하이 네스트를 방문했다. 그리고 이 사건으로 하이네스트는 네덜란드 굴 지의 양조 회사와 연을 맺게 된다.

미크는 나르던 방문을 늘 손꼽아 기다렸다. 그가 신뢰하는 친구들이 가득한 숲속 저택은 전쟁 초기 저항투사 동지들과 함께 지냈던 공동 체와 유사했다. 그곳의 평화와 고요함은 그의 마음을 편안하게 다독 였다. 이제 겨우 스물여섯 청년이었지만 미크 판힐서의 인생은 늘 스 트레스와 위험의 연속이었다. 검문을 무사히 통과하고 암스테르담 중 앙역에서 기차에 오를 때면, 갈수록 인적이 줄어들고 있음을 느끼며 자리에 털썩 주저앉았다. 기차가 출발하고 나서야 그의 깡마른 어깨 는 조금씩 긴장을 풀었다. 아직 제 한몸 건사하기도 어린 나이, 세상 풍파를 다 겪으며 너무나 많은 책임을 짊어진 애늙은이가 된 미크는 소중한 친구이자 동지인 야니에게 동질감을 느꼈다.

스무 살이 채 되기도 전부터 미크는 스페인 내전 종군 기자로 활 약했고 그의 형 얀릭은 네덜란드 공산당에 가입했다. "절대 적을 우 습게 보지 말라. 늘 경계의 끈을 놓지 말라." 형제의 좌우명이었다. 저 항활동을 향한 두 사람의 헌신은 헛된 것이 아니었다. 더 많은 투사 들이 뜻을 함께하며 저항활동은 그 어느 때보다 활발해져 갔다. 또 한 미크의 지하 예술인 단체는 『자유 예술가』라는 독자적인 잡지를 발간하며 독립적인 조직으로서의 활동을 시작했다.

미크는 부친이자 작곡가인 얀 판힐서, 친구이자 조각가인 헤릿 판데르베인과 함께 나치의 제국 문화 회의소에 저항하기 위해 『자유 예술가』를 발간했다. 뒤이어 저명한 작가와 화가, 음악가, 언론인을 포함한 다수의 동지들이 합류했고, 이들의 사명감에 동조하는 부유한 사람들이 금전적인 지원을 했다. 제국 문화 회의소에 등록을 거부하는 예술인들은 수익 활동이 금지됐으므로 경제적 지원은 가뭄의 단비처럼 귀했다.

하지만 미크의 활동은 너무 많은 이목을 끌어 버렸다. 그는 『자유 예술가』나 신분증 센터 활동을 했을 뿐 아니라, 헤릿 카스테인과 함께 나치 방해 공작 단체인 'CS-6' 결성도 구상 중이었다. 나치 경찰에게 꼬리를 잡힐 뻔한 적도 여러 번이었다. 다행히 그들의 기지가 나치 경찰보다 우위에 있었다. 아슬아슬한 줄타기가 이어지는 와중, 하이네스트는 미크가 숨통을 틔우는 유일한 장소였다.

하루는 브릴레스레이퍼르 가족들에게 전하기 위해 『자유 예술가』 최신호를 챙겼다. 허리춤에 넣어 숨긴 종이는 그가 움직일 때마다 부스럭 소리를 냈다. 발간 부수는 약 2,000부에 달했고 인쇄기도 고장 한 번 나지 않고 제 일을 척척 해냈다. 잡지는 그저 쌓아 두는 용도가 아니었다. 되도록 많은 독자에게 닿고 읽혀야 했기에 잡지 표지에는 다음과 같은 문구가 실렸다. "이 잡지는 당신만을 위한 것이 아닙니다. 다 읽으면 다른 이에게 전달해 주세요." 『자유 예술가』는 제대로 된 지하 출판물로서 당대 유력 예술가와 기업인들에게 지원받아 완성됐고, 영향력 있는 독자층을 형성했다. 이러한 성과는 미크에게 희망과 자긍심을 선사했다. 하지만 헤릿 판데르베인 및 다른 동지들과 함께 구상 중인 위험한 계획에 대해 생각할 때면 그가 느꼈던 고양감은 흔적도 없이 사그라들곤 했다.

아르티스 동물원 입구 바로 옆, 플란타허 케르클란 36번지에 자리한 암스테르담 등기소. 이곳에 나치 열차 운행의 행정적 원동력이 되는, 7만여 명의 유대인 기록이 보관돼 있었다. 신분증 센터는 최대한 많은 유대인에게 위조 신분증을 제공하고자 노력했지만 충분하지 않았다. 1940년부터 신분 증명 서류를 소지하는 것이 의무화됐고 1941년에는 신분증 제도가 도입됐다. 이때부터 유대인들은 네덜란드 공무원들의 뛰어난 행정력으로 인해 궁지에 몰렸다. 헤릿 판데르베인은 이 모든 고충을 단 한 번의 작전으로 해결할 수 있다고 했다. 바로 등기소를 폭파하는 것. 이 작전에서 무엇보다 중요한 점은 사상자가 발생해서는 안 된다는 점이었다. 결코 쉽지 않은 계획이었다. 매일 밤, 미크는 머릿속으로 수만 가지 시나리오를 떠올렸지만 마땅한 방안을 찾지 못하고 있었다.

나르던-뷔쉼 역에 내린 후, 미크는 트램 정거장을 지나쳐 하이네스트까지 긴 산보를 시작했다. 날이 추웠지만 머리를 식히며 자연 속을 거니는 것이 좋았다. 나뭇가지마다 통통하게 여문 꽃봉오리가 곧 다가올 봄을 알렸다.

린테와 야피, 피트에와 요세프의 환대 속에서-야니와 보프는 자리를 비운 후였다-미크는 에베르하르트와 함께 북적대는 집을 나와 호수를 향해 산책했다. 에베르하르트는 미크가 묘하게 기분이 좋다는 사실을 눈치챘다. 에베르하르트는 숲속으로 들어서자마자 잡담은 그만두고 친구의 어깨에 팔을 걸쳤다.

"자, 털어놔 봐. 할 말이 뭔데?"

"그렇게 티가 났어?"

미크가 씨익 웃더니 다람쥐라도 엿들을 새라 주위를 둘러본 후 목소리를 낮췄다.

"들어 봐. 『자유 예술가』가 완전히 대박났어. 예술인들 사이에서도 유명해졌고, 의미 있는 일을 하고는 싶은데 뭘 어떻게 도울지 몰랐던 자산가들 사이에서도 입소문이 났지. 꽤 거대한 지하단체로 발돋움한 거야."

에베르하르트가 고개를 끄덕였다.

"게다가 든든한 후원자가 나타났지 뭐야. 그게 누구일지 감히 상상도 못 할걸."

에베르하르트가 호기심에 눈썹을 추켜올렸다.

"맥주의 제왕, 하이네켄."

미크가 힐끔 친구의 안색을 살폈다. 에베르하르트는 우뚝 멈춰 서서 친구 쪽으로 몸을 돌렸다.

"하이네케엔?"

미크가 고개를 끄덕였다. "응! 하이네켄 총지배인 디르크 스티커르가 100만 길더 후원을 약속했어. 100만 길더!"

두 사람은 믿을 수 없는 숫자에 숨을 크게 들이쉬었다. 이윽고 다시 걸음을 옮겨 숲과 호숫가의 마지막 경계인 작은 언덕을 오르기 시작했다. 신발이 모래에 푹푹 빠졌고 두 사람은 밭은 숨을 내쉬었다.

미크가 에베르하르트의 커다란 발자국을 따라 걸으며 웅얼거렸다. "뭐, 주정뱅이 독일 놈들에게 맥주 팔아서 번 돈이긴 하지만."

마침내 언덕 꼭대기에 다다른 두 사람은 나란히 서서 숨을 골랐다.

언덕 발치로 긴 모래사장과 수초로 둘러싸인 에이설 호수가 모습을 드러냈다. 잔물결 하나 일지 않은 잿빛 호수와 구름 한 점 없이 쨍한 차가운 하늘. 미크가 정적을 깼다.

"오늘부터 자네와 린테는 지하 예술인으로서 생계유지를 위해 매달 『자유 예술가』의 경제적 지원을 받게 될 거야."

에베르하르트의 야윈 얼굴에 미소가 번졌다. 그는 한없이 늘어나는 하이네스트 식구들을 먹여 살리기 위해 모두가 동동거리는 모습을 보며 얼마나 자괴감을 느껴 왔는지 미크에게 털어놓았다. 보프는 가족을 위해 돈을 벌어 왔고, 대부분의 객식구들 역시 살림에 무언가를 보태고 있었다. 그와 린테, 야피 그리고 피트에와 요세프만이 완전히 경제력을 상실한 상태였다. 두 사람이 받게 될 지원은 린테와 에베르하르트뿐 아니라 브릴레스레이퍼르 가 전체를 도울 수 있었다. 그리고 미크는 누구보다 그 사실을 잘 알았다.

"그럼 그렇게 하는 걸로."

미크가 새처럼 두 팔을 활짝 젖히고 언덕을 뛰어 내려갔다. 에베르하르트도 친구의 뒤를 따랐다. 두 사람은 호숫가를 끼고 하위전 방향으로 난 길을 내달렸다.

하이네스트를 떠나기 전 미크는 에베르하르트에게 매달 지원금을 수령할, 라런의 연락책 주소를 건네줬다.

"아, 그리고 가족들이 쓸 수 있도록 훔친 쿠폰도 나눠줄 거야." 미크가 에베르하르트 어깨에 가볍게 팔을 두르며 속삭였다. "그렇지만 다른 사람들한테는 말하지 마. 알았지?"

3 이웃 사람들

어느 날, 야니에게 공문이 날아왔다. 그녀의 '신분증 문제'에 관해 확인할 사항이 있으니 대성당 맞은편 시청 건물로 조속히 방문하라는 나르던 시장의 안내장이었다. 막 새싹 틔울 준비를 하는 겨울 나무숲과 황무지를 지나 도시 성문으로 향하며, 야니는 다시 한 번 적이 얼마나 지척에 있는지를 깨달았다. 자신이 관할 중인 지역의 숲속에서 떡하니 무슨 일이 벌어지고 있는지 모르는 시장도, 마을 이웃도 모두 적이었다.

에베르하르트가 알려 준 대로 회의장에 들어서자 뮈세르트와 히틀러 그리고 시장의 두 눈이 그녀를 빤히 바라봤다. 야니는 무릎이 떨려 주저앉을 것만 같았다. 판레이우언 시장은 곧바로 본론을 꺼냈다.

"브란더스 부인, 부인의 신분증에서 이상한 점이 발견됐습니다."

관자놀이가 팔딱거리고 눈앞이 하얗게 점멸했지만 야니는 정신을 다잡고 아무것도 모른다는 듯 순진한 눈빛으로 시장을 바라봤다.

"서로 다른 신분증이 두 장 발견됐는데 둘 다 부인 명의라서요. 어떻게 이런 일이 가능하단 말입니까. 안 그래요?"

야니는 어쩌다 이런 일이 일어났을까 머리를 굴리며, 시장에게 동조했다. 아무리 생각해도 가능한 시나리오는 암스테르담 등기소 내 연락책이 그녀의 원본 신분증을 파기하는 데 실패한 경우뿐이었다. 그렇다면 신분증이 두 개인 이유가 설명 가능했다. 야니의 진짜 신분증과 가짜 정보를 기입해 만든 위조 신분증. 외줄타기는 끝났다. 줄이 끊어져 버린 셈이었다. 야니는 마른침을 삼켰다. 목이 콱 잠긴 듯 뻑뻑했다.

"브란더스 부인." 시장이 이어 말했다. "내가 만일 부군을 알지 못했다면, 그리고 공직에 몸 바쳐 일한 부군의 성품을 높이 사지 않았다면, 이 사안을 상부에 보고할 수밖에 없었을 겁니다. 무슨 말인지 아시겠지요?"

야니는 자신이 들은 말을 믿을 수가 없었다. 혼란스러운 얼굴로 멍하니 시장을 바라보다가 가까스로 정신을 차렸다. 두 눈에 초점이 돌아오고 맥박도 평온을 되찾기 시작했다.

"네, 그럼요. 도대체 어쩌다 이런 일이 일어났는지 모르겠지만 최대한 빨리 알아보고 처리하겠습니다."

"그렇게 해 주십시오."

시장은 고개를 짧게 끄덕인 후 돌아섰다. 용건은 그렇게 마무리됐다.

시청 밖으로 나선 야니는 교회 벽에 기대선 채 숨을 골랐다. 머리가 어질어질했다. 피식 실소가 터져 나왔다. 잡힌 것이나 다름없던 덫에서 빠져나왔음을 느끼며 입을 가린 채 생각에 잠겼다. 도대체 어쩌다 이런 일이 생긴 걸까?

그러다 문득 작년 겨울 어느 날이 떠올랐다. 리셀로테를 유아차에 태우고 로비의 손을 꼭 잡은 채 공산당원에게 전달할 소포를 수령하기 위해 헤이그에서 암스테르담으로 건너간 바로 그날. 안에 든 물건이 무엇인지는 몰랐으나 제법 무거웠다. 야니는 소포를 캔버스 천으로 감싼 후, 유아차 매트리스 아래에 감췄다. 기차에서는 유아차를 짐칸에 따로 실어야 했다. 수화물 영수증을 챙긴 후, 야니는 아이들과 함께 일반석에 앉았다. 헤이그에 도착하고 유아차를 찾으러 갔을 때 영수증이 도저히 보이지 않았다. 그날의 기억이 생생히 떠올랐다. 비가 쏟아지는 차가운 승강장에 서서 한 아이를 안고 다른 아이의 손을 잡은 채, 역무원이 빤히 바라보는 앞에서 허둥지둥 자신의 주머니와 아이들의 주머니를 샅샅이 뒤졌다. 다시 한 번 찬찬히 훑기 위해 장갑을 벗었을 때 영수증이 장갑 안에서 툭 떨어졌다. 야니는 제 뺨을 때리고 싶은 심정을 애써 누르며 미소를 지었다. 야니는 역무원에게 영수증을 건넨 후, 밀수품이 든 유아차를 받았다. 리셀로테를 다시 유아차에 누이고 최대한 평정심을 유지하며 집으로 향했다.

대형 백화점 앞을 지날 때, 그녀 뒤를 따라붙은 레인코트 차림의 두 남자가 쇼윈도에 비쳤다. 그리고 그중 한 명이 그녀의 어깨를 톡톡 쳤다.

"신분증 좀 보여 주시죠."

한 명이 야니의 신분증을 확인하는 동안 다른 한 명은 그녀를 머리끝부터 발끝까지 훑어보았다. 야니는 '나는 그저 비를 피해 아이들과 서둘러 집으로 돌아가는 평범한 엄마일 뿐이야.'라고 스스로에게 최면을 걸었지만 두려움에 실신할 것만 같았다.

"브릴레스레이퍼르라…. 유대인 아닙니까?"

"아니에요. 우리 어머니 성은 헤릿서이고 유대인이 아닙니다. 아버지 성이 브릴레스레이퍼르예요. 아버지가 혼혈 유대인이시고 바타비아(현 인도네시아 자카르타 – 옮긴이)에 살고 계세요."

빗속에서 침묵이 이어졌다. 비는 더이상 문제가 아니었다. 어떻게 해서든 빨리 아이들을 이 상황에서 벗어나게 해야 했다. 리셀로테가 울기 시작했지만 안아서 달랠 수가 없었다. 리셀로테야말로 그녀의 비밀 임무를 감춰 주는 마지막 가림막이었기 때문이다.

마침내 경찰이 고개를 끄덕였고 그녀는 자리에서 벗어날 수 있었다. 훗날 프리츠 뢰터르는 그 묵직한 소포에 무엇이 들어 있었는지를 알려 줬다. 바로 저항단체 무장을 위한 기관총이었다.

그 사건 이후로 야니의 연락책이 신분증을 바꿔 줬다. 그때 그 연락책이 야니의 원본 신분증을 파기하지 않았을 가능성이 있었다.

하이네스트로 돌아온 야니는 가족들에게 자초지종을 설명했고 아버지의 불같은 분노를 받아 내야 했다. 요세프가 그녀의 얼굴에 삿대질하며 성을 냈다.

"이 불나방 같은 것아! 시장이 마음을 바꿔 먹고 이곳에 직접 시찰이라도 오면 어쩌려고 그래? 네 신분 증명서를 유대인 의회에 가서 떼 보면 어떡하려고 그러냔 말이다!"

요세프는 분을 이기지 못하고 거실을 돌아다니며 무어라 말하려 입을 열었다 닫기를 반복했다. 요세프는 딸에 대한 걱정을 대체 무슨 말로 표현해야 할지 몰랐다. 야니는 자신이 미처 생각지 못한 사실을 알아챘다. 그녀는 소리내 말하며 자신의 생각을 정리했다.

"그렇네. 만약 그때 연락책이 원본 신분증을 파기하지 않았다면, 유대인 의회도 내 신분증 관련 서류들을 보관하고 있겠네."

'유대인 의회'라는 단어에 요세프는 눈을 찡그리고 딸을 바라봤다.

"천하의 나쁜 자식들."

"진정하세요, 아빠." 야니가 아버지 팔에 손을 얹으며 말했다. "제가 다 해결할게요."

다음 날, 야니는 곧장 암스테르담으로 가 그곳에서 나트한 노토비크즈를 만났다. 나트한은 폴란드 태생으로 나치가 득세하기 전까지는 독일에서 활동했던 무국적 공산주의자였다. 전쟁이 시작된 후에는 저항단체와 공조해 유대인들의 은신처를 찾는 일을 했다. 따뜻한 마음씨와 강철 같은 주먹의 소유자인 나트한은 나치 부역자들을 세상에서 가장 혐오했다. 웬만한 일이면 야니 혼자 해결할 수 있었지만 유대인 의회에서는 여성이라는 지위가 불리하게 작용할 게 분명했다. 이번 임무는 결코 실패해서는 안 됐기에 지원군이 필요했다.

두 사람은 함께 니우어 케이제르스 운하의 유대인 의회 사무실에 방문했다. 유대인 행정 직원에게 야니의 기록을 말소해 줄 것을 예의 바른 말투로 부탁했지만 단칼에 거절당했다. 나트한은 가볍게 손짓하며 야니에게 밖에 나가서 기다리라 일렀다.

그리 오래 걸리지 않았다. 5분 남짓 흘렀을까. 나트한이 아무 일 없었다는 듯 문 열고 나오더니 짓궂은 미소를 지으며 야니에게 엄지를 세워 보였다. 나트한이 어떤 협박을 했는지는 알 수 없었지만, 그 직원은 밤잠깨나 설쳤을 테다. 야니의 신분증 서류는 즉시 파기됐다.

네덜란드 나치의 위협은 하이네스트 주변 곳곳에 도사리고 있었다. 유대인들이 운영하는 나르던 숲속 은신처는 트로이의 목마나 다름없었다. 그 지역은 파시스트가 득세한 지역으로 파시스트 지지율이 전국 평균보다도 무려 두 배나 높았다. 나르던과 뷔쉼의 아름다운 저택 대부분이 골수 나치 지지자의 소유였다.

네덜란드 나치당의 주요 지지층은 기업가나 사무직 종사자 등 중산층, 상류층 사람들이었다. 나치의 이데올로기는 노동자 계급을 공략했지만 정작 노동자들 사이에서는 인기가 없었다.

점령 이전부터 네덜란드 나치당은 암스테르담과 힐베르쉼의 부촌 지역에서 높은 지지도를 확보했다. 윤택한 삶을 누리는 이들은 자신의 부를 나누는 것도, 자신이 손해 볼지 모르는 상황이 발생하는 것도 내켜 하지 않았다. 반유대주의 정서와 더불어 '외국인 불순분자'를 향한 혐오도 가세했다. 이에 해당하는 대부분의 유대인이 엄연한 네덜란드 시민이었음에도 말이다. 유대인 거주 비율이 높은 지역일수록 네덜란드 나치당에 더 많이 투표했다. 암스테르담과 힐베르쉼을 잇는 지역에는 1930년부터 수백 명의 독일 난민이 정착하면서 거대한 유대인 사회가 형성돼 있었다.

1942년, 네덜란드 나치는 젠체하기 좋아하는 파시스트들이 동네를 순찰할 수 있도록 자경대를 신설했다. 힐베르쉼과 뷔쉼, 나르던이 자경대 운영 지역에 속한 것은 우연이 아니었다.

요세프는 자녀들에게 말하곤 했다. "여기 사람들을 늘 경계해야 한다. 이 아비의 말을 꼭 명심하렴. 부자들의 고개는 늘 태양을 향한단다. 저항활동을 지원하기엔 잃을 게 너무 많은 사람들이야."

실제로 하이네스트는 네덜란드 나치에 포위돼 있었다. 하이네스트가 자리한 자연보호구역 안에는 '아우트 뷔쉼'이라는 영지가 있었다. 하이네스트에서 도보로 그리 오래 걸리지 않는 곳으로, 돈 많기로 유명한 나치당원 피터르 판레이우언 붐캄프의 소유였다. '뚱보 헤르만'이라는 별명으로 유명한 '제국 원수Reichsmarschall(나치 독일의 국방군에서 가장 높은 계급-편집자)' 헤르만 괴링이 1940년 네덜란드에 방문했을 때 아우트 뷔쉼에서 잠깐 지내기도 할 정도였다. 나르던과 뷔쉼 모두에 거대한 독일군 주둔지가 설치돼 있었고 하이네스트에서 불과 4km도 안 떨어져 있었다. 네덜란드 나치당 지도자인 안톤 뮈세르트는 전쟁이 발발했을 때 나르던의 성문에서 연설을 하기도 했다.

이것이 전부가 아니었다. 뮈세르트는 본인 역시 잠깐 은신한 적이 있는, 암스테르담 지척의 이 광활한 야생 지대가 유대인이 은신하기에도 최적의 환경임을 간파했다.

안톤 뮈세르트는 전쟁이 일어날 것을 알고 있었다. 그리고 네덜란드가 금방 무너질 것이라는 것도 알았다. 하지만 1940년 5월, 네덜란드 점령이 눈앞으로 다가오자 뮈세르트는 이 혼란기에 네덜란드 시민과 나치당원 사이 유혈 사태가 벌어질지도 모르겠다고 걱정하기 시작했다. 뮈세르트는 네덜란드 나치당 수뇌부와 위트레흐트에서 진행한 회의에서, 적어도 나흘 정도 피신해 있을 만한 장소를 찾으라 지시했다. 네덜란드인들이 제아무리 저항한다 할지라도 나흘 이상은 버티지 못할 것이라 예상한 것이었다. 당원들은 수장의 안전이 그 무엇보다 중요하다는 사실에 모두 동의했다. 수도가 함락되고 나면 네덜란드의 새로운 미래를 건설하는 데에 그 누구보다 중요한 존재가 될 테니.

몇 주에 걸쳐 뮈세르트는 은신하기 가장 좋은 장소를 찾아 전국 나치 지지자들의 영지를 둘러봤다. 그의 보좌관인 토니 케슬러르 역시 발에 불이 나도록 마땅한 장소를 찾아다녔고 마침내 안성맞춤인 곳을 발견했다.

케슬러르는 그곳을 몇 번이나 방문하며 저택의 소유주이자 열성 나치당원인 호이에르스 부부와 면담을 진행했다. "당신들, 80kg이 넘는 불법 서류를 숨길 준비가 돼 있나?" 부부는 한 치의 망설임도 없이 "네!" 하고 답했다. 케슬러르는 네덜란드 나치당의 미래가 자신들에게 달려 있음을 부부가 충분히 이해하고 있다고 확신하고 본론을 꺼냈다. 실은 80kg은 서류가 아닌, 뮈세르트를 의미한다고.

1940년 5월 9일 목요일, 아름다운 초여름 저녁. 안톤 뮈세르트는 회의를 마친 후 위트레흐트의 네덜란드 나치당 중앙 당사에서 나와, 대기 중이던 폰티악 컨버터블에 올라탔다. 운전사가 시동을 걸고 그를 빌트호번의 자택으로 모셨다.

다음 날 새벽, 뮈세르트는 다른 네덜란드 시민들과 마찬가지로 전쟁의 폭음에 잠에서 깼다. 라디오를 들으며 7시 반까지 자택에 있다, 운전사를 불러 나르던에 대기 중인 토니 케슬러르에게 데려다줄 것을 지시했다. 나르던에서부터는 케슬러르의 안내를 받아 호이에르스 동지의 외딴 저택으로 이동할 예정이었다. 뮈세르트의 아내조차 그의 은신처 위치가 어디인지 알지 못했다.

이동 중 검문소 세 곳을 지났지만 모두 무사히 통과했다. 폰티악이 마침내 나르던에 도착하고 뮈세르트와 케슬러르가 조우했다. 둘은 기사를 돌려보내고 도보로 계속 이동했다. 두 사람은 침묵 속에서 황무지를 지났다. 나르던을 등지고 하위전을 향해, 두 지역을 잇는 오래된 도로인 나데르 거리를 걸었다. 트램 노선과 모든 교통의 흐름이 니우어 뷔쉬메르베흐 대로로 옮겨간 후였기에 거리에는 개미 한 마리 얼씬하지 않았다.

도로 폭이 점점 좁아지면서 주변 나무들은 무성하게 하늘을 가렸다. 버려진 도로 요금소를 오른편에 끼고 좀더 걷자 왼쪽 저 너머로 목적지가 보였다.

케슬러르와 그의 귀빈은 다락이 있는 단층 시골집에 도착했다. 인적이 끊긴 도로와 외떨어진 집은 나무 잎사귀 사이에 고이 감춰져 있었다. 1940년 5월 10일 금요일 저녁, 독일의 네덜란드 침공이 본격적으로 시작된 날. 안톤 뮈세르트는 제 몸을 보호할 장소로 이동을 마친 상태였다.

오두막의 작은 앞마당에는 울타리가 있었다. 꽃이 만발하는 시기에는 자연스럽게 집이 가려졌다. 뒤뜰에는 폭이 약 100m에 달하는 널찍한 야생 정원이 있었고, 약 200m 너머부터 야생의 숲이 이어졌다. 집 측면에는 숲을 통해 호숫가로 이어지는 구불구불한 길이, 반대편으로는 농지만 쭉 펼쳐져 있었다. 숲 자락 한구석에 웅크린 시골집 외엔 모든 것이 인적 없이 황량했다.

집 뒤편에 자리한 정원의 죽은 관목들이 울타리 역할을 했다. 지난 제1차 세계대전 때 울타리 아래 만든 방공호 위로 잡목이 무성했다. 뮈세르트는 이 은신처가 꽤 마음에 들었다.

호이에르스 부부는 존경하는 귀빈을 모시기 위해 자그마한 다락을 열심히 쓸고 닦아 놓았는데, 다락에 머물기엔 뮈세르트는 마음이 놓이지 않았다. 라디오에서 대대적인 가택 수색을 통해 수백 명의 네덜란드 나치당원을 체포했다는 소식이 흘러나왔다. 호이에르스 부인은, 독일 출신이자 자신의 영적 지도자인 뮈세르트의 수호천사 역할을 할 수 있다는 데에 감격했다. 뮈세르트는 부인의 제안으로 다락 대신 뒤뜰 방공호에 은신하기로 결정했다.

네덜란드가 대혼란에 빠지고 전쟁 초기 네덜란드 경찰들이 나치당원 색출에 혈안이 된 동안, 뮈세르트는 차가운 흙구덩이 속에서 배를 깔고 엎드려 있었다. 그는 지독한 감기에 걸린 채로 때를 기다렸다. 과연 정치생명이 끝장나는 때가 올 것인가, 아니면 네덜란드 역사에 화려하게 등장하는 날이 올 것인가.

나르던 지역 경찰들은 호이에르스 부부의 집을 두 차례나 수색했다. 그들은 강성 나치 지지자인 호이에르스와 그의 처남을 찾는 중이었고 두 번째 수색에서 호이에르스를 체포했다. 경찰들은 집은 물론 주변 농지의 헛간까지 탈탈 털었지만, 위대한 네덜란드 나치 지도자께서 웅크려 앉아 벌레나 세고 있던 흙구덩이까지 뒤져 볼 생각은 미처 하지 못했다.

그날 밤, 호이에르스는 풀려나 집으로 돌아왔다. 그는 뮈세르트가 사라진 것을 알고 당황했다. 제 정원을 온통 기어다니며 마치 잃어버린 고양이 찾듯 뮈세르트를 불렀다. 대답이 없자 네덜란드 나치의 노래 〈검은 옷의 군대〉 가사를 머릿속에 떠올리며 나지막이 휘파람을 불었다.

싸움의 막이 올랐다
아름다운 내 조국에서
불협화음을 몰아내리라
오늘까지 억압됐던
새로운 정신이 지축을 가르리라
준비가 됐다
연합해 진군하라
우리는 꺾이지 않으리
오라, 동지여! 함께 맞서자
우리를, 국민을, 네덜란드를 위해
우리는 검은 옷의 군대
뮈세르트와 이 전쟁을 함께하리라

잠시 후, 뮈세르트가 흙먼지투성이가 되어 모습을 드러냈고 호이에르스는 안도의 한숨을 내쉬었다. 네덜란드가 앞으로 5년간 이어질 죽음과 파괴의 전야를 맞이하는 동안, 뮈세르트는 편히 앉아 구운 감자와 양상추, 계란프라이가 차려진 늦은 저녁식사를 즐겼다.

다음 날은 안톤 뮈세르트의 46세 생일이었다. 이제 충분히 안전하다고 확신한 그는 다락으로 거처를 옮겼다. 호이에르스 부인은 꽃다발과 진수성찬을 대령했다. 네덜란드는 그가 예상한 것보다 하루를 더 버텼다. 5월 14일 화요일, 라디오를 통해 수도 함락이 선언됐다. 뮈세르트는 가장 좋은 옷을 차려입고 은신처를 떠나 위트레흐트의 나치 당사에 네덜란드 나치 깃발을 걸어 올렸다. 음울한 검정-빨강 줄무늬 바탕에, 중앙에는 황금 사자가 그려진 삼각형이 박힌 깃발이 바람을 타고 위풍당당하게 휘날렸다.

절체절명의 순간 뮈세르트가 꽁무니를 뺐다는 사실은 곧 널리 알려졌고 반파시스트 인사들 사이에서 놀림거리가 됐다. 집시의 마차부터 헛간의 짚더미까지 그가 은신했던 장소에 관해 온갖 상상의 나래가 펼쳐졌고 이후 수년간 만화가들은 이 소재를 두고두고 우려먹었다.

호이에르스의 시골 오두막은 네덜란드 나치당원들의 성지가 됐다. 수백 명의 당원들이 지도자가—말하자면 나치당을 위해—안전을 도모했던 장소를 보기 위해 몰려들었다. 방문객들은 호이에르스 부인이 마련한 방명록에 자랑스럽게 이름을 남겼고, 부인은 방명록 표지에 '우리 지도자 동지에게 충성을 다하며'라는 문구를 정성스럽게 새겨넣었다. 다락에는 뮈세르트가 은신 중 입었던 옷을 전시했다. 지도자의 생명을 구한 장소에 마련된 제단이었다.

브릴레스레이퍼르 가 사람들이 나르던에서 은신하는 동안 뮈세르트가 지척에 머무는 일이 또다시 벌어졌다. 다만 이번에는 은신이 아니었다. 뮈세르트는 위트레흐트에 본거지를 두고 있었지만, 전쟁 기간 중 대부분의 시간을 하이네스트 근방에 자리한 정부情婦의 집에서 보냈다.

뮈세르트는 자신과 혈연으로 엮인 여성들에게 별난 애정을 느꼈다. 그는 자신의 이모인 마리아 비틀람과 결혼했다. 열여덟 살 연상인 그의 아내는 이미 60대 중반이었다. 1917년 두 사람이 혼인할 당시, 3촌 관계인 두 사람의 근친혼이 성사될 수 있게끔 네덜란드 국왕의 특별 허가를 받아야 했다. 뮈세르트의 부부 관계는 그의 은신 사건과 더불어 저항투사들의 단골 놀림거리였다. "제 민족의 혈통을 순수하게 유지하고 싶은 병에 걸린 사람들에게 특효약은 뭐니 뭐니 해도 이모랑 결혼하는 것이지."

전쟁 초기, 뮈세르트는 5촌인 마리아 마리트예 메인리프를 만났고 이 어린 소녀와 불같은 사랑에 빠졌다. 마리트예의 모친 헬레나는 뮈세르트 모친의 조카이자 뮈세르트 아내의 조카였다. 결혼 예물 격으로 그는 헬레나에게 나르던의 아름다운 저택을 구입할 돈을 빌려 줬고, 헬레나와 마리트예는 1942년 11월 저택으로 이사했다. 에이크 앤 린더Eik en Linde, 즉 '오크와 라임나무'라는 이름의 저택은 전쟁통에 뮈세르트의 사랑의 보금자리가 됐다. 그는 나르던을 뻔질나게 드나들었고, 1943년 방어선 구축을 위해 위트레흐트의 자택을 비워야 할 때가 되자, 낙담한 아내를 뒤로하고 아예 에이크 앤 린더에 눌러앉았다.

어느 날, 야피는 자신이 놓은 덫을 살피려 숲을 돌아다녔다. 그리고 꿩 대신 웬 통통한 고양이 시체를 들고 집으로 돌아왔다. 화들짝 놀란 피트에는 아들에게 누가 그 고양이를 찾아 여기까지 오기 전에 어서 뒤뜰에 파묻어 버리라고 말했다.

고양이 살해 사건 다음 날, 야니는 임무를 마치고 귀가 중이었다. 아직 이른 저녁이었지만 그녀에게는 이틀 같은 하루였다. 역에서 트램을 탄 후 니우어 뷔쉬메르베흐에 내려 에리카베흐의 익숙한 길을 따라 하이네스트로 이어진 오솔길을 걸었다. 몇 분 지났을까. 야니의 귀에 웬 여성의 목소리가 들렸다. 야니는 황급히 길을 벗어나 무성한 수풀 속으로 몸을 숨겼다. 숨을 죽이고 몸을 웅크린 채 야니는 조심스럽게 앞으로 나아갔다. 목소리는 점점 더 크게 들렸다.

"야옹아! 야옹! 야옹!"

스무 걸음도 채 떨어지지 않은 곳에 어떤 여인이 서 있었다. 야니에게서 등지고 선 여자는 사료가 담긴 그릇을 흔들며 제 고양이를 찾고 있었다.

"밥 먹자! 야옹! 야옹!"

여자의 목소리는 마치 아이를 잃은 엄마처럼 절박했다. 여자는 필사적으로 주변을 살폈다.

야니는 상록수 사이로 다시 몸을 숨긴 후 숨을 참았다. 그리고 속으로 제 남동생에게 욕지거리를 퍼부었다. 야피가 저 여자의 고양이를 죽인 게 분명했고 그 탓에 여자가 온 숲을 뒤지는 듯했다. 야니는 재빨리 숲속 깊은 곳으로 이동했고 관목과 가시나무 덩굴을 헤쳐 가며 무사히 집에 도착했다.

야니가 자신이 겪었던 일을 이야기하자 야피는 철없이 웃음을 터트렸다. 요세프가 곧바로 아들을 저지하고 앞으로 절대 덫을 놓지 말라고 엄포를 놓았다. 야피는 꼼짝없이 정원의 고양이 묘를 지켜야 했다. 이미 들개가 무덤을 파헤쳐 놓은 뒤였다. 나머지 가족들은 돌아가며 2층에서 보초를 섰다. 안전하다는 사실을 확신할 수 있을 때까지 외출 금지령이 떨어졌고 다들 음악은 물론 숨소리마저 죽이며 며칠을 보냈다.

이후, 야니는 고양이 주인이 뮈세르트의 먼 친척뻘로 그 근방에서 손꼽히는 나치 추종자라는 사실을 알게 됐다. 비록 그녀가 고양이를 찾다 하이네스트의 문을 두드리는 일은 일어나지 않았지만, 어떤 일이 일어날 뻔했는지 깨달은 가족들은 그 일을 도저히 웃어넘길 수 없었다.

4

가면

에베르하르트는 살면서 이토록 음악에만 몰두해 본 적이 없었다. 전쟁 전에는 생계를 위해 돈을 벌어야 했지만 황무지 속 안식처와 같은 하이네스트에 은신하면서는 린테와 시간 가는 줄 모르고 연주와 연습에 매진할 수 있었다. 에베르하르트는 오페라용으로 피아노곡을 편곡하기 위해 암스테르담 음악도서관에 가명으로 회원증을 만들었다. 한 번 갈 때마다 대출 한도를 꽉꽉 채워 왔고 그때마다 피아노에 딱 달라붙어 시간을 보냈다. 손마디가 갈라지고 식구들이 노이로제에 걸릴 때까지 연주는 계속됐다.

하지만 이 노이로제를 꼭 에베르하르트의 탓으로만 돌릴 수는 없었다. 하이네스트에 흘러 들어온 사람들 대부분이 도피 생활과 몇 년간 쌓아 온 인간을 향한 불신, 발각에 대한 두려움 등으로 인해 이미 신경 쇠약에 시달리고 있었다. 자신들을 지켜보는 것이라고는 사슴과 여우, 오소리뿐이라는 사실을 깨닫고 나면 사람들은 점차 음악을 즐길 여유를 되찾았다.

에베르하르트와 린테는 주변의 숲이 훌륭한 요새이자 아름다운 방

음벽 역할을 해 주는 것만으로도 감사했다. 하지만 시간이 지날수록 점점 욕심이 생겼다. 괴뢰 정부는 전국을 스파르타식으로 채찍질하며 억압했지만, 하이네스트를 통해 예술가들의 지하 소통망이 형성되면서는 전쟁 전 반짝였던 암스테르담과 헤이그 문화의 옛 영광이 조금이나마 되살아났다.

어느 날 아침, 에베르하르트는 딸과 함께 숲속을 산책 중이었다. 그때 저 멀리 나무 사이로 사람의 그림자가 보였다. 잎이 다 떨어진 소나무처럼 쭉 뻗은 여윈 몸에 새하얀 머리칼을 가진 남자였다. 에베르하르트는 딸을 등뒤에 숨긴 후 수풀 속으로 몸을 웅크렸다. 남자가 점점 더 가까이 다가왔다.

"카럴?"

에베르하르트가 수풀에서 뛰쳐나가 이름을 불렀다. 깜짝 놀란 새들이 후드득 날아갔다.

"카럴 폰스 아닙니까?"

남자가 우뚝 멈춰 섰다. 그의 피부는 하얗다 못해 핏줄이 비칠 지경이었고 머리칼은 탈색한 듯했다. 날카로운 눈이 두리번거리다 에베르하르트를 향했다.

"누구세요?"

에베르하르트는 반가운 우연에 기뻐하며 남자를 향해 걸어갔다. 카럴 폰스는 이본 게오르기 발레단의 스타로 린테와 에베르하르트도 그가 출연한 공연을 여러 번 관람했다. 얼마 전, 린테가 생필품을 사러 하위전에 갔다가 카럴 폰스가 지나가는 것을 봤다고, 틀림없이 봤다고 얘기했지만 에베르하르트는 아내의 말을 한 귀로 흘려들었다.

4. 가면

이렇게 예상치 못한 장소에서 마주친 것에 잔뜩 흥분한 두 사람은 어쩌다 여기까지 오게 됐는지 이야기를 나눴다.

유대인 발레리노인 카럴 폰스는 1941년 나치 때문에 발레단을 그만뒀다. 그는 암스테르담의 유대인 거주 구역으로 이주하라는 통보를 받았다. 아무래도 꺼림칙했던 카럴은 명을 따르는 대신 잠적하기로 결심했다. 과산화수소로 머리를 탈색하고 나니 새파란 눈 덕분에 프리지아계 농부의 아들처럼 보였더랬다. 적어도 본인은 그렇게 생각하며 흡족해했지만, 야니는 카럴을 본 순간 폭소를 터트렸다. 나중에 린테에게 말하길, 누가 봐도 영락없는 유대인이었다고.

에베르하르트와 마주쳤을 당시, 카럴은 이미 꽤 오랜 기간 하위전의 신식 저택에서 은신 중이었다. 집주인인 세실러 하네두스는 널찍한 공간을 이용해 카럴에게 연습실을 만들어 줬다. 카럴은 감각을 잃지 않기 위해 매일매일 연습에 매진했고 세실러를 위한 개인 공연을 열기도 했다.

에베르하르트는 카럴을 하이네스트로 데리고 와 린테에게도 소개했다. 그리고 이 만남은 새로운 계획으로 발전했다. 길을 쭉 따라 내려가면 나오는 작은 마을 라런에 제대로 된 연습실을 공동 임대한 것이다. 연습실에는 전면 거울은 물론 발레 연습용 바도 설치돼 있었다. 일주일에 두 번, 린테와 카럴은 연습실에서 만나 다양한 퍼포먼스를 구상하고 연습했다. 전쟁 후, 함께 공연할 날이 오길 고대하면서.

에베르하르트와 카럴 역시 급속도로 친해졌다. 두 사람이 처음 한 일은 카럴에게 새 위조 신분증을 만들어 주는 것이었다. 카럴이 가지고 있던 가짜 신분증은 에베르하르트가 보기에도 조악하기 짝이 없었다. 또한 전쟁이 끝날 때까지 연명할 수 있도록 카럴에게 쿠폰 배급망도 연결해 줬다.

카럴의 합류로 하이네스트의 예술계는 한층 확장됐다. 어느 날 연습 도중 린테는 카럴에게 자신이 구상해 온 퍼포먼스에 대해 이야기했다. 에베르하르트의 피아노 연주에 맞춘 이디시 전통 무용으로, 린테는 이 작품을 제대로 된 공연 레퍼토리로 발전시키고 싶었다. 가면을 사용하면 좋을 것 같았지만, 제 손재주로는 아무리 애써도 종이 가면이 엉성하기만 했다. 어떻게 하면 우스꽝스럽거나 어설퍼 보이지 않을 수 있을지가 고민이었다.

카럴이 묘안을 떠올렸다. 세실러가 소개해 준 적 있는 블라리큄의 공예가가 떠올랐던 것이다. 괴짜였지만 실력만큼은 출중한 여자로, 주로 그림을 그리지만 조각과 꼭두각시 인형, 마리오네트 인형도 만들었고 무엇보다 카럴과 만났을 때 조만간 가면도 만들 생각이라고 얘기한 바 있었다. 그녀의 이름은 그리트예 코츠. 무엇보다, 믿어도 되는 사람이었다.

린테는 숲속에 자리한 그녀의 자택 겸 공방에 방문했다. 그리트예는 하루 대부분을 정원에 콕 박혀 지냈다. 그녀는 엄청난 공을 들여 정원을 가꿨다. 정원에 가면, 한 손엔 상한 빵 조각을 들고 다른 한 손에는 새를 앉힌 채 눈에 보이지 않는 숲속 친구들과 인생에 관해 열띤 토론 중인 그리트예를 만날 수 있었다. 초가지붕을 얹은 작고 아름다운 시골집을 그리트예는 '오두막'이라고 불렀다. 그 집에는 부르주아의 삶을 영위하게 해 줄 윤택한 시설도 심지어는 부엌도 없었지만, 그리트예는 나무, 동물, 예술 그리고 더불어 사는 삶에 매우 만족했다.

린테가 이디시 민요에 가면무를 더하고 싶다는 아이디어를 털어놓았을 때 그리트예는 곧바로 영감이 샘솟았다. 린테의 무용수 특유의 우아한 발끝과 아름다운 얼굴, 검은 폭포수 같은 곱슬머리를 찬찬히 뜯어보며 머릿속으로 구체적인 계획을 그렸다. 다음번에는 본격적으로 작업에 착수할 수 있도록 에베르하르트와 함께 방문해 공연을 직접 보여 달라 청했다.

1943년 초봄, 린테와 에베르하르트는 그리트예의 오두막에서 공연을 하며 무대에 복귀했다. 그리트예는 공연을 보며 곧바로 스케치했다. 두꺼운 종이에 펜을 정교하게 놀리며 피에로로 분한 린테를 그렸다. 커다란 눈에 우울한 표정, 쭉 뻗은 코, 높은 광대 그리고 잔머리 없이 뒤로 바짝 당겨 묶은 검은 머리칼. 곡의 주제가 바뀔 때마다 그에 맞게 떠오르는 가면의 형상도 그렸다.

곡은 진흙 덩어리를 인간으로 변신시키는 랍비에 관한 유대인 전설을 다루고 있었다. 이에 맞춰 그리트예는 골렘 가면을 그렸다. 푹 꺼진 눈두덩이와 툭 튀어나온 턱, 두껍고 뿌루퉁한 입술을 한 가면은 우울하고 정제되지 않은 듯한 분위기를 풍겼다. 하지만 감정선이 풍부했고, 추상적이면서도 동시에 현실적이었다. 그리트예는 린테의 얼굴도 그렸다. 날카로운 코와 고통스러운 표정이 아름다운, 죽음의 가면이었다. 언뜻 해골의 형상과 유사했지만 눈구멍은 텅 비어 있지 않았다. 부드럽지만 굳게 닫힌 눈꺼풀 덕분에 죽음이 언제라도 마음을 바꿔 삶으로 변모할 것 같았다.

린테는 가면 시안이 마음에 쏙 들었다. 그리트예는 신문지와 제빵용 유산지를 이용해 간단하면서도 가벼운 복숭앗빛 가면을 제작했다. 가면 아래로는 나무 손잡이가 달려 있어 린테가 가면을 얼굴 앞에 갖다 대기 편했다. 나중에는 석고를 이용한 가면도 추가로 만들어 줬다.

린테와 에베르하르트는 유대인 민요를 이용한 작품을 발전시켜 지하 공연을 조직하기에 이르렀다. 그리트예는 지역 예술가와 예술 애호가들 사이에서 발이 넓었고, 부부의 저항투사 동지들 역시 공연에 큰 관심을 보였다.

그렇게 1943년, 나치가 마침내 가면을 벗고 유대인을 가득 실은 기차가 베스테르보르크를 떠나 동녘의 절멸수용소로 속속 도착하던 시기, 하이네스트에서는 이디시 문화와 더불어 다양한 예술이 꽃피기 시작했다. 춤과 연주, 노래, 낭독회가 끊이지 않았다. 시몬은 북을, 픽은 바이올린을 연주했고 야피는 카팅카에게 조그만 피아노를 만들어 줬다.

린테는 이디시어 작품을 구연할 때는 죽음의 가면을 사용했고 골렘 공연을 할 때는 종이가면을 썼다. 블라리큄의 그리트예 오두막에서 린테와 에베르하르트는 여러 번 공연을 열었다. 공연 소식은 늘 『자유 예술가』에 실렸다. 미크는 네덜란드 전역에서 비슷한 활동이 생겨나고 있다는 소식을 전했다. 잡지사들이 불법 공연을 열어 중간에 필요한 지원을 받고, 이를 통해 저항활동의 저변을 넓히고 있다는 소식이었다.

린테와 에베르하르트는 늘 신중에 신중을 기했다. 관람객들이 같은 시간에 몰리거나 떠나지 않도록 시간을 조율했고, 공연 중에는 늘 보초를 세웠다. 집 안에서 예술가들이 자유롭게 음악을 연주하고 관람객들이 천금같은 휴식을 즐기는 동안, 보초 서는 이들이 집 주변으로 몇 겹의 비상 경계선을 구축해 어둠 속에서 갑작스레 들리는 소리나 불빛을 살폈다. 공연이 끝나면 사람들은 소리소문 없이 어둠 속으로 흩어졌다. 나치와 독일군, 부역자 이웃들까지, 어느 누구도 이 많은 사람이 오간다는 사실을 꿈에도 알지 못했다.

5   동료

해가 점점 길어지고 땅에는 찬기가 가셨다. 하이네스트 주변의 황무
지와 숲이 꽃망울을 터트리기 시작했다. 야니는 하루가 다르게 바뀌
는 자연을 코앞에서 보는 것이 너무나 좋았다. 이제껏 하이네스트의
겨울만 겪어 봤는데, 겨울의 하이네스트는 난방하기엔 너무 컸고 항
상 장작불 냄새가 났다. 옷은 한기 때문에 늘 눅눅했다. 야니는 주변
경관이 바뀌면서 덩달아 시시각각 변하는 저택의 모습을 지켜보는
것도 즐거웠다.

에이설의 얼음이 녹기 시작하면서, 짙은 잿빛이었던 호수가 서서히
파란 빛깔을 되찾았다. 집 주변을 둘러싸고 하늘을 할퀴던 앙상한
나뭇가지에서는 새싹이 돋기 시작했다. 이엉지붕의 색도 점점 밝아
졌다. 겨울숲의 우울한 진녹색 빛깔을 머금고 있던 지붕은 점점 노르
스름한 황톳빛을 띠기 시작했다. 어두컴컴한 겨울날에는 굳게 닫혀
만 있던 짙붉은색 덧창도 아침 햇살을 받아 새로 광을 낸 듯 반들거
렸다.

첫 아침 햇살이 커다란 창에 닿아 다락을 밝히기 전, 야니는 이미

일어나 있었다. 새벽녘부터 지저귀는 새들의 노랫소리가 그녀를 깨운 터였다. 사방이 새소리로 가득했다. 짝짓기를 위해 구애의 노래를 목청껏 부르는 수컷들의 다양한 지저귐이 기분 좋게 그녀를 깨웠다. 야니는 침대에 조용히 누워 새들의 공연과 새근새근 들리는 남편, 아이들의 숨소리에 귀를 기울였다.

아침 식사 자리에서는 가족들 모두 간밤에 들었던 수상한 소리에 대해 열띤 토론을 벌이곤 했다. 신경과민 상태의 가족들은, 독일군들이 밤마다 동물 소리로 비밀스럽게 대화를 주고받으며 하이네스트의 포위망을 좁혀 온다는 식의 망상을 펼쳤다. 다행히 가족들이 이성의 끈을 아주 놓지는 않도록 돕는 사람이 한 명씩은 있었다. 그 이상한 비명소리는 여우가 낸 걸 거야. 낮게 옹알이하는 소리는 올빼미가 발정났을 때 내는 소리지. 아, 그 찢어지는 소리? 그건 암컷이 구애를 거절할 때 내는 거고.

브릴레스레이퍼르 가 사람들은 점점 집안일과 집 안에서의 규칙, 취침 공간과 설거지 당번, 식사 시간 등 전반적인 생활 루틴을 정해 나갔다. 매일 저녁에는 야피가 만든 라디오 주변에 둘러앉아 런던에서부터 송출된 방송을 들었다. 전쟁이 얼마나 더 이어질까? 연합군은 대체 언제쯤 상륙해서 히틀러를 무릎 꿇게 할까? 라디오 청취 시간마다 사람들은 야피와 요세프가 라디오 바로 앞에 앉을 수 있도록 자리를 내주었다.

하이네스트의 모든 식구가 야피의 발명품과 손재주는 물론이고 이 수줍은 청년 자체를 예뻐라 했다. 야피는 카팅카와 리셀로테에게 아름다운 인형의 집을 만들어 줬다. 인형의 집 안에는, 침대와 커튼

드리운 창이 있는 방이 있었다. 그 방에는 심지어 자전거 전조등으로 만든 그럴싸한 램프까지 있었다. 야피는 부서지고 고장난 물건을 뚝딱 고쳤고, 늘 코끝에 안경을 걸친 채 하루 대부분을 헛간 작업대 앞에서 보냈다.

야니가 암스테르담에서 가져오는 험한 소식─유대인 색출 작업에 혈안이 된 정부, 자발적으로 유대인을 밀고하는 시민들─을 듣고 야피는 집 곳곳에 비밀 공간을 설치했다. 붙박이 찬장이 설치된 방에는 찬장 위나 아래에 한두 사람이 몸을 구겨 넣을 수 있는 장소를 만들었다. 마루 아래 빈 공간에는 창고를 만들었고 꼭대기 층의 방과 방 사이 벽, 지붕 아래에도 피신 공간을 만들었다. 모든 방에 기어 들어갈 수 있는 비밀 공간이나 창고를 설치했다. 창고로 향하는 문을 숨기기 위해 문 위 혹은 앞에 찬장을 놓았고 바닥에는 러그를 깔았다.

획기적인 경보 시스템도 만들었다. 방마다 작은 전구를 설치했고 이를 1층 현관문 눈높이에 설치한 자그마한 경보 장치와 연결했다. 누구든 버튼을 누르면 모든 방의 전구에 불이 들어왔고, 이는 눈앞에 닥친 위험을 알려 줬다. 불이 켜지면 각자 정해진 비밀 장소로 대피해야 했다. 야피는 식구들에게 비밀 공간 이용법도 꼼꼼히 가르쳤다. 손바닥만 한 공간에 몸을 구겨 넣기 위해 어떤 발을 먼저 넣어야 하는지, 문은 어떤 식으로 닫아야 하는지 등을 말이다. 여러 번의 대피 훈련을 통해 사람들은 30초 만에 감쪽같이 자취를 감출 수 있게 됐다.

2층, 집의 현관 바로 위 창문턱에는 도자기 화병을 올려 두었다. 화병이 그곳에 놓여 있다면 집이 안전하다는 뜻이었다. 만약 투사 동지들이나 다른 손님들이 방문했을 때 화병이 보이지 않는다면 이는 문제가 발생했음을 뜻했다.

주변에 늘 도사리는 위협은 개개인에게 서로 다른 방식으로 영향을 끼쳤고 간혹 긴장감은 갈등으로 이어지기도 했다. 두 젊은 여성, 예티와 픽은 2층의 하녀용 방을 함께 썼는데 하이네스트에서 지내는 소년들이 종종 둘 중 한 명에게 반하고는 했다. 심지어 예티에게는 약혼자 시몬까지 있었음에도 말이다.

어느 날 아침, '현관용' 우유 배달부가 배달을 왔다. 하이네스트에는 총 두 명의 우유 배달부가 오갔는데, 의심받지 않고 대가족이 먹을 우유를 받기 위해 한 사람은 현관으로, 또 한 사람은 부엌 뒷문으로 배달 오도록 했다. 따라서 두 배달부는 서로의 존재를 몰랐다. 하루는 현관용 배달부가 우유를 배달하러 왔을 때, 테라스가 아수라장이었다. 같은 여자를 마음에 담은 두 소년이 주먹다짐 중이었고 다른 한 명은 둘을 갈라놓으려 애쓰던 중이었다. 세 사람 모두 하이네스트의 객식구였다. 우유 배달부는 입을 떡 벌리고 소란을 지켜봤다. 중재 중이던 소년은 어떻게든 세 사람 모두의 목숨을 구하기 위해 안간힘을 썼다. 눈이 돌아버린 두 녀석을 떼어 놓기 위해 온몸으로 저지했고, 한 명을 거세게 밀치면서 배달부에게 필사적으로 변명을 늘어놓았다.

"신경 쓰지 마세요. 그냥 아침 운동 중이랍니다."

난투극에 놀란 우유 배달원은 그 후 다시는 오지 않았다.

그날 저녁, 이야기를 전해 들은 가족들은 모두 배꼽을 잡았다. 하지만 야니는 분위기에 휩쓸리지 않았고 소년들을 따끔하게 꾸짖었다. 하이네스트는 자유를 선사하지만 이는 환영에 불과하다고. 바깥 사람들에게 발각될 경우 그 대가는 참혹하기 그지없을 것이라고 말이다.

봄맞이 대청소를 할 즈음, 하이네스트를 둘러싼 마을이 모두 '유대인 청정구역'으로 선포됐다. 해당 지역의 유대인 시민은 모두 암스테르담으로 강제 이주당했고, 그곳에서부터 다시 베스테르보르크로 보내졌다. 국가 기관, 즉 힐베르섬에 위치한 요양원과 장애아동 시설, 라런의 고아원 등에 거주 중이던 유대인 아동과 노약자도 모두 추방됐다. 하이네스트를 둘러싼 올가미가 사방에서 옥죄어 오던 중, 자매는 하이네스트 근방에서 뜻밖의 아군을 만났다.

나날이 늘어가는 객식구 탓에, 린테와 야니는 의심받지 않고 이들을 다 먹여 살리기 위해 고군분투했다. 순번을 정해 돌아가며 주변 마을과 소도시의 식량 및 생필품 공급처를 방문했다. 어떤 가게나 농장은 2km도 채 떨어지지 않은 곳에 있었지만, 어떤 곳은 훨씬 더 멀리 떨어져 있었다.

자매들은 소처럼 열심히 일했다. 의심의 눈길을 피하기 위해 한 번 물건을 구입할 때마다 한 가정에 필요한 양만 사곤 했다. 집 주변 숲길은 눈 감고도 오가는 경지에 이르렀다. 날이 풀리고부터는 매일 주변 황무지를 일궜다. 허리 펼 틈도 없이 쟁기질하며 밭을 갈았다.

요거트는 블라리큄의 도매상에서 구입했고 야채와 감자는 두세 군데 청과상을 돌아가며 방문해 구입했다. 고기는 어차피 구할 수 없었고, 우유는 배달로 받아 먹었다. 비누와 세제류는 하위전의 약사인 보호버에게서 구입했다. 보호버의 약국은 하이네스트에서 자전거로 몇 분이면 갈 수 있는 거리에 있었다. 어느 날, 세면용품을 사러 약국에 들른 린테가 메모해 간 물건들을 장바구니에 담고 있을 때였다. 약국에는 보호버와 린테뿐이었다.

"댁에 숨기는 분들이 있으시죠?"

부드러운 음성이었지만 린테는 마치 귀 바로 옆에서 누가 징이라도 친 것처럼 화들짝 놀랐다. 선반을 향해 뻗으려던 손이 공중에 그대로 얼어붙었고 린테는 마른침을 삼켰다. 그리고 천천히 몸을 돌려 베르트 보호버의 인자한 얼굴을 마주봤다. 보호버의 얼굴은 달걀형으로, 동그랗게 솟은 이마가 볼을 따라 뾰족한 턱까지 각진 데 없이 이어져 있었다. 그는 겉과 속이 다르지 않고 진솔해 보이는 미소를 지었다.

"항상 휴지를 어마어마하게 사시잖아요."

보호버가 장바구니를 가리키며 말했고 린테의 볼은 순식간에 벌겋게 물들었다. 장바구니를 내동댕이치고 당장이라도 밖으로 줄행랑치고 싶었다. 린테의 눈동자에서 두려움을 읽은 보호버는 얼른 목소리 톤을 바꿨다. 그녀 팔에 손을 얹고 주위를 둘러본 후 그녀를 향해 몸을 기울이며 속삭였다.

"걱정하지 마세요. 우리 집에도 있어요. 여기 바로 위층에요."

그날부터 그들은 가장 어두운 시절이 다가올 때에도 함께 맞서는 둘도 없는 친구이자 동지가 됐다.

나치 독일의 네덜란드 점령 이전, 베르트 보호버는 하위전에서 패

떨어진 곳에 살았다. 원래는 핀란드에서 제분소를 운영했으나 형제들과 함께 가업을 이으라는 가족들의 부탁으로 1939년 네덜란드로 돌아온 것이었다. 잠깐 가업을 돌봤고 얼마 지나지 않아 본인 사업을 하기로 결심해 독립했다. 그의 약혼녀 애니는 암스테르담에서 약사로 일했다. 1941년 5월, 나치가 네덜란드를 침공하기 바로 1년 전 결혼식을 올린 두 사람은 하위전의 '데 존너훅 De Zonnehoek'이라는 이름의 집에서 신혼살림을 시작했다. 1층은 약국, 2층은 널찍한 주거 공간이었다.

'보호버 약국'은 지역에서 금세 유명한 이름이 됐다. 모든 물자가 품귀 현상을 빚던 시기, 비누나 세제는 사치품으로 분류돼 배급 대상 품목이 됐다. 각 가정마다 매달 200g 정도의 비누가 지급됐으나 하위전처럼 주민 대부분이 어업에 종사하는 마을에는 턱없이 부족한 분량이었다. 아프슬라위데이크 댐 건설로 하위전이 바다와 지리적으로 단절되며 자연스럽게 어업이 쇠퇴하게 됐지만, 어부의 생활 방식과 습관은 여전히 남아 있었다. 하위전 아낙네들의 거칠고 단단한 손은 그들이 손을 얼마나 빡빡 씻는지를 여실히 보여 줬다. 베르트 보호버는 돈냄새를 맡았다.

"하위전 같은 마을의 여자들은 단순히 부엌을 청소하는 게 아니야. 먼지 한 점 안 보이게, 지문 자국 하나 안 남게 조리대를 광이 나도록 쓸고 닦기 마련이지."

베르트 보호버의 약국은 1941년 하위전에 둥지를 틀자마자, 이 말수 적고 무뚝뚝한 동네의 인기 명소로 등극했다. 그의 오랜 친구인 야프 판레인은 페인트 공장을 운영했다. 독일이 물자를 모조리 압류했지만, 다행히 야프는 독일군이 들이닥치기 직전 아마씨유 수천 리터가 담긴 기름통을 빼돌려 뒷마당에 묻는 데 성공했다. 아마씨유를 빼돌린 데에는 다 계획이 있었다. 야프는 기름을 고농축해 약 10kg들이 비누 블록으로 만들었고 이를 베르트에게 보냈다. 베르트는 농축 비누를 60kg의 저농축 비누로 만든 후 조각내 팔았다. '비누왕' 보호버에 대한 소식은 빠르게 퍼져 나갔고 인근 지역 주민들 모두 그의 비누를 사기 위해 몰려들었다. 천성이 선한 베르트와 애니 부부는 절대로 전쟁 이전 시세 이상으로 돈을 받지 않았다. 부르는 게 값인 시절, 흔하지 않은 결정이었고 노동자 계층이 많은 하위전 사람들은 부부를 사랑했다.

사업은 성공 가도를 달렸다. 그러던 어느 날, 베르트는 새 물량을 받기 위해 친구의 집에 들렀다가 제수씨만 남아 있는 것을 발견했다. 페인트 공장의 경리가 야프를 배신하고 물자가 비는 것을 독일 측에 신고한 것이었다. 바로 그날 아침, 야프는 심문을 위해 경찰서로 출석하라는 전화를 받았다. 외투를 껴입고 자전거에 올라탄 야프는 아내더러 걱정하지 말라 일렀다. 독일 놈들이 그의 오금을 저리게 할 날이 오려면 아직 멀었다고.

베르트는 친구의 소식에 놀랐지만 걱정하지는 않았다. 야프는 언제나 한 점 부끄러움 없이 사는 인물이었다. 독일군이 네덜란드를 점령한 날부터 야프는 네덜란드 나치가 지나갈 때마다 비난의 손가락질을 했고 부끄러운 줄 알라며 천벌받을 것이라 훈계를 해댔다. 하지만 야프의 아내는 두려움에 질려 있었다. 실은 수배령이 걸린 저항투사 부부를 숨겨 주고 있었기 때문이다. 남편을 취조한 후 독일군이 집에 들이닥치지는 않을까 걱정했고, 이에 베르트에게 투사 부부를 대신 맡아 줄 수 없겠냐 부탁했다.

베르트는 일말의 망설임 없이 부부를 하위전으로 데려왔다. 두 사람은 보호버 부부의 집이자 '양지바른 모퉁이Solar Corner'라는 뜻의 '데 존너훅'에 은신하는 첫 손님이 됐다. 이후, 수많은 사람들이 보호버 부부의 집을 거쳐갔다.

야프 판레인은 그날 이후 집으로 돌아오지 못했다.

베르트와 애니 부부는 하이네스트 브릴레스레이퍼르 자매의 둘도 없는 친구이자 동료가 됐다. 야니는 저항단체를 통해 입수한 암스테르담 상황을 비롯한 각종 정보를 베르트에게 공유했고, 베르트는 야니에게 마을의 동향을 알려 줬다. 심지어 은신처를 찾는 사람들을 교환하기도 했다. 1944년, 헨니 율리아르트와 만삭의 아내 팜의 경우가 그랬다. 보호버 부부가 폐쇄적인 어촌 마을 하위전의 일원으로 받아들여진 것은 매우 이례적일 뿐 아니라 값진 일이기도 했다. 나르던과 뷔쉼에는 독일인을 비롯해 나치를 지지하는 부유층이 모여 살았다. 권력에 대한 두려움과 호의호식에 대한 욕망은 수많은 고위 관료들로 하여금 나치의 발닦개가 되는 걸 자처하게 만들었다.

하지만 하위전 사람들은 파시스트를 경계했다. 폐쇄적인 공동체 특유의 외지인에 대한 경계심이 파시스트에 대해서도 일관성 있게 적용됐다. 주변 지역과 다른 독특한 생태를 파악한 베르트는 크게 놀라지 않았다. 하위전에는 유대인을 돕는 사람들이 꽤 많았다. 베르트에 따르면, 이는 고집스럽고 완고한 어부들, 험한 상황에 맞서 싸워 제 한몸 충분히 지킬 줄 아는 일꾼들의 세계에서 너무나 당연한 일이었다.

암스테르담의 유대인 사냥은 최고조에 이르렀다. 이른 아침이면 도로를 통제한 후, 경찰 기동대가 해당 구역의 거주지를 싹 털며 은신 공간을 수색했다. 이러한 방식의 수색 활동이 암스테르담에서 시작해 점차 주위 소도시와 마을로 번지며 하이네스트 주변까지 당도하자, 베르트 보호버에게 전해 듣는 소식은 하이네스트의 생명줄이 됐다.

하이네스트로 처음 이사 왔을 때, 야니는 압도적인 고요함에 놀라 화들짝 잠에서 깨곤 했다. 찰나의 순간, 그녀는 자신이 존재하지 않는 것처럼 느껴졌다. 바닥이 없는 깊은 수렁에 잠겨 그 누구도 심지어 보프와 아이들조차도 그녀의 비명을 듣지 못할 것 같았다. 그녀 자신이 지구에서 홀연히 자취를 감춰 버린 것 같았다. 그럴 때면 야니는 곁에 누운 보프에게 팔을 뻗어 그의 온기를 느끼며 숨을 골랐다. 잠시 기다리다 보면 뒤뜰에서 부엉이의 울음소리가 들려왔다. 호기심에 이끌려 숲을 떠나 집 현관까지 와 기웃대는 여우의 날카로운 울음소리도 들렸다. 린테와 에베르하르트가 그리트예의 오두막에서 공연을 마치고 집으로 돌아오는 길에, 터 잡은 여우 가족을 뒤뜰에서 발견했다고 말한 적 있었다.

이윽고 야니는 암스테르담에서 살던 시절을 떠올렸다. 언니와 함께 잠을 자던 방, 흥얼대는 자장가 소리처럼 나지막이 들리는 도시 소음, 아래층 가게에서 어머니가 일하는 소리. 운하, 시장, 카레 극장 그리고 점점 빠르게 달리는 트램까지. 내가 그 거리를 다시 걸을 날이 올까? 우리 아버지, 어머니, 야피에게 그런 날이 올까? 사랑하는 고향은 우리 가족을 다시 품에 안아 줄까? 아니, 이 세상에 우리가 머물 곳이 있긴 한 걸까?

너는 존재 자체만으로 환영받지 못한다는 말도 안 되는 이야기도 계속 듣다 보면 자연스럽게 뇌리에 박히기 마련이었다. 야니는 단잠에 빠진 따뜻한 가족들 곁에 누워, 신선한 공기에 서서히 섞여 드는 장작 타는 냄새를 맡았다. 야니는 이 거대한 저택에서 잠들지 못한 유일한 존재였다. 야니는 종종 생각했다. '전쟁과 박해, 폭력, 이 모든 것이 나의 망상은 아닐까.' 하지만 유대인 색출 작전이 하이네스트 주위를 엄습할 때면 의아했던 마음이 금세 걷혔다.

보호버 부부가 계속 정보를 공유해 줬다. 베르트는 유대인 색출에 참여하는 하위전 경찰 중 연줄이 있었고, 그를 통해 수색 하루 전날 미리 언질을 받았다. 정보를 입수하면 베르트는 곧장 하이네스트에 전화를 걸어 한마디만을 남겼다. "오늘 밤엔 빨래를 널지 말 것!" 그러면 하이네스트도 대비를 시작했다. 의심이 갈 만한 물건을 모두 숨기고, 유사시 즉시 비밀 공간에 숨어 그들의 흔적을 모조리 지울 수 있도록 준비했다.

유대인 색출 작전은 주로 새벽 4시쯤 시작됐다. 제아무리 밤새며 만일의 사태와 경찰차의 습격에 대비를 해도 그 시각엔 다들 비몽사몽 제정신이 아니었다. 아이들은 아무것도 모른 채 꿈나라 여행에 한창이었다. 나머지 식구들은 각자의 방 침대나 매트리스에 옹기종기 모여 숨을 죽였다. 저 멀리서 들려오는 지프차 엔진 소리, 타이어가 땅을 긁는 소리에 온 신경을 집중했다. 때론 사이렌 소리가 울리기도

했다. 그럴 때면 다들 눈을 가늘게 뜨고 주먹을 꽉 쥔 채 귀를 쫑긋 세웠다. 어느 방향으로 가는 거지? 우리 쪽으로 오는 건가, 아니면 그냥 돌아가는 건가? 다들 은신하도록 경보를 울려야 하나, 아니면 조금만 더 기다려 볼까? 하지만 헨네이커 칼럼이 언덕길을 오르는 일은 없었다. 하이네스트는 외져도 너무 외진 곳에 있었다.

이따금 호송대가 근처에 멈춰 서기도 했다. 식구들이 초긴장 상태로 귀기울이고 있노라면 총소리와 사냥개 짖는 소리가 숲의 정적을 찢어발겼다. 날카롭게 찢어지는 소리들이 황무지에 메아리쳤다. 다시차 시동 소리가 들리고 소음이 차차 멀어지면, 모두가 길게 안도의 한숨을 내쉬며 자리에서 주섬주섬 일어났다. 떠오르는 햇살은 이들이 또 하루 살아남았음을 알려 줬다.

이 패턴은 매주 반복됐다. 날이 밝으면 베르트의 지인 경찰이 연락을 했다. 그는 색출 작전을 통해 검거된 사람이 있는지 없는지를 알렸다. 하위전에는 절체절명의 순간 서로를 위해 눈감아 주는 이들의 보이지 않는 연락망이 존재하는 듯했다. 린테가 애니 보호버의 생일을 축하하기 위해 저녁 식사 때 노래를 불러 준 적이 있었다. 다음 날 베르트는 거리에서 이웃을 마주쳤다. 그 이웃은 뾰로통한 목소리로 베르트가 데리고 있는 사람들이 너무 시끄럽다고 투덜거렸다.

신경이 곤두서는 일상이 이어졌지만, 린테와 야니는 무탈히 양지바른 모퉁이 약국에 들를 때마다 활짝 웃으며 보호버 부부와 농담을 나눴다. "아무래도 휴지가 더 많이 필요하겠네요!" 그러고는 새로운 소식과 함께 자전거 바구니를 한가득 채워 하이네스트로 돌아갔다.

미크는 나르던행 기차에 올라 어슴푸레해지는 암스테르담의 정경을 바라봤다. 지난번 하이네스트를 방문했을 때보다 마음이 무거웠다. 그 짧은 시간 동안 너무나 많은 것이 변했다. 활동 노선은 정해졌다. 행동이나 관망 그 어떤 것도, 결정이 되돌리기 힘들게 굳어지는 걸 막을 수 없었다. 저항투사들은 비정한 현실과 마주하는 중이었다. 순진하면서 다소 즉흥적이기도 했던 활동 방식은 점점 조직적이고 야심찬 계획으로 발전했다. 독일군 역시 더 폭력적으로 저항투사들을 진압하기 시작했고, 폭력에는 폭력으로 맞서야 한다는 저항군의 목소리에 더욱 힘이 실렸다. 초기의 저항 운동은 문서 위조, 은신처 제공, 지하 언론과 방해 공작에 집중돼 있었으나, 독일과 나치 부역자에게 발각돼 정리되는 숫자가 날로 늘어났다. 그리고 보복당하는 사례도 급증했다.

점점 더 많은 동지를 잃기 시작했고 미크 앞에 놓인 선택지는 그의 마음을 한층 무겁게 짓눌렀다. 나는 과연 어디까지 할 수 있을까? 아직까지도 헤릿 판데르베인과 등기사무소 테러에 대해 의논 중이었다. 이 작전은 여러모로 엄청난 후폭풍을 초래할 것이 분명했다. 그가 몸담고 있는 또 다른 저항단체인 CS-6는 유대인 강제 이송이 시작된 이후 무력 대응으로 노선을 변경했고, 친구 헤릿 카스테인은 나치 부역자 살생부를 추렸다.

미크는 자신이 전하는 소식이 브릴레스레이퍼르 자매에게 큰 충격을 줄 것임을 알았다.

그는 나르던-뷔쉽 역에서부터 황금빛으로 물든 들판을 걸어 하이네스트로 향했다. 집으로 향하는 길, 인적은 없었다. 아무런 소음도,

차와 트램이 지나는 소리도, 불쑥 위협이 가해질 일도 없었지만 암울한 생각을 떨칠 수 없었다. 숲으로 이어지는 길을 향해 왼쪽으로 꺾기 전, 미크는 걸음을 멈추고 주변을 살폈다. 그의 시선이 문득 닳고 닳은 부츠 앞코에 닿았다. 지나온 길을 돌아보니 일부러 그랬는지, 별 생각 없이 그랬는지 그는 길을 따라 걷지 않고 버섯과 풀을 밟아왔더라. 잠시 멈춰 서서 돌아보기 전까지는 그 사실을 미처 알지 못했다. 나무 사이로 하이네스트가 보였다. 붉은 덧창에 닿은 햇빛이 부서지고 있었다.

미크가 뒷문을 통해 부엌으로 들어섰을 때, 야니는 신분증을 분류하는 중이었고 에베르하르트는 방에서 피아노 연습에 한창이었다. 식구들에게 간단히 인사를 건넨 후 미크는 야니와 에베르하르트에게 잠깐 밖으로 나와 달라 부탁했다. 두 사람이 정원으로 나오자 미크는 곧장 본론을 꺼냈다.

"헤릿 카스테인이 투신했어. 헤이그의 의회 광장에서. 머리가 깨져서… 죽었어."

신경과 전문의 헤릿 카스테인은 참으로 대담하고 강직한 인물이었다. 하지만 그런 그의 강인함도 그를 운명에서 구하기엔 역부족이었다. 야니와 헤릿은 스페인 내전의 반파시스트 지원 활동을 위해 국제 적십자사에서 일하며 20대 초반부터 친구로 지냈다. 곧 스페인 내전은 이후 유럽에 벌어지는 사건의 드레스 리허설이었음이 드러났다.

야니와 헤릿은 국제 적십자사의 스페인 지원 단체 네덜란드 지부에 합류했다. 야니의 주된 임무는 스페인 난민에게 필요한 옷감 확보를 위해 모금하는 것이었고, 헤릿은 스페인 전선에 설치된 네덜란드 야전 병원의 원장으로 일했다.

약 3개월 후 네덜란드로 귀환한 헤릿은 민간인 의사의 삶을 이어 나가며 1937년에는 레이던 대학에서 박사 학위를 취득하기도 했다. 하지만 그의 이념적 열정은 사라지지 않았다. 공산당 월간지인 『정치와 문화』의 편집자로 일하며 스페인 내전 경험에 대해 강의했다. 꾸준히 논문을 발표했고 1938년에는 『인종 문제』라는 제목의 책을 발간했다. 해당 저서는 독일 내 반유대주의와 계급 구분을 과학적으로 분석하는 연구서로, 이를 통해 그는 인종 차별주의가 필연적으로 전쟁을 초래하게 될 것이라 주장했다. 그리고 오래지 않아 현실 자체가 그의 주장을 뒷받침하는 근거가 됐다.

네덜란드 공산당이 1940년 7월 독일에 의해 불법화되자 공산주의자들은 나치를 대상으로 한 지하 첩보 활동을 개시했다. 헤이그에서 아내, 두 딸과 함께 거주 중이었던 의사 헤릿 카스테인도 헤이그 지하 공산당 창단식에 참석했다. 그는 공산당 활동 외에도 다양한 저항단체를 조직했고 암스테르담을 기반으로 한 저항단체 CS-6도 진두지휘했다.

1942년, 유대인 강제 추방이 시작되자 헤릿은 저항활동에 좀더 과격한 수단을 동원해야 한다고 확신했다. 즉, 친나치파 네덜란드인들을 숙청해야 한다는 것이었다. 그는 CS-6의 단원들이 그를 도와 괴뢰 정부의 수족으로 활발하게 활동하는 자들을 암살하도록 설득했고 이를 위해 숙청 대상자 명단을 작성했다.

첫 척결 대상은 72세의 퇴역 장군 헨드릭 세이파르트였다. 네덜란드 국군을 지휘했던 그는 1941년 7월부터, 나치 친위대 소속 무장 전투집단인 '바펜-SS'의 산하 조직이자 동부 전선에 참전한 네덜란드 파시스트 자원군의 지휘관으로 활동했다. 또한 섀도 캐비닛Shadow Cabinet(정권 획득에 대비해 예정해 둔 내각-옮긴이)을 통해 군사 장관 취임이 내정돼 있었다. 그런 그가 저항단체의 표적이 된 것은 당연지사였다.

1943년 2월 5일, 헤이그 판네크 36번지 세이파르트 자택의 초인종이 울렸다. 자택은 카스테인 가와 고작 200m 정도 떨어진 곳에 있었다. 장군은 아무런 의심 없이 현관문을 열었고 CS-6 단원인 두 청년, 얀 페를뢴과 레오 프레이다와 마주했다. 타깃을 확인하기 위해 두 사람은 장군에게 세이파르트가 맞는지 물었다. 훗날 프레이다는 세이파르트의 음성이 참 아름다웠다고 회상했다. 세이파르트임을 확인하자마자 페를뢴은 그에게 총격을 가했고, 장군이 즉사했을 것이라 추측한 두 청년은 곧바로 도망쳤다.

세이파르트는 치명상을 입었지만 바로 죽지는 않았다. 비밀경찰에게 자신을 쏜 범인이 어린 학생들에 불과했으니 혹 자신이 죽더라도 처벌은 원치 않는다고 말했다. 이튿날, 그가 사망하고 그의 바람은 묵살됐다. 헤이그의 학생들을 대상으로 한 무차별 검거가 이뤄졌다. 600여 명의 학생을 포함, 18세에서 25세 사이 1,800명에 달하는 청년이 체포돼 뷔호트 강제수용소로 보내졌다.

페를뢴은 암살에 사용한 권총을 지닌 채 몸을 숨겼다. 그 와중에 헤릿 카스테인은 다음 타깃을 정했고 이번에는 본인이 직접 작전을 수행하고자 했다. 하루빨리 새 권총을 구해야 했다. 이에 또 다른 동지 뤼카스 스포르에게 들러 총을 빌리게 되는데, 이 결정이 헤릿을 죽음에 이르게 했다.

이틀 뒤인 1943년 2월 7일, 헤릿은 두 번째 암살 대상인 헤르마뉘스 레이돈을 척결하기 위해 길을 나섰다. 레이돈은 신중한 성격의 법학자로 네덜란드 나치당의 핵심 인사였다. 그는 '아리안 민족의 건전한 예술 활동'을 지원하기 위해 네덜란드 예술인들의 가입이 의무화된 국가 조직, 네덜란드 문화 회의소의 수장으로 임명됐다.

그날 저녁, 헤릿은 포르스호턴의 레이돈 자택 초인종을 눌렀다. 레이돈의 아내가 손님을 맞이했다. 헤릿은 일말의 망설임 없이 그녀를 사살했고 현관을 닫은 뒤, 불 꺼진 현관에서 레이돈이 귀가하기를 기다렸다. 얼마 후, 열쇠 돌아가는 소리가 들렸다. 현관문이 열리기 무섭게 헤릿은 총을 발사했다. 총알은 레이돈의 목을 명중했고 그는 그대로 달아났다. 레이돈은 치명상을 입고 전신마비 상태로 6개월간 병상에 있다 사망했다.

비록 방아쇠를 당긴 것은 헤릿이었으나 그가 감쪽같이 몰랐던 사실이 있다. 바로 레이돈과 그의 아내는 '네덜란드 나치 당원의 목숨보다 저항투사의 죽음이 더 중요하다.'라는 나치 독일의 불문율에 따라, 헤릿을 잡기 위한 미끼로 희생당한 것이었다.

헤릿 카스테인의 불운은 그에게 대적하는 야망과 그를 압도하는 악랄함을 지닌 인간을 만난 데에서 기인했다. SS돌격대 지도자인 요세프 슈라이더는 하인리히 힘러의 비호 아래 형사서기관(비밀경찰 내 직급으로 경찰 소령에 해당-옮긴이)으로 승진했는데, 그의 주요 임무는 네덜란드 내 비밀경찰을 위한 방첩 활동 지휘였다. 그리고 그는 저항투사의 씨를 말리는 것을 목표로 삼았고 이를 위해 수단과 방법을 가리지 않았다.

헤릿 카스테인에게 권총을 건네준 '투사 동지' 뤼카스 스포르의 본명은 안톤 판데르발스. 그의 실체는 바로 비밀경찰의 스파이였다. 그는 나치 부역자가 넘쳐나던 시기를 통틀어 '최악의 변절자'로 역사에 기록돼 있다.

세이파르트 암살 시도 바로 다음 날 헤릿 카스테인이 권총을 빌려달라고 요청하자 판데르발스는 곧바로 이 사실을 상사인 슈라이더에게 알렸다. 슈라이더는 당장 권총을 주라고 지시했다. 헤릿에게 권총을 줘서 누군가를 쏘도록 만든 뒤에 부검을 통해 총알을 확인하려는 것이었다. 자신들이 넘긴 권총을 헤릿이 사용한 것이 확인된다면 그가 세이파르트도 쏜 것으로 몰아갈 수 있었다.

그렇게 2월 6일 이른 아침, 안톤 판데르발스는 저항투사 뤼카스 스포르의 가면을 쓰고 헤릿 카스테인에게 권총을 넘겼다. 나치 친위대 본부에서는 슈라이더와 그의 동료들이 자신들이 시작한 러시안룰렛의 결과를 초조하게 기다렸다. 과연 누가 죽게 될까?

슈라이더는 본인이 원하던 시체를 금방 구했다. 레이돈은 비록 치명상을 입고 입원하는 데 그쳤지만, 천만다행으로 사망한 그 아내의 시체를 부검할 수 있었다. 슈라이더는 본인이 그토록 고대하던 결과를 받고 뛸듯이 기뻐했다. 암살에 사용된 권총은 자신이 건네준 바로 그 권총이 맞았다. 물론 레이돈과 그의 아내가 공격받은 것은 유감이었으나 네덜란드 나치는 그들 말고도 수없이 많으니 별 상관없었다.

안톤 판데르발스가 부검 결과서를 들고 상사를 찾았을 때 다소 실망스러운 소식이 기다리고 있었다. 슈라이더는 헤릿을 즉시 체포할 생각이 없었던 것이다. 오히려 그 반대였다. 그는 판데르발스가 헤릿과 더 친밀해져서 저항단의 활동에 대해 더 많은 정보를 빼 오기를 원했다. 헤릿의 냉철함을 지켜봐 온 판데르발스는 상사의 계획이 내키지 않았다. 그는 꽤 쓸 만한 변절자였지만 담력이 큰 편은 아니었다. 본인이 이 목숨을 건 게임에서 지게 될까 두려웠다. 판데르발스는 슈라이더를 설득하려 하지만 그의 상관은 결정을 거둘 생각이 없었다. 오히려 최정예 스파이 판데르발스와 광적인 공산당원 헤릿 카스테인 사이의 대결을 흥미롭게 여겼다. 판데르발스가 발각돼 처단당한다고 해도 이를 핑계로 헤릿 카스테인과 나머지 무리를 발본색원하면 그만이었다.

1943년 2월 19일, 판데르발스는 헤릿과 다시 약속을 잡았지만, 뜻밖에도 제 손을 쓰지 않고도 일이 풀렸다. 비밀경찰이 두 사람이 만나기로 한 바로 전날 헤릿을 체포한 것이었다. 슈라이더는 자신의 계획이 어그러진 것에 격노했고 겁쟁이 판데르발스가 다른 데 줄을 선 게 아닌가 의심했다.

한편, 헤릿은 수갑을 찬 채 경찰 조사와 방첩 활동의 핵심 부서인 나치 경찰과 나치 보안대 본부가 자리한 빈넨호프로 호송됐다.

하지만 헤릿 카스테인은 결코 호락호락한 적수가 아니었다. 그는 독일군이 자신을 온순한 양처럼 끌고 가도록 내버려두지 않았다. 빈넨호프의 의회 광장에 내리자마자 기회를 포착한 카스테인은 수갑을 찬 채 바지 비밀 주머니에 숨겨 뒀던 작은 칼리버 권총을 발사했다. 보안대원 한 명이 다리에 총을 맞았다. 나머지 보안대원들이 총을 낚아채기 전에 한 발을 더 발사했으나 총알이 그만 튕겨 나왔다.

건물 안에서는 헤릿을 취조하기 위해 네 명의 대원이 대기 중이었다. 잠시 후 두 명이 커피를 가져오려 잠시 자리를 비웠고 다른 한 명은 화장실에 들렀다. 대원 한 명 상대하는 것쯤이야 카스테인에게는 식은 죽 먹기였다. 헤릿은 대원을 때려눕혔고 발로 차서 창문을 연 뒤 그대로 3층에서 뛰어내렸다.

32세 의사는 빈넨호프의 자갈 깔린 도로에 두개골이 골절돼 결국 생을 마감했다. 바로 일주일 전, 그의 첫 번째 척결 대상이었던 세이파르트가 나치 손인사 행렬로 빽빽한 장례식을 거창하게 치렀던 바로 그 자리에서.

헤릿 카스테인의 소식을 들은 하이네스트 식구들은 깊은 슬픔에 잠겼다. 베이습에서 퇴근하고 돌아온 보프는 어둑어둑한 거실에 모여 앉은 사람들의 딱딱하고 창백한 표정을 마주했다. 야니가 남편을 조용히 옆방으로 데리고 가 소식을 전했다. 보프와 헤릿은 공산당 모임을 통해 함께해 온 둘도 없는 친구 사이였다. 헤릿의 죽음과 이를 둘러싼 기묘한 상황에 대해 전해 들은 보프는 들고 있던 서류 가방을 툭 떨어뜨렸다. 물론 헤릿이 공산당을 위해 위험천만한 임무를 수행 중이며 네덜란드인 변절자 처단에 핵심적인 역할을 하고 있다는 사실을 모두가 알고 있었다. 하지만 그 모든 위험에도 불구하고 헤릿은 결코 무너지지 않을 존재처럼 보였다.

저녁 식사를 마치고 아이들을 재운 뒤 다 함께 모여 헤릿을 추모했다. 스페인 내전에서 함께한 시간, 저항투사로서의 활약, 네덜란드가 점령된 후 그가 결속시킨 여러 단체들. 전략적 통찰력과 천부적인 조직력을 지닌 헤릿은 필요하다면 제 손을 더럽히는 일도 마다하지 않았다.

식구들은 대체 왜 헤릿이 창밖으로 뛰어내렸는지에 대해서도 헤아려 봤다. 마지막으로 한 번 더 적을 한 수 앞질러 보려 했던 것이 아닐까. 추락하면서 부상 입는다면 어쩔 수 없이 그를 병원으로 이송해야 할 것이고, 병원에서라면 충분히 탈출을 시도해 볼 만했다. 감옥과 병원은 상황이 여러모로 달랐고 병원은 의사인 그에게 익숙한 공간이었으니까. 그는 팔다리 하나 잃는 것쯤은 아무렇지 않게 여겼다. 이 전쟁에서 이기기 위해 지켜야 하는 것은 그의 몸뚱이가 아닌 정신이라 여겼다. 빌어먹을 빈넨호프. 하필 머리부터 떨어지는 바람에 헤릿은 자신의 무용담을 들려주지 못하게 됐다.

헤릿 카스테인의 죽음은 이제 나치의 네덜란드 점령이 새로운 국면을 맞이했음을 똑똑히 알려 줬다. 양측의 희생자 수가 하루하루 가공할 만하게 늘고 있었다.

암스테르담으로 돌아가기 직전, 미크는 린테와 에베르하르트, 야니, 보프를 따로 불렀다. 아직 앳되기만 한 얼굴에 자리한, 세월이 아닌 전쟁을 먹어 버린 진중하기 그지없는 눈동자들.

"너무 많은 사람을 데리고 지내지 않도록 조심해. 그러다가 꼬리를 밟히게 될 거야."

"미크." 린테가 화를 내며 말했다. "누군가 도움을 필요로 한다면

219

우리는 돕는 것밖에 도리가 없어!"

"알아. 그래도 조심 또 조심하라는 말이야."

네 사람은 미크와 작별 인사를 나눴다. 마지막 포옹을 나눈 후, 미크가 정원을 지나 심연에 잠긴 숲속으로 사라지는 뒷모습을 오랫동안 눈으로 좇았다.

여름이 왔다. 하이네스트 식구들은 이런 장관은 난생처음이었다. 마치 불꽃놀이를 보듯 숨이 절로 멎는 풍경이었다. 다들 하이네스트 주변을 빙빙 돌며 다른 각도에서 볼 때마다 시시각각 모습을 바꾸는 집의 자태에 감탄했다. 풀이 점점 푸르러지고 억세지자 발아래에 카펫이 깔린 느낌이었다. 거의 매일 커다란 바구니에 점심을 싸 들고 나가, 탁 트인 잔디밭에 앉아 소풍 같은 하루를 보냈다. 집 앞의 만병초와 무화과나무, 측면의 블랙베리 덤불, 뒤뜰 과수원에 자리한 사과나무와 배나무, 헛간을 타고 오르는 장미 넝쿨, 허울뿐이긴 하지만 야생 동물들이 정원을 침범하지 못하게 하는 너도밤나무 울타리, 하룻밤 사이 어깨 높이까지 훌쩍 자라나는 각종 잡초, 덩굴손을 활짝 핀 포도 넝쿨. 마치 우산처럼 가지를 쫙 펼친 나무들과 저 멀리 들판을 수놓은 자색 야생화 그리고 이어 붙인 수천 개의 유리 조각처럼 반짝이는 에이설의 윤슬까지. 시시각각 변하는, 오직 하이네스트 식구만을 위한 대자연의 무료 공연이었다.

매일 아침, 피트에와 요세프는 집 옆에 놓인 벤치에 나란히 붙어 앉아 차 한 잔을 즐겼다. 두 사람은 말수가 거의 없다시피 했고 대식구 사이에서 도움될 만한 일을 눈치껏 찾아서 하며 시간을 보내곤 했다. 물자와 쿠폰 정리, 장보기, 부엌일과 여타 살림으로 이루어진 하루 일과는 가게를 돌보는 것과 비슷했다. 기온이 슬금슬금 영상 18도까지 오르면서 노부부는 매일 아침 잠깐이나마 벤치에 앉아 하루의 첫 햇살을 맛보고 새들의 노랫소리를 즐겼다. 돌로 쌓아올린 하이네스트 벽이 두 사람의 뒤를 지켰고 이엉지붕이 머리 위를 든든하게 받쳤다. 조개 껍데기가 깔린 길은 누군가 집으로 접근하면 식구들이 금방 알아챌 수 있도록 뽀드득뽀드득 자연 경보음을 울렸다.

전국에서 날아드는 소식은 심히 우려스러웠다. 유대인 추방이 착착 진행되는 중이었다. 프리슬란트와 흐로닝언, 드렌터, 오베레이설, 헬데를란트, 림뷔르흐, 제일란트, 노르트브라반트 주가 모두 유대인 청정 구역으로 공표됐다. 한편, 동부 전선의 전투는 히틀러가 예상했던 것보다 더 지연됐고 더 까다로워졌다. 독일군이 점령한 지역도 점차 힘을 잃었고 1943년 여름부터는 스탈린의 '붉은군대'가 독일군을 서쪽으로 밀어내기 시작했다.

이러한 전선 상황으로 인해 네덜란드에 불똥이 떨어졌다. 나치에겐 전쟁 병기와 물자를 생산하기 위해 더 많은 노동력이 필요했다. 그리하여 1943년 5월부터 18세에서 35세 사이의 네덜란드 남성은 나치의 강제 노역에 동원돼 독일로 이동해야 했다. 소환에 불응할 경우 처벌을 받을 수 있음은 물론이요, 광범위한 불심검문을 통해 더 많은 청년이 제3제국(1933~1945년 사이 히틀러 통치 시기의 독일-옮긴이)으로 끌려갔다. 강제 노역에 반대하는 사람들마저 은신에 들어가자 네덜란드 전역이 두려움과 대혼란에 휩싸였다.

불과 몇 년 사이 암스테르담의 거리 풍경은 상상하기 힘들 만큼 변해 버렸다. 물론 로테르담과 달리 암스테르담의 역사 지구는 아직 폭격당하지 않고 보존돼 있었고 운하와 강도 변함없이 중앙역에서부터 카레 극장까지 묵묵히 흘렀다. 하지만 도시에 색채를 입히는 주역이었던 사람들 대부분이 자취를 감췄다. 상인과 일꾼, 점원, 배우와 악사, 지식인과 밤마실을 즐기는 사람들, 도서관 사서, 매일같이 술에 취해 비틀거리는 단골손님들, 묵묵히 제 할 일을 하는 동물원 사육사까지. 수만 명의 암스테르담 시민들과 마찬가지로 그들 또한 집을 빼앗기고 기차에 실려 베스테르보르크로 보내졌다. 그저 그뿐이었다. 유대인 이름 카드가 보관된 암스테르담의 유대인 이민 중앙사무소에도 빠른 변화가 찾아왔다. 1943년 한 해를 지나며 '암스테르담'이라고 적힌 상자는 거의 텅 비게 됐다.

5월과 6월, 대규모 유대인 검거가 마지막으로 시행됐다. 5월 26일, 암스테르담 중심가에서 검거된 유대인들은 마위데르포르트 역으로 이송됐다. 아끼는 인형을 꼭 껴안은 아이들과 아름다운 모자를 쓴 여성, 가장 좋은 옷을 차려입은 남성, 갓 파마를 한 할머니…. 몇 시간의 기다림 끝에, 그들을 베스테르보르크로 데리고 갈 기차가 역에 도착했다. 나치 친위대 주보인 『폭풍』의 6월 4일자 판은 해당 작전에 대해 세세하게 다뤘다.

가장 좋은 빵 조각은 자신들을 위해 감춰 두고 우리가 먹을 빵을 수 세기간 '나눠 먹었던' 그 작자들에게 이제 영원한 안녕을 고한다. 우리는 암스테르담-이스트 폴데르베흐에서 작별 인사를 한 뒤 그들을 떠나보냈다. 가슴에 단 다윗의 별은 그들이 폴란드로 떠나게 될 무리임을 확인시켜 줬다. (…) 이 광경을 직접 보지 않고서는 유대인으로 인해 더럽혀진 핏줄이 얼마나 많은지, 길거리를 나돌아 다니는 잡종이 얼마나 많은지 상상조차 하기 힘들 것이다.

죽은 자들은 끈질기게 유전자에 제 흔적을 남겼다. 그 꼴을 보아 하니 과학이 곧 진리라는 사실을 수긍할 수 있었다. 심지어 더 끔 찍한 사실은, 그동안 우리는 아리아인과 유사한 형질의 멋진 금발 을 지닌 유대인을 만드는 과정에 있었다는 것이다. 그곳에 모인 유 대인 중에는 아름다운 백금발을 지닌 여성도 수십 명에 달했다. 그 머리칼을 본다면 어느 누가 유대인 핏줄을 타고났다고 상상이나 할까. 그 여자들은, 자신이 유대인과 결혼하는 줄 꿈에도 모를 번듯 한 아리아인 남성을 손쉽게 낚을 수 있었을 것이다. 바로 그런 위험 성이 우리가 상상한 것 이상으로 주변에 도사리고 있었다. 적극적 인 조치를 취한 덕분에 모든 유대인을 정리할 수 있었다. 우리는 그 들이 기차를 타고 떠나는 것까지 확인했다. 그 모습을 봐도 슬프지 않았다.

1943년 6월 20일 일요일, 암스테르담-사우스와 암스테르담-이스 트에서 또다시 대규모 색출 작전이 펼쳐졌다. 지하로 숨지 않은 마지 막 남은 유대인들이 모두 베스테르보르크로 이송됐고 그 수는 무려 5,500명에 달했다. 그리고 9월, 유대인 의회 회원들이 그 뒤를 따랐 다. 유대인 의회는 공식적으로 해체됐다.

10월 1일에는 유대인 전문 사냥꾼들과 연합해 활동하던 헨네이커 칼럼이 해산됐다. 그들이 마지막으로 색출한 유대인들은 1943년 11

월 19일 수도를 떠났다. 페도르 폰보크 지휘 아래 B집단군(제2차 세계대전 당시 제4기갑군과 제2, 6군을 근간으로 편성돼 노르망디 해안의 방어를 책임지던 군 - 옮긴이)이 네덜란드를 침공한 지 3년 반, 암스테르담은 유대인 청정구역이 됐다.

6   달갑지 않은 방문

하이네스트가 대혼란에 빠졌다. 얀선 자매가 한번 들르겠다며 연락했기 때문이다. 때는 바야흐로 한여름, 원래 이맘때면 자매는 습한 도시를 피해 자연 속 별장에서 지내기도 했다. 이번엔 그저 잠깐 들러 집과 정원이 잘 관리되고 있는지 확인하고 싶어 했다.

모골이 송연해지는 전화를 받고 하이네스트 사람들은 며칠을 꼬박 새워 방문에 대비했다. 피트에와 린테는 사람들을 진두지휘해 대청소를 시작했다. 남자들은 매트리스를 치우고 침대 위치를 바로 놓고 찬장과 의자, 테이블을 치워 계약서에 등록된 두 가족—즉 린테, 에베르하르트, 카팅카 그리고 야니, 보프, 로비, 리셀로테—만 사는 것처럼 보이도록 정리했다.

집주인 자매가 오기로 한 날, 불법 입주민들은 마치 부활절 달걀처럼 숲 곳곳에 몸을 숨겼다. 다시 몸을 드러내도 괜찮은지 알리기 위해 수신호를 정했다. 다행히 밖에서 지내기에 날씨는 괜찮았다.

트램이 정해진 시각에 정확하게 저택에서 가장 가까운 역에 두 노부인을 내려 줬다. 하이네스트에 도착한 얀선 자매는 세상에서 가장 따뜻한 환대를 받았다. 햇살이 반짝반짝 빛나는 날, 언덕 위에 자리한 저택은 꽃바다에 둘러싸여 일광욕을 즐기고 있었다.

린테와 야니는 이 기묘한 연극의 다음 막으로 넘어가기 위해 두 자매를 거실로 모셨다. 이곳에서 지내기가 얼마나 좋은지 몰라요. 계절이 바뀔 때마다 풍경은 장관이고 집세도 적당하고 말이죠. 그나저나 차 한 잔 어떠세요?

너무 좋지요. 말이 떨어지게 무섭게 빨간 머리 퍽이 연기하는 새로운 장이 시작됐다. 린테가 작은 종을 딸랑딸랑 울렸고, 풀을 빳빳하게 먹인 하얀 앞치마를 두르고 모자를 쓴 하녀가 은쟁반에 찻주전자와 찻잔, 쿠키 접시를 올려 입장했다. 빨간 머리를 양쪽으로 땋아 내린 퍽이 능숙하게 시중을 들었다. 린테와 야니는 웃음을 참기 위해 입술을 지그시 깨물었다.

"안녕하세요, 부인." 퍽은 손님 각각에게 인사를 건네며 물었다. "우유나 설탕이 필요하실까요?"

퍽은 꽤 흥미롭다는 눈길로 자신을 바라보는 얀선 자매에게 군더더기 없는 동작으로 차를 따라 줬다.

"아가씨는 이 근방 출신이에요?"

"그렇답니다, 부인."

"이름이 뭐죠?"

"아흐예 호닝이어요, 부인."

자매 중 하나가 찻잔을 보조 식탁에 내리고 기쁘게 손뼉을 쳤다.

"어쩜, 이런 우연이! 하위전의 호닝 가라면 아주 잘 알지요. 혹 벳시 호닝 아주머니랑 친척 사이인가요?"

픽은 눈 하나 깜짝하지 않았다.

"죄송하지만 잘 모르는 분이에요, 부인. 하위전에 호닝 성을 가진 집안이 두 개 있거든요."

린테는 빠르게 대화 주제를 돌렸고 야니는 픽을 내보냈다. 린테가 제 관자놀이를 검지로 짚으며 부드럽게 말했다.

"어린 아가씨가 좀 단순하긴 하지만 참 바지런하고 참하답니다."

차를 마신 후 얀선 자매는 집 안을 둘러봤다. 기분이 한껏 좋아 보이는 자매는 반짝반짝 윤이 나는 부엌을 가로질렀고 산뜻한 냄새가 감도는 현관을 따라 2층으로 올라갔다. 어린 아기들이 어질러 놓은 흔적은 물론이고, 열 명이 훌쩍 넘는 사람들이 숙식한 흔적이라고는 눈을 씻고 봐도 찾기 힘들었다. 자매는 다시 1층으로 내려와 이번에는 골동품 찬장을 열어 값비싼 자기 세트를 확인했다.

린테와 야니는 숨을 멈췄다. 지난 겨울, 객식구 중 한 명이 부엌 창 너머로 그릇 더미를 밀어넣다 그만 힘 조절을 잘못했다. 그릇이 창 안팎으로 와르르 쏟아지며 엄청난 소리와 함께 산산조각이 났다. 마치 집 전체의 기압이 뚝 떨어진 것처럼 온 가족이 엄청난 충격에 빠졌다. 그릇 깨지는 소리가 벽을 뚫고 나무 사이로 메아리치는 듯했다. 억겁의 시간이 지난 후, 독일인이나 네덜란드 나치가 집 문을 두드리지 않는다는 사실을 확인한 가족들은 긴장이 풀려 너털웃음 지으며 바닥에 흩어진 그릇 파편을 쓸어 모았다. 그날 이후, 린테와 야니는 가는 곳마다 자기를 얻어 오기도, 훔쳐 오기도 했다. 두 사람이 가방에서 새 접시를 꺼내 찬장 속 형형색색의 컬렉션에 넣을 때마다 가족들은 환호성을 질렀다.

얀선 자매가 눈을 가늘게 뜨고 들여다보는 게 바로 그 찬장이었다. 린테는 제각각인 대체품을 가리기 위해 오리지널 컬렉션에 남아 있던 컵과 컵받침을 앞쪽으로 정리해 뒀다. 만일 전쟁에서 살아남는다면 깨뜨린 접시들은 모두 변상할 계획이었지만 지금으로서는 아름답게 눈속임하는 게 최선이었다.

다행히 얀선 자매가 몸을 돌리고 린테와 야니를 향해 환하게 웃었다. 긴장한 자매는 엉덩이에 힘을 꽉 주고 서서 미소로 화답했다.

햇살 아래의 벤치에 앉아 또 몇 시간을 보내며 린테와 야니는 진이 쏙 빠졌다. 얀선 자매는 풀 그림자가 점점 길어지는 것을 보고서야 자리에서 일어났다. 두 사람은 치마의 주름을 곱게 편 후 애정 가득한 목소리로 작별 인사를 건넸다. 린테와 야니는 두 사람이 언덕 너머로 사라질 때까지 손을 흔들었다. 웃음으로 긴장감을 털어내고는 숨은 식구들을 부르기 위해 부랴부랴 숲속으로 달려갔다.

여름은 영원할 것만 같았다. 린테와 에베르하르트는 새로운 공연을 기획하고 『자유 예술가』에 기고하며 오두막 콘서트에 몰두했다. 야니와 보프는 투쟁 활동에 전념했다. 이에 더해 매일 장을 봐야 했는데, 장보기는 그 자체만으로 웬만한 직장만큼 일이 많았다.

일상적인 위협은 이제 삶의 일부가 됐다. 가족들은 예전만큼 날을 세워 라디오를 듣지 않았고 '연합군의 전진' 따위의 이야기도 거의 하지 않게 됐다. 이 불확실한 시대를 살아남기 위해 잠시 마음속에 정지 버튼을 누른 셈이었다. 한 해 전만 해도 모두가 이맘때쯤이면 전쟁이 끝나 있으리라 확신했다. 내년이면 다시 고향과 직장, 가게로 돌아갈 수 있을 것이라고 믿었다. 가족과 주변 사람을 잃는 일만 일어나지 않는다면 이전의 삶으로 아무렇지 않게 복귀할 수 있을 것이라고 생각했다. 하지만 이미 너무나 많은 가족과 친구가 알 수 없는 곳으로 끌려가 버렸다. 이 고통을 이겨 내기 위해서는 수평선 너머를 바라봐야 했다. 허황된 꿈을 꾸지 말자. 근시안적으로 하루하루 살아남는 것이 아니라 더 장기적으로 보고 상황에 대비하자.

야니는 이제껏 단 한 번도 겨울을 기다린 적이 없었다. 하지만 춥고 어둡고 해가 짧은 겨울은 이제 몸을 숨기기 좋은 매력적인 동굴처럼 느껴졌다. 여름이 어서 끝나기만을 손꼽아 기다리고 또 기다렸다. 태양은 사람들을 집밖으로 이끌었고 거리와 마을, 기차마다 사람들이 가득했다. 주변에 넘쳐흐르는 색채와 온기는 하이네스트 식구들을 자유롭다 못해 방심하게 만들기 일쑤였지만 적을 온화하게 만들지는 않았다. 식구들은 그 누구도 믿어서는 안 된다는 사실을 서로에게 상기시키고 또 상기시켰다.

어느 날, 에베르하르트는 카팅카를 데리고 하위전의 거리를 산책했다. 밝은 금발의 '장 자크 보스'와 그의 딸은 상대적으로 자유롭게 다닐 수 있었다. 부녀가 손을 꼭 잡고 나르데르 거리를 걸을 때였다. 갑자기 독일군 부대가 모퉁이를 돌더니 곧장 두 사람을 향해 직진해 왔다. 군인들의 무릎이 마치 한몸처럼 움직이며 온 거리가 군홧발 소리로 진동했다.

에베르하르트는 바짝 얼어붙은 채 카팅카의 손을 꽉 잡았다. 그야말로 독 안에 든 쥐 신세였다. 샛길로 빠지려 해도 군인들을 지나쳐야만 했다. 군인들 눈앞에서 뒤돌아 버리는 것 역시 안 될 일이었다. 할 수 있는 것이라고는 가던 길을 계속 가는 것뿐이었다. 에베르하르트는 부드럽게 숨을 내쉬고 어깨 힘을 풀었다. 천진난만하게 그의 곁에서 팔짝팔짝 뛰는 카팅카가 아무것도 보지 못하도록 슬쩍 몸을 가렸다.

부대는 부녀로부터 고작 수십 걸음 떨어져 있었다. 그들을 이끄는 장교와 눈이 마주쳤을 때 에베르하르트는 벼락 맞은 듯 우뚝 멈춰 서서 카팅카의 팔을 뒤로 휙 잡아챘다. 그 장교는 다름 아닌 에베르하르트의 오랜 친구, 퀴르트 카흘러였다.

퀴르트는 시선을 돌린 후 마치 부녀가 존재하지 않는다는 듯, 부대원들과 함께 두 사람을 무심히 지나쳤다. 하지만 에베르하르트는 이제 다 끝장났음을 직감했다. 그도, 하이네스트 식구들도 다 끝이었다. 퀴르트가 그를 알아보지 못했을 리 없었다. 지금 당장이라도 부녀를 체포해도 이상하지 않았다. 카팅카가 제 아빠의 팔을 잡아당기며 조잘조잘 말을 걸었지만 에베르하르트는 손으로 딸의 입을 막고 군인들의 뒷모습을 응시했다. 흔들리던 지축이 잠잠해졌다. 군인들이 검은 점이 돼 보랏빛 야생화 사이로 사라질 때까지 그는 시선을 떼지 않았다.

얼어붙은 다리가 풀리기 무섭게 에베르하르트는 카팅카를 안아 들고 달렸다. 하이네스트의 가족들에게 경고해야 했다.

퀴르트 카흘러는 암스테르담 예술가 그룹의 멤버였다. 베를린 출신의 사진 작가 퀴르트는 다른 수많은 독일인과 마찬가지로 나치즘의 물결을 피해 1930년대 초 네덜란드로 이주했다. 그는 케이제르스 운하에 있는 미크의 집에도 자주 드나들었다. 그러면서 에베르하르트와 친구가 됐고, 조국의 상황에 대해 분개하며 함께 울분을 토하기도

했다.

에베르하르트는 독일 국방군 입대 영장을 받았던 때를 떠올렸다. 린테와의 대화, 두려움과 의구심, 르헤인의 조언, 실패한 병역 기피 시도와 "도망가느냐, 마느냐." 인생 최대의 난제 앞에서 고민하던 그 시기. 퀴르트도 나란히 영장을 받았고 똑같은 곤경에 처해 있었다. 그때 퀴르트가 자신과 다른 선택을 했다고 해서 과연 그를 비난할 수 있을까?

퀴르트는 별다른 내색을 하지 않고 지나갔지만 그렇다고 해서 손 놓고 있을 수 없는 노릇이었다. 에베르하르트는 이 상황에 대해 가족들과 논의했고 다들 그의 의견에 동의했다. 퀴르트가 변절했을 가능성을 배제할 수 없었고 그렇다면 에베르하르트를 검거하기 위해 나르데르 거리에 다시 나타날 수 있었다. 이 상황에서 확실한 해답을 줄 수 있는 사람은 미크뿐이었다.

린테는 자전거를 타고 미친 듯이 달려 라런의 연락책을 찾았다. 막 암스테르담으로 출발할 예정이었던 그에게 상황을 설명했고, 동지는 미크와 상의한 후 최대한 빨리 답을 알려 주겠노라 약속했다.

그날 밤, 하이네스트에서는 비상 회의가 열렸다. 하루 혹은 이틀 안에 다른 곳으로 도망가야 하는 상황이 발생할 수도 있었다. 그렇다면 어디로 가야 할까? 하위전의 보호버 가는 고작해야 한두 명만 수용 가능했고 주변 연락책도 마찬가지였다. 이 많은 가족이 모두 지낼 수 있는 곳은 없었다.

모두 뜬눈으로 밤을 지샜고, 날아온 미크의 답변에 안도의 한숨을 내쉬었다. 퀴르트 카흘러는 그들 편이었다. 입대 후 그는 암스테르담 중앙역의 군 지휘부에 배치됐고, 지역을 이동하는 독일인들에게 필요한 정보를 제공하는 임무를 맡았다. 하지만 그는 임무 대신 저항단체의 반파시스트 전단을 배포하는 일을 도왔다. 1943년 초에는 징발돼 라런의 크라일로 캠프에 위치한 '26안보부'로 이동했고 그때부터는 저항활동을 위해 총탄과 무기를 빼돌려 왔다. 미크가 전하는 바는 명확했다. 걱정하지 않아도 돼.

1943년 10월 2일, 린테는 앞에 놓인 신문을 뚫어져라 바라봤다. 첫 페이지를 장식한 글자들이 서서히 흐려졌다. 몇 번 눈을 깜빡였지만 활자는 계속 뭉개지기만 했고 대문짝만 한 헤드라인만 겨우 읽을 수 있었다. 표지 좌측에는 「전선의 상황」이라는 제목의 칼럼이 실려 있었다. 린테는 시선을 오른쪽으로 천천히 옮겼다. 표지 중앙에 가깝게 자리한 칼럼에는 '알림'이라는 문구가 적혀 있었으며 라디오 반납과 관련한 사법령이 올라와 있었다. 그 옆의 칼럼, 즉 우측 하단에 실린 헤드라인이 바로 그녀의 눈길을 사로잡은 것이었다. 린테는 코를 크게 훌쩍인 후 다시 한 번 머리글을 읽었다. "세이파르트 중장과 포스트휘마 장관 등을 살해한 혐의에 대한 처벌."

> 북서부 상급 친위대 및 경찰 지도자가 공표한 사실에 따르면 1943년 9월 30일, 암스테르담의 약식 군법 회의는 다음 네덜란드인들에게 사형을 선고했다.

다음으로 열아홉 명의 이름이 이어졌다. 대부분은 린테에게도 익숙한 이름이었다. 암스테르담의 의학도 레오 프레이다, 암스테르담의 생물학도 한스 카탄, 보이세바인 성을 가진 인물 세 명. 린테의 오랜 친구이자 기타리스트인 안톤 코레만. 그리고 열두 번째에는….

> 암스테르담의 기자 마르턴 미크 판힐서. 1916년 6월 12일 뮌헨 출생. (…) 사면 여부에 관한 논의 후 형이 확정됐고 10월 1일 새벽, 사형이 집행됐다.

식구들이 모두 귀가한 저녁, 린테는 브릴레스레이퍼르 가족들만 정원으로 따로 불러 소식을 전했다. 모두 훌쩍 자란 풀 사이에 선 채 아무 말도 하지 않았다. 아버지는 그저 신발만 내려다봤고 어머니는 떨리는 입술을 손으로 꾹 눌렀다. 보프는 야니의 손을 잡으려 손을 뻗다 이내 힘없이 팔을 늘어뜨렸다. 해가 나무 너머로 뉘엿뉘엿 기울며 지붕에 기다란 그림자를 늘어뜨렸다. 피트에가 몸을 떨기 시작했다. 요세프가 아내의 손을 잡았다. "들어가자." 아버지가 집을 향해 걸음을 옮기며 말했고 가족들 모두 그의 뒤를 따랐다.

이후 야니는 연락책으로부터 사건의 전말에 대해 들었다. 미크와 그의 연인은 베스테르토런과 인접한 프린센 운하에 사는 조각가 친구의 작업실 다락방에 은신 중이었다. 그들은 그곳에서 『자유 예술가』 업무와 CS-6, 신분증 관리 일을 계속했다. 두 사람은 밤낮없이 일했다. 은신처가 경찰에게 포위됐을 때, 두 사람은 문을 막고 난롯불을 지펴 가능한 한 많은 서류를 불태웠다. 위조 서류와 저항투사 연락처, 주소 그리고 미크의 노트에 이르기까지, 전부 다. 경찰이 문을 부수고 들이닥쳐 미크의 여자친구를 체포했다. 미크는 창밖의 지붕 위로 뛰어내렸다. 하지만 총에 맞으면서 경상을 입었고 결국 붙잡혔다. 감옥에서 수십 시간, 몇 주간 이어진 취조에도 그는 어떠한 정보도 발설하지 않았다. 그렇게 사형이 선고됐고 10월 1일, 블로에멘달 인근의 모래 언덕에서 총탄이 그의 심장을 꿰뚫었다.

『자유 예술가』 11월 호에는 아주 긴 부고 기사가 실렸다. 모든 식구가 저녁 식탁에 둘러앉자 에베르하르트는 큰 소리로 기사를 읽었다.

미크 판힐서, 떠나다

미크는 젊음 그 자체였다. 그의 나이도, 이상도, 사람을 향한 믿음도, 그 자신을 향한 기대도, 진실함도, 삶의 원동력도 모두 젊고 젊었다. (…) 세계 시민으로 나고 자란 천성 덕에 그는 늘 여러 나라를 여행했고 펜을 놓는 법이 없었으며, 어디를 가든 친구를 사귀고 삶을 만끽했다. (…) 그가 전쟁 중 해 온 활동에 대해서는 아직 자세히 알릴 수 없다. 하지만 그는 남자답게 싸웠고 그의 흔들리지 않는 용기와 불굴의 낙관주의는 수많은 이에게 힘이 됐으며, 그의 인내심은 혼란 속에서 쉬이 낙담한 이들이 포기한 모든 것을 이뤄 냈다. 미크의 세대에는 그와 같은 신념을 공유하고 같은 이상을 가진 이들이 많았다. 그리고 그들 대부분이 열린 마음과 깊은 이해심에 자부심을 가지고 살았다. 하지만 그건 1940년 5월 10일 전까지에 불과했다. 세상이 그들을 절실히 필요로 하는 순간이 왔을 때, 미크처럼 폭풍우가 몰아쳐도 인내하고, 하루 또 하루 목숨을 내걸고, 그 어떤 시련과 위험에도 마다하지 않고, 더 나은 미래를 위해 불길과 죽음을 뚫고 최고의 선을 실천하며 그로 인한 결과—심지어 가장 극단적일 수 있는—조차도 숙명으로 받아들인 사람은 극소수에 불과했다.

황조롱이

11월의 어느 토요일은 예티의 생일이었다. 다 함께 생일 파티를 즐겼고 하루 종일 즐거운 분위기가 이어졌다. 린테는 노래를 몇 곡 불렀고 에베르하르트는 식구들을 위해 피아노를 연주했다. 그리고 모든 것이 궁핍한 와중에도, 밀가루 반죽과 과수원에서 수확해 절여 놓은 사과, 약간의 시나몬 가루로 만든 케이크 비슷한 것을 다 함께 나눠 먹었다.

그렇게 열 시 반 정도 됐을까. 아이들은 모두 잠자리에 들고, 어른들은 자러 들어가거나 난롯가에 앉아 책을 읽거나 거실 식탁에 둘러앉아 담소를 나눴다. 그때였다. 갑자기 규칙적으로 쿵쿵거리는 소리가 울렸다. 마치 땅속 깊은 곳에서 위를 향해 드릴로 구멍을 뚫는 것처럼 아스라했지만, 집 바닥까지 고스란히 공명이 전해졌다. 다들 황급히 서로를 조용히 시켰다. 얼굴이 긴장으로 팽팽해져서는 숨을 참고 귀를 기울였다.

소음은 밖에서 들려왔다. 그리고 점점 커졌다. 드디어 소리의 정체를 식별할 수 있게 되자 모두 아주 천천히 조심스럽게 자리에서 몸을 일으켰다. 일순간 패닉이 번졌지만 그동안 무수히 연습한 대로 비상 대피에 들어갔다.

행진하는 군홧발 소리가 점점 빠르게 다가오다가 조개 껍데기가 깔린 길에서 잠시 멈춰 섰다. 뽀드득거리는 발소리가 몇 번 들린 후, 이내 행렬이 집을 향해 방향을 틀었다. 누군가 현관 옆에 부착된 경보 버튼을 눌렀고 사람들은 각자 정해진 비밀 공간으로 달려갔다. 피트에와 요세프, 야피는 잠든 아이들을 챙겨 함께 몸을 숨겼다. 린테와 야니, 에베르하르트, 보프는 옷매무새를 정돈했고 어깨를 편 다음 앞으로 닥칠 일에 대비해 마음을 다잡았다.

"브람이 아직 화장실에 있어!" 루스가 야니의 팔을 움켜잡으며 말했다. 야니는 잇새로 루스에게 일단 혼자서라도 위층으로 올라가라 일렀다. 하지만 그러기엔 시간이 부족했다. 결국 야니는 짧은 고갯짓으로 루스에게 1층 난로 옆 수납 의자 아래에 숨으라 했다.

현관의 초인종이 울렸다. 딸랑대는 소리가 정적을 뚫고 울려 퍼졌다.

"계십니까!"

야니와 보프는 여전히 수북이 쌓인 물컵, 큰 물병, 재떨이에 쌓인 담배꽁초, 주변에 널브러진 지하신문 등 의심스러워 보이는 물건들을 치우는 중이었다. 린테가 거실을 가로질러 현관으로 향했다. 그리고 까치발로 문에 달린 방범창을 연 다음 밖에 선 장정에게 말했다. "죄송하지만 집을 끼고 돌아오시겠어요? 부엌문을 열어 드릴게요."

그렇게 몇 초를 더 벌었다.

린테는 어설프고 재빠르지 못한 손길로 잠금장치와 씨름한 후, 부얽문의 걸쇠를 들어올렸다. 어깨 너머로 흘깃 돌아보자 야니가 엄지를 척 들어 보였다. 문을 열자 군복을 입은 독일군이 있었다. 어둠 속에서 그의 가죽 벨트가 번들거렸고 입에서는 하얀 김이 흘러나왔다.

"야밤에 죄송합니다, 부인. 바다로 가려면 어느 쪽으로 가야 하는지 알려 주시겠습니까?"

남자 뒤에 줄줄이 선 군인들이 린테를 향해 공손하게 고개를 끄덕였다.

린테는 억지로 미소를 지으며 답했다. "물론이지요."

"저희가 길을 잃었지 말입니다. 혹시 물도 좀 얻어 마실 수 있을까요?"

린테는 천천히 말을 고른 후, 한 발짝 옆으로 몸을 옮기며 문을 활짝 열었다.

"그럼요. 어서들 들어오세요."

그렇게 열댓 명의 군인과 감독관, 에베르하르트, 린테, 야니가 부엌에 함께 자리하게 됐다. 세 사람은 감독관과 악수하며 자신들을 소개했다. 장 자크 보스, 안테 보스, 야니 브란더스. 보프는 아직 거실을 정리하느라 분주했다.

그들은 아직 앳된 군인들에게 물뿐 아니라 아침 식사 후 남은 신선한 요거트도 대접했다.

"이렇게까지 하지 않으셔도 됩니다." 감독관은 처음에는 사양했지만 결국 그릇을 싹싹 비웠다. 다들 추위에 꽁꽁 얼어 있는 데다 지쳐 보였다.

"오늘 야간 훈련이 있어서 꼭 제때 도착을 해야 하지 말입니다." 감독관이 음식을 먹으며 말했다.

"거의 다 오셨어요." 린테는 최대한 친절하게 말하기 위해 애썼다. 부엌 밖, 뒤뜰 너머 어두운 숲과 호수가 자리한 곳을 향해 손가락을 가리켰다. "그냥 길을 쭉 따라서 숲을 지나고, 황무지를 건너서 직진하시면 돼요. 좁다란 오솔길을 따라서 계속 걷다 보면 물가까지 이어진답니다."

"밤길이라 도저히 분간이 안 돼서 그런데, 저희와 같이 가 주실 수 있겠습니까?" 군인이 에베르하르트를 향해 말하자 그가 유창한 네덜란드어로 답했다.

"죄송하지만 힘들 것 같습니다. 통금 시각이 지나서요." 에베르하르트가 미안하다는 듯 손을 들어 으쓱했지만 감독관은 아랑곳 않고 제 가방을 뒤적였다.

린테와 야니는 걱정에 찬 눈빛을 주고받았다.

"그렇다면 허가증을 발급해 드리지요." 그가 쾌활하게 말하며 종이 한 장을 꺼내 부엌 조리대 위에 턱 올렸다.

"보스 부부에게 통금 이후의 야간 통행을 허가한다." 그는 종이에 문구를 적으며 크게 소리 내 읽었다.

펜이 종이 위를 서걱서걱 스치는 소리는 이내 부산스레 울리는 숟가락질 소리에 파묻혔다.

"서명, 날인. 다 됐습니다."

감독관이 활짝 웃으며 에베르하르트에게 허가증을 건넸고 에베르하르트는 종이를 반으로 접어 주머니에 넣었다. 린테와 에베르하르트는 외투를 입고 군인들과 함께 통로를 지나 숲속으로 향했다.

약 30분 후, 두 사람이 무사히 돌아왔다. 야니와 보프는 숨어 있던 식구들에게 이제 나와도 괜찮다고 말하며 놀란 그들을 안심시켰다. 다들 잔뜩 겁에 질려 있었다. 수많은 장정들의 낮고 묵직한 목소리가 웅웅 울리기만 할 뿐 무슨 상황인지 전혀 알 수 없었기 때문이다. 린테와 에베르하르트는 군인들을 데려다주는 길에 어떤 일이 있었는지 아주 세세히 들려줘야 했다.

린테는 충격에서 완전히 벗어나지 못한 목소리로 말했다. "그러니까 우리 둘, 독일인 탈영병과 네덜란드 유대인이 한밤중 스무 명의 독일군을 이끌고 칠흑같이 어두운 황무지를 건너서 한때 바다였던 호수로 데리고 간 거죠."

그때였다. 화장실 문이 열리고 브람 아저씨가 모습을 드러냈다. 그는 불쌍하게도 치질로 고생 중이었다.

"대체 무슨 일이었어?" 브람이 더듬거리며 물었고 모두 와하하, 웃음을 터트렸다.

식구들은 허가증의 날짜만 살짝 고쳐 가며 겨우내 잘 써먹었다.

하이네스트에서의 두 번째 여름을 맞이했다. 야니는 전쟁통에 식구들이 다 함께 이토록 오래 지낼 수 있는 곳은 결코 없었으리라는 사실을 뼈저리게 느꼈다. 이 고난의 시절에도 하이네스트에서는 늘 고향집에 있는 듯한 기분이 들었다. 물론 매일매일이 지뢰밭이었다. 언제 붙잡힐지 모른다는 두려움에 많은 것을 포기해야 했고 가슴 한구석은 늘 묵직했다. 그럼에도 불구하고 숲과 들판, 호수는 식구들에게 자유를 선사했다. 며칠, 몇 주가 지나도록 인적 하나 없는 날이 이어졌다. 집 곳곳에서 시시때때로 울려 퍼지는 음악 소리를 제외하면 큰 소리도 거의 나지 않았다. 그리고 먼지를 자욱하게 뒤집어쓴 야피가 식구들이 부탁한 물건이나 새로운 발명품을 손에 들고 헛간에서 뿅 나타나곤 했다. 먹거리와 식수, 담배까지 필요한 것은 다 갖추고 있었다.

아직 어린 리셀로테와 카팅카, 로비를 보고 있노라면 야니는 어쩔 수 없이 마음이 짠했다. 딸들은 이제 두 살 반이었고 로비는 벌써 어린이였다. 네 살 반이었지만 로비 마음속에서 그 자신은 벌써 다섯 살 형아였다. 아이들도 눈치가 있어 집에 감도는 긴장감을 다 느꼈고, 너희들을 위한 곳은 없다 말하는 세상 속에서 자라야 했다. 하지만 비유대인 저항투사 동지들이 숨겨 주는 다른 아이들, 위탁 가정으로 이동하는 길에 하루이틀 하이네스트에 머물다 가는 아이들 대부분은 형제자매와 생이별하고 낯선 타인의 집에서 지내야 했다. 그 아이들의 처지를 생각할 때마다 야니는 부모와 조부모, 외삼촌까지 함께 지낼 수 있는 우리 아이들은 얼마나 다행인가 생각하며 위안을 얻었다.

늘 보며 지내는 게 어른들뿐이다 보니 아이들은 제 나이보다 똘똘했다. 린테가 카팅카를 데리고 장을 보러 갔을 때였다. 식료품점에서 계산을 하려 기다리는 중에 카팅카가 불쑥 오래된 민요를 부르기 시작했다. 줄 선 손님들 모두 조그마한 여자아이가 방방 뛰며 정확한 음정으로 "어머, 마리안네야." 노래 부르는 모습을 꿀이 떨어지는 눈길로 바라보았다. 하지만 그때, 누군가 카팅카가 부르는 가사가 이상하다는 사실을 알아챘다. 원래라면 프랑스 군인이 네덜란드 왕자를 쫓아낸다는 가사에서, '프랑스 군인'이 '대머리 독일 놈'으로 개사돼 있었던 것이다. 린테는 화들짝 놀라 부랴부랴 딸의 입을 손으로 막았다. 줄을 서 있던 부인들은 서로 눈치를 보다가 깔깔 웃음을 터트렸다. 린테가 이 일에 대해 야니에게 이야기하자 야니도 재밌어 했다. 하지만 린테는 남편에게 앞으로 절대 아이들한테 그런 가사를 가르치지 말라고 엄포를 놓았다.

세 아이는 숲에서 뛰놀며 자랐다. 나무를 기어오르고, 뛰어내리고, 팔을 활짝 편 채 들판을 뛰어다녔다. 또 정원 뒤편에 오두막을 짓기도 했다. 날이 풀리면 수건과 과일, 물을 챙겨 들고 숲 너머 호수로 향했다. 아이들에게 종아리까지 오는 물에서만 놀아야 한다고 신신당부했건만, 집에 돌아올 때면 아주 바다를 정복한 것 같은 몰골로 돌아왔다. 잠자리에 들 때쯤이면 다들 기절하기 일보 직전이었고, 깨끗하게 빨아 말린 이불 속에 쏙 들어가자마자 곯아떨어졌다.

아침이 밝고 야니가 1층으로 내려가 보면 어머니는 늘 아침 당번을 돕고 계셨다. 야니는 함께 사는 남녀노소 모두를 둘러봤다. 혼자 혹은 가족이 함께 이곳에 온 사람들, 서로 다른 개성과 목소리, 말투를 지닌 하이네스트 식구들을 보고 있노라면 잠시나마 고향 암스테르담으로 돌아간 것만 같았다.

야니는 아침을 가볍게 먹고 부모님과 담소를 나눈 후 로비에게 외투를 입히고 함께 임무를 수행하러 떠나곤 했다. 종종 리셀로테도 데리고 갔다. 트램을 타거나 걸어서 역에 도착한 후 임무에 따라 위트레흐트나 헤이그, 암스테르담행 기차에 몸을 실었다. 소포와 신분증을 배달하고, 지하 선전물을 나르고, 누군가에게 보프 사무실에서 훔친 화물 인환증을 건네기도 했다. 접선해야 하는 사람이 제때 나타날지, 변절했을지, 체포돼 수용소로 잡혀갔을지 그 무엇도 예측할 수 없었다. 접선 장소에 도착했을 때, 아무도 없거나 예상하지 못한 사람이 나타나면 아이의 옷매무새를 정리해 주는 척 무릎을 굽힌 채 상황을 살피다가 몸을 피해 역으로 돌아가 집으로 향했다.

야니는 길을 걸을 때면 언제나 뒤에 미행이 붙은 것만 같은 기분에 시달렸다. 하지만 평정심을 유지해야 했다. 도망치고 싶은 기분이 치솟을 때마다 꾹꾹 참아 눌렀다. 당장 아이를 낚아채 뒤도 안 돌아보고 떠나 버릴까? 하지만 어디로 간단 말인가? 도망칠 구멍이 없었다. 체포된다면 그걸로 끝이었다. 그러니 그런 불상사가 생기기 전까지는 그저 최대한 평범한 척, 아무렇지 않은 척 평정심을 유지해야만 했다.

야니는 언제나 무사히 하이네스트로 돌아왔다. 마치 정원 뒤에 둥지를 튼 황조롱이처럼. 어두워진 숲의 그림자는 탁 트인 정원의 풀밭을 삼키곤 했는데, 매일 밤 황조롱이는 청명한 울음소리를 내지르며 자신이 귀가했음을 알렸다. 야니는 이웃사촌이 된 황조롱이를 늘 지켜봤다. 새는 대낮에는 주로 사냥을 나갔다. 주변을 천천히 돌아다니다 짧고 끝이 뾰족한 날개로 고도를 높였고 기회를 잡을 때까지 하늘을 유유히 맴돌았다. 운이 좋으면 황조롱이가 하늘 저 높은 곳에서 멈춘 듯 떠 있는 모습을 볼 수 있었다. 야니는 태어나 그토록 아름다운 존재를 처음 봤다. 본능이 알려 주는 완전한 기회를 포착할 때까지 기다리는 고요한 자태. 마치 시간과 하늘이 모두 멈춘 듯했다. 넓게 펼친 꽁지깃과 날개가 새의 목, 몸통과 일직선을 이뤘다. 황조롱이의 등에는 아름다운 적갈색 깃털이 나 있었고, 회색 머리와 길쭉한 꽁지깃은 끝으로 갈수록 짙은 먹색을 띠었다. 그러다 별안간 새는 마치 죽음을 각오한 듯한 기세로 땅을 향해 몸을 내리꽂았다. 그리고 몇 초 후 들쥐나 병아리를 움켜잡은 채 하늘에 다시 모습을 드러냈다.

어느 날 밤, 야니는 침대에 누워 천장을 멍하니 바라보고 있었다. 늘 복닥거리는 집에서 야니는 때로 기가 쏙 빠지는 기분이었는데 바로 그 순간엔 완전한 적막이 그녀를 감쌌다. 조용해도 너무 조용했다. 야니는 눈을 질끈 감고 보프의 코골이를 애써 무시하며 밖의 기척에 귀를 기울였다. 문득 며칠간 황조롱이와 마주치지도, 그의 울음소리를 듣지도 못했다는 사실을 깨달았다. 언제가 마지막이었지? 어제였나? 그제였나? 며칠 너무 바쁘게 보낸 탓에 도저히 생각이 나지 않았지만 적어도 오늘 밤에는 분명 황조롱이 울음소리를 못 들은 게 확실했다. 야니는 점점 걱정에 휩싸이기 시작했다. 마치 나쁜 징조인 것만 같았다.

야니는 한쪽 귀를 내내 열어 둔 채 잠에 들었다. 그리고 날이 밝자마자 맨발로 밖을 나섰다. 집 전체가 아직 잠들어 있었다. 단잠의 향기가 집 안을 감돌았다. 야니는 어슴푸레한 새벽의 정원을 가로질렀다. 잔디에 맺힌 이슬이 발을 차갑게 적셨다. 인형의 집과 미니어처 찻잔 세트가 널브러진 정자를 지나 과수원 너머, 어둑어둑한 숲 가장자리로 향했다. 나무 사이로 야니의 모습이 사라졌다. 굵직한 덩굴이 오래된 나무 몸통을 칭칭 휘감고 있었다. 뜨거운 여름을 지나, 노랗게 물들고 바짝 마른 가을 낙엽 더미가 곳곳에 쌓여 있었다. 몸이 나뭇가지에 긁히고 나이트가운이 잔가시에 계속 걸렸지만, 야니는 계속해서 고개를 쳐들고 나무 위를 꼼꼼히 살피며 조심스럽게 걸었다.

그렇게 얼마간 걷다 야니는 숨을 나직이 토해내며 자리에 멈춰 섰다. 찾았다. 까마귀가 만들어 놓은 커다란 둥지 가장자리에 황조롱이가 앉아 있었다. 발톱으로 가지를 단단히 움켜쥐고 반들반들한 구슬 같은 눈으로 야니를 빤히 주시하는 것이 언제라도 공격할 듯한 기세였다. 황조롱이 바로 뒤 둥지 안, 암컷이 새끼들을 품고 있었다. 새끼를 품은 넓은 등에 수놓인 점박이 무늬가 아름다웠다.

야니는 뒷걸음질로 조심스럽게 숲을 빠져나온 후 몸을 돌려 집으로 돌아왔다. 그리고 침대에 기어 들어가 잠든 남편 곁에 누웠다. 입가에서 미소가 떠나지 않았다. 모두가 있어야 할 자리에 있었다.

8 가을의 노래

야니는 암스테르담에 들를 때마다 도시가 텅 비어 가는 것을 느꼈다. 중앙역에서 트램을 타고 창밖을 내다볼 때엔 흡사 아무것도 변하지 않은 듯했다. 운하가 내려다보이는 웅장한 주택, 다리, 익숙하고 오래된 가게 이름이 적힌 차양 등 모든 것이 그대로인 한편 사람은 사라져 있었다.

마치 유령 마을을 지나는 것처럼 우울한 추억이 곳곳에 있었다. 야니와 함께 학교를 다녔던 친구네 세 자매와 그 부모가 사라졌다. 치즈 장수와 정육점 사장님도 사라졌다. 두꺼운 버건디 커튼을 친 집에 살던 사업가 양반과 그 일가족도 사라져 버렸다. 아버지를 통해 알고 지낸 시장 사람들 모두가 사라졌다. 간혹 그들의 집과 커튼, 세간살이 전부가 낯선 이들에게 넘어가기도 했다. 자신의 것이 아닌 남의 의자에 앉아 아이에게 수유하는 엄마의 모습을 보고 있노라면 야니는 속이 울렁거렸다. 저 집에는 원래 내 학창 시절 친구가 살았는데. 린테 언니와 함께 무용을 배웠던 애가 저기 살았는데. 불과 1년 전엔 그랬었는데.

옛 유대인 지구에 들를 일이 있을 때면 야니는 암스텔 강과 바테를로 광장을 따라 걸었다. 거리는 을씨년스러웠다. 마치 도시 설계도면을 걷는 것 같았다. 반질반질 자갈이 깔린 도로는 발길 닿은 흔적 하나 없이 쭉 이어져 있었다. 도시를 아름답게 만들었던, 그리고 야니와 가족들이 너무나 사랑했던 그 부산스러움, 왁자지껄한 소리를 연상케 하는 흔적은 아무것도 남아 있지 않았다. 집집마다 커튼이 굳게 닫혀 있어 텅 빈 것처럼 느껴졌고 길거리에서 마주치는 사람이라고는 오직 경찰뿐이었다. 유대인 지구의 모든 생명이 휩쓸려 나가 버렸다. 수백 년의 유산이 파괴됐다.

1944년의 어느 봄날, 야니는 유령 도시 암스테르담에서 또 다른 하루를 보낸 후 하이네스트로 돌아왔다. 집을 빙 돌아 현관에 미처 닿기도 전에, 부엌문에서부터 들리는 여자들의 수다 소리가 그녀를 맞이했다. 그 소리를 듣자 곧바로 긴장이 탁 풀리는 듯했다. 정원 저 아래의 정자에서는 아이들이 인형의 집을 가지고 노는 중이었고 집 안에서는 피아노 소리가 흘러넘쳤다. 소년들은 테라스에 모여 앉아 구슬치기에 한창이었다. 야니가 천천히 집을 향해 걸어가자 어머니가 부엌 창을 통해 손을 흔들었다. 야니는 신발을 턴 후 부엌으로 들어가며 생각했다. 우리의 옛 동네는 죽은 게 아니구나. 우리가 작은 암스테르담을 하이네스트로 옮겨왔구나.

매일 밤, 머리 위를 지나는 영국군 전투기의 소리가 점점 잦아졌다. 아침마다 라디오를 들으며 어머니에게 소식을 전했다. 보세요, 엄마. 동부 전선이 무너지고 있어요. 붉은군대가 점점 더 몰아치고 있대요.

연합군도 곧 상륙할 거예요. 이제 머지않았어요.

요세프의 방에는 커다란 유럽 지도가 있었다. 뉴스에서 동부 전선의 새로운 소식이 들릴 때마다 요세프는 지도에 표시를 했다. 누가 군사 이동에 대해 어설픈 정보를 입에 올렸다 하면 요세프는 곧장 지적하며 쿠르스크, 피아즈마, 브리안스크 등 전쟁 전까지는 들어본 적도 없는 지명을 줄줄 읊었다. 그는 지난 여름 벌어진 쿠르스크 전투 이후 상황에 대한 정보를 세세히 갱신하며 파시스트 대항전에서 크고 작은 승전보가 울릴 때마다 이를 식구들과 공유했다. 가족들은 해방을 향해 또 한걸음 나아간 것을 축하했다. 시칠리아의 연합군 동향은 물론이고 1943년 5월 튀니지에서의 독일군과 이탈리아군의 패배 역시 지도에 꼼꼼히 기록돼 있었다. 물론 동부 전선에서의 피 튀기는 전선에 비하면 이탈리아 반도 위 표식은 듬성듬성했다. 동부 전선 개전 후 꽤 많은 시간이 지났지만 두 번째 전선 개전은 여전히 감감무소식이었다.

매주 브릴레스레이퍼르 가 사람들은 모두의 기운을 북돋기 위해 음악회나 보물찾기 같은 이벤트를 기획했다. 사람들이 걱정과 지루함 혹은 최악의 상황인 공황 상태에 빠지지 않도록 정신을 분산시킬 수 있는 것이라면 무엇이든 대환영이었다. 에베르하르트가 암스테르담 도서관에서 빌려 온 오페라 악보를 이용해 하이네스트에서 공연할 레퍼토리를 계속 만들었다. 에베르하르트가 악보를 익히면 린테가 노래를 배우고, 화음이 필요할 때면 에베르하르트가 베이스나 테너를 맡기도 했다. 그렇게 두 사람은 자신들이 사랑하는 모차르트의 작품 〈피가로의 결혼〉과 〈마술피리〉 공연을 완성했다.

남편 플로레스탄을 정치범 수용소에서 탈출시키기 위해 간수 피델리오로 변장한 여인 레오노레에 대한 이야기이자 베토벤의 유일한 오페라 작품인 〈피델리오〉를 공연했을 때는 다들 잔뜩 격앙됐다. 하이네스트 식구들이 모두 모여 거실 식탁에 둘러앉았고 안락의자에도 앉았다. 나머지 사람들은 바닥에 옹기종기 앉았다. 밖은 칠흑같이 깜깜했고 피아노 위에 놓인 양초 몇 자루만이 방을 밝혔다. 정의를 위한 투쟁과 플로레스탄이 감옥에서 겪는 공포에 대해 린테가 노래했다. 마침내 플로레스탄이 석방되는 장면에서는 자유를 향한 죄수들의 송가 합창이 이어졌다.

"바깥공기여, 이 얼마나 행복한가. 다시 자유로이 숨쉴 수 있다니! (…) 희망이 내 귓가에 나지막이 속삭이는구나! 우리는 자유로워질 테요. 평화를 찾을 테요."

노동절인 5월 1일에는 특식을 즐겼다. 빨간 머리 픽이 꽃으로 장식한 메뉴판을 만들었고 다 함께 일곱 개 코스나 되는 정찬을 준비했다. 음식은 평소와 크게 다를 바 없이 감자가 주를 이뤘다. 야채와 생선을 곁들였으며 고기는 모두가 겨우 맛볼 수 있을 정도의 양이었다. 하지만 식구들의 상상력이 무궁무진한 변화를 이끌어 냈다. 프롤레타리아 샐러드, '붉은' 고기 요리, 혁명의 푸딩 그리고 마지막으로는 접시 닦이용 타르트가 디저트로 나왔다.

서까래 천장 아래 아름다운 거실은 그럴듯한 레스토랑 분위기를 냈다. 커다란 식탁 위에 곳곳에서 훔쳐 온 그릇과 유리잔, 양초, 메뉴판을 올렸고, 꽃모양으로 예쁘게 접은 화장실 휴지로 냅킨을 대신했다. 저녁 정찬이 끝난 후에는 에베르하르트가 피아노를 연주했다. 식구들은 음율에 맞춰 노래를 흥얼거렸다. 그렇게 단 하루 저녁만큼은 하이네스트의 담벽 밖에서 벌어지는 아비규환을 잊을 수 있었다.

"이제 거의 다 끝났어."라는 말은 단순한 자기 최면이 아니었다. 동부 전선에서 괄목할 만한 진전이 보였다. 무솔리니가 백기를 들고 연합군이 남부 이탈리아로 진출한 것이었다. 1941년 이후 스탈린은 계속해서 동부에 가해지는 압박을 분산시키기 위해 제2전선의 개전을 요구해 왔다. 그날이 머지않았음을 모두가 확신할 수 있었다.

강제수용소에서 벌어지는 만행은 이제 유럽 전체가 알았다. 숲 한복판에서 은신하는 이들조차 수용소에서 어떤 일이 벌어졌는지 세세히 알 지경인데, 전 세계가 언제까지 모른 척하고 있을 수 있을까? 린테와 야니가 아우슈비츠에 대해 처음 들은 것은 1942년이었다. 셀 수 없이 많은 유대인이 가스실에서 죽임을 당했다는 소식이었다. 라디오를 통해 웬 가스에 대한 이야기가 먼저 전해졌고 곧이어 가스실의 존재가 보도됐다. 수만 명의 유대인이 줄줄이 기차에 실려 암스테르담에서 베스테르보르크로 이송된다고 했다. 그리고 매주 기차 화물칸을 빽빽이 채운 1,500명의 유대인이 다시 베스테르보르크에서 아우슈비츠로 실려간다고. 런던에서 송신되는 라디오를 통해 마즈다넥과 트레블링카와 같은 폴란드 내 수용소의 존재에 대해서도 알게 됐다. 지난해 가을, 나치는 네덜란드에서만 한 해 동안 최소 7만 명에 이르는 네덜란드계 유대인을 추방했다. 상상조차 어려운 일이었다. 버려진 집과 폐교가 된 학교, 가게 그리고 기차에 실린 수많은 생명. 계산해 보면 한 사람이 수용소까지 이송되는 데 하루이틀밖에 걸리지 않아야 가능한 수치였다. 게다가 화물칸에 실린 채로 말이다! 식구들은 수용소로 이송된 사람들 대부분이 군수공장에서 강제 노역을 하고 있을 것이라 추측했다. 그렇게 많은 사람을 그 짧은 시간 동안 몽땅 죽이는 건 아무리 생각해 봐도 불가능하다고 믿었다.

비록 입밖으로 꺼낸 적은 없지만 하이네스트의 식구들은 모두 알고 있었다. 하루하루 살아남는 것은 구원이 아니라 더 큰 위험을 향해 다가가는 것이라는 사실을. 베르트 보호버는 인근의 유대인 은신처가 발각될 때마다 소식을 공유해 줬다. 사실 이 지역은 나치가 생각했던 것만큼 유대인 청정 지역이 아니었다. 나르던과 뷔섬, 라런, 블라리큄, 하위전과 힐베르쉼 곳곳에서 은신처가 발견됐고, 체포된 유대인은 베스테르보르크로, 비유대인 인사들은 부흐트나 아메르스포르트 수용소로 끌려갔다.

그리하여 1944년 봄, 하이네스트는 한계에 도달한 압력밥솥이 돼 버렸다. 너무 많은 사람들이 너무 심한 압박에 시달리며 증기를 배출할 길을 찾으려 아등바등했다. 야피가 방안을 찾아냈다. 집 아래에서부터 정원과 숲이 만나는 가장자리까지 이어지는 땅굴을 파기 시작했다. 묵직한 나무 마루에 출입문을 달았고 카펫으로 그 위를 덮어 문이 감쪽같이 가려지게 했다. 린테와 에베르하르트, 카팅카가 그 땅굴을 방으로 썼다. 세 가족이 단란하게 잠을 자고 아침을 먹을 수 있는 공간이 생긴 셈이었다.

야피는 매일 눈뜨자마자 일에 몰두했다. 작업 속도를 높이기 위해 다른 소년들의 손을 빌렸다. 함께 집 아래의 흙을 팠고, 쌓이는 흙은 양동이로 퍼 황무지로 옮겼다. 그리고 의심의 눈길을 피하기 위해 퍼

나른 흙을 잘 일궈 황무지 땅에 섞었다. 반복적이고 고되고 지지부진한 작업이었다. 하지만 야니는 알고 있었다. 자신이 만들어 낸 결과물을 누나에게 자랑스럽게 내보이기 전까지 야피가 결코 멈추지 않으리란 걸.

"야니, 더는 무리야."

야니가 프리츠 뢰터르와 함께 모래 언덕을 걸을 때였다. 황무지를 가로지르는 산들바람이 저 멀리 지평선에서부터 보랏빛 파도를 몰고 왔다. 경사를 따라 오르자 따뜻한 공기와 푹푹 꺼지는 모래가 다리를 잡아끌었다. 모래 언덕 꼭대기에 다다른 두 사람은 잠시 말이 없었다. 야니는 프리츠의 눈길을 느꼈다. 야니의 대답을 기다리는 것이었다. 야니는 피곤한 듯 이마에 달라붙은 머리칼을 손으로 쓸어 올렸다.

"나도 알아."

모래사장에 발뒤꿈치를 꾹꾹 내디디며 반대편 내리막을 걸었다. 프리츠가 야니의 계획에 대해 듣고 싶어한다는 것을 알았다. 하지만 계획 따위 있을 리 없었다. 미어터지는 집, 제각각 사연을 가지고 이곳을 찾은 사람들, 야니가 귀가할 때마다 "이제 거의 다 끝나 가는 거 맞지?" 하는 질문을 담고 그녀를 바라보는 희망에 찬 눈빛들.

대체 누구더러 떠나라 할 수 있을까? 얼굴 하나하나가 머리를 스쳐지나갔다. 뛰어난 유머 감각의 소유자이자 앞치마를 곱게 두른 빨간 머리 픽, 장난기 가득한 미소로 모든 소년들을 한번씩 뒤돌아보게 만드는 예티, 언제나 꼭 붙어다니는 브람 아저씨와 루스 아주머니.

군인들이 부엌에 들이닥친 날 혼비백산했던 브람 아저씨의 얼굴이 여전히 생생했다. 스러져 간 친구들도 떠올렸다. 헤릿과 미크 그리고 생사조차 알 수 없는 수많은 동지들. 그날 프리츠는 하이네스트에 도착하자마자 얀릭 판힐서의 부고를 알렸다. 3월 28일, 동생 미크가 사형되고 채 반년도 되지 않아 얀릭마저 비밀경찰에 의해 살해된 것이었다.

짧은 시간 동안 너무나 많은 일이 일어났다. 하지만 여전히 야니는 전쟁이 끝나면 다 함께 모여 커피를 마신 뒤에 운하를 거닐며 미래에 대해 이야기할 수 있을 것만 같았다. 아직 수용소로 끌려가지 않은 유대인과 처형되지 않은 저항투사 모두. 할 수만 있다면 그 모두를 하이네스트로 데려와 이 숲속 요새에서 함께 지내고 싶었다.

호숫가가 가까워지자 슬슬 프리츠의 인내심이 바닥났다. "대체 어떻게 할 생각이야?"

야니는 한숨을 푹 내쉬었다.

"나도 알아보는 중이야, 프리츠. 벌써 두 사람은 다른 곳으로 옮겼어. 다른 사람들이 지낼 곳도 찾아보고 있고. 하위전의 베르트랑 애니, 블라리큄의 그리트에 그리고 라런의 동지도 같이 알아봐 주고 있어. 암스테르담은 더이상 선택지가 아니긴 하지만 숲 쪽으로 더 내려가면 빈집이 좀 있더라고. 카럴 폰스의 집주인도 한두 사람 지낼 만한 곳은 알 것 같고."

야니가 흘깃 친구를 쳐다봤다. 프리츠는 그다지 속시원해 보이지 않았다.

"어떻게든 방도를 찾아볼게." 야니가 말했다. "중요하다는 거 잘 알아, 나도 최선을 다하고 있어."

두 사람과 호수 사이를 가로막은 마지막 모래 언덕 너머에서 웃음
소리가 들려왔다. 두 사람이 숲을 걸으며 이야기를 나누는 동안 린
테와 에베르하르트, 보프가 아이들을 데리고 물가에 나온 것이었다.
프리츠의 연인인 코르 스널도 함께였다. 언덕 꼭대기에 다다르자 두
사람을 향해 신나게 팔을 흔드는 코르의 모습이 보였다. 태양이 그
녀의 금발 위로 부서지며 반짝였다. "어서 와요!" 코르가 물고기처럼
크게 뻥긋거리며 외쳤다. 야니는 활짝 웃으며 언덕을 달려 내려갔다.

희망은 모두가 기대를 저버리다시피 했을 때 불쑥 찾아왔다. 1944년
6월 9일, 그렇게 기다리고 기다리던 제2전선이 열렸다. 런던의 라디
오 방송에서 상륙 작전의 개시를 알리는 암호인 폴 베를렌의 시 〈가
을의 노래〉 첫 연이 흘러나왔다.

가을날
바이올린의 긴 흐느낌
단조로운 우수로
내 마음 아파라

그것이 시작이었다. 영국과 미국 연합군이 노르망디 해안에 상륙
했다. 깎아지른 절벽에 파도가 휘몰아치는 험악한 날씨 속에서, 강철
로 만든 착륙선들은 수천 명의 병사가 파도를 뚫을 수 있도록 불빛
을 쏘았다. 전투함이 참호에 숨은 적군을 퇴치하기 위해 모래사장을

향해 포탄을 퍼부으며 병사들을 엄호했다. 하지만 시야가 너무 나빠 수천 발의 포격이 조준을 실패했고 결국 해안에 닿지 못했다. 이에 젊은 연합군 병사들은 450m에 달하는 모래사장을 맨몸으로 뚫다시 피 했다. 질척한 모래사장이 뱃멀미에 시달린 병사들의 발목을 붙잡았다. 전투화는 모래에 푹푹 빠졌고 군장이 등을 짓눌렀다. 500m도 채 되지 않는 거리, 군인들은 산 채로 독일 탱크의 먹잇감이 됐다.

독일군의 시점에서 본 노르망디 바닷가는 연합군의 해군정으로 시커멓게 뒤덮여 있었다. 한편 상공에서 내려다본 모래사장은 삽시간에 시뻘건 피로 물들었다. 몇 시간 후, 물때가 바뀌며 바다가 야금야금 해안을 핥기 시작하자 모래사장은 비로소 원래의 색을 되찾았다. 수많은 희생을 치렀지만 연합군은 마침내 독일군을 밀어냈고 파리를 향해 진군을 시작했다.

유럽 곳곳에 몸을 숨긴 사람들 모두가 같은 생각을 했다. 자유의 몸이 되는 것은 이제 시간문제라고.

연합군의 상륙 소식이 라디오에서 흘러나오자, 하이네스트 식구들 모두 숨통을 옥죄던 올가미가 사라진 듯한 기분을 느꼈다. 몇 달 만에 처음으로 편안하게 숨을 쉴 수 있었다. 다들 만세를 부르고 서로를 부둥켜안은 채 펑펑 눈물을 쏟았다. 린테는 여동생의 팔을 덥석 잡고 기쁨의 춤을 추기 시작했다. 야니는 몇 스텝 어울린 후 슬쩍 몸을 뺐다. 그리고 거실 한구석에 자리한 아름다운 와인 장으로 다가가 나이프로 문짝을 비틀어 열었다. 장 안에는 우아한 글씨체가 프린트된 노란 라벨이 붙은 값비싼 와인이 가득했다. 야니는 그중 네 병을 꺼내 식탁 위에 올려놓고 야피더러 부엌에서 잔을 꺼내 오라 일렀다. 피트와 요세프는 잠깐 눈빛을 교환하더니 이내 어깨를 으쓱하고 잔에 와인을 따르기 시작했다. 모두 함께 축배를 들었다. 행운이 있기를! 다들 아찔한 기분이 들 때까지 향만 맡다가 조심스럽게 한 모금 입에 머금고 풍미를 느꼈다. 곧 취기가 돌았고 라디오를 둘러싼 하이네스트 식구들의 볼이 너 나 할 것 없이 발갛게 물들었다.

다른 사람들이 와인을 마시며 방송에 귀를 기울이는 동안 야니는 얀선 자매에게 짤막한 편지를 써서 와인 장 안에 넣었다. 전쟁이 끝나고 나면 저희가 마신 와인 값은 보상해 드리겠어요. 이후, 야니는 그날 와인을 다 마시지 않은 것을 두고두고 후회했다.

9   도자기 화병

야니와 보프는 아침 일찍 일어났다. 대부분의 식구가 자는 중이었고 몇몇 방에서는 숨죽인 목소리가 흘러나왔다. 부부는 묵묵히 부엌 식탁에 앉아 커피 한 잔과 빵 몇 조각을 나눠 먹었다. 쌀쌀한 밤공기가 부엌을 맴돌았다. 하지만 정원으로 향하는 뒷문을 열자 후텁지근한 공기가 쏟아져 들어왔다. 오늘도 꽤 덥겠구나. 두 사람은 짧게 입을 맞추고 길을 나섰다. 보프는 사무실로, 야니는 비밀 임무를 위해 암스테르담으로.

야니는 로비와 함께였다. 아이는 신이 나서 엄마 옆을 폴짝폴짝 뛰어다녔다. 아이와 함께 다니면 경찰의 감시를 피하기 쉬웠다. 모자는 나르던-뷔쉼 역에서 기차를 타고 암스테르담으로 향했고, 암스테르담에 도착해서는 등기소에 들러 신분증을 수령했다. 이제 위조 신분증이 아닌 사망자들의 진짜 신분증을 찾아다녔다. 신분증 주인의 사망 신고는 전쟁이 끝난 뒤에 할 계획이었다. 신분증을 위조하기가 여간 까다로운 게 아니었기에 이 방법이 훨씬 더 안전했다.

수령한 신분증을 브래지어 안에 숨긴 후 야니는 트레이스 레마이러를 만나기로 한 암스테르담 루롤프 하르트 광장으로 향했다. 트레이스는 여전히 신분증 관리 본부에서 일하고 있었다. 야니에게 필요한 서류들을 전달받으면 트레이스가 이를 지하 조직을 통해 배분했다.

야니는 로비의 손을 잡은 채 루롤프 하르트 거리와 J.M. 쿠넨 거리, 판바에를레 거리 교차로에 자리한 광장에 서서 친구를 기다렸다. 세 갈래길이 다 잘 내려다보였지만 트레이스의 모습은 보이지 않았다. 지루해진 로비가 엄마의 치마를 잡아당기며 칭얼대자 야니는 점점 더 초조해졌다. 트레이스는 한 번도 늦은 적이 없었는데. 동지들 중 그 누구도 약속에 늦는 사람은 없었다. 그럴 시간이 없었기 때문이다.

몇 분이나 흘렀을까. 트레이스는 여전히 감감무소식이었다. 텅 빈 광장에서 야니는 마치 맨몸으로 적진 한가운데 선 기분이었다. 태양이 점점 고도를 높이며 야니의 머리를 달궜다. 가슴팍에 숨긴 신분증이 불타듯 뜨거웠다. 야니는 길 건너편을 재빠르게 훑었다. 코너를 따라 늘어선 건물에 난 창문들이 그녀를 내려다보기 딱 좋을 법했다. 야니는 광장을 서성거리기 시작했다.

몇 년 전, 헤이그에서 겪었던 가택 수색 다음 날을 떠올렸다. 야니에게 인쇄소 열쇠를 넘기라며 찾아왔던 수상한 소년과 노르드에인더 빌럼 3세 동상 앞에서 다시 만나기로 했던 날. 독일 놈들이 기둥이란 기둥 뒤편에 빼곡히 숨어 그녀를 기다리고 있었다.

로비는 울음을 터뜨리기 직전이었다. 징징거리는 소리가 광장을 넘어 삼거리에 울려 퍼졌다. 야니는 아들의 입을 틀어막고 싶은 충동을 가까스로 누른 후 로비를 달랬다. "착하지, 우리 아들. 이제 금방 집으로 돌아갈 거야." 아이를 달래는 와중에도 아이 머리 너머로 주변을 살폈다. 약속 시간에서 어림잡아 10분은 훌쩍 지나 있었다. 무언가 잘못된 게 틀림없었다. 야니는 로비의 손을 잡고 뛰는 듯한 걸음으로 광장을 벗어나 콘체르트헤바우를 향해 직진했다.

억센 손아귀에 붙들려 겨우겨우 넘어지지 않고 엄마 속도에 발을 맞추느라 정신 팔린 로비가 잠잠해질 때까지, 야니는 속도를 늦추지 않았다. 비밀경찰의 숨이 목덜미에 닿는 듯한 기분에 야니는 진저리치며 손으로 어깨를 털었다. 지금 당장이라도 사이렌이 울리며 경찰차가 사방에서 몰려와 그녀를 에워쌀 것 같았다. 걷는 내내 한 번도 뒤돌아보지 않았다. 허둥지둥 내딛는 걸음에 따라 그녀의 가슴도 두방망이질했다.

야니는 정거장에 막 들어온 트램에 올라탄 후 중앙역으로 향했다. 아무 말 없이 발을 질질 끄는 로비와 함께 역 중앙 홀을 가로질렀다. 곳곳에 위장 경찰이 가득하다는 사실을 잘 알고 있었다. 눈에 띄게 행동하지 말 것. 평정심을 유지할 것. 조금이라도 수상한 모습을 보였다간 독일 놈들이 아동 학대를 의심하며 그녀를 멈춰 세울 터였다. 야니는 걸음을 멈추고 무릎을 굽힌 후 양손으로 아들의 얼굴을 감쌌다. "다 왔다, 그치?" 아들에게 입맞춤을 하고 몸을 일으킨 야니는 주변을 슬쩍 살핀 후 다시 승강장으로 향했다. 나르던행 열차가 모자를 기다리고 있었다.

창밖으로 들판의 풍경이 펼쳐지자 로비는 하늘을 나는 자동차 이야기를 재잘대며 상상 놀이를 시작했다. 의자 위로 붕 뜬 짧은 다리가 신이 나서 달랑거렸다. 야니는 아직도 심장이 터질 것 같았다. 숨을 몰아쉴 때마다 땀에 젖은 가슴팍에 달라붙은 서류가 바스락거렸다. 야니는 규칙적이고 느리게 덜컹거리는 기차 소리에 집중하며 호흡을 골랐다.

트레이스는 체포된 걸까? 심문을 당한다면 정보를 발설할까? 하이네스트에 관한 것까지 몽땅 다 실토해 버릴까? 아니, 그럴 일은 없을 거야. 차라리 죽었으면 죽었지, 트레이스는 그럴 사람이 아니야. 하지만 다른 사람들은 어떨지…. 배 속이 단단히 뒤틀려 숨을 내뱉기조차 힘들었다. 마치 횡격막 아래에 주먹 하나가 자리잡은 것만 같은 기분이었다.

베이습 역에 도착하자 모자는 기차에서 내렸다. 위험은 위험이고, 당장 장을 봐야 했다.

로비는 엄마 손을 잡고 폴짝폴짝 뛰었다. 암스테르담에서의 일은 죄다 잊은 듯했다. 두 사람은 밀을 구입하러 농장에 들렀다. 밀을 하이네스트에 가지고 가면 커피 그라인더로 가루를 내 그걸로 빵을 구울 수 있었다. 아직 오후도 되지 않았건만 양손 가득 짐을 들고 베이습 역으로 돌아오는 야니의 발바닥은 불이 난 듯 화끈거렸다.

다시 베이습에서 나르던으로 향하는 기차에 올랐다. 텅 비다시피 한 기차가 차츰 속력을 내자 그제야 야니의 호흡도 잦아들었다. 미행이 붙지 않았음을 확신하며, 그동안 사로잡혀 있던 무서운 생각을 털어 내기 시작했다. 그냥 트레이스가 늦잠을 잔 것인지도 몰라. 아니면 시간을 잘못 알려 줬나 봐. 그것도 아니면 장소를 착각했거나. 자신도 그런 적이 있었으니 말이다. 입수한 서류는 다른 방식으로 전달하면 됐다. 야니는 의자에 머리를 기댄 후 안도의 한숨을 내쉬었다.

나르던–뷔쉼 역에 도착하자 막 승강장을 떠나려는 트램이 보였다. 로비가 엄마를 앞서 내달렸다. 짐이 많은 야니는 아들보다 뒤처졌다. 간발의 차이로 트램에 탑승했다. 운이 좋았다. 간혹 집까지 걸어서 갈 때도 있었지만 오늘처럼 짐이 많은 날은 힘들었다.

에리카베흐 정거장에서 내린 후 비포장길을 따라 10분 정도 걸으면 자연에 둘러싸인 길이 점점 좁아졌고, 오솔길을 따라 숲 가장자리에 닿았다 싶을 때쯤 바로 하이네스트가 나왔다. 밀 포대를 든 팔이 떨어질 것 같았다. 땅에 질질 끌다시피 하면서도 몇 걸음마다 멈춰 서서 쉬어야 했다. 해는 중천에 떠 있었고 야생화는 올해의 마지막 꽃을 틔우고 있었다. 벌써부터 덤불 끝자락이 마르기 시작해 버석거리는 소리를 냈다.

거의 다 왔다. 야니는 안도감을 느끼며 짐을 바닥에 내려놓은 후 이마에 맺힌 땀을 닦았다. 앞서 달려가던 로비가 걸음을 멈춘 후 뒤돌아보며 엄마가 오기를 기다렸다.

"먼저 가렴." 야니가 외쳤다. "그리고 아무나 와서 엄마 좀 도와 달라고 말해 줄래? 여기서 기다릴게."

로비가 먼저 집으로 향했다. 야니는 아무 일도 없었다는 듯 집을 향해 달려가는 아들을 바라보며 미소 지었다. 오솔길을 따라 숲속으로 로비의 모습이 사라졌다.

야니는 밀 포대 위에 털썩 앉아 기다렸다. 시간이 흘렀다. 너무 오래 걸리는데. 그러고도 5분이 더 지났다. 야니는 길옆의 떡갈나무 뒤로 짐을 옮겼다. 무성한 관목이 시야를 가리는 곳이었다. 그리고 브래지어 안에 든 신분증을 꺼내 장바구니 아래에 숨겼다. 야니의 두 손이 바들바들 떨리기 시작했다.

오솔길을 따라 몇 걸음 휘청이던 야니는 이내 집을 향해 달음박질치기 시작했다. 단단하게 굳은 흙덩이에 발목을 접질렀지만 아랑곳하지 않았다. 조금 전까지의 피로감이 온데간데없었다. 숲 가장자리에 닿았지만 로비는 어디에도 보이지 않았다. 발아래로 조개 껍데기가 부서졌고 이내 나무 사이로 하이네스트가 모습을 드러냈다.

야니는 황급히 집 현관 바로 위, 2층 오른쪽 창가를 쳐다보았다. 커다란 도자기 화병이 보이지 않았다. 무릎이 푹 꺾이며 야니는 허공을 그러쥐었다. 찰나의 순간, 무수한 생각이 벼락처럼 머리를 스쳤다. 지금 돌아서서 도망친다면 아직 살 기회는 있다.

하지만 리셀로테는? 로비는?

야니는 천천히 정원 담벼락의 문을 열고 통로를 따라 집 뒤편의 현관을 향해 걸었다. 발아래가 온통 고무공으로 만들어진 것처럼 뱅글뱅글 돌았다. 아무리 열심히 걸음을 떼도 제자리인 것만 같았다. 그제서야 죽은 듯한 적막을 눈치챘다. 모든 문과 창문이 굳게 닫혀 있었다. 정원에 나와 있는 사람도, 음악 소리도, 헛간에서 톱질을 하는 소리도 다 사라져 있었다. 귀가 멀도록 울려 퍼지던 새들의 지저귐조차 들리지 않았다. 집은 언제나처럼 그곳에 서 있었지만, 집을 채우던 생명은 모조리 자취를 감춘 후였다.

야니는 하얀 창살의 방범창이 달린 붉은 색 현관문 앞에 섰다. 마지막으로 한 번 더 뒤돌아 새파란 하늘을 올려다봤다. 황조롱이가 보이지 않았다. 야니는 초인종을 눌렀다.

문이 활짝 열리며 날카로운 눈매에 머리를 바짝 민 남자가 모습을 드러냈다. 그 남자의 이름은 에디 무스베르헌. 헨네이커 칼럼 중에서도 가장 유능한 유대인 사냥꾼이었다. 암스테르담이 유대인 청정 구역으로 공표되고 1942년 10월 칼럼이 해산한 후, 무스베르헌은 암스테르담 경찰로 보직을 변경하고 비밀경찰로 활동했다. 유대인 절멸에 대한 사명감도 넘치거니와 두당 15길더로 훌쩍 오른 현상금에 눈이 먼 무스베르헌은 헨네이커 칼럼 해산 후에도 유대인 색출 작업을 이어갔다.

그는 여러 정보통을 거느리고 있었다. 그중 암스테르담에서 하숙집을 운영하는 여자가 있었다. 유대인 은신을 도왔다는 죄목으로 무스베르헌에게 체포된 전적이 있는 사람이었다. 그녀가 출소한 이후부터 무스베르헌은, 정보를 제공하지 않으면 언제든지 수용소로 보내 버릴 거라고 그녀를 협박했다. 사건이 일어나기 바로 전날인 7월 9일, 무스베르헌에게 시달리던 하숙집 주인은 그에게 구깃구깃한 메모 한 장을 넘겼다. 그 쪽지에는 '나르던 드리프트베흐 2번지, 하이네스트의 보스 부부'라는 주소가 적혀 있었다. 그녀가 쪽지를 받은 것은 1943년 9월이었다. 암스테르담의 건물 테라스에 앉아 있었는데, 어느 유대인 저항투사가 앞으로 은신처가 필요한 유대인이 있거든 알려 주라며 건네줬다고 했다. 그녀는 쪽지를 받기는 했으나 사용한 적은 없다고 덧붙였다.

쪽지를 입수한 무스베르헌은 바로 다음 날 아침, 비밀경찰 동료인 하름 크리커와 빌럼 퓐트를 데리고 하위전으로 향했다. 지역 경찰서에 도착한 세 사람은 경찰 두 사람에게 사복으로 갈아입은 후 수색 작업을 지원할 것을 요청했고, 그렇게 다섯 명이 하이네스트를 확인하기 위해 온 것이었다. 외딴 시골집에 유대인이 복닥복닥한 것만으로 놀랄 노 자였는데, 심지어 한 명이 더 나타난 상황이었다.

야니는 무스베르헌의 눈을 똑바로 마주봤다. 순간, 그의 뒤에 서서 겁에 질린 눈빛으로 엄마를 바라보는 로비의 모습이 눈에 들어왔다. 야니가 아들의 이름을 미처 부르기도 전에 남자가 야니의 팔을 세게 잡아 쥐고 윽박질렀다. "너는 누구야?"

깜짝 놀란 야니가 되물었다. "그쪽이 누군지 먼저 알려 주시죠?"

남자가 손을 올려 야니의 뺨을 수차례 휘갈겼다.

로비가 비명을 지르기 시작했다. "엄마! 엄마아!"

벽이 빙글빙글 도는 기분이었다. 갑작스러운 공격에 휘청였지만 야니는 가까스로 몸을 바로 세웠다. 무스베르헌이 거실로 그녀를 질질 끌고 갔다. 로비가 엄마의 다리에 달라붙었다. 거실 문이 열리고 식구들의 모습이 보였다. 야니와 로비를 발견한 식구들의 눈이 경악으로 물들었다. 다들 숨을 헉 몰아쉬었다. 안 돼! 사라진 도자기 화병이 두 사람만이라도 살리기를 바라고 또 바랐건만.

하이네스트 식구들이 그곳에 붙잡혀 있었다. 린테와 에베르하르트, 카팅카, 야피, 펵. 리셀로테도 펵의 무릎 위에 얌전히-하나님 감사합니다-앉아 있었다. 예티와 시몬, 루스 아주머니, 목에 시뻘건 자국이 난 브람 아저씨도 보였다. 아니, 식구가 모자랐다. 야니는 재빨리 수를 헤아렸다. 아버지와 어머니, 리타, 빌리. 네 사람이 보이지 않았다.

뺨을 얻어맞아 부풀어오른 동생의 얼굴을 본 린테가 입을 틀어막고 꺼이꺼이 흐느꼈다. 에베르하르트가 린테를 꼭 끌어안았다. 브람 아저씨가 머리를 천천히 저으며 야니를 바라봤다. 그가 나직이 말했다. "네 탓이 아니란다." 바로 그때, 한 경찰이 브람을 때려눕히며 말했다.

"닥치고 있으랬지!"

무스베르헌이 야니를 바닥에 내팽개쳤다. 로비는 다급히 엄마의 품을 파고들었다. 야니는 몸을 일으킨 후 자세를 고쳐 앉으며 리셀로테와 퍽에게 괜찮다고 고개를 끄덕였다. 깜짝 놀라 눈이 휘둥그레지고 입술을 발발 떠는 와중에도 퍽은 리셀로테를 꼭 껴안은 팔을 풀지 않았다.

우악스런 발소리가 집 전체에 울렸다. 경찰들이 무자비한 손길로 집을 헤집었다. 식탁 위 천장에 달린 등이 마구 흔들렸다. 다들 침묵 속에서 전등을 바라보다 이내 눈길을 떨구었다. 암스테르담에서 온 비밀경찰 중 한 명인 퓐트가 거실에 남아 그들을 감시 중이었다. 그가 브람을 무자비하게 때려눕힌 뒤였기에 다들 퓐트를 자극하지 않으려 애썼다.

부엌 창을 통해 무스베르헌 일행이 가족들의 식량을 축내는 소리가 들렸다. 그들은 입안 가득 우적우적 음식을 씹어 대며 위층에서 작업 중인 경찰들에게 뭐라 외쳤다. 그러고는 낄낄 웃으며 수색을 이어 나갔다. 은신처에 숨어 있을지 모를 사람들이 제 발로 걸어 나오도록 온갖 상스러운 협박을 입에 담았다. 야니는 눈을 질끈 감았다. 점점 더 부어오르는 뺨을 손가락끝으로 살살 쓰다듬으며, 비밀 창고에 누워 무슨 일이 일어나고 있는 건지, 누가 잡혔는지도 알지 못한 채 몸을 숨기고 있을 부모님의 얼굴을 떠올렸다.

야니는 바닥에 앉아 평정심을 되찾기 위해 애썼다. 위층에서 울려 퍼지는 수사관들의 소리를 들으며 다섯 수사관의 이름을 마치 주술처럼 되뇌었다.

무스베르헌
크리커
퓐트
힘스트라
불라르트

붙잡힐 일은 없을 거라고 방심한 적이 있었던가? 하이네스트가 자리잡은 언덕은 유대인 색출 작전을 몇 번이고 벗어날 수 있는 비밀스러운 성지라고 착각한 적이 있었나? 아니, 그런 환상에 빠져 산 적 없었다. 언제나 경계심을 늦추지 않았고 우리가 몸 바친 일의 위험성도 잘 알고 있었다. 불과 며칠 전에도 비상 대피 훈련을 실시하지 않았던가.

다들 유대인이 유대인을 위한 은신처를 운영하는 것은 미친 짓이라고 말했다. 베르트와 애니 보호버가 그랬다. 미크도 만날 때마다 똑같은 말을 했다. 프리츠와 코르, 알레이트와 얀, 카릴 폰스도 마찬가지였다. 하지만 린테와 야니에게 이 문제는 고민의 여지가 없었다. 우리 가족이 살아남는 것만이 능사가 아니었다. 최대한 많은 사람이 살아남을 수 있도록 도와야 했다. 그렇기에 자매는 자신들이 해야만 하는 일, 할 수 있는 일에 최선을 다했다.

피난처를 찾는 사람과 저항투사들의 왕래가 잦아질수록 보안에 이중삼중으로 심혈을 기울였다. 일부 사람들은 다른 은신처로 보냈고, 더이상 낯선 사람을 식구로 받아들이지 않았다. 그리고 집을 방문하는 지하 조직 일원과 연락책을 위한 행동 지침도 마련했다. 비밀 경보 장치와 식구들을 위한 비밀 공간, 땅굴, 당국의 동태를 파악할 수 있는 정보통까지 촘촘하게 구성하지 않았나. 창문 앞에 놓아 둔 화병도 멀리서 한눈에 확인이 가능했다. 하지만 배신당할 경우에 대해서만큼은 미처 대비하지 못했다.

갑자기 밖에서 소란스러운 소리가 들려왔을 때, 린테와 에베르하르트, 카팅카는 숲과 맞닿은 1층의 가족 방에서 막 아침 식사를 끝낸 참이었다. 채 아홉 시도 되지 않은 시각이었다. 야니와 보프는 이미 일하러 떠났고 나머지 식구들은 슬슬 하루를 시작하기 위해 시동을 거는 중이었다. 또다시 사람들로 북적이는 하루를 마주하기 전, 다들 각자 방에서 찰나의 고요와 평화를 누리곤 했다. 린테와 에베르하르트는 바짝 얼어붙어 서로를 바라봤다. 꿈속에서조차 그들을 괴롭혔던 바로 그 광경이 시야 안으로 들어왔다. 낯선 남자들이 집을 향해 다가오고 있었다.

에베르하르트는 즉시 몸을 움직였다. 카펫을 걷어올리고 다락문을 열어 금지 물품을 쓸어 넣었다. 불법 신문과 이디시어 가사집, 저항 활동 전단, 린테와 레오 픽스가 공부 중인 유대인 문화 관련 서적 등. 카팅카는 잔뜩 당황한 채 아버지의 행동을 지켜봤다. 린테가 딸에게 다급히 속삭였다. "아무한테도 말하면 안 돼!" 문을 닫고 카펫을 다시 정리한 후 그 위로 탁자와 의자를 놓았다.

문을 쾅쾅 두드리는 소리가 울려 퍼졌다.

"문 열어!"

에베르하르트는 린테의 손을 꼭 쥐었다 놓은 다음 방문을 열었다. 현관 앞에 선 에베르하르트는 식구들이 모두 일어나 있기를, 그리고 연습했던 것처럼 곧바로 숨을 수 있기를 기도하며 경보 장치를 눌렀다. 문을 두드리는 소리와 고함소리가 이어지는 와중에도 그는 자물쇠와 씨름하는 척 시간을 벌었다. 문이 열리기 무섭게 시뻘건 얼굴의 남자들이 야생 물소처럼 집 안으로 들이닥쳤다.

"경찰이다!"

집 안으로 들어오는 세 사람 너머 정원을 찬찬히 둘러보는 두 사람이 더 보였다. 그들의 사복 차림이 에베르하르트를 놀라게 했다. 이상하게도 에베르하르트는 사복 경찰보다 제복을 입은 경찰이 덜 두렵게 느껴졌다. 마치 옷을 벗으면 그들의 임무 역시 내려놓을 수 있을 것처럼 느껴졌기 때문이다. 남자들이 네덜란드어로 말했다.

"다들 어디 있어?"

우두머리로 보이는 남자가 에베르하르트의 눈을 똑바로 노려보며 물었다. 침이 사방으로 튀었다.

에베르하르트는 영문을 모르겠다는 표정을 지었다. 린테는 벽에 몸을 딱 붙이고 최대한 눈에 띄지 않도록 몸을 사렸다. 딸이 아무것도 보지 못하도록 꼭 안아 시야를 가렸다.

"누구 말입니까?" 에베르하르트가 물었다.

"다들 거실로 가!"

그 남자는 몸을 돌려 밖에서 보초를 서던 사람들에게 손짓했다. 그들이 집 안으로 들어오자 바로 명령을 내렸다.

"퓐트는 이 세 놈을 지켜. 힘스트라는 나를 따라오도록."

말을 마치자마자 남자는 2층으로 올라갔다. 힘스트라는 눈은 차갑고 피부는 창백했다. 한 대 툭 치면 쓰러질 것처럼 병약해 보였다. 힘스트라가 부랴부랴 남자의 뒤를 따라 계단을 올라갔다. 그보다 먼저 집으로 들어온 비밀경찰은 이미 1층을 뒤지는 중이었다.

에베르하르트와 린테, 카팅카는 퓐트의 감시 아래 거실에 우두커니 앉아 가슴을 졸였다. 곧이어 픅과 리셀로테가 끌려왔다. 열이 올라 밤새 앓았던 리셀로테는 마치 새끼고양이처럼 픅의 무릎 위에서 몸을 웅송그렸다. 남자들이 수색을 이어 나갔다.

"여기 오는 길에 분명히 창가에 서 있는 남자를 봤다고." 2층에서 누군가 말하는 소리가 들렸다.

린테가 숨을 크게 들이마셨다. 빌리가 틀림없었다. 비상등이 켜졌을 때 무슨 상황인지 궁금함을 참지 못하고 창밖을 슬쩍 내다본 거겠지. 대피 훈련을 할 때마다 절대 창밖을 내다봐서는 안 된다고 그렇게 신신당부했는데. 비상등이 켜지는 건 "지금 당장 숨으라!"는 뜻이라고.

무스베르헌이 이따금 1층으로 내려와 붙잡힌 이들에게 윽박을 질렀다. 한 사람씩 데리고 나가 협박을 했지만 그 누구 한 명 입을 열지 않아 다른 사람들은 찾아내지 못하고 있었다. 린테는 생각했다. 적어도 야니와 보프, 로비는 집을 비워서 다행이라고. 바로 그때, 비밀 신호가 생각났다. 2층 창가의 도자기 화병! 어서 치워야 하는데!

오늘 야니의 일정이 어떻게 되는지 전혀 몰랐다. 어디를 가는지, 언제 돌아오는지, 자매는 부러 세세하게 알리지 않았다. 벌써 집으로 돌아오는 중일지도 몰랐다.

퓐트가 잠시 자리를 비웠을 때 린테는 카팅카에게 속삭였다. "얼른 2층 큰방으로 가. 엄마가 따라갈게. 어서!"

린테가 카팅카를 떠밀자 아이는 곧장 홀을 가로질러 2층을 향해 뛰어 올라갔다. 린테가 딸의 뒤를 따랐다. 나치 경찰들이 그녀를 저지하려 고함을 질렀지만 린테는 아랑곳 않고 딸을 붙들기 위해 이성 잃은 엄마를 연기했다. 몸을 날려 딸을 잡는 척하며 창턱에 올려 둔 화병을 향해 팔을 휘둘렀다. 화병이 바닥에 떨어지며 산산조각 났다. 찢어질 듯 날카롭게 퍼지는 파열음도 이내 무스베르헌과 경찰들의 고함소리에 묻혀 버렸다. 무슨 상황인지 모른 채 겁에 질린 카팅카는 엄마가 부랴부랴 자신을 안아 들자 으앙 울음을 터뜨렸다.

힘스트라가 다시 두 사람을 1층으로 끌어내려, 당황한 듯한 기색의 퓐트에게 넘겼다. 린테는 카팅카를 달래며 에베르하르트에게 뿌듯한 눈빛을 보냈다. 화병을 치웠어.

"이게 마지막 기회다. 나머지 사람들은 어디 있지?"

린테가 무스베르헌을 뚫어지게 바라봤다. 남자의 목과 이마에 시퍼런 핏대가 서 있었다. 그가 린테 쪽으로 몸을 기울였다.

"여기 숨어 있는 사람들이 더 있잖아. 다들 어디에 처박혀 있느냔 말이야."

린테는 두려움으로 새하얗게 질렸다. 그동안 쭉 하이네스트를 감시했던 걸까? 우리가 줄곧 이곳에서 지내온 걸 알고 있는 걸까? 그렇다면 발뺌할 방도가 없었다. 동지 중 누군가 체포되면서 정보를 발설한 것이 틀림없었다. 그 지독한 고문을 견딜 사람은 많지 않다. 그러니 말했어도 괜찮아. 이해해. 하지만 도대체 누가 잡힌 걸까?

"무슨 말씀이신지 도무지 모르겠어요." 린테는 담담하게 말했다.

에베르하르트와 픽도 입을 열지 않았다. 하지만 무스베르헌이 카팅카를 데리고 나갔을 때는 다들 미쳐버리는 줄 알았다. 5분 정도 흘렀을까. 카팅카가 방으로 돌아와 씩씩하게 말했다. "아저씨가 초콜릿을 준댔는데 싫다고 했어. 아무것도 말 안 하고, 아저씨는 아주 나쁜 사람이라고만 했어요, 엄마!" 린테는 딸을 꼭 끌어안았다.

그리고 약 30분 후, 누군가 비틀거리며 계단을 내려오는 소리가 들렸다. 문이 쾅 열리더니 고개를 푹 숙인 루스와 브람이 거실로 떠밀려 들어왔다. 무스베르헌은 다시 거실을 떠나기 전 잡힌 사람들을 쓱 둘러보고는, 브람에게 자신을 따라 나오라 일렀다. 노쇠한 브람 아저씨는 힘겹게 몸을 일으켜 무스베르헌의 뒤를 따라 나갔다. 문이 닫혔지만 무슨 얘기를 하는지 또렷하게 들렸다.

"너 유대인이지?" 무스베르헌이 큰 소리로 외쳐 물었다.

"아, 아닙니다." 벽 너머로 브람 아저씨의 나지막한 목소리가 울려 퍼졌다. 루스 아주머니는 고개를 떨군 채 양손에 얼굴을 묻고 흐느꼈다.

"여기 유대인 놈은 지가 유대인인지도 모른다네!"

왁자지껄한 웃음소리 그리고 연이어 기분 나쁘게 울려 퍼지는 발소리, 가구가 끽끽 움직이는 소리, 허공에서 버둥대는 소리. 모두 공포로 바짝 얼어붙은 채 닫힌 문만 응시했다.

"아직도 네가 유대인이 아니야? 내가 꼭 이렇게 너를 유대인으로 만들어 줘야겠어?"

단어 하나하나를 내뱉을 때마다 식구들은 흠칫 몸을 떨었다.

갑자기 문이 쾅 열렸다. 목을 움켜쥔 브람이 비틀거리며 거실로 들어왔다. 그는 시뻘겋게 충혈된 눈으로 거칠게 숨을 몰아쉬며 가까스로 아내 곁에 앉았다. 루스가 다급히 남편에게 손을 뻗었다. 하지만 브람은 몸을 잔뜩 움츠린 채 입을 크게 벌리고 숨을 헐떡거리며 텅 빈 눈으로 바닥만 응시했다. 다들 그저 침묵을 지켰다.

그리고 한 시간 후. 야피와 예티, 시몬이 끌려 나왔다.

"보라고!" 무스베르헌이 활짝 웃으며 극적인 몸동작으로 세 사람을 거실에 던져 넣었다. "또 찾아냈지? 한 놈도 빠짐없이 다 감옥에 처넣을 줄 알아."

기어코 마루까지 뜯어 은신처를 찾아낸 것이었다.

오후 두 시, 또 다른 비보가 날아들었다. 바로 야니와 로비였다. 산산조각 난 도자기 화병도 두 사람이 운명의 올가미를 벗어나게 해 주지는 못했다.

거실에서 대기한 지 몇 시간이나 흘렀을까. 더이상 남은 사람을 찾는 것은 불가능해 보였다. 야니는 빠르게 머리를 굴렸다. 갑작스럽게 닥친 두려움이 어느 정도 잦아들었고 야니는 그 어느 때보다 차분해졌다. 긴급한 문제가 몇 가지 있었다. 우선 보프에게 위험을 알려야만 했다. 아직 발각되지 않은 사람들은 어떻게든 계속 몸을 숨긴 채 버텨야 했다. 그리고 아이들이 이 상황에서 벗어나도록 해야 했다. 그동안 계속해서 미뤄 왔던 순간이 와 버렸다. 아이들을 떠나보내야 했다.

"경관님." 야니가 차분한 목소리로 퓐트에게 말을 걸었다. "제 딸이 열이 떨어지질 않아요." 야니는 발갛게 달아오른 볼과 초점 잃은 눈을 하고 퍽의 품에 늘어진 리셀로테를 가리키며 말했다. 퓐트는 어깨를 으쓱하며 그래서 어쩌라는 거냐, 야니를 쳐다봤다.

"진찰을 받을 수 있게 해주세요. 저 상태로는 도저히 감옥에서 살아남기 힘들 거예요."

퓐트는 눈길을 돌려 밖을 응시했다. 달갑지 않은 이야기였다.

야니가 린테를 향해 슬쩍 고개를 끄덕였다.

"놀라지마, 아가." 린테가 카팅카에게 살짝 귓속말한 후 갑자기 돼지 먹따는 듯한 비명을 지르기 시작했다.

카팅카가 필쩍 뛰며 제 엄마 품에서 떨어졌다. 린테의 몸이 바닥에 쿵 쓰러졌다. 린테는 팔을 마구 휘젓고 바닥에 머리를 찧으며 계속 비명을 질렀다.

방 안이 순식간에 대혼란에 빠졌다. 퓐트 역시 유령을 본 듯 당황한 낯을 숨기지 못했다. 당장 누군가를 때려눕힐 듯 곤봉을 쳐들었지만 어찌할 바를 몰라 우왕좌왕했다.

"애들은 안 돼요! 애들은 안 돼!"

린테가 눈물을 펑펑 쏟으며 비명을 질렀다. 발작이 온 것처럼 연기했지만 그 절박함만은 진심이었다. 침을 질질 흘리며 바닥을 뒹굴었다. 퓐트가 구석으로 몸을 피하며 린테에게 멈춰라, 윽박질렀지만 린테는 아랑곳하지 않고 한술 더 떴다.

"날 데려가! 애들은 안 돼요. 제발, 애들은 안 돼!"

야니의 눈에 눈물이 그렁그렁 차올랐다. 나머지 식구들도 마찬가지였다. 린테가 연기 중이라는 사실을 알았지만 그녀의 진심은 온전히 전해졌다.

"멈추지 못해! 그럼 애들은 어디로 보내라고? 멈춰!" 퓐트가 문을 힐끗대며 외쳤다. 이 소동이 무스베르헌의 귀에 들어가 또다시 무능한 꼴을 보이고 싶지 않았던 것이다.

"의사한테 데려가면 돼요." 방구석에 잠자코 앉아 있던 야니가 차분하게 말했다.

퓐트가 획 몸을 돌렸다. "뭐라고?"

"근처에 작은 병원이 있어요. 거기 의사 선생님이 아이들을 맡아주실 거예요. 제발요. 지금 당장 전화해 볼게요."

린테는 상처 입은 동물처럼 신음하며 계속 같은 말만 중얼거렸다. 애들은 안 돼. 린테가 언제라도 다시 발작할까 식겁한 퓐트는 고개를 끄덕였다. 하지만 바로 그때, 무스베르헌이 거실로 들어왔다.

그는 퓐트에게 테세이라 데마토스 부부를 제외한 전원을 데리고 하위전 경찰서로 이동하라고 지시했다. 왜 두 사람은 떼어 놓는다는 걸까? 걷기 힘들어 해서 그런가? 아니면 두 사람이 노쇠하다 보니 더 쉽게 정보를 캐낼 수 있을 거라 여겨서일까? 종일 비밀경찰을 보조했던 지역 경찰관 힘스트라와 불라르트가 퓐트를 보조하기로 했다.

"당장 출발해."

세 사람이 루스와 브람을 제외한 가족들을 하이네스트 밖으로 몰아냈다. 수사관들도 오늘의 상황을 전혀 예상하지 못한 게 분명했다. 제대로 된 이송 방편이나 지원대도, 계획도 갖춰 있지 않았다.

그렇게 무리는 걸어서 하위전으로 이동했다. 숲을 걷는 내내 린테와 야니는 끈질기게 퀸트를 설득했다. 아이들은 유대인 피가 절반만 섞였어요. 그러니 우리만 데리고 가고 아이들은 의사 선생님께 보내 주세요. 만약 우리가 거짓말한 거면 언제든지 다시 가서 데리고 오면 되잖아요. 의사 선생님은 바로 저 모퉁이에 살고 있어요. 보세요, 바로 여기라니까요. 제발, 들어가 보기라도 하면 안 될까요.

결국 퀸트가 졌다. 경찰관 한 명에게 나머지 사람들을 맡기고 다른 한 명은 자신을 따라오라 지시했다. 그렇게 그들은 니우어 뷔쉬메르베흐의 의사, 판덴베르흐의 집 초인종을 눌렀다.

대문을 연 의사는 새하얗게 질린 두 여인의 몰골에 충격을 받았다. 브란더스 부인과 보스 부인이 세 명의 자녀를 꼭 붙든 채 대문 앞에 서 있었다. 판덴베르흐 박사는 이전에도 두 사람을 도운 적이 있어 이들이 실은 유대인이며 하이네스트에 은신하고 있다는 사실을 알고 있었다. 두 사람 뒤로 낯선 사내들이 보였다. 퀸트는 자신을 나치 경찰이라 소개했고, 다른 한 명은 하위전 경찰서 소속이라 밝혔다. "잠깐 들어가도 되겠습니까?" 퀸트가 집주인이 허락하기도 전에 성큼성큼 들어가며 말했다.

그다음부터는 모든 것이 일사천리로 진행됐다. 의사와 그의 아내는 흔쾌히 아이들을 맡겠노라 말했다. 퀸트는 아이들이 경찰의 감시를 벗어나지 않아야 한다는 사실을 분명히 했고 박사의 선서를 받았다. 약식으로 확인하건대 두 여성 모두 아리아인과 혼인했으며 아이들은 순수 유대인이 아닌 것으로 보였다. 하지만 정밀 검사를 통해 순수 유대인임이 확인된다면 언제든 소환해 수용소로 추방할 예정이었다.

이제 곧 다섯 살이 되는 로비는 이게 무슨 상황인지를 알아차렸다.

낯선 남자들과 제 엄마를 번갈아 보며 손가락이 하얘지도록 엄마 팔을 붙든 로비는 금방이라도 눈물을 터트릴 것만 같았다. 야니가 무릎을 굽히고 두 손으로 아들의 얼굴을 감쌌다. 코를 아들의 코에 맞대고 두 눈을 똑바로 보며 속삭였다. "무서워할 것 없어. 금방 돌아올게. 엄마가 약속해. 아빠가 곧 데리러 오실 거야. 아빠가 오시거든 '엄마도 금방 오신대요!' 하고 말씀드리는 거야. 알겠지?"

겁에 질린 두 눈을 크게 뜨고 몸을 바들바들 떠는 중에도 로비는 천천히 고개를 끄덕였다. 야니는 콧물로 범벅이 된 아들의 입에 마지막으로 입맞춤을 했다. 그리고 아들의 몸을 가볍게 떠밀자 경찰관이 아이를 넘겨받았다. 다음으로는 열이 펄펄 나는 리셀로테를 안아 들었다. 린테도 카팅카를 안았다. 이제 겨우 세 살이 되는 두 딸은 차마 큰 소리도 내지 못하고 훌쩍이고 있었다. 이 상황을 완전히 이해하지는 못했지만, 이제 아주 무서운 일이 일어날 것을 본능적으로 감지한 듯했다.

"착하지. 의젓하게 있어야 해. 괜찮아." 린테가 카팅카의 머리칼에 얼굴을 묻고 속삭였다.

야니는 마지막으로 리셀로테를 한 번 더 품에 안았다. 그리고 의사가 세 아이를 데리고 거실로 들어갔다.

죽은 듯한 적막 속, 눈앞에서 문이 닫혔다. 린테와 야니는 다시 길을 나서며 마지막으로 뒤를 돌아봤다. 세 아이가 창문 앞에 다닥다닥 붙어 있었다. 손은 흔들지 않았다. 경찰이 두 사람의 등을 떠밀었다.

그렇게 자매는 떠났다.

10   총탄

나치 경찰에게도 이 정도의 큰 수확은 예상 밖의 일이었다. 이제 네덜란드 내 유대인은 씨가 마르다시피 했으니 말이다. 많아야 한두 명일 거라 생각했는데 아이들을 제외하고도 최소 여덟 명을 찾아낸 셈이었다. 린테와 야니, 야피, 브람, 루스, 예티, 시몬 그리고 퍽. 여기에 독일군 탈영병이자 민족의 변절자까지 더하면 아홉. 그 악명 높은 무스베르헌도 이만한 잭팟을 터트린 일은 손에 꼽았다.

브람과 루스를 제외한 사람들은 모두 하위전 경찰서에 수감됐다. 퓐트는 곧장 하이네스트로 복귀해 무스베르헌과 크리커를 도와 수색을 이어 나갔다. 매우 전문적으로 만든 비밀 공간들을 보아 숲속 저택에 더 많은 사람이 숨어 있을 것이라 확신했다. 마루와 벽을 마구 뜯으며 은신처에 숨어 있는 사람들에게 상스러운 욕설을 외치고 망치로 벽을 두들겼다.

하지만 집은 고요했고 하이네스트의 돌담은 침묵을 지켰다. 수색관들은 총으로 집을 벌집으로 만들 것이라 협박했다가 수색을 종료한 척 현관문을 닫고 밖에 숨어 기다리기도 했지만 모두 허사였다.

점점 더 약이 올랐다. 이게 전부일 리 없었다. 온 방을 뒤져 침구와 칫솔 개수까지 모조리 파악한 후였으니까.

한편 심문을 위해 체포된 이들을 암스테르담의 나치 경찰 본부로 이송해야 했다. 하지만 어떻게 데리고 갈지가 문제였다. 전혀 대비하지 못했던 상황인지라, 나르던이나 하위전에는 이 정도 많은 인원을 태울 호송차가 없었다. 경찰들이 열심히 전화를 돌려 봤지만 가능한 차편을 구하지 못했다. 기차로 이동하는 건 위험 부담이 너무 컸다. 결국 다른 경찰이 암스테르담에서 호송차를 가지고 올 때까지 기다리기로 했다.

한편 야니는 종이 쪼가리에 보프의 사무실 전화번호를 갈겨쓴 다음, 이를 건네줄 만한 사람을 기다렸다. 이제껏 경험으로 보건대 하위전 경찰 중에는 선량한 사람이 꽤 많았다. 일촉즉발의 위기 때 슬쩍 눈을 감아 주는 것은 물론, 지역 저항투사나 은신 중인 사람에게 정보를 공유하는 일도 마다하지 않았다. 야니는 종일 그들을 감시하던 경찰관 중 한 사람의 손에 쪽지를 슬쩍 밀어넣었다. 그리고 잇새로 들릴 듯 말 듯 속삭였다. "'집에 오지 마!'라고 한마디만 해 주세요." 경찰관은 아무 말 없이 종이가 든 손을 꽉 말아 쥐었다. 이제 야니가 할 수 있는 일이라곤 기도뿐이었다.

암스테르담에서 호송차가 도착했을 때는 이미 늦은 오후였다. 경찰서를 출발한 후 하이네스트에 들러 브람과 루스를 태웠다. 잿빛 얼굴을 한 노부부는 금방이라도 쓰러질 것만 같았다. 나머지 사람들이 경찰서에 붙들려 있는 동안 하이네스트에서 무슨 일이 벌어졌는지 정확히 알 수는 없었지만, 적어도 피트에와 요세프, 빌리와 리타는 아직 발각되지도, 노부부가 은신처를 실토하지도 않은 것으로 보였다.

암스테르담으로 향하는 길, 모두 침묵을 지켰다. 한마디라도 잘못 했다가는 나머지 사람들을 다치게 할까 두려웠다. 린테와 야니는 서로를 바라볼 기운도 없었다. 아이들을 보낸 후 혼이 나간 데다 비밀 공간에 숨어 있을 부모님 걱정으로 피가 바짝 마르는 기분이었다.

암스테르담에 다다르자 다들 몸을 일으켜 창밖을 바라봤다. 야니와 에베르하르트를 제외한 사람들은 암스테르담이 무척 오랜만이었다. 베이스페르제이더를 통해 도시에 들어선 후 나치 경찰 본부가 자리한 남쪽으로 향했다. 암스테르담은 망연자실해 보였다. 도시 특유의 부산스러움은 자취를 감췄고 길거리엔 군인과 경찰만 득시글했다. 이전에는 한여름의 기나긴 하루가 다 저물도록 온갖 소음과 여흥이 시내에 넘쳐났건만. 이제는 행인들 머리 위로, 건물들 위로 온통 먹구름이 낀 것만 같았다.

다리를 건너 암스텔란을 맞은편에 두고 계속 직진했다. 레인 거리를 지나고 아폴롤란 고층 빌딩도 지났다. 철근 구조에 유리 갑옷을 두른 위풍당당한 사회연금은행 건물을 동지들은 '노동의 탑'이라고 부르곤 했다. 불과 몇 년 전만 해도 린테와 야니는 네덜란드 최초 고층 빌딩의 창문 청소부가 크레인에 매달려 건물 유리창 닦는 모습을 입 벌리고 구경하곤 했다. 얼마나 무서울까 걱정했지만 청소부는 환하게 웃으며 구경꾼들에게 손을 흔들어 주기까지 했다. 한편 지금 노동의 탑 꼭대기에는 독일 국방군의 감시등과 방공포가 설치돼 있었다. 하이네스트에서는 독일의 네덜란드 점령이 느껴지는 정도였다면 이곳 암스테르담에서는 눈앞에 똑똑히 보였다.

10. 총탄

그렇게 호송차는 폐교가 자리한 외테르퍼 거리에 도착했다.

"내려!"

차에서 내린 일행은 중앙 홀을 지나 어두침침한 지하로 들어갔다. 벽에는 좁디좁은 벙커 침대가 설치돼 있었다. 일행이 마치 우체국에 줄을 선 것처럼 나란히 줄지어 작은 방으로 들어가자 등뒤로 문이 쾅 닫혔다. 어둡고 눅눅한 방을 밝히는 것은 천장에 달린 자그마한 전등 하나뿐이었다. 다들 다닥다닥 붙어 차가운 바닥에 구겨 앉았다. 어느 누구도 입을 열지 않았다.

그날 저녁, 일행은 마르닉스 거리의 신식 건물로 옮겨졌다. 그곳에서 제대로 눈을 붙이지도 못하고 걱정 가득한 밤을 보낸 후 아침에는 또다시 심문을 위해 외테르퍼 거리의 지하실로 이송됐다.

기회가 있을 때마다 탈출할 방법이 있을지 이야기를 나눴으나 나치 친위대는 한시도 눈을 떼지 않고 그들을 감시했다. 이윽고 한 사람씩 따로 심문실로 끌려갔다. 나치 친위대 장교, 빌리 라게스는 노르트홀란트 주 나치 비밀경찰의 독일인 수장이자 이름난 고문 기술자로 여러 건의 사형 집행을 도맡은 전적이 있었다. 그런 라게스가 협박과 회유, 성적인 모독까지 가능한 모든 공격을 가했으나 다들 입을 굳게 닫아걸었다. 입을 열지 않는다면 아이들을 잡아올 것이라고도 했다. 아이들을 걸고 협박을 했을 때에는 린테와 야니도 도저히 견디기가 힘들었다. 특히 린테는 에베르하르트와 법적 혼인 관계가 아니라는 사실이 들통날까 겁에 질려 있었다. 이 경우, 카팅카가 순수 유대인으로 분류돼 꼼짝없이 수용소로 끌려가야 했다.

그날 밤, 일행이 마르닉스 거리로 다시 옮겨간 직후 브람과 루스 부부는 곧장 베스테르보르크 수용소로 끌려갔다. 린테와 야니는 한없이 참담한 기분으로 구치소 복도를 걸었다. 그 순간 자매는 두 눈을 의심했다. 복도 끝, 피트에와 요세프가 서 있었던 것이다. 부모님은 한없이 지친 모습이었다. 끌려가는 중이었기에 겨우 서로의 팔을 살짝 잡고 망연자실한 눈빛을 나눌 시간밖에 없었다. 아버지는 어떻게든 어머니를 지키려는 듯, 아내를 감싼 두 팔을 풀지 않았다.

"버틸 수 있을 때까지 버텼단다." 요세프가 면목없다는 듯 속삭이며 시선을 떨궜다. "다른 사람들도 기어코 찾아냈어. 에베르하르트의 서류까지."

잠시 걸음을 멈추는 것조차 허락되지 않는 상황, 린테는 크게 휘청이며 황망한 눈으로 동생을 찾았다. 다 끝났구나.

하이네스트로 이사한 직후, 에베르하르트는 자신의 신분증 원본을 비롯해 신원과 관련한 서류 일체를 납으로 만든 상자에 담아 뒤뜰에 묻었다. 노르망디 상륙 작전이 성공하고 장밋빛 희망에 물든 부부는 서류들이 어떤 상태인가 싶어 상자를 꺼냈다. 습기에 눅눅해지고 글자가 번진 서류를 말리기 위해 사용하지 않는 난로 위에 올려 두었다. 서류가 다 마르고 나면 다시 잘 포장해서 묻을 계획이었건만. 그 탓에 나치에게 정체가 발각돼 버린 것이었다. 장 자크 보스는 사면의 여지가 있었지만 에베르하르트 레블링은 아니었다. 탈영병은 교수형 대상이었다.

한편 나치 경찰 본부는 이번 수색 작전의 대성공에 환호했다. 무려 열여섯 명이나 검거하다니. 그중 아이 둘은 잠시 내버려둬도 괜찮았다. 혼혈은 수용소 이송 대상이 아니었다. 하지만 세 번째 아이 카팅카는 경우가 달랐다. 독일인의 신원 서류를 찾아내면서, 그와 유대인 여성 간에 혼인 관계가 성립하지 않는다는 사실이 확인됐다. 카팅카는 순수 유대인으로 간주됐다.

무스베르헌은 소식에 크게 기뻐하며 하위전의 판덴베르흐 박사에게 전화했다. 그리고 최대한 빨리 아이를 암스테르담의 나치 경찰에 직접 넘길 것을 명령했다.

검거 후 사흘째 되는 날, 린테와 야니, 에베르하르트를 제외한 나머지 일행은 모두 베테링스한스의 구치소로 이송됐다. 몇 달 전, 그들의 친구이자 『자유 예술가』에서 미크와 함께 일했던 헤릿 판데르베인이 저항투사들을 탈출시키기 위해 베테링스한스 구치소를 습격한 사건이 있었다. 1943년 3월 암스테르담 등기소 습격은 절반의 성공에 그쳤지만, 그 정도로는 그를 굴복시킬 수 없었다. 판데르베인은 1944년 5월 또다시 베테링스한스 습격을 시도했고, 등에 총상을 입었지만 다행히도 탈출에 성공했다.

하지만 몇 주 후, 판데르베인은 결국 체포됐고 그해 6월 하를럼 근처의 모래 언덕에서 처형됐다. 브릴레스레이퍼르 가 사람들과 하이네스트의 식구들은 그 사실은 까맣게 모르고 있었다. 그들이 베테링스한스에 수감됐을 때, 『자유 예술가』의 세 창간인 중 두 명, 미크 판힐서와 헤릿 판데르베인은 이미 세상을 떠난 뒤였다. 마지막 창간인은 작곡가이자 미크의 부친인 얀 판힐서로, 이미 건강 상태가 좋지 않았던 그 역시 머지않아 운명을 달리했다. 예술가 저항단체의 기수였던 『자유 예술가』의 횃불은 그렇게 스러졌다.

7월 12일 밤, 린테와 에베르하르트는 독방에 수감됐다. 두 사람이 함께하는 마지막 밤이었다. 연인은 묵묵히 서로를 꼭 끌어안은 채 이별을 준비했다. 차마 딸의 이름을 입밖으로 꺼낼 수조차 없었지만 머릿속으로 밤새 카팅카를 그렸다.

"만약 살아남거든 요하너스 페르휠스트 거리의 미케와 하콘 집에서 만나기로 해. 알았지?"

에베르하르트가 확답을 요구하듯 린테를 바라봤다. 린테는 잠자코 고개를 끄덕였다. 기약 없는 약속이었지만 그래도 그것밖에 기댈 곳이 없었다. 린테가 흐느끼기 시작하자 에베르하르트는 그녀를 품에 안고 토닥였다. 이곳에 오기 전, 야니가 루미날 한 알을 건네줬다. 말도 기절시킬 만큼 강력한 진정제였다. 린테는 알약을 반으로 나눠 에베르하르트에게도 줬다. 내일 심문을 견디려면 잠이라도 푹 자둬야 했다. 그렇게 두 사람은 약에 기대 잠에 빠졌고 다음 날 아침인 7월 13일 목요일, 헤어졌다.

얼마 지나지 않아 야니와 에베르하르트를 제외한—피트에와 요세프, 린테, 야피, 퍽, 예티, 시몬, 브람과 루스, 그리고 두 사람의 딸 리타와 사위 빌리까지—일행 모두가 베스테르보르크행 기차에 올랐다. 더이상 캐낼 정보가 없는 자들이었다.

나치 보안대는 독일 탈영병 에베르하르트와 유대인 저항투사 야니에게 집중하기로 했다. 둘이 작당해서 아리아인의 성서가 금하는 일을 어지간히 해 온 게 분명했다. 둘 중 누구부터 처단할지가 문제였다.

한편 마르닉스 거리 경찰서의 네덜란드인 경찰들은 두 사람에게 적대적이기는커녕 그들을 안쓰럽게 여겼다. 이에 야니는 희망을 엿봤다. 뇌물이라도 먹이면 훈방될 수 있지 않을까? 경찰들은 할 수만 있다면야 얼마든지 두 사람을 돕겠지만 방법이 없노라 말했다. 나치 친위대가 도처에 깔려 있었다. 나치 친위대는 그 누구도 믿지 않았고 네덜란드 경찰들조차 그들의 감시 대상이었다.

매일이 똑같은 일과로 흘러갔다. 마르닉스 유치장에서 잠을 자고 낮에는 외테르퍼 나치 경찰 본부에서 심문을 당했다. 나치 비밀경찰 지도자 빌리 라게스가 한 사람씩 돌아가며 심문했다. 그는 키가 훤칠했고 동그란 두상에 얇은 입술, 꽉 집어 놓은 듯한 뾰족한 코를 지니고 있었다. 인상이 어찌나 날카로운지 야니는 그의 얼굴을 바라보는 것조차 힘들었다. 라게스는 에베르하르트의 입을 열기 위해 야니를 폭행했고 또 야니의 입을 열기 위해 에베르하르트를 폭행했다. 하지만 두 사람 다 끝내 아무것도 실토하지 않았고 라게스의 비웃음을 샀다.

"어쨌거나 뒤지는 건 마찬가지야." 그가 에베르하르트에게 빈정댔다. "탈영, 반역, 사보타주, 인종적 치욕(유대인과 아리아인 사이의 성관계를 일컫는 나치 용어-옮긴이)은 다 사형죄니까!"

마지막 단어 '인종적 치욕'을 내뱉을 때에는 경멸이 가득한 얼굴을 에베르하르트에게 바짝 들이밀며 씩씩거렸다. 유대인 여성과 아이를 낳다니, 같은 아리아인이 어떻게 이토록 타락할 수 있단 말인가!

"너는 내일 군사 법정에 설 거야. 그럼 다 끝나는 거지."

야니와 에베르하르트가 마르닉스 경찰서에서 보내는 마지막 밤이 깊었다. 내일이면 에베르하르트는 처형당할 것이었다. 야니는 밤새 걱정에 뒤척이며 필사적으로 에베르하르트를 살릴 방법을 궁리했지만 머릿속은 백지장처럼 하얗기만 했다. 마침내 잠들었을 때에는 깊은 우물 속으로 굴러떨어지는 꿈을 꾸었다. 필사적으로 손을 뻗었지만 허공만 움켜쥐며 바닥에 떨어지려는 찰나, 경찰관이 그녀를 깨워 유치장 밖으로 끌어냈다. 7월 14일 이른 새벽이었다.

에베르하르트를 앞세운 채 경찰서 밖에서 대기 중인 호송차로 향하는 길, 야니는 편두통으로 머리가 터질 것만 같았다. 아침해가 구름 한 점 없는 하늘을 따라 고도를 높였고 이미 눈 뜨기도 힘들 만큼 강렬한 뙤약볕을 내리고 있었다. 호송차 뒷문이 휙 열렸다. 양옆으로 놓인 나무 벤치가 눈에 들어왔다. 경찰관들이 두 사람을 차 안으로 밀어넣었다. 호송 칸 안에는 나이 지긋한 수감자 한 명이 있었다. 그는 별 동요 없이 자기 구두 끝만 내려다봤다. 사복 경찰관 두 명이 자리를 잡고 앉았다. 그 뒤로 문이 닫혔다. 환기를 위해 창문은 열려 있었다. 야니와 에베르하르트 옆으로 경관 한 명이 앉았고, 맞은편 벤치에는 수감자와 다른 경관 한 명이 앉았다. 차가 움직이기 시작하자 다섯 명 모두 약속이라도 한 듯 창문을 향해 몸을 돌려 멀어지는 암스테르담 거리를 바라보았다.

이상한 일이었다. 차가 북쪽으로 이동 중이었다. 나치 경찰 본부가 있는 외테르퍼 거리는 도시 남쪽에 있는데. 하를렘메르 거리를 지났다. 야니와 에베르하르트가 재빨리 눈빛을 교환했다. 스파른담메르 거리로 들어섰다.

"어디로 가는 거죠?" 야니가 물었다. 목소리가 마치 양철캔을 울리는 것처럼, 제 목소리가 아닌 것처럼 낯설게 느껴졌다.

"암스테르담-노스. 더 태울 사람이 있다." 경찰관이 짧게 답했다.

다시 침묵이 이어졌다. 야니의 눈앞에 까만 점이 왔다갔다했다. 관자놀이에 맥박이 세게 요동치며 머리가 울렸지만 눈을 감고 싶지 않았다. 다시 언제 돌아올지, 돌아올 수나 있을지 모르는 고향 암스테르담을 끝까지 눈에 담고 싶었다.

차가 멈춰 섰다. 스파른담메르데이크 경찰서 앞이었다. 야니 옆에 앉아 있던 경찰관이 "곧 돌아오지." 하고 말하며 차에서 내린 다음 쾅 문을 닫았다. 야니는 시야에서 점멸하는 까만 점을 몰아내기 위해 필사적으로 눈을 깜빡였다. 에베르하르트가 눈을 맞추기 위해 야니 쪽으로 몸을 돌린 다음 그녀 바로 옆의 문손잡이 쪽으로 눈짓했다. 문을…? 바로 그때였다. 야니가 몸을 앞으로 숙이더니 맞은편 경관에게 얼굴을 들이댔다. 경관의 무릎 위에는 총이 놓여 있었다. 야니는 달콤한 목소리로 그에게 말을 걸기 시작했다.

에베르하르트는 야니의 의중을 곧바로 알아차렸다. '움직이세요. 지금 당장!' 하지만 몸이 바짝 얼어붙어 움직일 수 없었다. 갑자기 야니가 경관을 향해 온몸을 날렸다. "나가요!" 야니가 외쳤다. 에베르하르트는 야니 등뒤로 열린 창문으로 몸을 던져 호송차를 빠져나갔다. 경관의 손이 그의 발목을 붙들고 외투 끝자락을 잡아당겼다. 옷이 찢어지며 몸이 앞으로 획 쏠렸고 에베르하르트는 그 힘을 이용해 그대로 달음박질쳤다. 찢어진 외투 자락을 펄럭이며 뒤도 돌아보지 않고 내달렸다.

경관이 야니를 내동댕이치고 부랴부랴 차 밖으로 내려 에베르하르트를 향해 총을 쏘아 댔다. "멈춰!" 하지만 에베르하르트는 이미 사정권을 벗어난 뒤였다. 소란에 사람들이 주위로 몰려들었다. 야니도 차에서 따라 내려 에베르하르트가 인파 속으로 사라지는 것을 지켜봤다. 머리를 쿵쿵 울리던 두통이 사라졌다. 별안간 황무지 위를 날아가는 풍선이 된 듯 홀가분했다. 그리고 찾아온 암전. 야니의 몸이 울퉁불퉁한 돌바닥 위로 풀썩 무너져 내렸다.

의식을 잃은 야니는 경찰서 안으로 실려 들어갔다. 야니는 계속 의식을 찾았다가 다시 기절하기를 반복했다. 하지만 정신이 들 때마다 뿌듯한 승리감에 가슴이 간질간질했다. 에베르하르트가 무사히 탈출했다.

처음에는 네덜란드 경찰이 야니를 구금했지만 얼마 지나지 않아 독일 측에서 그녀를 데리고 갔다. 호송차에 야니를 태운 후 외테르퍼 거리 나치 경찰 본부로 향했다. 다들 야니를 향한 분노, 서로에 대한 분노 그리고 독일 탈영병에 대한 분노로 화가 머리끝까지 나 있었다. 그리고 그때, 빌리 라게스가 모습을 드러냈다.

지하실로 내려가는 엘레베이터에서부터 고문이 시작됐다. 너 나할 것 없이 그녀를 두들겨 패고 발길질했다. 야니가 쓰러지자 라게스가 온몸으로 그녀의 다리를 내리눌렀다. 나머지 대원들은 엘레베이터 창살을 통해 손에 닿는 것은 무엇이든 집어 들어 그녀를 내리쳤다. 라게스도 멈추지 않았다. 채찍과 주먹, 몽둥이로 닥치는 대로 야니를 때렸다. 그리고 벽장인지 지하실인지 모를 공간에 그녀를 집어 던졌다. 빛 한 점 들지 않는 공간에서 야니는 아무것도 볼 수 없었다. 완전한 어둠이 그녀의 숨통을 조이는 것만 같았다.

10. 총탄

까무룩 정신을 잃은 지 얼마나 지났을까. 눈을 뜨자 또다시 암흑과 고통이 밀려왔다. 머리 위로는 발소리가 들렸고 온몸에는 칼에 찔린 듯 통증이 몰려왔다. 손가락으로 벽을 더듬으며 살려 달라 외치다 다시 의식을 잃었다. 정신이 들 때마다 아스라이 들리는 발걸음 소리를 향해 도와 달라 외치며 고통에 울부짖었다. 더이상 목소리가 나오지 않을 때까지. 하지만 그 누구도 그녀를 찾지 않았다.

밤에는 완전한 정적이 이어졌다.

그렇게 얼마나 지났을까. 드디어 문이 열렸다. 빌리 라게스가 다리를 쩍 벌리고 문간에 서 있었다.

"네년은 총살형이다."

문 너머에서 불빛이 비쳤고 그의 그림자가 야니의 다리에 닿았다. 야니의 다리는 피투성이 고깃덩어리 같았다. 야니는 조심스럽게 제 몸을 쓸어내렸다. 머리끝부터 발끝까지 멍자국과 상처가 빼곡했다. 그러고 나서 고개를 들어 라게스의 눈을 똑바로 쳐다봤다. 야니의 눈동자에 작지만 또렷한 불꽃이 반짝였다. 고통을 잊게 해 주는 승리의 희열이었다. 그렇게 꼼짝없이 총살형을 당할 것이라 예상했건만, 야니는 수갑을 찬 채 암스텔베인세버흐의 교도소로 끌려갔다.

손가락 하나 까딱할 힘조차 남지 않은 야니는 감방에 밀어 넣어졌다. 그녀의 손목에서 수갑이 풀렸고 등뒤로 문이 굳게 닫혔다. 2인용 감방에는 총 여섯 명이 수감돼 있었다. 수감자들이 따뜻하게 그녀를 맞이했다. 염려하는 목소리로 그녀에게 무슨 일이 있었는지 물었다. 그리고 쇠창살과 수도관을 두드리며 새로운 수감자가 왔다는 소식을 다른 감방에도 전달했다. 다 함께 야니의 몸을 닦아줬고 상처를 돌봤다. 몇 시간 후, 다른 감방 사람들이 깨끗한 옷가지를 모아 야니의 방으로 전달했다. 깨끗한 베갯잇이라니, 감옥 안에서는 최고의 사치품이나 다름없었다. 베갯잇 속에는 쪽지가 하나 들어 있었다. 야니는 접힌 종이를 펴 들고 눈으로 글자를 훑었다. "형님도, 아이들도 안전해. 보프가." 야니의 목에서 꺼억꺼억 울음소리가 비집고 올라왔다. 두 눈에는 눈물이 차올랐다. 손으로 입을 틀어막았다. 어깨가 속절없이 떨렸다. 울고 싶지 않았지만 기쁨의 눈물을 막을 수 없었다.

암스텔베인세버흐의 제2교도소에서는 2인실에 여섯 명에서 많게는 여덟 명까지 수감했다. 처음 며칠간, 야니는 창살 너머로 빌리 라게스가 모습을 드러내 그녀를 처형장으로 끌고 가지는 않을까 공포에 질려 있었다. 하지만 아무 일도 일어나지 않았다. 일행 중 그 누구의 자백도 듣지 못한 것이 분명했다. 야니의 저항활동에 관한 심증은 무수했으나 증거를 찾지 못한 것이었다.

하지만 여전히 누군가에게 배신당했다는 생각이 그녀를 갉아먹었다. 하이네스트에 대해 알던 사람이 누가 있지? 몇 시간이고 곰곰이 식구들, 저항투사 동지, 은신 중인 사람들, 연락책, 물자를 공급하던 가게 주인들, 황무지에서 마주친 행인, 경찰, 네덜란드 나치, 회의에서 만난 사람 그리고 체포된 옛 친구들의 이름을 되짚었다.

밤이면 머릿속에서 수천 마리의 벌레가 기어다니는 듯했고 머리가 깨질 것 같았다. 벌레들이 두개골을 깔짝거리는 소리가 들렸다. 야니는 미쳐 가는 중이었다. 잠들 때까지 마치 실성한 듯 다섯 사람의 이름을 되뇌었다.

무스베르헌

크리커

핀트

힘스트라

불라르트

며칠이 몇 주가 되자 또 다른 불안이 그녀를 갉아먹기 시작했다. 언니는, 동생은, 부모님은, 다른 식구들은 어떻게 됐을까? 카팅카는 괜찮은 걸까? 보프가 쪽지에서 말한 '아이들'은 셋을 다 말하는 걸까? 아니면 독일군이 카팅카는 데리고 가 버린 걸까? 다른 수감자들 또한 야니처럼 생이별한 가족들 때문에 비슷한 걱정에 시달렸다. 그리고 이러한 불안감은 손바닥만 한 감방살이를 더욱 힘들게 했다. 별 것 아닌 것으로도 싸움이 벌어졌다. 누군가는 이성의 끈을 놓아 버렸고, 누군가는 날카로워진 사람들 사이에서 눈에 띄지 않으려 한없이 몸을 사렸다. 야니의 감방에는 암스테르담 요르단 지구에서 알고 지냈던 베티 아주머니도 수감돼 있었다. 아주머니는 자신이 체포된 것이 너무나 부당하다고 여겼다. 고작 할아버지 두 분이 유대인인 걸 가지고 체포하다니. 아주머니는 밤낮없이 다른 사람들에게 분노를 쏟아냈다. 하지만 아침마다 한 사람당 한 컵씩 세신용 물을 배급받을 때면 늘 "처자들아, 아랫도리도 꼭 씻어라!" 잔소리를 잊지 않았고, 나머지 수감자들은 킥킥 웃을 수밖에 없었다.

　야니가 암스텔베인세버흐 교도소에 갇혀 있던 그때, 암스테르담 시내 인근에서 하이네스트의 식구들처럼 종전의 새아침이 떠오르기를 기대하며 버티던 또 다른 유대인 은신자들이 발각됐다.

1944년 8월 4일, 나치 경찰이 프린센 운하 263번지의 건물에서 회전 책장 뒤에 감춰진 거대한 은신처를 발견했다. 그 건물에는 잼의 원료인 펙틴을 생산하는 독일 회사 '오펙타'의 네덜란드 본사가 들어와 있었다. 1942년 7월 6일, 회사의 임원이자 유대인이었던 오토 프랑크와 그의 아내 에디트 그리고 십 대인 두 딸 마르고트와 안네는 회사 별관 층간에 자리한 작은 공간에서 은신을 시작했다. 머지않아 오토의 회사 동료와 그의 아내, 아들 그리고 다른 망명자가 은신 생활에 합류했다. 그렇게 2년이 넘는 시간을 버텼건만…. 한여름 금요일 아침, 네덜란드 나치 경찰들이 가택 수색을 위해 프린센 운하 263번지에 들이닥쳤고 기어코 그들을 찾아내고 말았다.

베스테르보르크 유대인 중계수용소는 약 1,800개의 병상을 갖추고 있었다. 120명의 의사가 근무하는 병원과 치과 진료소가 있었으며 어린이집, 학교, 행정사무소와 상점이 있었다. 상점에서는 수용소 전용 화폐로 물건을 구입할 수 있었다. 수용소는 임시 숙소라기에는 더 없이 번듯했다. 하지만 이곳은 그야말로 거쳐가는 곳에 불과했다.

아이러니하게도 이 수용소의 시작은 베스테르보르크 중앙 난민 수용소로, 1939년 다른 유럽 국가에서 온 유대인 난민들에게 안전한 거처를 제공하기 위해 설립됐다. 1942년 봄, 네덜란드가 나치 친위대에게 점령된 후부터는 국경 너머의 수많은 강제수용소로 향하는 관문이 됐다. 네덜란드의 건설업자들은 기존 수용소 내에 가로 10m, 세로 84m의 초대형 막사를 추가로 지었고, 외풍이 숭숭 들어오는 나무 창고가 무려 스물네 채 완성됐다. 전쟁이 한창일 때에는 창고마다 서까래까지 사람이 들어찼다.

추방이 원활히 진행될 수 있도록 수용소에서의 일상은 바깥 생활과 유사하게 꾸려졌다. 독일군은 '유대인 경찰' 시스템을 고안했다. 젊은 유대인 남성들로 이루어진 이들은 녹색 제복을 입고 팔뚝에 완장을 찼다. 유대인 경찰은 논란이 많지만 명예로운 직위였다. 목숨이 보장됐으나 혹독한 일을 도맡아야 했다. 처음 몇 년 동안은 네덜란드 헌병의 보조를 받았고 하이네스트 사람들이 베스테르보르크에 이송될 쯤에는 암스테르담 경찰들이 헌병을 대신했다.

수용소의 유대인 직원들이 수행하는 가장 핵심적인 업무는 행정 부서에 있었다. 매주 수용소장이자 나치 친위대 총사령관인 알베르트 게메커가 추방할 인원 숫자를 공지하면 행정 보조원들이 그 악명 높은 이송자 명단을 작성했다. 게메커 본인이 직접 선택하거나 추방한 유대인은 단 한 명도 없었다. 그는 이 모든 과정을 같은 유대인 민족에게 떠맡겼다.

이후 1942년 7월부터 동쪽으로 향하는 베스테르보르크발 열차들이 운행을 시작했고, 매주 월요일과 금요일에 열차가 운행됐다. 그해 말까지 총 39,762명이 추방됐고 그중 대부분은 아우슈비츠로 향했다. 1943년 초부터 1944년 2월 15일까지는 수송 요일이 매주 화요일로 변경됐다. 유대인의 씨가 말라 가며 베스테르보르크에서 출발하는 기차의 운행 횟수가 줄어드는 등 나치가 원하는 결과가 눈에 보이기 시작했다. 매주 운행하던 기차는 나중엔 열흘에 한 번 운행됐다. 수요일, 금요일 또는 일요일에 운행했고 탑승객은 점점 줄어들었다. 매번 1,000명 심지어 2,000명을 훌쩍 넘는 사람들을 태우던 것과 달리 809명, 732명, 599명, 453명으로 점점 줄었다. 1943년 한 해 동안 총 5만 919명이 네덜란드에서 추방됐다.

1942년 6월부터 1944년 9월까지, 네덜란드 국유 철도는 최대한의 효율과 계획 실행률을 자랑하며 총 아흔세 차례의 수송편을 통해 남녀노소 가리지 않고 총 10만 7,000명의 유대인, 집시, 저항투사, 동성애자, 부랑자를 이송했다. 이들 모두 네덜란드 사회에서 추방된 즉시 독일 국경 지역으로 끌려갔다.

규칙적으로 울리는 기차 엔진 소리가 공중으로 흩어지고 기차가 동쪽 지평선 너머로 사라지고 나면, 황야에 남은 네모난 지형의 수용소에는 으스스한 기운이 감돌았다. 안도와 절망이 뒤섞인 유독한 감정. 기차가 수용소를 떠난 순간부터 긴장감이 스멀스멀 고조됐고 새로운 명단이 공개되기 직전까지 다들 점점 미쳐 갔다. 막사별로 명단이 발표된 후, 짐을 싸라는 말을 들은 사람들은 차라리 후련해했다. 판결이 떨어지기 이전까지 시달리는 불확실함은 선고 그 자체보다 훨씬 더 잔인했다.

하이네스트가 당한 배신, 에베르하르트와 카팅카에 대한 걱정—카팅카가 어떻게 됐는지 감감무소식이었다—, 그리고 암스테르담의 교도소에 수감된 동생 걱정으로 피를 말리며 베스테르보르크에서의 몇 주를 보낸 린테는 모든 의욕을 상실한 상태였다. 건전지 작업장의 지저분한 테이블에서 긴 하루를 보낸 피트에는 매일 밤 큰딸에게 용기를 불어넣기 위해 남은 기운을 쥐어짜 냈다. 이들은 처벌 막사에 있기에 수용소 밖에서는 일할 수 없었다. 베스테르보르크 수용소 내에서 혹은 수용소에 오기 전에 범죄를 저지른 사람들은 처벌 막사에 수감됐다. 그 범죄란, 은신이나 탈출을 시도하는 것 그리고 어떤 식으로든 감히 독일 제국의 규칙을 위반하는 것을 뜻했다.

수용소 생활이 의도적으로 평상시와 흡사하게 구성된 탓에 사람들은 이곳이 절멸수용소로 가기 위한 대기실이라는 사실을 체감하지 못했다. 그런 까닭에 큰 소란이 일어나는 일도 없었다. 그럼에도 불구하고 생활 환경은 열악하기만 했다. 하이네스트에서도 항상 발각될까, 배신당할까 불안해하며 스트레스에 시달렸지만 그럼에도 조용하고 넓은 공간과 신선한 공기, 무엇보다 집과 같은 안락함은 누릴 수 있었다. 스무 명이 넘는 사람들과 함께 숨어 지냈지만 방, 정자, 창고, 숲 중 한곳에서 언제든지 혼자만의 시간을 즐길 수 있었다. 하지만 베스테르보르크에서는 어디에도 사람이 꽉꽉 들어차 있었다.

막사는 한여름의 부패한 시체처럼 부풀어올랐다. 땀과 몸에서 뿜어져 나오는 악취에 갇힌 사람들이 구석구석을 차지했다. 3단 침대에 쌓인 사람들. 어디를 가든 사람들이 쳐다보고, 더운 숨결을 내뿜었다. 천장 바로 아래에는 빨래가 켜켜이 널려 있었다. 베스테르보르크에는 혼자 있을 수 있는 공간이 없었다. 즉, 자기 결정권이 모두 박탈된 곳이었다. 잠깐이라도 혼자만의 공간을 갖기 위해 담요를 머리에 뒤집어쓰면 벼룩과 이가 온몸을 물어뜯으며 이곳에 너 혼자 있을 장소 따위 없다는 사실을 상기시켰다. 옛 시절은 끝이 났다. 이제 그들을 버티게 하는 건 "언제쯤 해방을 맞으려나?" 하는 질문뿐이었다.

처벌 막사와 다른 막사 사이에 자리한 울타리 너머로, 린테는 수용소의 나머지 구역을 내려다볼 수 있었다. 가끔 반대편 구역에서 예티나 시몬 혹은 하이네스트에서 머물다 간 다른 사람들을 발견하기도 했다. 그들은 린테나 브릴레스레이퍼르 가 사람들과 달리, '죄수 Strafgefangener'라는 뜻의 S가 적힌 흰색 완장을 차고 있지 않았다. S가

붙은 사람은 추방 1순위였다. 린테 쪽 막사에서는 남녀가 분리돼 지냈지만 맞은편 막사는 그렇지 않았으며 심지어 가족이 함께 생활할 수 있는 가족용 막사도 마련돼 있었다. 일반 막사에서 지내는 사람들은 수용소 상점에서 식료품을 구입할 수 있었고 아우슈비츠 수용소가 아닌, 처우가 더 좋다고 알려진 베르겐-벨젠이나 테레지엔슈타트 수용소로 보내질 가능성이 높았다. 심지어 독일 최전방 수용소인 베르겐-벨젠에 가면, 국제 적십자사가 유대인을 독일 전쟁 포로와 교환하는 스웨덴과 인접한 지역으로 이동시켜 준다는 소문도 나돌았다. 일부 부유한 가문 사람들은 이 교환자 명단에 오르기 위해 꽤 많은 돈을 지급한다고. 다만 그 뇌물이 얼마나 효과가 있는지는 알려진 바가 없었다.

수감자들은 모두 성실하게 일했다. 다음 기차가 도착하거나 출발할 때까지 멍하니 시간을 죽이며 기다리느니 뭐라도 하는 편이 훨씬 나았다. 무엇보다 가장 쓸모없는 사람이 먼저 떠난다는 사실을 모두가 알고 있었다. 린테는 어머니와 함께 건전지 작업장에 배치된 것을 행운이라 여겼다. 헤이그 시절 매우 가깝게 지냈던 친구인 벤과 한스의 남동생, 샘 폴라크가 손을 써 준 덕분이었다.

작업은 비위생적이고 고됐다. 먼저 망치와 끌로 건전지를 쪼개고, 타르와 탄소 조각을 분리해 다른 바구니에 넣고, 마지막으로 드라이버로 금속 캡을 분해해 세 번째 바구니에 넣어야 했다. 작업을 계속하다 보면 손가락이 시커멓게 물들어 건전지와 손가락을 구분할 수 없을 지경이 됐다.

그보다 더 심각한 문제는 건전지에서 배출된 독성 화학 물질이 폐에 쌓이며 지독한 기침을 유발한다는 점이었다. 갈비뼈에 금이 갈 만큼 심한 기침 발작은 한밤중에도 막사의 갈라진 나무벽 틈을 비집고 나가 황야에 울려 퍼졌다. 하지만 적어도 작업장에서는 사람들과 대화를 나눌 수 있었다. 그리고 동쪽으로 향하는 기차에 실려가지 않고 하루하루 살아남을 수 있다면야 폐가 망가지는 것쯤 하등 중요하지 않았다.

린테는 일과 걱정, 기다림으로 하루를 채웠다. 수용소 사람들은 암스테르담에서 출발하는 새로운 기차를 매번 걱정하며 기다렸다. 때로 누군가가 갑자기 운동장 한가운데에 멈춰 서서 숨죽인 채 마른 흙을 바라보며 말했다. "선로의 진동인가요? 기차가 오는 건가요?" 아직 발견되지 않은 사람들이 전쟁이 끝날 때까지 살아남을 수 있기를, 그들을 위해 하루빨리 독일이 패망하기를 모두 간절히 바랐다.

참으로 안타까운 일이었다. 점령 기간이 길어질수록 사람들은 은신 중인 유대인을 찾는 데 더 능숙해진 듯했다. 해방을 목전에 두고도 네덜란드의 유대인 사냥꾼들은 혼자서라도 수색을 이어가야 한다고 믿었으며, 네덜란드 민간인들 역시 이웃, 친구, 낯선 사람을 끝까지 신고해야 한다고 생각했다. 이 모든 상황이 너무나도 반인륜적이고 불가해했지만, 그럼에도 불구하고 수용소에는 낙관도 존재했다. 수용소에서 오래 머물렀던 수감자들은 4월 중에 베스테르보르크에서부터 동쪽으로 떠난 기차가 단 한 대뿐이었다는 사실을 상기했다. 다음 수송편은 5월이 돼서야 출발했다. 그리고 그다음은 6월 초, 다음 수송편은 7월 말로 예정돼 있었다. 이에 수용소 전체에 '조금만 더 버티면 살 수 있어.'라는 나지막한 희망의 속삭임이 퍼져 나가기 시작했다.

수용소에 살금살금 퍼지는 이야기 속에서 브릴레스레이퍼르 가 사람들은 각자의 방식으로 대처했다. 야피는 한 소녀를 만났다. 며칠 동안 조심스러운 눈빛을 주고받은 끝에 용기를 내, 그녀와 함께 수용소 중앙 길을 걸을 만큼 가까운 사이가 됐다. 먼지로 뒤덮인 안경 너머, 야피의 눈이 반짝거리는 것을 본 게 대체 얼마 만인지.

피트에는 이전과 다름없었다. 기운을 잃지 않고, 매일 밤 큰딸에게 용기를 북돋우려 최선을 다했다. 이미 수많은 역경을 버틴 만큼 아이들이 안전할 것이라 굳게 믿고 힘을 내야 한다고. 이제 얼마 남지 않았다고 말이다. 하지만 린테는 어머니의 말을 한 귀로 흘렸다. 그리고 린테만 그런 것이 아니었다. 요세프는 사람 몸에서 뿜어져 나오는 열기로 과열된 막사에 틀어박혀 하루하루를 흘려보냈다. 시력이 너무 나빠 다른 사람들처럼 케이블 수리 작업장에서 일할 수도 없었다. 그는 혼잣말로 내내 투덜거리며 유대인 감독관들을 욕했다. 수용소 직원들로부터 온갖 특혜를 받으면서 이 일을 하다니 얼마나 저열하고 타락한 놈들인지 비난을 쏟아냈다. 동족에게 감시당하면서 요세프는 인간에 대한 마지막 믿음마저 모조리 잃고 말았다.

어느 늦은 오후, 건전지 분리 작업으로 지치고 더러워진 몸을 이끌고 뙤약볕에 눈을 찡그린 채 처벌 막사로 향하던 린테는 문득 저멀리 남자 막사에 앉아 있는 아버지를 발견했다. 어깨를 축 늘어뜨린 모습. 가늘고 야윈 목을 지닌, 어두운 그림자에 불과한 아버지의 모습을. 린테는 부모님과 함께 오페라를 관람하러 다니던 시절을 떠올렸다. 카레 극장과 프레데릭 광장의 궁전, 암스텔 거리의 플로라 극장. 관람을 마치고 집에 돌아올 때면 아버지는 항상 턱을 쳐들고 가슴을 당당히 내밀었기에 평소보다 키가 한 뼘은 더 커 보였다. 셰익스피어의 〈베니스의 상인〉에 깊은 감명을 받은 아버지는 샤일록의 독백을 외웠고 작은 셋방살이 시절, 가족들 앞에서 몇 번이고 반복해서 낭독하곤 했다.

이유가 뭐냐고요? 내가 유대인이란 겁니다. 유대인은 눈이 없나요? 유대인은 손도, 오장육부도, 몸뚱이도, 감각도, 감정도, 정열도 없나요? 기독교인과 똑같은 음식을 먹고, 똑같은 무기에 상처를 입고, 똑같은 병에 걸리고, 똑같은 약을 먹으면 낫고, 겨울에는 똑같이 춥고 여름에는 똑같이 덥지 않나요? 당신들이 우리를 찌르면 우리는 피도 안 난답니까? 당신들이 우리를 간지럽히면 우리는 안 웃을 것 같아요? 당신들이 우리에게 독을 먹이면 우리는 안 죽을 것 같습니까? 그리고 당신들이 우리에게 잘못을 저지른다면 우리가 응당 복수하지 않겠습니까?

한때 아버지였던 존재의 그림자를 물끄러미 바라보다 린테는 문득 생각했다. 아버지에게 진정한 치욕은 그들에게 존엄성을 빼앗긴 것이 아니라, 그들이 당신 가족에게 저지른 잘못에도 불구하고 복수를 할 기회조차 없다는 사실이라고.

어느 날, 샘 폴라크가 린테에게 슬쩍 다가와 가족용 막사 입구까지 같이 가줄 수 있겠냐 물었다. 누군가 그녀를 찾는다고 했다. 린테는 덜컥 겁이 났다. 그동안 야니의 소식을 전혀 들을 수 없었다. 하지만 무소식이 희소식이라 하지 않았던가. 암스테르담에서 기차가 오지 않는 날이 하루하루 지날수록 야니가 무사할 것이라는 희망도 자라고 있었다. 린테는 동생이 베스테르보르크로 이송되지 않기를, 해방까지 조금만 더 암스테르담에서 버티기를 빌고 또 빌었다. 린테는 마지못해 샘을 따라갔다.

예상치 못한 인물이 가족용 막사에서 그녀를 향해 다가오고 있었다. 어린 아니타의 손을 꼭 잡은 릴리였다. 긴장감에 딱딱하게 굳어 있던 린테의 얼굴에 실금처럼 미소가 번졌다. 린테는 저도 모르게 친구를 향해 손을 뻗었다. 하지만 두 사람 사이를 가로막은 울타리로 인해 힘없이 팔을 떨구었다. 두 사람의 거리는 고작 2m 남짓. 서로 마주보는 얼굴에는 친구를 다시 만났다는 기쁨과 자신들이 처한 상황에 대한 슬픔이 교차했다.

두 사람이 만난 것은 베테링스한스 구치소였다. 암스테르담에 자리한 구치소에는 색출된 유대인과 저항활동 지도자 천지였다. 에베르하르트와 생이별한 7월 13일 아침, 에베르하르트가 나치 보안대 본부로 끌려간 후 린테는 베테링스한스의 감방에 수감됐다. 그곳에는 다섯 명의 성인 여성과 한 어린 소녀가 구금돼 있었다. 린테는 완전히 자포자기한 상태였다. 딸과 생이별한 것도 모자라 남편은 오늘 당장 총살형에 처할 신세라니.

등뒤로 철창이 끼익 소리내며 닫히자 그제서야 린테는 자신이 여러 여자들 사이에 우두커니 서 있다는 사실을 알아차렸다. 그중 한 명이 안쓰러운 눈길로 린테를 바라보며 그녀를 위로했다. 비록 자신은 여덟 살짜리 딸과 생이별하지는 않았지만 딸도 이렇게 구치소에 갇힌 신세라 걱정되기는 마찬가지라고. 그녀가 바로 릴리, 그 딸이 아니타였다. 짧은 시간이었지만 같은 방에서 지내며 두 사람은 누구보다 가까워졌다.

카롤리나 릴리 비트 하산은 다이아몬드 세공으로 유명한 하산 가문의 사뮈엘 하산과 결혼했다. 린테와 만나기 2년 전인 1942년, 릴리는 사뮈엘과 이혼했고 사뮈엘은 아슬아슬하게 스위스로 망명하는데 성공했다. 그동안 릴리와 딸 아니타는 네덜란드에서 은신했다. 처음에는 다섯 아이를 둔 가정집 방에서 다른 가족과 끼어 살았다. 밤이고 낮이고 숨쉬는 소리조차 죽여야 했다. 집주인네 다섯 아이들이 불법 객식구의 존재를 알아차려서는 안 됐기 때문이다. 그렇게 얼마간 그곳에서 지낸 후 릴리 모녀는 하숙집으로 옮겼으나 곧 밀고당해 체포됐다.

릴리와 린테는 더이상 스스로의 힘으로는 일어설 수 없을 만큼 절망에 빠져 있던 시절, 서로에게 용기를 줬다. 린테는 카팅카를 재울 때 읽었던 요정 이야기를 아니타에게 들려주며 소녀를 챙겼다. 그리고 간수들이 듣지 못할 만큼 나직한 목소리로 노래를 불러 주기도 했다. 보답으로 릴리는 린테의 목숨을 구할지도 모르는 일을 선뜻 맡고자 했다.

린테는 릴리에게, 딸 카팅카의 아버지이자 뉘른베르크 법으로 인해 결혼하지 못한 남편 에베르하르트에 대해 이야기했다. 1942년 3월 25일, 유대인이 추방을 피하는 것을 방지하기 위해 네덜란드에서도 타인종 간 결혼이 금지됐다. 유대인은 비유대인과 결혼할 수 없게 됐다. 이 법의 시행으로 린테와 카팅카는 법을 어긴 자들이 됐다. 다행히 법 시행 전 보프와 결혼한 야니는 혼혈 아동의 엄마로 분류됐다.

린테가 에베르하르트와의 결혼이 불가능했다는 이야기를 마치자마자, 릴리가 린테의 손을 덥석 잡더니 그녀를 향해 몸을 기울였다.

"최대한 빨리 위조 혼인 증명서를 구해보자! 그럼 살 방도가 생길 거야. 내가 도움 줄 사람을 알아!"

린테가 어안이 벙벙한 얼굴로 릴리를 바라봤다.

"방금 나한테 한 이야기를 글로 써서 밖으로 전하는 거야. 니노 코팅에게 전하면 돼. 내가 잘 아는 암스테르담 변호사인데 진짜 좋은 사람이야. 이런 식으로 도와준 유대인이 셀 수 없이 많아."

릴리는 계획을 무사히 진행시킬 수 있을 만큼의 돈이 있었고 이 일에 제격인 조력자도 찾아냈다. 간수 중 누가 나치가 아닌지를 정확하게 파악했고, 린테를 위해 종이와 연필을 얻어냈다. 이제 린테가 움직일 차례였다. 소중한 친구인 암스테르담의 스토테인 부부에게 편지를 썼다. 간략하면서도 꼬리가 밟히지 않도록 머리를 쥐어 짰다.

친구에게

이 편지가 두 사람에게 연락할 수 있는 마지막일지도 몰라. 부디 내가 영국에서 발급받은 혼인 증명서를 챙겨서 변호사 니노 코팅에게 전해 주겠니? 내가 이곳에서 하루빨리 나갈 수 있도록 도와줘. 내 딸을 보살펴 줘. 그리고 옷과 먹거리를 좀 챙겨서 부쳐 쥐. 아무것도 가진 게 없어서 그러니 부디 꼭 좀 도와주길 바라.

J야니는 AVW암스텔베인세베르흐 감옥에 있어. 나한테 붙은 S 꼬리표를 떼려고 노력 중이야.

사랑을 담아, 린테가 친구에게

편지를 쓰고 다음 날 새벽 4시, 수감된 여자들에게 소집령이 내렸고 그들은 트램에 몸을 실었다. 트램 운전사 옆을 지나갈 때 린테는 최대한 태연한 척하며 우표가 붙지 않은 편지 봉투를 그의 가방 속에 집어넣었다.

중앙역에서부터 기차 여정이 이어졌다. 동쪽으로 갈수록 점점 더 문명 사회에서 멀어졌다. 베스테르보르크의 황야에 다다르자 마침내 기차가 멈춰 섰다. 릴리와 아니타는 가족용 막사로 인계됐다. 아마 그녀가 가진 돈이 힘을 발휘한 듯했다. 그리고 린테는 맞은편, 범죄자들이 지내는 처벌 막사에 배정됐다. 자신의 마지막 발악이 제 길을 찾을지, 아니면 이름 모를 트램 운전사의 짐더미 속에서 영원히 잊힐지 알 수 없었다.

그리고 몇 주 후, 맞은편에 선 릴리를 마주한 지금 린테는 부디 변호사로부터 좋은 소식이 날아왔기를 간절히 바랐다.

한편, 릴리는 전혀 다른 소식을 가지고 왔다. 린테의 오랜 친구 이다 로센헤이머르와 이야기를 나눴더랬다. 이다는 에베르하르트가 대외 활동을 하기 힘들어졌을 때 그를 대신해 공연에 섰던 피아니스트였다. 린테에게 나치의 최종 목표인 가스실에 대해 처음으로 경고한 친구이기도 했다. 불행하게도 당시 린테는 이다의 말을 믿지 않았다. 릴리는, 이다를 비롯해 베스테르보르크에 수감된 친구들 여럿이 린테를 처벌 막사에서 빼낼 돈을 모았다고 했다. 자신들이 지내는 막사로 옮긴 뒤에 그녀를 특별 인사 명단에 넣을 수 있다고 말이다. 이 경우 체코슬로바키아의 테레지엔슈타트 수용소로 갈 수 있었다.

린테는 묵묵히 친구 이야기에 귀를 기울였다. 이런 극한의 상황에서도 다른 사람을 챙기고자 하는 마음에 큰 감동을 받았다. 하지만 이내 조용히 고개를 저었다.

"미안해. 하지만 여기 남을게. 남동생과 부모님을 두고 갈 수는 없어. 그리고 아직 야니의 거취를 모르잖아. 혹시 이곳으로 오게 된다면 야니도 분명 처벌 막사에 수감될 거야."

릴리는 뭔가 말하려는 듯하다 이내 다시 입을 닫고 고개를 떨구었다. 저 멀리 수용소 경찰관이 다가오는 게 보였다. 헤어져야 할 시간이었다.

"이해해." 릴리가 들릴 듯 말 듯 속삭였다.

린테는 고마운 마음을 담아 고개를 끄덕였다. 그리고 몸을 돌려 어머니 곁으로 돌아갔다.

12

마지막 열차

1944년 8월 초, 마침내 감방 문이 열렸다. 야니는 몇 주 만에 처음으로 밖으로 나왔다. 이른 새벽이었다. 아직 밤의 찬기가 가시지 않았지만 폐를 가득 채우는 신선한 공기가 감미로웠다. 암스테르담은 여전히 깊은 잠에 빠져 있었고 햇살이 거리를 천천히 데우는 중이었다. 야니는 주변을 둘러봤다. 잘 아는 동네였다. 폰델 공원 시작점이 보였다. 간수들이 야니 일행을 중앙역으로 가는 트램으로 안내했다. 야니는 창을 통해 암스테르담-사우스를 흐르는 운하와 중심가, 아름다운 도시 정경을 눈에 담았다. 일행은 모두 앞으로 다가올 일에 대한 두려움에 휩싸인 채 침묵을 지켰다. 삐걱거리는 철 소리와 스위치 소리만이 정적을 깨트렸다. 야니는 푸른 하늘을 배경으로 한 계단식 박공, 자갈이 깔린 포장도로, 물위를 헤엄치는 검둥오리까지, 도시의 세세한 모습을 모두 기억에 새겼다.

역전 광장에서 하차한 일행은 옆문을 통해 승강장으로 향했다. 어두운 건물 안으로 들어서자 차가운 그림자가 야니를 덮치는 듯했다. 같은 시각, 또 다른 일행이 역에 도착해 승강장으로 이동했다. 그들 역시 아무 말 없이 그저 같은 방향으로 걸었다. 중앙역 안으로 이어지는 일방통행의 물결. 너무나도 초현실적인 광경이었다.

남녀노소, 부모와 아이가 뒤섞여 있었다. 야니는 운동복 차림의 가족에게 시선을 뒀다. 낙담한 표정의 부모와 마치 휴가를 떠나듯 배낭을 멘 십 대 딸 두 명이 벽과 간수, 불운한 동료들이 만든 장벽 안에 갇혀 있었다. 그야말로 덫이다. 오랜 세월 야니는 가능한 많은 사람을 이 덫으로부터 떨어뜨려 놓으려 발버둥쳤다. 야니는 승강장으로 향하는 마지막 계단을 올랐고 천천히 계단 통로를 벗어났다. 승강장에는 열차가 문을 활짝 열고 대기 중이었다.

기차에서 내리자 뜨거운 공기가 야니의 얼굴을 훅 치고 지나갔다. 수용소는 야니가 상상했던 것보다도 훨씬 더 거대했다. 버려진 황무지속 마을. 사방이 남자, 여자, 아이 할 것 없이 사람들로 가득했다. 언뜻 봤을 때, 마치 서부극에 나오는 마을 광장처럼 평범해 보였다. 하지만 현실은 디테일에 있었다. 모든 것이 각져 있고 나무로 만들어졌고, 철저히 구획돼 있었다. 지형은 정사각형이었다. 깊은 참호와 철조망으로 둘러싸인 높은 울타리가 사방을 가로막았다. 또한 인명 구조대 탑처럼 커다란 망루가 솟아 있었다. 일렬로 늘어선 거대한 창고들. 실제 전투기를 주차할 수 있을 만큼 거대한 나무 격납고가 있었고 그 양옆으로는 작은 격납고가 나란히 서 있었다. 퍼석퍼석 부서지는 토양에서 피어오른 먼지구름이 부지를 뒤덮었고 창고 나무 널빤지 사이를 파고들었다. 사람들 피부는 늘 모래 먼지로 칙칙하게 반짝거렸다.

제복 무리가 새 수감자들을 기다리고 있었다. 깊숙이 눌러쓴 모자 아래, 눈이 있어야 할 자리에 불씨가 빨갛게 핀 담배꽁초가 번뜩였다. 놀랍게도 독일어는 한마디도 들리지 않았다. 모든 사람들이 네덜란드어로 소통했다. 간수들 중 일부는 네덜란드 나치나 경찰관이 아닌 유대인으로 보였다. 야니는 수용소 중앙을 벗어나 선로 뒤의 고립된 구역으로 끌려갔다. 감옥 속의 감옥, 처벌 막사였다.

그곳에서 야니는 마침내 가족과 재회했다. 상봉의 순간은 눈물로 가득했지만 차분했다. 하이네스트 식구 열일곱 명 중 열두 명이 베스테르보르크에 있었다. 그리고 부모님과 린테, 야피, 즉 브릴레스레이퍼르 가족 전원과 빨간 머리 퍽이 처벌 막사에 수감돼 있었다. 나머지 여섯, 즉 예티와 시몬 그리고 브람과 루스, 이들의 딸 리타와 사위 빌리는 울타리 반대편 가족용 막사에 배정돼 있었다. 긴장한 표정이지만 다친 데 없는 가족들의 얼굴을 보자 비로소 야니는 어깨를 툭 늘어뜨렸다.

야니의 다리에 난 상처는 아물기 시작했고 몸 곳곳에 남은 멍자국도 밝은 파란색에서 짙은 보라색, 누런 갈색으로 변했다. 하지만 발목이 부러진 바람에 제대로 걸을 수 없었다. 에베르하르트의 탈출을 도운 후 라게스와 그의 부하들이 야니에게 어떤 만행을 저질렀는지, 안 봐도 생생하게 그릴 수 있었다.

야니는 감옥에서 입수한 좋은 소식, 즉 보프와 아이들이 무사하다는 소식을 가족들에게 전했다. 확실하지는 않지만 아이들 세 명 모두를 뜻하는 것 같다고 덧붙였다. 하위전의 경찰이 보프에게 제때 언질을 준 것이 분명했다. 여전히 독일군보다 한발 앞설 수 있다는 사실,

그리고 여전히 힘에 굴복하지 않고 스스로 생각하고 행동하는 용감한 이들이 남아 있다는 사실은 희망의 불씨를 꺼지지 않게 했다.

린테는 에베르하르트가 안전하다는 사실을 믿지 않았다. 지나친 장밋빛 희망이라 여겼다. 순진한 낙관은 그들이 감당할 수 없는 사치였다. 지난 몇 년간 뼈저리게 깨닫지 않았던가. 린테는 에베르하르트가 도망치다 경찰에게 붙잡혔거나, 숨을 곳을 찾지 못했거나 아니면 또다시 배신당해 나쁜 일을 당했을 것이라 확신했다. 아무리 야니가 설득해도 요지부동이었다.

새 수송편이 도착하면서 막사는 다시 가득 찼다. 누가 갓 입소한 사람인지는 한눈에 알아볼 수 있었다. 잔뜩 긴장한 얼굴과 휘둥그레진 눈, 말끔한 옷을 입고 가방을 꼼꼼히 챙긴 채 빈 침대를 찾는 사람들. 막사와 운동장을 지나는 내내 두리번거리며 긴장된 눈빛으로 유대인 경찰의 눈치를 보는 사람들. 몇 달 길게는 몇 년 동안 숨어 지낸 사람들은, 핏기 없이 창백하고 고무처럼 붓고 누렇게 뜬 얼굴 때문에 쉽게 눈에 띄었다.

이들에게 베스테르보르크까지의 여정은 정말이지 오랜만의 외출이자 신선한 공기를 쐬는 일이었다. 이들은 열차 좌석에 앉아 다리를 쭉 뻗고 창밖을 스치는 네덜란드의 풍경에 정신이 팔렸다. 기차가 속도를 줄이고 바퀴에서 나는 덜커덩 소리가 서서히 잦아들 때에야 승객들은 불안하게 창밖을 바라봤다. 자신이 처한 현실이 차차 눈에 들어왔다. 눈앞에 황무지만 끝없이 펼쳐졌다. 기차가 베스테르보르크 역에 들어섰을 때, 수용소 한쪽 모서리에 자리한 망루가 모습을 드러냈다.

불과 며칠 전, 프린센 운하 263번지의 책장 문 뒤에 숨어 있다 발각된 가족도 같은 기차를 타고 수용소에 도착했다. 프랑크 부부와 두 딸, 마르고트와 안네. 그들도 야니와 함께 처벌 막사에 수감됐다. 두 딸과 에디트 프랑크는 건전지 작업장에서 노역을 시작했다. 야니도 마찬가지였다.

숨어 지내던 두 유대인 가족의 여정이 그렇게 교차했다. 창고에 날아다니는 타르 먼지 속에서 그들의 얼굴은 다 함께 검게 물들었다. 단순하고 반복적인 작업을 이어가는 동안 가족들은 많은 이야기를 나눴다. 에디트는 린테에게 딸들의 앞날에 대한 걱정을 털어놓았다. 프랑크 가족은 2년 1개월 동안 거대한 건물 별관에서 은신했다고 했다. 총 여덟 명이 다섯 개의 비밀방에 머물렀다고. 바로 아래 1층은 회사 물류 창고로, 직원들이 늘 들락거렸다. 낮시간에는 뒤척임도, 기침 소리도, 물건 옮기는 소리도 발각될 위험이 있었다. 이 얼마나 피말리는 상황인가. 특히나 이제 겨우 열다섯 살, 열여덟 살인 딸들에게는 너무도 견디기 힘든 일이었다. 그래도 조금만 더 버티면 될 거라 믿었던 그때, 예상치도 못한 색출 작전에 당해 버린 것이었다. 마치 하이네스트가 당한 것처럼 말이다.

그 무렵, 가족들 특히 린테에게 희망을 주는 두 가지 일이 생겼다. 첫 번째는 린테에게 배달된 편지였다. 봉투를 연 린테는 깜짝 놀랐다. 영국에서 발행한 공식 혼인 증명서 사본이 들어 있었던 것이다.

서명과 도장, 모든 것이 완벽했다. 린테는 믿기 어려워 종이를 몇 번이고 뒤집어 봤다. 하위전의 경찰관뿐 아니라 암스테르담의 트램 운전사도 이름조차 모르는 타인을 돕기 위해 목숨을 걸고 무사히 미케와 하콘에게 편지를 전해 줬다. 기름때 범벅인 린테의 손가락이 파들파들 떨렸다. 검은 때가 낀 손톱이 새하얀 종이와 대비를 이뤘다. 이 감사한 마음을 전할 길조차 없었다. 이름 모를 트램 운전사와 마법 같은 속임수를 부린 변호사, 그리고 그와 린테를 연결해 준 릴리. 그들에게 어떤 말로 이 감사한 마음을 다 전할 수 있을까?

'유대인 문제에 대한 최종 해결책'을 지원하기 위한 방편으로, 독일은 논쟁의 여지가 있는 사건들을 심리하는 부서인 종합내정부를 신설했다. 자신이 유대인으로 등록된 것이 오류라고 생각하는 사람은 해당 부서를 통해 이의를 제기할 수 있었다. 이 부서의 책임자는 독일인 변호사 한스 칼마이어로 그는 수천 건의 항소를 처리해야 했다. 그리고 그중 대부분은 생사가 걸린 사건이었다. 니노 코팅과 그의 동료는 불공정한 법은 지킬 필요가 없다는 신념으로, 자신들의 의뢰인을 위해 온갖 허위 서류를 심리에 제출했고 칼마이어는 이를 묵인했다. 네덜란드인과 독일인, 이 두 변호사의 손발이 척척 맞는 장단 속에서 수천 명의 사람이 유대인이라는 혐의를 벗을 수 있었다.

코팅 덕에 린테와 에베르하르트의 관계는 마침내 '다인종 결혼'으로 등록됐고 린테는 동생과 같은 신분을 확보하게 됐다. 린테는 뛸 듯 기뻤다. 가족과 분리될 가능성이 크게 줄었기 때문이다. 린테는 부랴부랴 혼인 증명서를 수용소 행정사무소로 가지고 가 자신의 인적 사항 파일에 추가했다.

이때, 린테 앞으로 또 다른 소포가 배달됐다. 일찍이 린테는 베스테르보르크에 도착하자마자 담요, 수건, 세면도구 그리고 이디시어 가곡 악보를 보내 달라고 미케에게 편지를 부쳤다. 친구가 이렇게 빨리 답장을 보내리라고 예상하지 못한 린테는 다급한 손길로 소포 포장지를 찢었다.

피트에는 소포에 무엇이 들었을지 궁금해하며 딸 옆에 앉았다. 미케에게 부탁한 대로 담요를 비롯한 여러 물건이 나왔다. 그리고 상자 맨 아래에는 이디시어 가사와 편지가 적힌 종이 뭉치가 놓여 있었다. 린테는 마치 금 무게를 잴 때처럼 조심스러운 손길로 종이를 들어올렸다. 그리고 갈겨쓴 글씨를 따라 읽기 시작했다. 이디시어를 읊조리던 린테의 눈이 점점 커졌고 린테는 입을 꽉 다물었다.

"레이즈라, 먼저 웃는 이가 승리한다네."

린테가 어머니를 향해 고개를 획 돌렸다.

"에베르하르트예요!" 린테가 손가락으로 글자를 가리켰다. "에베르하르트가 썼어요. 그이 필체예요. 아, 무사하구나."

린테가 종이를 뒤적이며 에베르하르트가 남긴 또 다른 단서를 찾기 시작했다. 얼마 지나지 않아 두 사람이 함께 하이네스트에서 연습했던 오래된 이디시어 풍자곡을 발견했다. 열심히 연습했건만, 안타깝게도 관객들 앞에서 공연한 적은 없었다. 린테는 첫 구절을 큰 소리로 따라 읽었다.

너는 어디에서 왔니, 작은 소녀 Katinke barojges야,
네 코를 어느 방향에 두고 걷고 있니?
아마 넌 내 이야기가 궁금하지?
어디에 있고 무엇을 원하는지.

린테는 빠르게 읽어 내렸다.

그녀는 법정에서 온 이들과 있어.
어머니는 시장에서 생선을 사.

이 두 소절은 낯설었다. 원래 노래에는 없는 구절이었다. 린테는 어머니를 힐끗 쳐다봤지만 피트에도 그저 어깨만 으쓱할 뿐이었다. 린테는 눈을 가늘게 떴다. 에베르하르트가 무슨 말을 하려는 걸까? 그녀는 법정에서 온 이들과 있어. 사법부? 아, '더라카우르트'구나! (법정을 뜻하는 'The Court'와 위탁 부부의 성인 'Delacourt'가 같은 스펠링-옮긴이) 두 사람의 친구이자 다섯 아이의 부모인, 바세나르 출신의 알베르트와 실리아 더라카우르트를 뜻하는 것이 분명했다. 카팅카가 부부의 여섯째 자녀로 들어간 것이다. 린테는 종이를 가슴에 꼭 끌어안고 눈을 감은 채 안도의 한숨을 내쉬었다.
카팅카와 작별한 후 린테는 딸 생각을 하지 않으려 애썼다. 하루

종일 아무것도 못할 것 같았기 때문이다. 나치가 하위전의 의사 선생님 집에 들이닥쳐 어린 딸을 끌고 갔을 거라는 생각이 조금이라도 들면 무릎에 힘이 탁 풀려 버렸다. 그럴 때면 머리를 휘저었다. 손톱이 손바닥을 파고들어 피가 다 나도록 주먹을 꽉 쥔 채, 그녀를 둘러싼 울음소리와 기침 소리에 집중하며 딸 생각을 몰아냈다.

하지만 이제 에베르하르트와 카팅카 모두 무사하다는 사실을 알고 나니 언제 그랬냐는 듯 기운이 솟았다. '우리는 이겨낼 수 있다.'는 믿음이 되살아났다.

연합군이 진전을 보이는 것도 사실이었다. 노르망디 상륙 작전 이후 연합군은 동쪽과 북쪽으로 진격했고 1944년 8월에는 프랑스의 주요 도시 몇 곳을 해방시켰다. 스탈린의 붉은군대는 루마니아에서 승리를 거뒀고 벨라루스와 폴란드 동부를 점령했다. 8월 25일에는 역사적인 승리가 이어졌다. 샤를 드골이 파리로 진군해 프랑스 수도의 해방을 선언했다.

폴란드 우측에 위치한 작은 수용소 소비보르는 절멸을 목적으로 지어진 특수 시설이었으나 1943년 10월 포로들의 대규모 반란 이후 독일군에 의해 폐쇄됐다. 하지만 그곳에서만 이미 17만 명에 달하는 사람들이 희생된 후였다. 희생자 중에는 소비보르로 추방된 네덜란드인 3만 4,313명 대부분이 포함돼 있었다. 채 18개월도 되지 않는 기간 동안 고도로 기계화된 살상 과정에 의해 수많은 생명이 스러진 것이었다. 소비보르에서 살아 돌아온 사람이 거의 없어 정확한 희생자 수는 파악조차 불가능했다.

매일 아침, 브릴레스레이퍼르 자매는 프랑크 자매와 나란히 처벌 막사에서 나와 작업장으로 향했다. 하루 종일 노역을 하며 자신이 쪼갠 건전지 개수를 셌다. 지금 이 열 개의 건전지가, 스무 개가, 백 개가 해방 전 마지막으로 분리한 건전지이기를 바라면서.

작업하며 두 집안 자매들은 많은 이야기를 나눴다. 누군가는 파리에서 벨기에로 향하는 승리의 행진에 대해 이야기했고, 영국군이 이제 아른헴 목전까지 다다랐다고 말했다. 또 다른 누군가는 이제 유대인 수송이 끝난 게 분명하다고 말했고, 다른 누군가는 다음 기차가 출발하면 그 기차는 아우슈비츠가 아닌 볼펜뷔텔 노동수용소로 향할 것이라고 단언했다. 샘 폴라크는, 연합군이 림뷔르흐까지 밀고 들어와 수용소장인 게메커조차 초조해한다고 했다.

이 모든 장밋빛 루머에 휩쓸리지 않는 사람은 요세프 브릴레스레이퍼르뿐이었다. 요세프는 정신적으로나 육체적으로나 쇠약해져 있었다. 나쁜 시력 때문에 늘 기운이 없었고 살이 많이 빠졌다. 수많은 포로들 틈에 끼어 찌는 듯한 막사 생활을 겨우겨우 버텨냈다. 그러던 어느 날 밤, 딸들이 해방이 임박했다며 꿈에 젖은 이야기를 해댔고, 그는 더이상 참을 수가 없었다.

"말도 안 되는 소리! 정신 좀 차려! 연합군이 나타나면 저놈들이 옜다, 하고 우리를 보내줄 것 같으냐? 연합군이 수용소 입구에 다다르기 전에 여길 어떻게 하지 않겠어?"

요세프는 순진해 빠진 딸들의 발상에 좌절한 듯 코웃음쳤고 고개를 절레절레 흔들었다. 아니, 가족의 상황을 바꿀 수 없는 스스로의 무능함에 좌절한 것일지도 몰랐다.

이처럼 걱정에 휩싸인 것은 요세프뿐만이 아니었다. 수용소 전체
가 곧 다가올 해방에 대한 긴장과 기대에 휩싸여 있었다. 밤이 오고
사람들이 3단 침대에 켜켜이 몸을 쌓아올리면 막사에 흩날리던 먼
지구름도 별이 반짝이는 하늘 아래에서 잔잔히 가라앉았다. 하지만
지푸라기 위에 몸을 누인 사람들 대부분이 밤늦도록 잠을 이루지 못
했다.

나무 널빤지 사이로 뿜어져 나오는 열기와 땀냄새, 아이들의 울음
소리에 몸을 뒤척였다. 그리고 다른 수용소로 추방된 가족들 걱정,
그들을 기다리는 것이 무엇인지에 대한 걱정이 이어졌다. 왜 이런 곳
에 끌려왔을까, 내가 대체 무슨 죄를 지었기에 이런 운명을 맞은 걸
까 한탄했다. 그리고 마지막 열차가 베스테르보르크를 떠난 7월 31
일 이후 며칠이 지났는지 손가락으로 꼽으며 밤을 지새웠다. 하루가
더 지날 때마다 수용소가 아닌 해방에 한걸음 더 가까워지는 거라
고, 그렇게 믿었다.

베스테르보르크에서 떠난 마지막 열차 중 하나는 테레지엔슈타트
로 향했다. 하이네스트에서 함께 지냈던 예티와 시몬이 그 기차에 태
워졌다. 두 번째 기차는 베르겐-벨젠으로 향했으며 릴리와 딸 아니
타가 탑승했다.

9월 2일 토요일, 또 다른 판결이 떨어졌다. 총 1,019명의 수송이 결
정됐다. 리타와 빌리를 제외한 모든 이가 목록에 올라가 있었다.

브릴레스레이퍼르, 요세프
브릴레스레이퍼르-헤릿서, 피트에

레블링–브릴레스레이퍼르, 레베카

브란더스–브릴레스레이퍼르, 마리안네

브릴레스레이퍼르, 야코프

v. d. 베르흐–발비스흐, 파울리너

테세이라 데마토스, 아브라함

테세이라 데마토스–홈퍼스, 라위서

프랑크, 오토

프랑크–홀란더르, 에디트

프랑크, 마르고트 베티

프랑크, 아넬리스 마리

베스테르크에서 아우슈비츠로 향하는 마지막 열차는 다음 날 아침 출발할 예정이었다.

13 유괴

언덕 위의 저택은 황폐해 보였다. 내부는 이전과 같은 것이 하나도 없었다. 가구는 모조리 옮겨지고 매트리스는 뒤집히고, 커튼도 레일에서 떨어져 있었다. 부엌에 놓인, 빵 부스러기로 뒤덮인 접시와 버터가 덕지덕지 묻은 나이프가 경찰들의 무례함을 증언했다.

판덴베르흐 박사는 어린아이 셋을 맞이할 준비가 돼 있지 않았다. 이에 나치 경찰에게 셋 중 둘을 마을의 동료 의사 스하베르흐에게 맡겨도 되는지 허락을 구했다. 카팅카는 꼭 자신이 붙들어 놓겠다고 약속했다. 스하베르흐 박사는 두 아이를 맡으며 혹시 하이네스트에 가서 아이들의 물건을 챙겨 와도 되는지 허락을 구했다. 보안대가 승인하자 스하베르흐 박사는 로비와 리셀로테를 자신의 집으로 데리고 갔다.

아내가 아이들을 돌보는 동안 두 의사는 하이네스트에 들러 아이들의 침대와 옷가지를 챙겼다. 짐을 집으로 옮기며 두 사람은 상황을 논의했다.

"아이들이 순수 유대인이 아니라는 사실이 판명될 때까지 아이들을 붙들고 있겠다는 선서를 시켰다네." 판덴베르흐 박사가 생각에 잠긴 표정으로 말했다. "아이들이 도망가지 못하게 꼭 신경 써 주게. 그러지 않으면 내가 체포될 거야!"

스하베르흐 박사는 묵묵히 고개를 끄덕였다. 그도 판덴베르흐의 상황을 이해했다. 두 사람은 판덴베르흐의 집 앞에 가만히 서서 잠깐 숨을 돌렸다. 집 안에는 오늘 벌어진 사건으로 기진맥진한 어린 카팅카가 홀로, 낯선 아저씨가 돌아오기만을 기다리고 있었다. 스하베르흐는 짐을 챙기고 손을 흔들며 동료에게 인사를 남겼다. 그리고 약 1km 떨어진 자신의 집을 향해 걷기 시작했다. 로비와 리셀로테는 거실 소파에 앉아 얌전히 그를 기다렸다.

하이네스트가 배신당하고 아이들이 다른 곳에 맡겨졌다는 소식을 듣자마자 얀 헤멜레익은 일분일초가 중요하다는 사실을 깨달았다. 절반만 유대인인 로비와 리셀로테는 무사했지만 문제는 카팅카였다. 린테와 에베르하르트가 결혼하지 않았고 카팅카가 순수 유대인이라는 사실을 나치가 알아내는 것은 시간문제였다. 그렇게 되면 카팅카는 수용소로 끌려가야 했다.

헤멜레익은 즉시 판덴베르흐 박사에게 연락해 소녀를 넘겨 달라고 요청했지만 거절당했다. 판덴베르흐는 이미 선서를 했고, 유대인의 피신을 도와준 공범에게 어떤 처벌이 내려지는지 잘 알고 있었다. 그 대상이 겨우 세 살짜리 아이라 할지라도 예외는 없었다.

얀 헤멜레익은 판벤베르흐 근처에 사는 브릴레스레이퍼르 가의 친구 두 명에게 도움을 청했다. 한 명은 과산화수소로 머리를 탈색했던 발레리노 카럴 폰스였다. 카럴은 린테와 함께 매주 연습을 하면서 에베르하르트는 물론 다른 가족들과도 막역한 사이가 됐다. 두 번째 인물은 마리온 판빈스베르헌이라는 이름의 젊은 여성이었다.

전쟁이 만든 우연이 카럴과 마리온을 만나게 했다. 카럴이 하위전의 세실러 하네두스의 정원 온실에 은신 중이었던 때, 암스테르담에서 갓 대학을 졸업한 20대 초반의 마리온이 1943년 하네두스 가의 옆집으로 이사를 왔다. 진보 성향의 판사인 아버지와 권위주의를 싫어하는 영국인 어머니 사이에서 태어난 마리온은 어릴 때부터 모든 것을 스스로 생각하고 결정하도록 교육받았다. 독일의 네덜란드 점령 이후, 마리온은 암스테르담에서 사회 복지를 전공했다. 그리고 파시스트와 마주친 일련의 경험 속에서 충격을 받은 그녀는 곧장 저항활동에 합류했다.

저항활동의 결정적인 계기가 된 사건은 1942년 봄 어느 화창한 날 벌어졌다. 마리온은 자전거를 타고 한 유대인 고아원 앞을 지나는 중이었다. 나치가 퇴거 작업에 한창이었다. 고아원 아이들이 모두 길 밖에 끌려 나와 울고 있었다. 마리온은 아이들이 한 명씩 트럭에 실리는 것을 목격했다. 갓난아기, 막 걸음을 뗀 아이, 여덟 살 정도 된 아이 모두 우악스럽게 팔과 다리, 머리칼이 잡혀 감자 포대처럼 트럭 짐칸에 던져졌다.

두 명의 여성이 무슨 일인가 싶어 다가갔다가 그 참상을 발견했다. 이들은 망설임 없이 독일군에게 달려들었다. 그리고 두 사람 모두 제압당해 아이들과 함께 트럭에 던져졌다. 그 광경을 지켜보며 마리온은 그 자리에서 결심했다. 죽음을 각오하고서라도 저항활동에 몸 바치겠다고.

마리온은 유대인 아기들을 자신의 자녀로 등록한 후 네덜란드 전역의 은신처로 보내는 일을 시작했다. 두 살 유대인 남자아이를 아들이라고 속이고 몇 달간 키웠다. 또 산달이 머지않은 여성을 돕기도 했다. 여성은 은신 중이었으나, 은신처를 제공한 가족이 아기까지 맡는 것은 거절했다. 출산 직후 마리온은 신생아를 암스테르담에서부터 로테르담까지 데려갔고, 그곳에서 입양을 원하는 네 자녀의 부모를 찾아냈다. 하지만 그녀의 가장 용기 있는 행동은 바로 프레디 폴라크와 그의 네 살, 두 살, 2주 된 어린 자녀들을 위해 안전한 은신처를 찾아 준 것이었다.

1943년 8월, 막내 에리카 폴라크가 태어났다. 아이의 어머니는 저항투사였고 출산 직후 체포돼 감옥에 갇혔다. 마리온은 하위전에 폴라크 가족을 위한 은신처를 구했는데, 공교롭게도 이곳이 바로 카럴 폰스가 은신한 집의 바로 옆집이었다. 마리온은 프레디와 함께 이 집으로 이사했고 프레디가 논문 작업을 마칠 동안 아이들을 돌봤다. 마리온은 세 아이에게 엄마나 다름없었고 이웃들도 새로운 이웃을 평범한 기독교인 가정이라 여겼다. 그럼에도 불구하고 마리온은 늘 아이들의 정체가 발각될까 노심초사했다. 유대인 색출 작전이 있을 때 프레디와 아이들이 숨을 수 있도록 마루 아래에 자그마한 비밀 공간을 만들었다. 그리고 위급한 상황에서 갓난아기를 조용히 재우기 위해 수면제를 먹이기도 했다.

이토록 대비했음에도 불구하고 일이 틀어졌다. 나치 친위대 장교 네 명이 지역 경찰관을 대동하고 집에 들이닥친 것이었다. 그들은 집을 샅샅이 뒤졌지만 별 수확 없이 되돌아갔다. 하지만 경찰관은 달랐다. 해가 저물기 시작하자 그는 주변에 숨어 기다렸다. 이 수법을 잘 알고 있던 마리온은 프레디에게 나오지 말고 계속 숨어 있으라 말했다.

하지만 미처 수면제를 먹여 재우지 못한 아이들이 너무 힘들어하는 바람에 결국 비밀 공간에서 꺼내 줘야 했다. 바로 그때, 집 주변을 어슬렁대던 경찰관이 문을 획 열고 들어와 유대인 아이 세 명을 목격했다. 생각할 겨를 없이 마리온은 옆에 놓인 책장에서 총을 꺼내 경찰관을 쐈다.

소리 없는 조력자들의 협력망이 가동했다. 살인이 발각되면 폴라크 가족에게 무슨 일이 벌어질까 잔뜩 당황한 마리온은 이웃이자 친구 카럴 폰스에게 도움을 요청했고, 두 사람은 함께 해결책을 강구했다. 마리온은 시신을 뒤뜰에 묻고자 했지만 카럴에게 더 좋은 생각이 있었다. 그는 통금 따위 무시하고 잽싸게 어둠을 뚫고 동네 제빵사에게 달려갔다. 평소에도 믿고 지내는 이웃이었다. 그에게 트럭을 이용해 시신을 옮겨 줄 수 있겠느냐 부탁했다. 기꺼이 돕고자 나선 제빵사는 시신을 싣고 동네 장의사에게 향했다. 마리온은 장의사에게 부디 세 아이의 목숨을 구하기 위해 시신 처리를 도와 달라고 사정했다. 그리고 장의사 역시 도움을 줬다. 최근 사망한 사람의 관에 경찰관의 시신을 함께 담았고, 다음 날 고인의 장례식에서 함께 안장했다. 며칠, 몇 주, 몇 달. 마리온은 실종된 네덜란드 경찰을 찾는 사람이 나타나기를 기다리며 마음을 졸였다. 가족이나 동료 혹은 그날 경찰관과 동행했던 나치 친위대원 네 명. 누군가는 그를 그리워하고 찾

는 사람이 있지 않을까? 하지만 아무도 나타나지 않았다. 이 경찰
관이 사라졌다는 사실에 안도하는 사람이 마리온만이 아니었던 것
이다.

 얀 헤멜레익이 너무 늦기 전에 어린 카팅카를 구하기 위해 도움을
요청한 것이 바로 이 두 사람이었다. 판덴베르흐 박사에게 아이를 넘
겨 달라고 부탁했지만 거절당한 상황이었고, 이에 직접 카팅카를 데
리러 다녀온 후였다. 얀이 집에 들어서자마자 판벤베르흐 부인이 찢
어지는 듯한 소리로 울부짖었다. 의사가 곧장 경찰서에 신고하는 바
람에 얀은 도망칠 수밖에 없었다. 이제 경찰들이 집을 지키는 중이
었다.

 두 사람 모두 한 치의 망설임 없이 도와주겠노라 말했다. 한편 마
리온은 저 혼자 가야 한다고 생각했다. 유대인인 카럴은 붙잡힐 경우
그대로 끝이었지만 마리온은 징역형을 피하기 위한 시도라도 할 수
있었다. 카럴에게는 그런 기회조차 기대할 수 없었다. 하지만 카팅카
가 누구던가. 카럴에게 위조 신분증을 구해준 소중한 은인이자 친구
인 린테와 에베르하르트의 딸이 아닌가. 카럴은 어떻게든 이 아이가
추방되지 않게 돕겠다고 마음먹었다. 얀 헤멜레익이 두 사람에게 계
획을 알리며 무슨 일이 있어도 다음 날 아침에는 작전을 실행해야 한
다고 말했다.

 1944년 7월 14일 아침 여덟 시 반, 카럴과 마리온은 함께 마을로 향
했다. 카럴이 현관 앞에서 경찰, 박사와 이야기를 나누는 동안 마리
온이 카팅카를 찾기 위해 뒷문을 통해 집으로 숨어들었다. 의사의

아내는 2층 화장실에서 한창 자녀들을 챙기는 중이었다. 카팅카도 단장을 마친 채 함께 있었다. 침입자를 발견한 의사의 아내는 비명을 질렀지만 마리온은 가차없이 그녀를 욕조에 밀어 버렸다.

마리온은 카팅카를 안고 계단을 뛰어 내려와 뒷문을 통해 빠져나 갔다. 세워 둔 자전거 바구니에 아이를 담고 미친 사람처럼 페달을 밟아 마을을 벗어났다. 열린 창문을 통해 울음소리와 소란이 거리에 메아리처럼 울려 퍼졌지만 자전거에 태운 아이는 마치 무슨 일이 벌 어지고 있는지 다 안다는 듯 얌전히 있었다.

마리온은 거의 3km를 일직선으로 달려 블라리큄으로 향했고, 그 곳에서 두 명의 저항투사 동지들에게 아이를 넘겼다. 이후 아이가 무 사하다는 사실에 안도하며 여유롭게 자전거를 타고 하위전으로 돌 아갔다. 카럴은 소동을 틈타 무사히 탈출했다.

약 30분 후, 비밀경찰이 카팅카를 데려가기 위해 판덴베르흐 자택 에 도착했다. 하이네스트에서 에베르하르트의 서류를 발견한 것이었 다. 빌리 라게스는 린테와 에베르하르트가 결혼하지 못했다는 사실 을 간파한 뒤 곧장 부하들에게 카팅카를 끌고 오라고 지시했다. 추방 하기 전에 아이를 이용해 아버지의 입을 열게 할 심산이었다.

자전거를 탄 정체불명의 여성이 아이를 유괴했다는 사실을 들은 나치 경찰들은 길길이 날뛰었다. 판덴베르흐 박사에게 분노를 퍼부 었지만 어쨌거나 박사도 금방 풀려났다. 하위전 골목골목마다 수배 지가 나붙었다. 카팅카의 사진 아래, 굵은 글씨로 다음과 같이 써 있 었다.

한 건의 제보도 들어오지 않았다. 아이는 그렇게 자취를 감췄다.

로비와 리셸로테는 몇 주간 하위전의 스하베르흐 박사 집에서 지내다 비유대인인 조부모가 있는 헤이그로 갔다. 하이네스트가 발각된 그날, 하위전의 경찰관은 부탁받은 대로 보프에게 경고를 전했다. 퇴근 후 보프는 하이네스트로 가지 않고 곧장 암스테르담의 트레이스 레마이러에게 향했다. 야니의 도움으로 호송차에서 탈출한 에베르하르트는 암스테르담의 에바 베스뇨에게 의탁했다. 두 동서는 에바의 집에서 비밀리에 재회할 수 있었다. 보프는 에베르하르트에게 카팅카가 안전하다는 사실을 알렸다. 얀 헤멜레익을 통해 정황을 들은 것이었다. 에베르하르트 역시 야니가 어떻게 자신의 목숨을 구했는지 보프에게 알렸다.

카팅카 구조 작전 직후, 카럴 폰스와 그의 집주인 세실러 하네두스는 한밤중 숲과 황야를 가로질러 하이네스트에 숨어들었다. 브릴레스레이퍼르 가 사람들의 개인 소지품 및 가족에게 불리하게 작용할 수 있는 문서들을 빼내기 위해서였다.

카럴이 초조함에 킥킥거리며 집밖을 지키는 사이, 세실러는 배수관을 타고 올라가 창문을 부수고 집 안을 샅샅이 뒤졌다. 세실러는 구금된 하이네스트 식구들에게 유죄의 증거가 될 법한 것들은 모조리 빼돌렸다. 심지어 독일군들이 미처 찾지 못한, 에베르하르트가 가택 수색 직전 마루 밑에 숨긴 악보 상자까지 모조리 찾아냈다. 그리고 보프를 통해 두 사람은 에베르하르트와 만났고, 에베르하르트는 아내가 용기를 잃지 않기를 간절히 바라며 비밀 메시지가 담긴 악보를 베스테르보르크로 보낸 것이었다.

보프와 로비, 리셀로테, 에베르하르트와 카팅카는 전국에 뿔뿔이 흩어졌지만 기적적으로 모두 무사했다. 보프와 에베르하르트는 아내가 무사하기를, 해방을 맞이할 때까지 하이네스트 식구들이 모두 베스테르보르크에 머물 수 있기를 간절히 기도했다.

III. 생존

"너무 슬프고 피곤하고 춥고, 며칠간 아무것도 먹지 못해
쓰러지기 일보 직전이었어요. 아니, 배가 고픈지 안
고픈지도 알 수 없었지요. 아실지 모르겠지만 한계치를 넘고
나면…. 그 고통은 겪지 않고는 절대 모를 겁니다. 하나님,
감사합니다. 그 고통을 그 누구도 겪을 일 없게 하소서."

야니 브란더스 브릴레스레이퍼르

1   동쪽으로

무려 1,000명이 넘는 사람이 소환되다니, 믿을 수 없다는 웅성거림 끝에 수용소 전체가 대혼란에 빠졌다. 이번 추방 열차는 어디로 향하는 걸까? 아비규환이 시작됐다. 어떤 이들은 미친 듯 돌아다니며 명단에서 빼내 줄 사람을 찾고, 더 많은 정보를 얻기 위해 발버둥쳤다. 어떤 이들은 무얼 할지 몰라 황망하게 가족들을 찾았다. 같이 붙어 있는 게 좋을까? 오늘밤에 도망을 칠까? 베스테르보르크에서 탈출을 시도하는 것은 불가능했다. 차라리 기차에 탈 때까지 기다렸다가 이송 중에 뛰어내리는 게 나았다. 하지만 아이들은 어떻게 하지? 아이들을 숨길 만한 곳이 있을까? 그나마 운이 좋아서 절멸수용소가 아닌 노동수용소로 가게 된다면 아이들도 함께 데리고 가서 해방될 때까지 버티는 게 낫지 않을까?

증상을 꾸며 수용소 병원 의사들에게 도움을 청하는 이도 있었다. 베스테르보르크의 병원에 근무하는 의사들은 유대인으로, 웬만하면 동족을 도와주려고 애썼다. 하지만 브릴레스레이퍼르 가족들에게는 불가능한 선택지였다. 처벌 막사에 수용되어 있어 다른 사람들처럼 자유롭게 이동할 수가 없었다. 의사를 만나는 것도 수많은 절차와 승인을 받아야 가능했다.

가족들의 이름이 몽땅 추방 대상자 명단에 오른 이후, 피트에는 무조건 가족들이 다 함께 붙어 있어야 한다는 말만 되풀이했다. 베르겐-벨젠이든, 테레지엔슈타트든, 볼펜뷔펠이든, 아우슈비츠든, 어머니에게 중요한 건 가족이 헤어지지 않는 것이었다.

다섯 가족이 옹기종기 모여 앉아 손을 꼭 잡은 채 가능한 시나리오를 따져 봤다. 최악은 역시 아우슈비츠였다. 붉은군대가 폴란드 진출을 시작했고 아우슈비츠에서 약 400km 떨어진 폴란드 남부 도시 루블린을 탈환했다는 소문이 돌았다. 하지만 야니는 그 어느 때보다도 이성적이었다.

"소문에 기대서는 안 돼. 다른 수용소가 아우슈비츠보다 나을 거라고 기대하는 것도 마찬가지예요. 다들 테레지엔슈타트로 가면 행운이라고들 하는데, 어떻게 확신할 수 있죠? 테레지엔슈타트에서 살아 돌아온 사람을 본 적이 있냐구요?"

지칠 대로 지친 요세프는 손끝 하나 움직일 힘 없이 침대에 누워 있었다. 다른 이들은 막사 안을 초조하게 서성거리며 가족들을 구할 방법을 강구했다. 야피는 베스테르보르크에서 만난 여자친구를 보러 나갔다. 오토 프랑크도 몇 번 들락거렸다. 더 많은 정보를 얻기 위해 고군분투하는 중이었다. 오토는 이번 추방 열차가 테레지엔슈타트행이라고 믿었고, 따라서 최악의 상황은 아니라고 생각했다.

그들에게 최대의 적은 바로 시간이었다. 일분일초가 흐를 때마다 사람들을 실어 갈 열차가 철로를 따라 기어오는 중이었다.

기나긴 하루가 저물었다. 온종일 절망에 휩싸여 수용소를 돌아다니던 이도, 그저 조용히 짐을 꾸리던 이도, 모두 땅거미가 질 무렵이 되자 막사로 되돌아왔다. 8월에 비해 더위가 한층 꺾였고 밤에는 기온이 뚝 떨어졌다. 사람들은 가족끼리 모여 앉았다. 서로를 꼭 껴안고 아이들을 무릎에 앉혔다. 피트에는 침대에 앉은 채 남편과 세 자녀를 불러모았다. 취침 시각이 오기 전에 그리고 가족들이 여정을 시작하기 전에 가족 한 명 한 명과 이야기를 나누고 싶었다. 주변의 소음 때문에 몸을 숙이고 목소리를 높여야 했지만 피트에가 말하기 시작하자 가족들 주변이 조용해졌다.

"우리에게 남은 시간을 최대한 잘 써야지. 귀한 시간이니 아름답게 보내자꾸나."

피트에가 단어 하나하나 힘주어 말하며 두 딸과 막내아들을 깊은 눈길로 응시했다. 어머니의 얼굴은 그 어느 때보다 인자했다. 어머니의 미간과 볼의 주름이 깊어졌다.

"기억하렴. 이 또한 지나갈 거란다." 피트에가 요세프의 손을 꼭 쥐었다. 그러고 나서 두 딸에게 말했다. "린테야, 야니야. 무슨 일이 있어도 꼭 붙어 있어야 한다! 아버지랑 엄마는 걱정하지 말렴. 우리는 우리가 알아서 챙기마."

피트에가 눈썹을 추켜세우며 요세프를 봤다. 요세프가 아내의 말에 고개를 끄덕이며 두 딸을 바라봤다. 의연하고 흔들림 없는 그 눈길에서 린테와 야니가 그토록 그리워했던 아버지의 든든한 모습이 되살아났다.

피트에가 이어 말했다. "야피는 걱정 없다. 젊고 건강하니 무슨 일이 있어도 잘 견딜 수 있을 거야."

마지막 말을 건네며 피트에는 팔짱을 끼고 침대에 기대 앉은 막내를 향해 애써 미소를 지었다. 하지만 야피의 얼굴은 펴지지 않았다. "어머니, 다 괜찮을 거예요."라고 빈말조차 할 수가 없었다. 제 한몸 지키는 건 문제없었다. 하지만 누나들과 부모님 걱정에 미쳐 버릴 것만 같았다.

더이상 나눌 말이 없자 가족은 자리에서 일어나 서로를 꼭 끌어안았다. 1,000명이나 되는 사람들을 기차에 태우는 난리통 중에는 이야기할 여유도, 제대로 된 작별 인사를 건넬 기회도 없을 테니.

1944년 9월 3일

일요일 아침. 아직 어둠이 채 가시지 않은 새벽, 유대인 경찰들이 고함을 지르며 막사 안으로 쳐들어왔지만 화들짝 놀라며 일어나는 이는 아무도 없었다. 모두 떠날 준비를 마치고 대기 중이었다. 누군가는 바지 다섯 겹에 외투 두 겹을 껴입었고 누군가는 브래지어 속에 콤팩트파우더를, 신발 속에 립스틱을 숨겼다. 사랑하는 이들의 사진과 편지를 셔츠 주머니에 기워 붙였다.

사람들이 침대 아래로 내려왔다. 노약자들은 힘겹게, 어린아이들은 눈에 덕지덕지 붙은 잠기운을 문질러 내며 바닥에 내려와 섰다. 부모는 제 자식의 손목을 꽉 움켜쥐었다. 어찌나 힘을 줬던지 막사를 다 벗어나기도 전에 손가락끝이 새하얘졌다. 개인 소지품을 챙겨 든 사람들은 옥박지르는 간수들에게 떠밀려 부랴부랴 밖으로 나섰다.

"움직여!"

"빨리 나와!"

"짐은 최소한만 챙겨!"

처벌 막사에서 선로로 가는 동안 수용소 곳곳에서 사람들이 쏟아져 나와 대열에 합류했다. 이른 시간임에도 수용소장 알베르트 게메커까지 나와 있었다. 번쩍번쩍 광이 나는 군화는 멀리서도 눈에 띄었다. 그는 커다란 군견을 대동한 나치 보안대 장교들 사이에서 사람들을 내려다보고 있었다. 꽤 편안해 보이는 몸짓으로 장교들과 농담을 나누기도 했지만 그의 매 같은 눈초리에서 자신이 맡은 일을 얼마나 중요시하는지가 드러났다.

린테와 야니는 팔짱을 꼭 낀 채 가족들과 떨어지지 않으려 애쓰며, 기차가 출발한 뒤 중간에 뛰어내릴 계획을 세운 친구들을 찾기 위해 쉴 새 없이 주변을 두리번거렸다. 그들 가까이 있다가 함께 뛰어내리면 어떨까 싶었다. 하지만 추방 대상자 명단 확인이 시작되면서 생지옥이 펼쳐졌다. 사람들은 인파를 헤치며 가족들을 찾고 서로를 향해 고함을 질렀다. 마지막 포옹을 하자마자 브릴레스레이퍼르 가 사람들은 사방으로 흩어졌다. 린테와 야니는 이쪽, 피트에와 요세프는 저쪽으로. 야피도 순식간에 인파 속으로 떠밀려 갔다. 눈썹을 잔뜩 추켜세운 채 황망해하는 표정. 가족이 마지막으로 본 야피의 모습이었다.

그리고 기차에 올랐다. 야니가 암스테르담 중앙역에서부터 베스테르보르크로 올 때 탔던 일반 열차와 달리 좌석도, 통로도, 창문도 없는 가축용 화물 기차였다. 그야말로 바퀴가 달리고 지붕을 얹은 축사나 다름없었다. 환기구 하나 보이지 않았다. 화물칸 안에서 코를 찌르는 악취가 풍겼다. 찌릿한 암모니아 냄새가 콧구멍 깊은 곳까지

훅 들어왔다.

기차는 끝이 보이지 않을 만큼 길었다. 사람들이 선로로 밀려들면서 밀치고 넘어지고 난리가 났지만 게메커와 그의 수하들은 사람들이 천천히, 하지만 알아서 빈칸을 찾아 열차 안으로 들어가는 광경을 만족스럽게 지켜봤다. 린테와 야니는 부모님이 브람 아저씨, 루스 아주머니와 같은 칸으로 밀려 들어가는 것을 봤다. 그리고 이를 마지막으로, 부모님을 시야에서 놓치고 말았다. 야피도 부모님과 같은 칸을 탔기를 기도할 뿐이었다.

칸마다 족히 60~80명에 달하는 사람들과 그들의 소지품이 꽉꽉 들어찼다. 더이상 움직일 공간도 없어 발가락과 코가 문밖으로 삐져나올 지경이었다. 입구 가까이 선 사람들은 승강장 쪽을 보고 섰지만 바깥이 제대로 보이지는 않았다. 그들 코앞에서 문이 쾅 닫혔고 수용소의 풍경도, 햇빛도 순식간에 사라졌다. 쇠문이 180도 돌아가며 단단히 잠겼고, 화물칸 외벽에는 분필로 탑승자 수가 적혔다. 그러고는 다음 칸 탑승이 시작됐다.

사람들은 서로를 도우며 기차 위로 올랐다. 린테와 야니는 마지막 순간 헤어지는 일이 없도록 서로의 옷깃을 꽉 붙들고 기다렸다. 다행히 자매는 같은 칸에 태워졌다. 아마 두 사람 모두 '정치범'으로 분류된 듯했다.

낯선 이들의 몸뚱이 사이로 쑤셔 넣어지듯 화물칸에 탑승했다. 숨통 틀 공간을 한 치도 열어 주지 않는 나무벽 속에 갇혀, 다들 몸부림치며 자리를 찾았다. 노인들은 인파에 넘어지지 않기 위해 용을 썼고, 아이들은 엄마의 바짓가랑이를 잡고 매달려 있다 떨어져 나갔다.

어른들은 어떻게든 떨어지지 않으려고 서로를 움켜쥐었다.

그나마 공기가 통하는 곳이라고는 지붕 슬레이트 틈새뿐이었다. 아직 문을 잠그기도 전이건만 화물칸 안이 얼마나 지옥 같을지 훤히 보였다. 마지막으로 빈 양동이 하나와 물 양동이 하나가 밀어 넣어졌다. "손 떼! 발 넣어!" 간수가 입구 쪽 사람들을 한 번 더 밀었다. 그리고 문이 닫혔다.

화물칸 안은 순식간에 칠흑 같은 어둠에 잠겼다. 마치 생매장당한 것 같았다. 사람들이 숨을 헐떡이며 울부짖기 시작했다. 아무것도 보이지 않자 아이들은 공황 상태에 빠졌다. 서로의 발을 밟고 서 있었고, 저 구석에서 끊이지 않고 울리는 기침 소리에 신경이 곤두섰다. 린테도 겁에 질렸다. 가슴이 거칠게 오르락내리락했다. 몸을 움직이려 하자 두 발이 누군가의 발 사이에 낀 것이 느껴졌다. 린테가 이성을 잃고 비명을 지르려는 찰나, 야니가 제 언니의 엄지와 검지 사이를 힘껏 꼬집었다.

"가만히 있어. 움직이지 마. 진정해." 야니는 린테가 정신을 차리고 다시 손을 늘어뜨릴 때까지 나지막이 언니의 귀에다 속삭였다.

바깥 승강장에서 고함소리와 묵직한 군홧발 소리가 울렸다. 독일군들이 서로 농담을 던지며 낄낄댔다. 그 소리가 점점 멀어지며 정적이 잦아들자 기차 안도 조용해졌다. 사람들은 마치 영겁처럼 느껴지는 시간을 견디며 가만히 있었다. 순간, 기차가 크게 덜컹거렸다. 사람들이 비명을 지르며 휘청거렸다. 그들을 지탱하는 벽이 없었다면 마치 도미노처럼 우수수 쓰러졌을 터였다. 바퀴가 철컹철컹 구르자 아이들마저 숨을 죽였다. 다시 한 번 덜커덩 또 덜커덩. 그러더니 기차는 점점 속도를 높이며 일정한 속도로 전진하기 시작했다.

베스테르보르크의 하늘 위로 태양이 떠오르는 동안 1,019명을 태운 화물 열차는 천천히 지평선 너머로 모습을 감췄다.

최대한 몸을 웅크렸지만 화물칸 안은 점점 더 부풀어오르는 것만 같았다. 짐 가방을 바닥에 놓고 그 위에 걸터앉는 사람들도 있었지만 대부분은 서 있었다. 내가 몸을 웅크리면 빈 공간을 다른 사람들이 가로챘고 천장의 실금을 통해 스며 들어오는 공기도 더 많은 입이 뻐끔대며 경쟁하듯 빨아들였다. 기차가 출발한 지 한두 시간밖에 지나지 않았는데 어르신 몇 분이 나지막이 흐느끼기 시작했다. 주변 이들이 아무리 달래도 소용없었다. 엄마들은 제 아이를 달래느라 여념이 없었다. 보채지 마, 가만히 있어. 안 돼, 여기서 쉬하면 안 돼. 누군가는 토를 했다. 악취에 구역질이 올라왔지만 시간이 지나자 익숙해졌다.

얼마나 지났을까. 기차가 속도를 줄였다. 린테와 야니는 서로 꼭 끌어안은 채 눈을 맞추려 애썼지만 너무 어두워 코앞조차 보이지 않았다. 기차가 마침내 멈춰 섰다. 화물칸 안은 쥐 죽은 듯 적막에 휩싸였다. 다들 숨을 참았다. 다 왔나? 벌써 다 왔다고? 이거 혹시 좋은 징조인가?

밖에서 소리가 들렸다. 독일어로 외치는 소리와 군홧발 소리. 베스테르보르크에서 들었던 것과 똑같았다. 문의 쇠 손잡이를 끼익 돌리는 소리 그리고 쏟아지는 햇빛. 사람들은 눈을 잔뜩 찡그린 채 입을 한껏 벌렸다. 신선한 공기가 화물칸 안으로 쏟아져 들어오자 다들 물을 마시듯 허겁지겁 공기를 들이마셨다. 9월 초치고는 선선한 날이었다. 영상 15도 날씨에 그동안 흐물흐물 풀어졌던 근육과 뼈가 다시 단단히 수축하는 게 느껴졌다.

안도감은 찰나에 불과했다. 곧 간수들이 사람들을 데리고 나타나 문 열린 화물칸 앞에 서서 명령을 내렸다. "올라타!" 혼란이 번졌다. 불가능해요. 자리가 없어요. 칸 안쪽에서 웅성대는 소리가 들렸지만 없는 자리도 만들어 내야 했다. 다들 몸을 움찔거리며 고작 몇 센치, 많아야 한 뼘씩 뒤로 물러났다. 밖에 있던 사람들이 입구 쪽 사람들이 뻗은 손을 잡고 차에 올라탔다. 서로 얼굴이 맞닿을 듯 바짝 붙어 섰다. 등뒤로 다시 문이 닫혔다. 대체 이게 무슨 상황이지? 새로 합류한 사람들이 사정을 설명해 줬다.

뒤쪽 화물칸에서 탈출 시도가 있었다고 했다. 심지어 몇몇은 탈출에 성공했다고. 화물칸 앞쪽의 조그만 구멍을 통해 달리는 기차에서 뛰어내렸다는 것이었다. 누군가 작은 빵칼을 숨겨 왔다고 했다. 사람들은 돌아가며 뭉툭한 칼로 벽을 긁었고 마침내 앞차와 마주보는 나무벽에 자그마한 구멍을 뚫는 데 성공했다. 그리고 칼질을 이어나가 마침내 한 사람이 비집고 나갈 만큼 구멍을 넓혔다.

한 남자가 먼저 다리를 구멍에 걸치고 몸을 내밀었다. 기차 칸 사이를 연결한 완충 장치 위에 발을 딛고 섰다. 바로 아래로는 선로가 획획 지나갔다. 어질어질할 만큼 빠른 속도였다. 그 사람은 한 치의 망설임도 없이 뛰어내렸고 달리는 기차 아래로 사라졌다. 두 번째 사람도 완충 장치 위로 올라섰다. 다리가 후들후들 떨리는 게 훤히 보였다. 순서를 기다리는 사람들이 빨리 좀 뛰어내리라고 다그쳤다. 그가 몸을 날렸다. 그 사람이 탈출에 성공했는지, 바퀴에 갈렸는지는 알 수 없었다.

　그다음은 어떤 여자 차례였다. 여자는 발을 먼저 구멍에 넣고 엉덩
이를 끌며 밖으로 빠져나가 차디찬 완충 장치 위에 앉았다. 두려움에
눈을 크게 뜬 여자가 잠자코 앉아 있는 동안, 바람은 황무지를 가로
질러 질주하는 기차를 채찍질하듯 내리쳤다. 사람들은 여자가 뛰어
내리지 못할 것이라 여겼다. 하지만 그 순간, 여자가 몸을 미끄러뜨렸
다. 질주하는 기차 아래로 등부터 떨어졌다.

　독일군이 눈치채고 기차를 멈출 때까지 그렇게 예닐곱 명이 기차
를 빠져나갔다. 그들이 살았는지 죽었는지는 알 수 없었다. 독일군은
그 칸에 탄 사람들을 매질하며 끌어냈다. 구멍 뚫린 화물칸을 비우고
그곳에 타고 있던 사람들을 앞쪽 화물칸에 나눠 태운 것이었다.

　바퀴가 다시 움직이기 시작하자 탈주극에 대해 알려 준 사람이 지
금 즈볼러 인근이라고 말했다. 이 근방에 익숙한 사람이 알아봤다
고 했다. 기차의 행선지에 대한 추측이 들불처럼 번졌다. 우리 동쪽으
로 가는 것 아니었나요? 도대체 즈볼러에 들를 일이 뭐가 있단 말입
니까? 야니는 묵묵히 듣기만 했다. 야니는 베스테르보르크를 떠나는
기차가 먼저 아선-즈볼러 선으로 향한 다음 폴란드 쪽 노선을 탄다
는 사실을 알고 있었다. 하지만 여전히 이 기차가 아우슈비츠나 볼펜
뷔텔로 향할 것이라고는 믿지 않았다. 소련의 붉은군대가 베를린 지
척까지 진군했잖아? 그러니 그렇게 멀리 이동하지는 않을 거야.

　이후 몇 시간이나 흘렀을까. 사람들은 옴짝달싹 못하는 화물칸 안
에서 서로에게 기댄 채 버텼다. 처음에는 자기 주변에 서 있는 사람
들이 불편하지 않도록 서로 신경썼다. 옆 사람이 너무 지쳐서 앉아

야 할 것 같으면 내가 일어서서 자리를 내줬고 아이가 제 누나 곁으로 가기 위해 사람들 다리 사이로 기어가면 힘들게 몸을 비켜 줬다. 숨이 부족해 기절하려는 사람이 있으면 천장 가까이 몸을 들어올려 공기를 마실 수 있게 도왔고 실수로 다른 사람을 차거나 밀면 "죄송합니다."라고 말했다. 하지만 문명인다운 교양은 얼마 못 가 사라지고 생존 욕구만 남았다. 린테와 야니는 서로를 놓지 않았다. 꽉 막힌 공간 안에서 사람들이 점점 공격적으로 변하는 와중에도 서로가 서로의 방패가 돼 줬다.

시간이 흐르며 몸을 가누지 못하는 사람들이 늘어났다. 탈진한 사람들의 축 늘어진 몸뚱이에 밀린 사람들이 비명을 질렀다. 바닥에 앉거나 짐 가방 위에 앉은 사람들은 다른 사람 무릎에 얼굴을 가격당했고 발길질당하기도 했다. 이쪽에 있던 아이가 잠잠해지면 저쪽에 있는 아이가 자지러지고, 기차 안은 점점 음산해졌다. 물론 기차 안에 탄 사람들은 모두 같은 처지였지만, 극한 환경 속에서 이 한몸 먼저 살아남자는 생각이 점차 팽배해졌다.

칸 안에는 나무 요강이 하나 있었다. 처음에는 아이들만 요강을 썼다. 하지만 해가 지고도 기차가 멈출 기미가 없자 어른들은 결국 터질 듯한 방광에 굴복하고 말았다. 낯선 사람들에 둘러싸인 채 바지를 내리고 양동이에 앉아 마지막 남은 존엄성조차 내버렸다. 요강이 넘치기 일보 직전까지 차오르자 코를 찌르는 소변 냄새가 칸 전체에 퍼졌다. 어찌나 지독한지 혀끝에 맛이 느껴질 지경이었다.

밤이 오자 사람들은 시커먼 석유를 뒤집어쓴 듯 방향 감각조차 잃고 말았다. 그저 상황에 굴복하는 것말고는 할 수 있는 게 없었고 기차 칸은 점점 침묵에 잠겼다. 린테와 야니는 잠깐 눈을 붙일 수 있는 방법을 찾았다. 등을 맞대고 똑바로 서서 서로를 지탱해 주는 것이었다. 몸에 바짝 붙은 동생의 몸, 언니의 몸이 암스테르담 옛집의 침대를 떠올리게 했다. 이제 의지할 것이라곤 서로의 온기뿐이었다.

1944년 9월 4일

갑자기 기차가 덜컹거렸다. 계속 가는가 싶더니 이내 또 한 번 덜컹거리며 완전히 멈춰 섰다. 화물칸 속 몸뚱이들이 앞으로 휙 쏠리며 무너졌지만 힘이 없어 누구도 일어서거나 움직이지 못했다. 지난 24시간 동안 기력을 모두 소진한 사람들은 더이상 울지도, 소리를 내지도 못했다. 잠금장치가 돌아가는 소리와 함께 문이 열렸다. 아침해가 떠올라 있었다. 자리에 앉거나 눕거나, 선 사람들 중 그 누구도 몸을 움직이지 않았고 그저 멍하니 앞만 응시했다.

"나와!"

아무도 반응이 없었다.

"빨리, 빨리! 서둘러!"

그제서야 다들 움직이기 시작했다. 약 스무 명의 죄수가 승강장에 내려 요강을 비우고 식수를 받았다. 그들이 다시 기차에 올라타자 등 뒤로 문이 닫히고 걸쇠가 채워졌다. 마치 아무 일도 없었다는 듯, 다시 어둠이 내려앉고 어제와 같은 악취가 기차를 채웠다. 기차가 점점 속도를 높였다. 머지않아 기차 바퀴의 규칙적인 움직임이 발아래로 느껴졌다.

야니는 천장 지붕 사이의 갈라진 틈 말고도 벽 두 군데에 환기용 철망이 달려 있다는 사실을 알아차렸다. 린테와 야니는 천천히, 눈에 띄지 않도록 철망 쪽으로 몸을 움직였다. 줄곧 고개는 천장 쪽에 둔 채 몸을 움직여, 마치 지붕 틈을 통해 숨쉬려는 것처럼 위장했다. 꽉 들어찬 몸뚱이들이 조금씩 움직였다. 철망 근처는 그나마 숨쉬기 편했지만 물을 마시기엔 불편했다. 린테는 야니가 움직일 수 있도록 손가락 한 마디만큼의 공간을 마련했고, 야니는 린테가 움직일 수 있도록 또 한 마디만큼의 공간을 만들었다. 자매는 계속해서 움직였다.

입구 잠금장치 근처에서 세 번째 구멍을 발견했다. 운이 좋으면 그 틈을 통해 밖을 내다볼 수도 있었다. 마침내 뺨을 나무 널빤지에 꼭 붙이고 바깥세상을 바라볼 수 있게 됐을 때, 야니는 숨을 크게 몰아쉬며 지나가는 모든 장면, 색, 소리를 마음속에 담았다. 하늘에는 구름 한 점 없었다. 청명한 푸른 하늘이 황금빛 옥수수밭과 대비를 이루었다. 누군가 야니를 자꾸 밀었지만 야니는 꿈쩍도 하지 않았다. 한쪽 눈으로 바라본 세상은 너무나 밝고 생생하고 평화로워, 몸뚱이가 갇혀 있는 기차 안의 생지옥을 잠시나마 잊게 해줬다. 결국 다른 이가 그녀의 자리를 차지하며 꿈만 같던 순간은 지나가 버렸다.

자매는 시간을 가늠하려 애썼지만 더이상 아무런 생각도 할 수 없었다. 사람들 사이에서 옴짝달싹 못하고 끼어 있는 동안 시간과 공간에 대한 감각은 사지의 감각과 함께 모조리 말라붙어 버렸다. 상한 빵 한 조각을 받았으나 너무 피곤하고 기차 칸의 악취가 너무 심한 나머지 먹을 수가 없었다. 주변 사람들이 알아들을 수 없는 말을 중얼거렸고 아이들은 나지막이 훌쩍거렸다. 기차의 경적 소리와 철이 끽끽대는 소리 속에서 시간과 공간이 뒤섞이며 도저히 끝나지 않을 듯한 밤이 또 찾아왔다.

1994년 9월 5일

사람들이 켜켜이 쌓인 모래주머니처럼 뒤엉켰다. 누군가의 발치에 다른 누군가의 손이 그리고 머리가, 발이 줄줄이 맞닿아 있었다. 천천히 오르락내리락하던 가슴이 어느 순간 움직임을 멈추기도 했다. 기차가 선로를 갈아탈 때마다 모두가 한몸처럼 흔들리며 머리칼이 더러운 바닥을 휙휙 쓸었다. 아무도 요강을 사용하지 않았다. 아무도 문밖을 내다보지 않았다. 자매는 가끔씩 서로를 쳐다봤다. 볼펜뷔텔은 이렇게 안 멀어. 설마 진짜로….

사흘째 되던 날, 기차가 멈춰 섰다. 문은 계속 닫혀 있었다. 어두컴컴한 하늘 위에서 강렬한 불빛이 천장 틈을 통해 쏟아져 들어왔다. 개가 짖는 소리, 독일어로 명령을 내리는 소리 그리고 저 멀리서 들려오는 비명. 팔들이 칸 안으로 쑥 들어와 더듬대며 시체를 찾았다. 마치 경기장에 있는 것처럼 아주 작은 목소리도 크게 울려 퍼졌다.

"다들 나와! 빨리, 빨리!"

"나와! 짐은 챙기지 마!"

자매는 겨우 몸을 일으켰다. 어둠에 익숙해진 눈에는 아무것도 보이지 않았다. 다리도 눈꺼풀도 천근만근이었다. 기차에서 빠져나올 때쯤 시체에 발이 걸리면서 승강장으로 곤두박질칠 뻔했지만 낯선 손이 자매를 붙들어 줬다. 줄무늬 죄수복을 입은 남자가 독일어로 빠르게 속삭였다. "건강하지? 걸어. 차에 타지 말고!" 대체 무슨 말인지 이해할 수 없어 그저 서로의 손을 꽉 쥐고 걸었다. 굵직하게 쏘아

내리는 감시등 불빛에 갇힌 자매의 주변으로 먼지가 눈발처럼 떠다녔다.

린테가 뒤를 돌아봤다. 미케가 보낸 담요가 기차 안에 있었다. 하지만 다른 칸 옆을 지나면서, 사람들 손에 들려 있던 가방이 모조리 빼앗겨 승강장 옆에 산더미처럼 쌓이는 것을 보았다. *"가방은 두고 가! 몸만 가라고!"* 짐 더미 옆에는 시체 더미가 쌓이는 중이었다. 간수들이 마치 게임을 하듯 화물칸에서 밖으로 휙휙 시체를 내던졌다. 커다란 군견도 보였다. 무릎까지 오는 가죽 장화를 신고 제복을 차려입은 군인들 손에 칭칭 감긴 개 목줄이 팽팽해졌다. 개들의 날카로운 송곳니가 몸에 닿을 듯 가까웠다. 자매는 속도를 높여 승강장을 지났다.

자연스럽게 줄이 형성됐다. 남자는 이쪽, 여성과 어린이는 저쪽. 나치 장교가 단 위에 서 있었다. 환한 감시등을 등지고 선 크고 어두운 사람 그림자가 그들을 내려다봤다. 그의 입이 계속 뭐라 외쳤다. 목에는 핏대가 올라 있었다. 뭐라고 말하는 거지? 뭘 어쩌라는 거야? 린테와 야니는 잡은 손을 절대 놓지 않았다.

"노인과 어린이는 트럭에 탈 것!"

50살 이상의 사람들, 고된 여정으로 서 있을 힘조차 남지 않은 어른들이 대열에서 선별돼 트럭에 태워졌다. 아이들도 마찬가지였다. 아이를 빼앗긴 엄마들이 자식들 뒤를 쫓았다.

자매는 주변을 돌아보며 익숙한 얼굴을 찾았다. 언뜻 야피를 본 것 같아 린테는 고개를 길게 뺐다. 검은 인파 속에서 동생의 아치 모양 눈썹을 본 것 같았지만 긴가민가하는 사이에 시야에서 사라지고 말았다. 야니는 트럭 근처에서 부모님을 본 것 같았다. 하지만 확인할 겨를도 없이 떠밀려 계속 걸어야 했다.

"서둘러, 서둘러! 더 빨리!"

린테와 야니는 손을 꼭 맞잡은 채 줄을 섰다. 기차에서 내내 풍기던 악취를 잊으려 노력했지만 숨쉴 때마다 냄새가 느껴졌다. 자매는 알 수 있었다. 그 냄새를 평생 잊지 못하리라는 것을.

1944년 9월 5일에서 6일로 넘어가는 밤. 네덜란드에서 해방이 머지 않았음을 확신한 사람들이 국기와 국장을 꺼내 걸었던 '광란의 화요일' 바로 다음 날, 브릴레스레이퍼르 가 사람들이 아우슈비츠에 도착했다.

나치 장교가 사람들을 내려다보며 고함을 질렀다. 줄이 점점 줄어들었지만 여전히 수백 명의 사람들이 승강장을 따라 물밀듯이 걸어왔다.

"조용히!"

사람들은 고개를 들고 장교의 말에 귀를 기울였다. 하지만 주변의 소음과 소란 탓에 도저히 무슨 말을 하는지 알아들을 수 없었다.

"50명의 명단을 부를 것이다! 보호 관찰 대상자 명단이다!"

보호 관찰 대상. 순식간에 사위가 고요해졌다. 장교가 종이를 들고 이름을 읊었다.

"브란더스 마리안네, 레블링 레베카…."

자매는 함께였다. 위조 결혼 증명서 덕택이었다. 호명된 남자들은 즉각 끌려갔고 여자는 클립보드를 든 분대조장에게 가 이름을 다시 확인했다. 대상자는 그리 많지 않았다. 대기하는 동안 숨을 쉴 때마다 타는 냄새가 났다. 감시등 너머의 하늘은 별 하나 없이 깜깜했다. 잠시 대기한 후 일행은 다시 걷기 시작했다.

감시탑. 콘크리트로 만든 망루가 머리 위로 우뚝 솟아 있었다. 끝이 구부러진 모양의 탑이 마치 사람들을 맞이하며 인사하는 것 같았다. 망루 사이를 겹겹이 뒤덮은 가시 철조망에는 고압 전류가 흘렀다. 린테와 야니는 서로를 마주보며 똑같은 생각을 했다. 여기, 노동수용소가 아니야. 온몸에 소름이 쫙 돋았다. 이렇게 기진맥진한 상황에서도 숨이 붙어 있는 게 놀라울 따름이었다. 린테는 발을 떼기도 힘들었다. 마치 녹은 아스팔트 위를 걷는 것처럼 발이 땅에 쩍쩍 달라붙는 듯했다. 무릎이 꺾이고 발목이 접질렸다. 눈물이 볼을 타고 뚝뚝 떨어졌다. 모든 걸 다 내려놓으려는 언니를 본 야니가 린테의 팔뚝을 붙들고 발걸음을 뗐다. 린테는 코에 그렁그렁한 콧물을 닦으며 동생이 이끄는 대로 질질 끌려갔다.

두 사람 바로 앞의 할머니도 쓰러지기 일보 직전이었다. 린테와 야니는 그녀의 두 팔을 양쪽에서 부축하고 함께 걸었다. 적어도 일흔 살은 돼 보이는 할머니는 종잇장처럼 가볍고 금 간 도자기처럼 아슬아슬했다. "고마우이." 할머니가 들릴 듯 말 듯 속삭였다. 그녀가 정신을 잃지 않도록 린테와 야니는 계속 말을 걸었다. "할머니 성함은 뭐예요?" "라위스 카우트스키." 거의 들리지도 않을 만큼 작은 소리였지만 린테와 야니는 분명히 알아들을 수 있었다. "혹시 카를 카우트스키의 부인 아니세요?" 끄덕임과 함께 기억을 더듬으며 설핏 짓는 미소. 그녀의 남편은 유명한 체코-오스트리아인 정치가이자 사회민주주의 이론가였다. 자매는 그가 전쟁 직전, 망명 중이던 암스테르담에서 사망한 것을 알고 있었다. 보프와 에베르하르트가 그의 업적에 대해 이야기하곤 했다. 예상치 못한 순간 마주한 인연이 지난 삶의 추억을 불러일으켰고 마지막 몇 걸음을 더 내디딜 기운을 불어넣어 줬다. 단층 건물로 휩쓸려 들어가면서 자매는 라위스를 놓치고 말았다.

길쭉한 석조 건물 안은 춥고 온통 잿빛이었다. 나치 친위대 장교와 줄무늬 죄수복을 입은 사람들이 길쭉한 책상을 따라 도열해 있었다. 마치 수영 대회에 등록하러 온 듯 줄지어 책상 앞을 지나갔다.

"옷 벗어! 전원 탈의할 것!"

나치 장교의 목소리는 크지 않았지만 건물 전체에 울려 퍼졌다. 여자들은 아무도 옷을 벗지 않았다. 그저 멀뚱히 서서 귀를 의심했다. 분리된 공간도, 커튼도 없이 사방에 사람 천지인데 어디서 옷을 벗는단 말인가.

"서둘러, 서두르라고! 빨리!" 장교가 재차 말했다.

"검역을 할 것이다!" 줄무늬 죄수복을 입은 사람이 외쳤다.

린테와 야니는 불안한 표정으로 서로를 봤지만 다른 여자들이 옷을 벗기 시작하자 두 사람도 마지못해 따랐다. 저항할 기운도 없거니와 몽둥이찜질을 할 핑곗거리만 찾고 있는 간수들에 둘러싸여 있었기 때문이다. 베스테르보르크를 떠나기 전, 어딜 가도 잘 대비할 수 있도록 그토록 신경써서 골라 입은 옷가지를 벗어야 했다. 베스테르보르크. 그 단어가 갑자기 너무나 먼 과거의 일인 듯, 마치 어린 시절 나고 자란 거리의 이름인 것처럼 아련하게 들렸다. 신발을 벗고 양말을 벗었다. 조끼도 벗었다. 그리고 잠깐의 망설임.

결국 브래지어도 팬티도 벗었다.

자매는 두 팔로 가슴을 가린 채 차가운 돌바닥 위에 맨발로 섰다. 시선은 천장을 향했다. 낯선 이들의 눈동자에 비친 제 모습을 마주하고 싶지 않았다.

"움직여!"

책상을 따라 점점 더 빨리 걸었다. 나치 장교들이 곤봉과 개를 이용해 사람들을 재촉했다. 너무 많은 고함소리. 모든 것이 두려웠다. 저도 모르게 어깨를 잔뜩 움츠리고 손을 들어 얼굴을 가렸다. 야니가 저만치 앞서 있었다. 린테도 여동생과 떨어지지 않기 위해 걸음을 재촉했다.

줄무늬 죄수복을 입은 사람들이 면도칼을 든 채 기다리고 있었다. 그들의 텅 빈 얼굴에서 아무런 표정도 읽을 수 없었다. 줄 선 사람들이 순서대로 빈자리로 향했다. 누구 앞에 서게 되더라도 여지없이, 남녀 예외 없이 머리가 깎였다. 팔 들어. 겨드랑이 대. 다리 벌려. 음부. 돌아서. 머리칼을 움켜쥐고 한 번에 서걱 잘라 버렸다. 한 단계 한 단계 나아갈수록 더 발가벗겼다. 다음 단계에서는 팔을 움켜쥐고 낙인을 새겼다. 아픔도 느껴지지 않았다. 바늘이 천천히 움직이며 사람들 왼쪽 팔뚝에 다섯 자리 숫자를 새겼다. 바늘이 피부를 뚫고 잉크가 주입되는 순간, 야니는 옆에 선 언니를 바라봤다. 린테는 제멋대로 잘린 머리와 축 처진 입을 하고 팔 하나를 내준 채 텅 빈 눈으로 허공만 응시했다.

88420.

한 번만 봐도 충분했다. 그 번호는 영원히 야니의 마음속에 박혀 버렸다.

다음은 샤워실. 뜨거운 물과 얼음장 같이 차가운 물이 번갈아 찔끔찔끔 흘러나왔다. 물이 부족해 아우성치는 소리가 샤워실 벽에 갇혀 웅웅 울렸다. 다른 사람들 몸뚱이 사이에 낀 채 자매는 손을 모아 물을 받고, 손을 적셔 피부를 닦기 위해 안간힘을 썼다. 하지만 온몸에 뒤집어쓴 흙먼지를 닦기에는 역부족이었다. 팔다리는 어찌나 덜덜 떨리는지 마치 전신 발작을 하는 것 같았다. 어떤 사람들은 술에 취한 듯 비틀거리며 샤워실을 배회했다. 간수들은 사람들을 곤봉으로 툭툭 밀며 가까이 다가오지 못하게 위협해 바로 세웠다.

"더 빨리!"

라위스 카우츠키가 바닥에 풀썩 쓰러지더니 꼼짝도 하지 않았다. 다른 여성이 그녀가 일어날 수 있도록 도왔다. 다들 필사적으로 샤워기 꼭지에 손을 가져다 댔지만 별 소용없었다. 방에 증기가 차오르자 이곳에 도착한 이후 처음으로 시야에서 간수들이 사라졌다. 린테와 야니는 서로를 바라본 후 꽉 끌어안았다.

"꼭 살아남아야 해." 야니가 말했다.

소리 없이 입 모양으로 전한 결단. 자매는 마주 보며 고개를 끄덕였다.

2   그 무젤만*을 아시나요?

암스테르담의 늦여름, 부모님과 저녁 식사를 하기로 했다. 헤이그에서 기차를 타고 온 야니는 부모님 집을 향해 걸었다. 인도에 깔린 돌 하나하나, 울퉁불퉁한 요철 하나까지도 다 아는 길이었다. 익숙한 얼굴을 향해 손을 흔들었다. 가게들이 하나둘 문을 닫는 시각. 야니의 오랜 친구들은 일을 마치고 동네 술집으로 향하는 길이었고 암스텔 운하의 물결은 강둑을 따라 찰랑거렸다. 바테를로 광장의 북적임이 사라지는 즈음부터는 카레 극장으로 향하는 인파가 이어졌다. 배가 경적을 울렸다. 지하방의 열린 창문 틈으로 음정이 하나도 맞지 않는 악기 소리가 흘러나왔다. 악보대 뒤에 선 소년이 트럼펫을 연습하는 중이었다. 자전거 타는 사람들이 마허르 다리의 가파른 경사와 씨름했다. 어떤 이들은 결국 혀를 내두르며 자전거를 끌고 다리를 건넜다.

---

* Muselmann: 원래는 '이슬람교도'를 뜻하는 단어이지만 나치수용소에서 '산송장' 혹은 '더 이상 인간이라 보기 힘든, 좀비 같은 상태의 사람'을 칭하는 은어로 사용됐다. 프리모 레비의 저서를 비롯한 다양한 아우슈비츠 생존 기록에서 확인되는 용어로, 이후 철학자 조르조 아감벤의 저서 『아우슈비츠의 남은 자들』에서 인간성과 증언 불가능성의 문제에 대해 사유할 때 중요하게 다뤄진다―옮긴이

야니는 왼쪽으로 꺾어 살짝 외진 골목, 니우어 아흐테르 운하 14번지 2층에 도착했다. 언니는 이미 도착한 후였다. 춤 따위나 추고 다닌다며 아버지한테 이미 한바탕 잔소리를 들었는지, 동생이 들어오자 눈을 굴려 보였다. 가족들은 포옹으로 인사를 나눴다. 정신이 딴 데 팔린 듯한 표정의 야피가 문을 열고 들어오자 다들 막내를 환영했다. 어머니는 김이 모락모락 피어나는 부엌에서 딸에게 이것저것 심부름을 시켰다. 야니는 어머니를 도왔다. 피트에가 남편에게 창문을 열어 달라고 부탁했다. 습기 어린 산들바람과 도시 중심가의 부산스러운 소리가 배경 음악처럼 깔렸다.

다 함께 모여 앉은 식탁, 가족과 나누고 싶은 이야깃거리가 한가득이었다. 계획과 꿈에 관해 상의하고 싶었다. 사업이나 가족, 돈에 관한 고민거리도 많았다. 야간 학교 졸업이 다가온 야피는 앞으로 더 공부할지, 무엇을 공부할지 고민 중이었다. 린테는 제 몫의 감자를 접시 한쪽으로 밀었다. "나 너무 돼지야." 린테가 부루퉁하게 말했다. "네가 무슨 살이 쪘다고 그래. 몸집도 작은 것이." 어머니가 본인 접시에서 눈길도 떼지 않고 맞받아쳤다. 야니는 직장에 대해 불만을 토로했다. 자신이 무엇을 하고 싶은지 몰랐다. 지난 몇 달간, 헤이그의 유명한 귀족인 데브라우 가에서 유모로 일했지만 도저히 적성에 맞지 않았다. 국제 적십자사에서 맡기 시작한 일이 더욱 가치 있게 느껴졌다. 파시스트가 판을 치는 마당에 어떻게 가만히 앉아 애나 보고 있어요? 세상이 불구덩이에 빠졌는데! 어떻게 아빠는 그런 끔찍한 인간을 지도자로 뽑은 독일인들과 아무렇지 않게 일하실 수 있어요?

야니는 요세프가 독일 철강 회사에 대량의 과일과 야채를 납품하는 게 못마땅했다. 지난번에도 이 건을 두고 부녀가 언성을 높인 일이 여러 번 있었다. 이와 더불어 적십자사에서 하는 야니의 일이 너무 위험하다 여겨 요세프가 반대한 일 때문에, 야니는 본가를 떠나 헤이그 언니네에 얹혀 살기 시작했다. 요세프는 고개를 절레절레 흔들었다. 딸이 지나치게 과장해서 생각한다고 여겼지만 간만의 가족 식사 자리에서 분위기를 망치고 싶지 않았다. 이미 이 문제에 관해 신물나도록 다투지 않았나. 요세프는 야니가 소위 '악에 맞선 전쟁'을 위해 무슨 일을 하고 다니는지 별로 알고 싶지 않았다. 그는 지금의 사태가 자연스럽게 해결될 것이라고 믿었다. 요즘 같은 시기, 사업이 망하지 않도록 꾸려 나가는 것만으로도 정신이 없었다.

"나는 대스타가 될 거야!" 대화가 한창 이어지는 와중, 린테가 갑자기 양손을 허공에 활짝 펴들고 외쳤다. 뮤지컬 대사처럼 말끝에 음정을 붙여 노래 불렀다. 가족들이 웃음을 터트리자 식탁 주변에 팽팽하게 차올랐던 긴장감이 순식간에 사라졌다. 창밖 거리에서 아이스크림 장수가 〈그 무젤만을 아시나요?〉 노래 장단에 맞춰 종을 울리는 소리가 들렸다. 종소리가 들리자 남매가 고개를 휙 돌려 어머니를 바라봤다. 세 쌍의 짙은 눈썹이 허락을 구하듯 추켜세워졌다. 종소리가 점점 더 커졌다. 아이스크림 장수가 운하를 따라 다가오고 있었다. 피트에는 단호한 얼굴이었지만 이내 표정을 풀었다. 어머니가 고개를 끄덕이자마자 삼남매는 마치 꼬마들처럼 문밖으로 우르르 달려나갔다.

일어나, 밖으로 나가, 빨리. 사람들이 꼬리에 꼬리를 물고 걸었다. 허

둥대다가 서로의 발에 걸려 비틀거리기도 했다. 인파의 가장자리가
아닌, 사람들 속에 몸을 숨기기 위해서는 조금이라도 더 빨리 움직여
야 했다. 비가 내리기 시작했다. 봄의 보슬비가 아닌 차가운 장대비가
마치 양동이로 퍼붓는 듯 사람들 머리 위로 쏟아졌다. 순식간에 먹
구름이 퍼지며 하늘이 땅만큼 잿빛으로 물들었다.

야니는 줄을 선 후 다급하게 린테를 찾았다. 언니는 바로 옆에 서
있었다. 다행이었다. 인파를 따라 걸으며 다시 앞을 응시했다. 빗물
이 얼굴을 타고 흘러내렸고 속눈썹에 물방울이 맺혔다. 그렇지 않
아도 계속 축축했던 옷이 몇 분만에 쫄딱 젖어 버렸다. 며칠 동안이
나 마르지 않은 얇은 누더기 아래로 야니의 몸이 덜덜 떨렸다. 나막
신이 진창에 푹푹 박히며 신발 안으로 진흙이 차올랐다. 처음 신발
을 구했을 때 어찌나 기뻤던지. 처음 한 달 동안은 애지중지하며 아
껴 신었지만 혹독한 날씨에는 속수무책이었다. 진창에 발목까지 잠
기기 시작했다. 야니는 아무도 모르도록 조심스럽게 발을 바꾸며 나
막신을 진창에서 빼냈다. 작은 움직임도 너무 쉽게 눈에 띄었다. 카포
Kapo(수용소 운영의 효율을 극대화하기 위해 수감된 유대인 중에서 모집했
으며 나치 친위대원들을 보조하는 역할을 맡는 대신 노동 면제 등의 특권
을 누렸다. 주로 범죄자 출신으로 구성됐고 잔혹성으로 악명을 떨쳤다—옮
긴이)가 고함을 질렀다. 여자들이 부랴부랴 달렸다. 뒤처진 사람들은
매를 맞고 진창에 고꾸라졌다. 뒤처지면 안 돼. 줄 마지막 자락에 서
면 안 돼. 눈에 띄면 안 돼. 빠져나오면 안 돼. 린테와 야니는 키가 작
아서 다행이라고 생각했다.

몇 시간이고 점호가 이어졌다. 중간에 숫자를 틀리면 처음부터 다

시 시작했다. 수백 명이 거대한 체스판 위의 폰처럼 늘어섰다. 도중에 누군가 풀썩 쓰러지면서 대열에 구멍이 생기기도 했다. 야니는 제 앞에 선 여자의 등을 뚫어지게 바라보며 카포나 나치 여성 교도관들에게 저항하고 싶은 마음을 눌렀다. 빗줄기도, 허기도, 벌벌 떨리는 몸을 타고 흐르는 고통도 애써 무시했다. 사람들은 그야말로 양파가 손질되듯, 본질만 남을 때까지 한 꺼풀 한 꺼풀 발가벗겨졌다. 시작은 직장이었다. 뒤이어 학교에서, 집에서, 고향에서 쫓겨났다. 이웃을 잃고 친구를 잃었다. 가족을 빼앗기고 자유를 빼앗겼다. 종래에는 옷도, 머리칼도, 그림자까지도 모두 빼앗기고 말았다. 하지만 중요한 건 본질이었다. 내가 지켜야 할 것, 나의 본질, 나 자신. 그것만은 뺏기지 말자.

스스로의 모습을 확인할 수 없었지만 자신에게 어떤 일이 벌어지는지를 확인할 수 있는 방법이 있었다. 바로 유령처럼 수용소를 배회하는 산송장을 보는 것이었다. '무젤만'이라 불리는 존재들. 그들은 나치가 본격적으로 손을 쓰기도 전에 스스로를 놓아 버린 자들이었다. 혼수상태나 다름없는 무젤만의 몰골. 파시스트에게는 그것이, 연기가 쉴 새 없이 피어오르는 수용소 화장터 굴뚝보다도 더 큰 승리감을 줬을 테다. 남녀 할 것 없이 좀비처럼 길바닥을 나뒹구는 무젤만. 극도의 탈진 상태에 더이상 소리를 듣지도, 아무런 감각을 느끼지도 못하는 몸뚱이. 꽉 다물린 턱과 하얀 대리석 같은 눈알. 그 눈알에는 더이상 아무것도 비치지 않았다. '선별 과정'에서 무젤만은 가장 먼저 선별됐다. 병자, 임산부, 아이, 노인보다도 먼저였다. 간수의 손짓 한 번으로 그들은 무리에서 끌려 나와 한구석에 몰렸다. 무젤만의 마음속에서 자신은 이미 가스실에 갇혀 있었다. 무젤만은 비명을 지르지도, 울지도, 더이상 주변을 신경쓰지도 못했다. 아니, 일말의 가망도 없는 현실을 지나치게 잘 알았기에 무엇에도 반응하지 않는 것인지 몰랐다. 다른 수감자들이 무젤만을 회피하는 것도 그런 불편한 진실 때문이었다.

야니의 머리 위로 빗줄기가 쏟아졌다. 푹 젖은 옷이 그녀의 피부처럼 착 달라붙었다. 야니는 짧은 속옷 차림으로 바들바들 떨었다. 하의를 입지 않은 다리 사이로 바람이 숭숭 들어왔다. 추위에 언 발에는 아무런 감각도 느껴지지 않았다. 다리 밑에 곧장 나막신만 붙어 있는 듯했다. 하지만 야니는 스스로를 포기하고 싶을 때마다 다른 이들은 가지지 못한 것을 생각했다. 바로 의지할 사람이었다. 자매는 자아를 잃지 않도록 서로를 도왔다. 서로의 존재는 자신이 누구인지를 끊임없이 일깨워 줬다. 나는, 우리는, 암스테르담에서 온 자매라는 사실을.

3   린테의 바이올렛

얼마 지나지 않아 자매는 수용소가, 사람들이 서로 반목하게 만드는 치욕의 계급 구조를 통해 굴러간다는 사실을 간파했다. 언뜻 보기에 아우슈비츠–비르케나우는 진창에 반쯤 가라앉은 혼돈의 구렁텅이처럼 보였다. 하지만 폴란드 브레진카 마을 주변의 늪지대에 지어진 이 수용소는 가스실과 화장터는 물론 디테일 하나하나가 완벽하게 설계된, 모든 것이 합을 맞춰 돌아가는 인간 도살 공장이었다. 수용소를 건설하는 과정에서도 수많은 죄수가 목숨을 잃었다. 수용소 토대를 닦다가 많은 사람이 늪에 빠져 죽었다. 이후 히틀러의 지시 아래 나치 친위대 국가지도자 하인리히 힘러가 그 터에 궁극의 절멸수용소를 건설했다.

  숱한 경험을 토대로 쌓은 노하우 덕분에 아우슈비츠에 '실험적인 것'이란 없었다. 1933년, 힘러는 뮌헨 근처 다하우에 정치범을 수용하는 최초의 나치수용소를 건립했다. 동글동글한 두상에 굳게 다물린 얇은 입술을 한 이 인물, 무테안경을 쓴 가게 점원처럼 말끔하게 생긴 이 인물은 자신을 낳은 어머니보다도 히틀러를 더욱 경애하고 따랐다. 순수 노르딕 혈통 창조에 집착한 힘러는 스스로를 일컬어 '궁극적 인종 위생주의자'라고 칭했다. 그런 그가 여성에게 집중한 것은 놀랍지 않았다. 유대인 여성을 빠르게 멸종시키는 것이야말로 문제 해결의 핵심이었다. 유대인 여성이 다음 세대 유대인을 생산하면 그 후대가 복수를 하겠다고 달려들 테니 말이다. 또한 아리아인 여성이 최대한 빨리, 많이 출산하는 것도 중요했다. 이 끔찍한 사상이 현실이 되게끔 하는 최종 종착역이 바로 린테와 야니가 끌려온 아우슈비츠-비르케나우 절멸수용소였다.

나치수용소장이 계급 구조의 최상단에 자리한 가운데, 수용소에는 거대한 계급 체계가 형성돼 있었다. 가장 말단인 '선택받은 죄수'들은 권력의 끄나풀이 돼 횡포를 부렸다. 사람들을 힘껏 걷어차는 것은 권위를 내세우는 데 도움이 됐다. 그리고 권위는 그들에게 목숨처럼 소중했다. 더 높은 지위는 모두가 굶주리는 이곳에서 빵 한 조각을 더 얻어먹을 수 있게 했고 다른 이들이 가스실로 끌려갈 때 처형을 면하게 해 줬다. 죄수를 감시 수단으로 이용하는 것은 경제적일 뿐 아니라 희생자들이 서로 반목하게 만드는 훌륭한 수단이기도 했다. 이로써 손쉽게 유대인 사회가, 아니 유대인 사회의 '잔여물'이 자멸하도록 만들 수 있었다.

'막사장' 위에는 '구역장'이, 그 위에는 카포가 군림했고, 여성수용동의 카포들은 여성 교도관 직속으로 일했다. 나치 장교인 여성 교도관은 각자 자신만의 방식으로 공포 정치를 폈다. 어떤 이는 눈 하나 깜짝하지 않고 무표정으로 죄수들을 채찍질했고, 어떤 이는 어린 소녀의 뇌가 터져 발아래 문드러질 때까지 곤봉으로 소녀의 머리를 내려쳤다. 위에서 아래로만 내리누르는 것이 아니었다. 나치는 수감자 간의 분리와 갈등도 조장했다. 폴란드인은 러시아인을, 러시아인은 헝가리인을, 헝가리인은 서유럽인을 억압하도록 만들었다. 자매는 카포 대부분이 폴란드 출신 여성으로, 특히 프랑스와 네덜란드 출신 소녀들을 더 싫어한다는 사실을 알아차렸다.

린테와 야니는 정치범을 수용하는 분리 구역에 수감됐다. 그리스와 프랑스, 이탈리아, 러시아와 덴마크 등 유럽 각지에서 온 여자들이 수감돼 있었다. 다들 굶주리고 기진맥진한 채 아이와 가족을 그리워했다. 가족들 소식을 듣기 위해 백방으로 노력했지만 자매는 야피와 부모님을 찾지 못했다. 빨간 머리 펙이나 루스 아주머니와 브람 아저씨도 흔적조차 찾을 수 없었다. 당연한 일이었다. 비르케나우 수용소만 해도 축구장 350개 규모였으며, 수백 개의 막사, 수만 명의 수감자로 이루어져 있었기 때문이다. 그 옆으로는 본진인 아우슈비츠 제1수용소가, 그 너머로는 제3수용소가 있었다. 제3수용소 쪽에는 화학 회사인 'IG 파르벤'을 비롯해 회사들이 들어선 산업 구역이 있었다. 그곳에서 제3제국의 노예들이 합성 고무 생산에 동원됐다.

좁다란 나무 침대 위에서 사람들 사이에 끼어 좀처럼 잠들 수 없는 밤이 이어질 때마다 자매는 공장 조립 라인 앞에 선 부모님과 야피를 상상했다. 힘들고 비위생적인 작업이겠지만 그래도 살아 있는 게 어딘가. 아니면 인근의 소규모 수용소 마흔 곳 중 한 곳에서 밭일을 하고 있을지도 몰랐다. 긍정적인 시나리오를 상상하는 것은 기나긴 밤을 견딜 수 있게 해 줬다. 하지만 어두운 새벽, 점호를 하러 나갈 때면 수용소 위로 우뚝 솟은 굴뚝이 가장 먼저 눈에 들어왔다.

3. 린테의 바이올렛

아우슈비츠에 도착한 첫날 아침, 줄무늬 죄수복을 입은 여자가 자매 일행을 이끌고 격리 구역으로 향하는 길이었다. 일행은 거대한 굴뚝이 딸린 단층 건물을 지났다.

"이 공장에서는 무슨 일을 하나요?" 일행 중 누군가가 물었다.

여자는 눈길도 돌리지 않았다.

"공장?" 여자가 굴뚝을 턱으로 가리키며 말했다. "너희들이 끌려갈 곳이지. 화덕이라고나 할까."

야니는 나머지 가족들 모두 목숨을 부지했을 거라고 믿고 싶었다. 하지만 해방 소식 없이 하루하루 흘러가기만 했고, 그 와중에 '화덕'은 불 꺼지는 날도 없이 부지런히 열리고 닫혔다. 수용소에는 항상 시체 타는 냄새가 담요처럼 자욱이 깔려 있었다. 아침에 일어나서 말을 할 때면 목이 매연에 잠겨 더 갈라져 버렸다.

의미 없는 노역과 끝없는 점호로 매일이 채워졌다. 점호는 대략 여섯 시간 동안 쉬지 않고 이어졌다. 때로는 열두 시간, 심지어 흐릿한 폴란드의 해가 다시 모습을 드러낼 때까지 24시간 내내 계속됐다. 아우슈비츠에 도착한 첫 달, 1,000명 때로는 2,000여 명의 사람들이 25명 단위로 도열해 있을 때면, 팔의 털이 새싹처럼 바짝 일어나 주변의 온기에 반응하며 잠시나마 안도감을 주기도 했다. 하지만 10월로 접어들자 하늘에는 짙은 휘장이 드리웠고 하루가 멀다 하고 비가 쏟아졌다. 곧 바위처럼 딱딱했던 바닥이 악취 나는 진흙탕으로 변했다. 옷은 더이상 마르지 않았고 막사는 곰팡이와 해충이 기하급수적으로 번식하는 축축한 마구간이 됐다.

막사의 3층 침대는 사람을 적재하기 위한 나무 선반이나 다름없었다. 각 층이 2인용이었지만 수용 인원을 훌쩍 넘긴 탓에 층마다 대여섯 명이 몸을 옆으로 하고 누워야 했다. 침대 하나당 열여덟 명의 사람이 몸을 벌벌 떨며 붙어 누웠다. 운이 좋으면 지푸라기라도 덮을 수 있었지만, 대부분의 경우 부서질 듯 끽끽대는 나무 판자 위에 담요 조각 하나만 주어졌고 베개 따위 있을 리가 없었다.

밤마다 딱 달라붙어 뒤척이는 몸뚱이들은 정말로 견디기 힘들었다. 낯선 이의 뼈만 남은 엉덩이가 야니의 배에 맞닿았고 상처와 물집 가득한 입술이 야니의 얼굴에 더운 숨과 함께 기침을 내뱉었다. 생사도 모르는 자식 생각에 울음이 터진 사람들의 훌쩍임이 야니의 귀를 파고들었다. 비듬이 덕지덕지한 옆 사람 뒤통수에 야니는 코를 박았다. 누군가의 무릎에 야니의 등이 찔렸고, 누군가의 피고름이 야니의 피부에 닿았다. 어떤 이는 다른 이의 손을 억지로 펼쳐 귀중품을 훔쳐가려고 했다. 바로 위에 누운 여자는 병에 걸려 자포자기한 상태였고 그 옆 여자는 반실성 상태였다. 바로 그 옆의 여자는 너무도 공격적이었다.

하지만 이 모든 불편함도 가려움 앞에서는 아무것도 아니었다. 미칠 듯한 가려움. 피부 아래를 기어다니는 가려움. 혈관을 타고 뇌 속까지 기어드는 가려움. 가려움은 어떻게 해도 가시지 않았다. 야니는 수감자들을 미치게 만드는 것의 8할이 바로 가려움 아닐까 생각했다. 이와 벼룩, 빈대를 비롯한 각종 벌레가 옷과 머리, 속눈썹, 발가락 사이, 겨드랑이, 사타구니에 득시글거렸다. 온몸 수백 군데에 물린 자국이 생겼고 매초, 매분, 매일 오전, 오후, 저녁, 밤 할 것 없이 벌레에 물어뜯겼다. 벌레는 너무 작고 셀 수 없이 많았다. 마치 산 채로 눈에 보이지 않는 군대에게 뜯어 먹히는 것만 같았다. 그리고 그 느낌이 사람을 미치게 만들었다. 손톱, 이빨 그리고 날카로운 쇠붙이에 피부가 죽죽 긁혀 나갔다. 수용소를 걸어 다니다 보면 미친 듯 긁어서 머리뼈가 드러난 사람을 흔히 볼 수 있었다. 그리고 상처는 서서히 썩어 들어갔다. 어떻게 해도 가려움을 멈출 수가 없었다. 가장 큰 고난은 완전히는 굴복하지 않으면서 어쨌든 굴복하는 것이었다.

야니는 린테에게 계속해서 되뇌었다. 언니, 우리 꼭 살아남아야 해. 우리가 함께라면, 서로 정신을 붙들어 주고 돌봐 주면 이겨낼 수 있어. 아이들 생각은 하지 마. 머리를 비워. 먹을 수 있는 건 다 먹어. 긁어서 상처를 내면 안 돼. 그리고 무엇보다 명심해. 요세프 멩겔레와 그의 수하인 나치 의사들에게 선별당하면 안 돼.

'선별 작업'은 수감자들이 가장 두려워하는 일이었다. 이미 도착 직후 승강장에서 주요한 선별 작업이 이루어진 바 있었다. 늙고 병든 자들 그리고 15세 미만 어린이들은 열차에서 내린 즉시 가스실로 끌려갔다. 하지만 선별 작업은 거기서 끝이 아니었다. 나치 의사인 요세프 멩겔레가 일주일 혹은 한 달에 한 번, 정말 운이 좋을 때는 두 달에 한 번 느닷없이 수용소에 나타났다. 그는 누가 아직 일할 힘이 남아 있는지, 누가 그의 생체 실험에 쓰일 만한지, 그리고 누가 아무짝에도 쓸모없는지 판별했다. 그는 마치 파리를 쫓듯 손짓 하나로 사람들을 가스실로 보냈다. 앞의 두 그룹에 속할 수 있다면 그나마 목숨을 보전할 수 있었다. 선별 작업은 주로 점호 직후에 실시됐다. 그리고 또다시 그 일이 일어났다.

기약 없이 대기하다 각자 막사로 돌아가려던 찰나, 곳곳에서 소란이 일었다. 간수와 군견, 긴장한 기색의 카포. 그들은 평소보다도 더 큰 소리로 외쳤다.

"주 점호다! 선별 작업을 위해 줄을 서라!"

"빨리!"

사람들이 허겁지겁 막사로 돌아가 옷을 벗었다. 순식간에 공황이 퍼졌다. 발가벗은 여자들이 뛰어다니며 가족, 친구, 아이를 찾았다. 시간이 얼마 없었지만 부랴부랴 제 몸을 훑고 이웃이나 친구에게 확인해 달라 했다.

"여기 발진 난 거 보여?"

"이거 염증일까?"

"나 살이 더 빠진 것 같아?"

"차렷할 때 팔을 옆으로 붙여서 상처를 가려 봐."

어떤 이는 그동안 애지중지 숨겨 둔 마가린을 뺨에 퍼 발라 칙칙해진 피부를 조금이라도 반질반질하게 했다. 어떤 이들은 잿빛인 제 뺨을 마구 후려치고 입술을 잘근잘근 씹어 조금이라도 붉어 보이게 했다. 손톱만 한 립스틱도 금덩이만큼 귀했다. 적어도 사흘치 배급 식량과 맞바꿔야 겨우 구할까 말까였다. 다들 이처럼 필사적인 이유는 아주 조금이라도 혈색이 돌아야 '죽음의 천사'에게서 목숨을 구할 수 있었기 때문이다. 수감자들이 멩겔레 박사를 부르는 말이었다.

야니는 일찌감치 옷을 벗고 말라비틀어진 언니의 몸을 살폈다. 처녀 시절, 호리호리한 몸매에 숱 많은 검은 머리칼로 뭇 남성들을 줄줄 달고 다녔던 예쁜 언니는 간데없었다. 툭 치면 부러질 듯한 몸뚱이와 밤송이 같은 머리가 그 자리를 대신했다. 린테는 절망에 빠진 채 막사 안에 퍼진 아비규환을 바라봤다. 늘 긴장해서 지내다 보니 기운을 소진했다. 동생은 저보다 감정 기복이 덜했고 의지가 강했으며 강인했다. 마치 엄마 피트에처럼. 야니는 린테보다 생명력이 강했다.

욱하는 성격을 드러내듯 린테의 오른쪽 눈두덩이에 시퍼런 멍이 퍼져 있었다. 짙은 보라색 유화 물감을 푼 것 같았다. 그저께 같은 막사에 수감된 소녀가 린테가 베고 자던 나막신을 훔쳤다. 다음 날 신발을 돌려 달라고 실랑이를 벌이다 큰 싸움으로 번지고 말았다. 둘이서 나막신 하나를 붙들고 비명을 질렀다. 린테가 나머지 한쪽을 낚아채려던 찰나, 소녀는 나막신으로 린테의 얼굴을 후려갈겼다. 눈앞에 별이 번쩍거릴 만큼 아팠는데 신발마저 되찾지 못했다.

"언니!" 야니가 린테의 팔뚝을 꽉 그러쥐었다. "집중해. 어떻게든 살아남아야 해. 아버지도, 엄마도, 야피도 다 저기 어딘가에서 살아서 우리를 기다리고 있을 거야. 그러니까 선택당해서는 안 돼. 알아들었지?"

린테가 힘겹게 고개를 끄덕였다. 하지만 멩겔레 앞에 전시되는 것을 견딜 기운이 남아 있지 않았다. 점호를 위해 몇 시간이고 밖에 서서 대기한 바람에 너무 지치고 배가 고파 그냥 침대에 가서 눕고만 싶었다. 아주 잠깐이라도 몸을 뉘였다 가면 안될까. 야니가 린테를 부축해 일으키자 린테의 머리가 줄기 꺾인 튤립처럼 툭 떨어졌다.

"에베르하르트 꿈을 꾸었어." 린테가 시선을 떨구고 들릴 듯 말 듯 속삭였다.

주위 여자들이 밖으로 달려나가기 시작하자 야니는 몸이 달아서 언니를 바라봤다. 그때 갑자기 린테가 고개를 쳐들었다.

"그놈들이 카팅카가 유대인인 걸 알아채면 나는 우리 딸을 다시 볼 수 없을 거야. 너는 에베르하르트가 탈출했다고 하지만, 그래도…."

린테의 입에서 흐느낌이 터져 나왔고 어깨는 더 축 처졌다. 야니는 언니의 어깨를 붙들고 코가 맞닿을 듯 얼굴을 바짝 들이밀었다. 야니의 까만 눈동자에서 불길이 치솟았다.

"작작 좀 해! 둘 다 안전하다니까! 지금 그게 문제가 아니라고!"

야니가 버럭 고함을 질렀다. 이제 거의 텅 비다시피 한 막사에 야니의 목소리가 울려 퍼졌다. 야니는 린테를 마구 흔들었다. 결국 짜증이 치솟은 린테가 야니를 뿌리치며 맞서 싸우기 시작했다. 하지만 야니는 린테가 기운이 다 빠질 때까지 언니를 움켜쥔 손을 놓지 않았다. 둘 다 마치 어린 시절 다툴 때처럼 볼이 새빨개지고 눈이 번들거렸다. 야니가 한걸음 물러서 숨을 몰아쉬며 말했다.

"자, 이제 빨리 나가자. 턱 들고 당당하게 서 있어."

개들이 미친 듯이 짖고 나치 장교들이 여자들에게 빨리 움직이라며 으르렁거렸다. 맨발로 얼음장처럼 차가운 진창을 지치며, 차가운 바람에 벌거벗은 몸을 긁혀 가며, 다들 빠르게 달렸다. 그레이트 데인의 날카로운 이빨이 보이자 오금이 저렸다. 지나가는 여자들의 살갗에 개의 침이 마구 튀었다.

다들 줄지어 섰다. 선별 작업을 위해 한 명씩 앞으로 나아갔다. 멩겔레가 조수를 대동한 채 그들을 기다리고 있었다. 그가 신이 난 표정으로 몸뚱이 하나하나를 뜯어봤다. 언제나처럼 그의 제복에는 주름 하나 없었다. 좌우대칭이 잘 맞는 얼굴과 관자놀이 쪽을 바짝 깎은 머리가 모자에 반쯤 가려져 있었다. 그의 갈색 눈동자는 오늘은 어떤 수확이 있을까 하는 기대로 반짝거렸다. 쌍둥이는 특히 그에게 희열을 선사했다. 이 짐 더미 속에서 쌍둥이는 희귀한 연구 대상이었다. 쌍둥이는 승강장에서의 1차 선별 작업 때 최우선으로 선택됐다. 멩겔레는 자신의 일을 미치도록 사랑했다. 괜찮은 실험체를 찾기 위해 그는 쉬는 날도 아랑곳 않고 수용소를 찾았다.

그는 프랑크푸르트 대학에서부터 진행했던 우생학 연구를 비롯한 여러 실험을 비르케나우 수용소에서 계속했다. 수용소에서는 어떤 윤리적 제재도 없었다. 약 10여 년 전, 아직 20대 초반이던 시절 그는 「아래턱 앞부분의 차이에 따른 인종형태학상의 연구」로 박사 학위를 취득했다. 아리아인을 향한 멩겔레의 환상은 끝이 없었고 비르케나우에서는 이 연구를 위한 실험체를 끝없이 확보할 수 있었다. 그는 까만 눈동자를 파랗게 개조하는 연구와 쌍둥이의 핏줄을 연결하는 실험을 진행 중이었다. 그가 어린 쌍둥이 자매를 꿰맸다는 소문이 파다했다. 혈관을 접붙이고, 등과 손목을 맞붙여 꿰맸다는 것이었다. 하지만 멩겔레가 어린아이들에게 우유와 과자를 준다는 이야기도 있었다. 도대체 무슨 소문이 진실인지 알 수가 없었다.

"*다음!*"

수용소 운동장을 채운 앙상한 여자들이 끊임없이 움직였다. 마치 컨베이어 위에 서 있는 것 같았다. 여자들은 먼저 앞모습부터 검사 받고 뒤를 돌았다. 그리고 다시 몸을 돌린 후 멩겔레의 손짓을 기다렸다. 왼쪽으로 까딱이면 노동 구역 혹은 실험동으로, 오른쪽으로 까딱이면 가스실로 보내라는 뜻이었다. 멩겔레의 얼굴은 다른 나치 장교들과 다르게 매우 온화했다. 돌아다니며 이리저리 고갯짓하는 그의 천사 같은 얼굴을 보고 있노라면 '매력적인 사람이란 이런 사람을 말하는 거구나.' 하는 생각이 절로 들 정도였다.

한 러시아인 수감자는 멩겔레가 다섯 살 이하의 어린이들을 커다란 불구덩이에 던져 넣었다고 했다. 아이들을 가스실로 인솔하는 것조차 번거롭다는 이유로. 약 열 대의 덤프트럭이 아이들을 싣고 줄지어 불구덩이 앞에 대기했고, 나치 장교들이 멩겔레의 지시에 따라 아이들을 낚아채 불길 속으로 집어 던졌다고, 온몸에 불이 붙은 채 기어오르는 아이들을 장대로 다시 밀어넣었다고 했다.

"다음!"

한 걸음씩 더 앞으로 나아갔다. 점점 순서가 다가오고 있었다. 곧 린테의 차례였다. 모두들, 교통정리하듯 방향을 지시하는 멩겔레의 손만 뚫어지게 바라봤다.

왼쪽.

오른쪽.

그가 대기줄 사이를 거닐었다. 친근한 표정을 짓고 있었고 말을 탄 기수처럼 등은 꼿꼿하게 세우고 있었다. 그는 침묵 속에서 매초 새로운 판단을 내렸다.

왼쪽.

오른쪽.

수용소 생활을 하며 모두 뼈만 남은 상태였지만 그중에도 더 약해 보이는 사람들이 있었다.

배꼽 밑이 좀 부풀어오르지 않았나? 오른쪽으로 보내. 임산부는 필요 없어.

저건 발진인가? 자세히 확인해 봐. 불려온 의사가 발가벗은 소녀의 몸을 살핀 후, 고개를 끄덕였다. 그럼 오른쪽.

팔뚝을 꼬집어 보기도 했다. 아직 일할 수 있을 만큼 살이 남아 있나? 오케이, 왼쪽으로.

등뼈가 굽기 시작한 사람이 있었다. 멩겔레의 두 눈이 호기심으로 반짝였다. 그는 여자의 굽은 등을 노크하듯 두드려 보고, 척추를 손가락으로 훑고, 선체처럼 툭 튀어나온 갈비뼈를 더듬어 본 후 만족스럽게 고개를 끄덕였다. 실험동으로 보내.

너, 손 내밀어 봐. 뒤로 돌아. 아이고, 옴이 옮았네. 왼쪽, 병리 구역으로. 수용소에는 옴벌레가 기승을 부렸다. 그 자그마한 벌레는 사람의 피부를 뚫고 알을 깠다. 미칠 듯한 가려움과 발진을 유발했지만 목숨을 위협하지는 않았다. 병리 구역에서 처치를 받은 수감자들은 복귀 후 노동을 계속했다. 안네 프랑크도 그곳으로 보내졌다. 병리 구역은 나머지 수감동과 분리돼 높은 벽으로 둘러싸여 있었다. 마르고트도 동생을 따라가기 위해 몸이 안 좋은 척했다. 이후 야니는 꽤 오랫동안 두 사람을 다시 보지 못했다.

왼쪽.

오른쪽.

남은 줄이 점점 짧아지기 시작했고 멩겔레가 지나가자 홍해 갈라지듯 사람들 사이가 갈라졌다. 야니는 린테보다 조금 뒤에 서 있었고, 제 언니에게서 눈을 떼지 않았다. 의사가 여자들 사이를 어슬렁

거리며 고개를 까딱였고 점점 린테에게 가까이 다가갔다. 언제나처럼 열정 넘치고 기분이 좋아 보였다.

멩겔레가 린테 앞에 멈춰 서서 웃기 시작했다. 야니가 숨을 죽였다. 멩겔레가 허리띠에 엄지를 걸친 채 편한 자세로 린테에게 말을 걸었다. 야니는 귀를 쫑긋 세웠다.

"*대체 무슨 짓을 한 거니?*"그가 재밌다는 듯 고개를 갸웃거리며 린테에게 물었다. 샐쭉 웃는 입술 사이로 벌어진 앞니가 반짝였다. 린테는 아무런 대답도 하지 않았다. 야니의 어깨와 목이 빳빳하게 굳었다. 왜 대답을 안 해?

멩겔레가 웃으며 린테에게 한 걸음 더 다가가서 손가락으로 얼굴을 가리켰다.

"*바이올렛은 어디서 구해 왔어?*"

린테는 그의 말을 알아들을 수 없었다. 그녀는 한쪽 어깨를 움츠리고 고개를 가볍게 저었다.

Veilchen, 바이올렛? 제비꽃을 말하는 건가? 꽃이 여기서 왜 나와?

"*저한테는 꽃이 없는데요.*" 야니가 주저하며 답했다.

하지만 대답하자마자 질문이 무슨 뜻인지 이해할 수 있었다. 아, 멍이 든 걸 말하는구나!

린테가 정신을 차렸다. 야니는 언니의 등만 봐도 알 수 있었다. 아, 다행이다. 린테가 턱을 들고 두려움 없이 의사의 눈을 똑바로 봤다.

"*아, 죄송합니다. 어떤 애랑 싸움이 붙어서 나막신에 눈을 얻어맞았어요.*"

멩겔레가 소리 내 웃으며 린테의 헐벗은 엉덩이를 찰싹 때리더니 손가락을 왼쪽으로 까딱했다. 가 봐.

야니가 주먹에서 힘을 풀었다. 살갗을 파고든 손톱이 천천히 빠져 나왔다.

린테 뒤에 선 여자는 이성을 잃기 일보 직전이었다. 그녀는 암스테르담 근처 소도시에서 액자틀을 제작하는 장인 가문의 사람으로, 자매도 잘 아는 사람이었다. 그녀는 독일어를 할 줄 몰랐고 멩겔레가 말을 걸자 과호흡이 온 듯 헐떡거렸다. 멩겔레가 입을 벌리고 눈썹을 추켜세웠다.

"너는? 너는 왜 이런 건데?"

그가 언짢은 듯 여자의 배를 보며 물었다. 확실히 여자의 배는 다른 이들의 배만큼 등가죽에 달라붙어 있진 않았다. 무슨 상황인지 알아들을 수 없어 절망한 여자가 주위를 두리번거렸다. 멩겔레가 손가락으로 그녀의 배를 가리키자 그녀가 더듬더듬 독일어를 섞어 가며 말했다.

"아니, 아니에요…." 여자가 머리를 세차게 저으며 더듬거렸다. "저는… 저… 있어요…. 아이는 집에 있어요, 두 살이에요." 여자가 눈을 커다랗게 뜨고 손으로 무릎 정도 되는 높이를 가리키며 의사를 향해 고개를 마구 끄덕였다. 의사가 어떻게든 말을 알아듣기를 바랐지만 허사였다.

오른쪽.

"안 돼요!" 여자가 비명을 지르며 네덜란드어로 빌었다. 하지만 멩겔레는 더이상 볼일 없다는 듯 지나가 버렸다.

여자가 절규하며 "오해"라고 외쳤다. 여자의 흰자가 시뻘겋게 물들었다. 야니는 이성을 잃을 것만 같아 입술을 깨물었다. 멩겔레가 뒷걸음질로 돌아오더니 그대로 여자의 머리를 후려갈겼다. 그리고 간수들에게 손짓으로 여자를 끌고 가라 지시했다.

그리고 몇 초 후, 멩겔레는 야니를 지나치며 왼쪽 사인을 보냈다. 줄은 거의 줄어들었고 운동장에 남은 사람도 별로 없었다. 살아남은 것에 안도했지만 방금 네덜란드 여자에게 벌어진 일에 도저히 분을 참지 못한 야니는 막사 주변을 서성였다. 네덜란드 출신의 여성 교도관을 발견하자마자 두 번 생각할 것도 없이 달려가 교도관의 팔을 움켜잡았다.

"아까 그 여자, 임신 아닌 것 알잖아요! 게다가 유대인이 아니라 정치범이라고요. 가스형에 처해지면 당신이 문책당할 거예요!"

작은 거인 야니가 교도관 면전에 대고 분노에 찬 말을 쏟았고 몸을 휙 돌려 막사로 돌아갔다. 그리고 그 네덜란드 여인은 기적적으로 가스실 문턱에서 빼내졌다. 야니와 여자는 세월이 흐른 후 재회한다. 두 사람 모두 무사히 살아남아.

4 라 마르세예즈

린테와 야니는 카포를 제일 두려워했다. 카포는 동료 수감자들을 괴롭히는 데서 희열을 느꼈다. 나치 친위대가 직접 임명했고 주로 갱단 출신이나 범죄자 중에서 선발됐다. 아우슈비츠에 도착한 첫 주부터 자매는, 도대체 구역장인 폴란드계 유대인 소녀 로사-그녀는 매우 건강해 보였다-가 왜 그토록 사람들에게 가혹하게 구는지 의아했는데, 로사가 카포에게 어떤 대접을 받는지를 보자 상황이 대충 이해됐다. 아랫사람들을 제대로 다루지 못하면 로사도 언제든 잘려 나갈 목숨이었다. 린테가 한 카포의 분노를 사기까지는 그리 오래 걸리지 않았다.

두 사람과 같은 동에 루스 펠트만이라는 인물이 수감돼 있었다. 루스는 다부진 체격의 네덜란드인으로, 수용소에 오기 전까지 히브리 중앙병원의 수간호사로 근무했다. 루스는 브릴레스레이퍼르 가 사람들과 같은 기차를 타고 베스테르보르크에서 아우슈비츠로 왔고, 자매와 함께 '샤워'를 한 후 같은 구역에 수감됐다.

어느 날, 자매와 루스는 함께 변소를 사용했다. 변소는 길쭉한 석조 건물로, 바닥에 일렬로 동그란 구멍이 뚫려 있어 그 구멍에다 볼일을 봐야 했다. 악취가 코를 찔렀고 더럽기는 돼지우리보다 더했다. 하지만 바로 그 점 때문에 변소는 나치 친위대의 발길이 닿지 않는 곳, 그래서 잠깐이나마 사적인 대화를 나눌 수 있는 수용소 내 몇 안 되는 장소였다. 린테와 야니는 볼일을 마쳤지만 루스는 설사 탓에 도저히 자리에서 일어날 수가 없었다. 얼마 지나지 않아 카포가 들어와 그들을 몰아냈다. 배가 너무 아픈 데다 혹 밖에서 설사를 지릴까 겁이 난 루스가 일어나지 않자 카포가 분노했다. 카포는 루스를 주먹으로 후려치고는 그대로 구멍으로 밀어 버렸다. 루스를 똥물에 빠트려 죽일 심산이었던 것이다.

루스가 구멍에서 빠져나오려 죽을힘을 다해 버둥대는 동안 카포는 계속해서 소리를 질렀다. 더 생각할 것도 없었다. 린테는 나막신을 벗어 들고 카포의 머리를 있는 힘껏 내리쳤다. 마치 코르크 마개가 병에서 펑 튀어나오는 것 같은 소리가 났다. 카포가 잠잠해진 틈을 타루스가 구멍에서 빠져나왔다. 린테는 곧장 뒤돌아 젖 먹던 힘을 다해 도망쳤다. 카포가 쌍욕을 퍼부으며 린테를 뒤쫓았다. 거대한 수용소의 인파 속에서 카포는 린테를 놓치고 말았다. 지원 병력이 도착하기 전에 린테는 사람들 속으로 자취를 감췄다.

한참 후 린테가 막사로 돌아오자 야니는 길길이 날뛰었다. 그러고는 이내 언니의 품에 안겼다. 두 사람 다 알고 있었다. 카포가 린테를 잡았다면 린테는 그 자리에서 맞아 죽었으리라는 걸. 하지만 아이러니하게도 이 일이 자매의 목숨을 구했다. 얼마 후 루스가 이런 제안을 한 것이다. "저 간호사로 자원하려구요. 두 분도 같이 가요."

나치가 제아무리 사람들의 인격을 말살하려고 기를 써도 막사 안에는 언제나 마지막 한 줌의 인간성이 살아 숨쉬었다. 사람들은 나치 장교의 모습을 흉내냈다. 피라냐처럼 아래턱을 삐죽 내밀고 짜리몽땅한 다리로 뒤뚱뒤뚱 수용소를 가로지르다 상관이 지나가면 화들짝 놀라 경례를 올리는 모습을 비웃었다. 폭신한 앙고라 점퍼와 짧은 치마를 입은 데다 긴 부츠를 신고 올림머리까지 한 카포를 뒤에서 욕하기도 했다. 야니는 그 점퍼를 폴란드의 진흙탕에다 처박아 엉망으로 만드는 상상을 했다.

하지만 사람들이 가장 많이 하는 이야기는 뭐니 뭐니 해도 먹거리에 관한 이야기였다. 오목한 중심에 그레이비 소스를 담은 매시트포테이토와 미트볼, 볼로네제 소스를 곁들인 알덴테 파스타, 커다란 파마산 치즈 덩어리, 꿀과 타임을 곁들여 구운 양고기 커틀릿, 나무통에 숙성한 레드 와인, 갓 볶은 원두로 내린 커피 그리고 얼음이 쟁그랑거리는 유리잔에 찰랑찰랑한 홈메이드 레모네이드까지. 사람들은 피골이 상접한 배에 상상의 음식이 가득 들어찰 때까지 음식 이야기를 했다.

사람들이 먹을 것 이야기에 평소보다 너무 들떠 있을 때면 카포가 막사에 들어왔다.

"여기에 처먹고 놀려고 온 줄 알아? 죽으러 온 거야!"

카포가 거친 발걸음으로 막사를 나가자 다 헤진 셔츠를 입은 말라깽이 여자가 다리를 쩍 벌리고, 특유의 거만한 자세와 더러운 인상을 똑같이 흉내내며 카포가 걸은 길을 따라 걸었다. 3층 침대에 다닥다닥 붙어 앉은 사람들이 킥킥 웃었다. 그래도 아직 웃을 힘이 남아 있었다.

매일이 전쟁이었다. 먹을 것을 지키기 위해 싸우고 목숨을 지키기 위해 싸웠다. 그것이 무엇이 됐든 뺏기지 않으려 싸웠다. 물이 나오나 마나 한 식수대에서 한 방울이라도 더 받기 위해 다른 사람들의 컵을 밀치며 싸웠고, 노역이 끝난 후 돌아온 침대에서 담요 조각을 먼저 차지하기 위해 싸웠다. 담요 조각을 팬티에 묶으면 속옷 아래로 들어오는 찬바람을 조금이나마 막을 수 있었다.

한편으로는 모든 기운을 쥐어짜 서로의 기분을 북돋았다. 야니는 이탈리아 여자의 불같은 성격에 웃음을 터트렸고 프랑스 여자의 기발함을 사랑했다. 프랑스 여자들은 빗살이 세 개만 남은 빗과 유리 조각으로 꺼칠꺼칠한 머리와 엉망인 눈썹을 정리했고 진흙을 이용해서 눈썹을 그렸다. 목에 천조각을 두르고 교태 어린 미소를 지어 보기도 했다. 이건 허영이 아니라 '교양Esprit'이야. 야니가 갓 배운 프랑스 단어를 들먹이며 언니에게 설명했다.

그 모든 추함도 린테의 목소리를 앗아가지는 못했다. 린테는 가끔 야니에게 조용조용 노래를 불러 줬다. 아이들을 재울 때 불렀던 자장가, 에베르하르트와 연습했던 이디시어 노래. 노래를 할 때면 하이네스트 시절로 돌아간 것만 같았다. 그때도 늘 마음 졸이며 살았지만 죽어 가지는 않았는데. 그리고 무엇보다 다 같이 있을 수 있었는데. 가끔은 그 시절이 마치 전생처럼 아득했다.

린테가 노래를 불러 줄 때면 야니는 눈을 감았다. 모든 것이 생생하게 그려졌다. 긴 하루를 보내고 에리카베흐의 트램 정류장에서부터 집으로 걸어가던 길, 높고 파란 하늘 위를 떠다니던 황조롱이, 숲과 조개 껍데기 깔린 길, 대문 그리고 붉은 덧창. 집에 들어가면 늘 누군가 식탁에 앉아 있다가 손을 흔들며 맞이했지. 헛간을 지나며 야피에게 인사하고, 작업대에서 무얼 만들고 있나 들여다보고. 마침 내 뒤뜰에 들어서면 린테 언니와 세 아이들이 보였다. 정자 밖에 앉아 넷이서 노래를 부르고 있었다. 손을 뻗으면 아이들을 만질 수 있을 것만 같았다.

어느 날, 수감자들이 막사 밖으로 몽땅 쫓겨났다.

"*방역이다! 전원 탈의해! 밖으로 나와!*"

수백 명의 여자들이 누더기옷을 벗고 알몸으로, 싸늘한 10월 아침 공기를 가르며 달렸다. 이건 점호가 아니었다. 소지품을 모두 버리고 부랴부랴 수용소 운동장으로 모여 조별로 나눠 섰다. 맨발이 진흙에 푹푹 빠졌다.

"이거 방역 아니야." 자매와 같은 조에 속한 여자가 말했다. "옷을 벗으라는 건 가스실을 뜻해."

온몸에 소름이 돋았다. 장티푸스가 돌았을 때 멩겔레가 1,000명의 집시를 알몸으로 막사에서 끌어낸 다음 곧장 가스실로 데리고 간 일화를 모르는 이가 없었다. 그는 전염병에 효율적으로 대처한 공로로 메달을 받았다. 수감자들은 그 메달을 가리켜 '장티푸스 메달'이라고 비웃곤 했다. 하지만 더이상 남의 일이 아니었다.

폴란드 가을 하늘 아래 펼쳐진 황무지에서 사람들이 침묵한 채 대기했다. 말라비틀어진 나뭇가지 같은 몸에 커다란 민머리, 마치 외계인 같은 몰골이었다. 그때 갑자기 자매와 같은 조의 프랑스인 미셸이 노래를 시작했다. 부드러운 소프라노 음성으로 〈원탁의 기사〉를 불렀다. 바이올린과 탬버린, 기타 반주에 맞춰 부르는, 유명한 프랑스 노래였다. 와인의 풍미를 찬미하며 심지어 죽어서는 와인 통 가득한 와인 저장고에 묻히고 싶다고 고백하는 내용이었다. 사람들이 다 같이 팔짱을 끼고 빙빙 돌며 노래의 코러스 부분인 "그래, 그래, 그래, 아니, 아니, 아니."를 합창하는 부분이 백미였다. 수감자들이 놀란 눈으로 미셸을 바라봤다.

미셸은 당당한 목소리로 노래를 이어 나갔다. 번뜩이는 눈으로 원래 가사 대신 히틀러와 그에게 협조한 프랑스 비시 지역의 비겁한 변절자들을 풍자하는 시를 불렀다. 비시는 나치에 점령된 지역이 아니었으나 나치 독일에 협력하는 정부가 들어서 있었다. 린테와 몇몇 여자들이 미셸을 따라 조용히 콧노래를 부르기 시작했다.

미셸이 노래를 마치자 린테가 바로 이어서 이디시어 노래를 불렀다. 재미있는 가사에 신나는 가락의 노래였다. 노래를 아는 사람들이 따라 부르며 점점 노랫소리가 커졌다. 카포들이 막사를 탈탈 터는 동안 린테의 목소리가 바짝 깎은 민머리들 위로 넘실넘실 날아오르며, 사람들을 감싸 안고 하나로 아울렀다. 두 번째 노래는 이디시어로 된 운동권 노래 〈최후의 여정이 시작됐다고 말하지 말라〉였다. 몇몇 폴란드 여자가 함께했다. 그 노래를 여기서 다 듣다니, 놀란 눈치였다. 폴란드의 빌나 게토에서 만들어져 유럽 전역의 유대인들 사이에서 퍼진 지 얼마 안 된 노래였기 때문이다. 얼마 지나지 않아 자매의 막사 동기들이 모두 모였다. 알몸으로 추위에 바들바들 떨면서도 커다란 원을 이루고 서로의 얼굴을 바라보며 노래를 불렀다.

노래가 끝날 즈음, 린테는 미셸을 바라봤다. 미셸이 프랑스 해방군의 비공식 애국가인 〈해방의 노래〉를 가르쳐 준 적 있었다. 미셸이 린테를 향해 고개를 끄덕이자 두 사람은 함께 투쟁가를 부르기 시작했다. 프랑스인들은 모두 두 사람을 따랐다. 프랑스인이 아니라도 런던에서 송출되는 라디오를 들은 사람이라면 누구나 아는 노래였다. BBC가 테마 음악으로 이 곡을 사용했기 때문이다. 나치가 프랑스의 애국가인 〈라 마르세예즈〉를 금지한 후, 〈해방의 노래〉는 비시 정부를 제외한 프랑스 전역에서 비공식 애국가로 쓰였다.

동지여, 들리는가! 우리 들판을 덮은 까마귀의 검은 날갯짓 소리가?
동지여, 들리는가! 사슬에 묶인 우리 조국의 숨죽인 울음소리가?
유격대여, 노동자여, 농부여! 이 노래는 적을 향한 경고!
오늘 밤 적군은 피와 눈물로 죗값을 치르리라.

이 곡은 북을 치며 행진곡으로 부르기 딱 좋았다. 노래를 나지막이 따라 부르며 여자들은 점차 박자에 맞춰 발을 굴렀다. 그 순간만큼은 등뒤로 피어오르는 굴뚝의 연기도, 추위도, 굶주림도, 팔뚝에 새겨진 숫자도 모두 잊을 수 있었다. 다 함께 한목소리로 노래를 불렀다. 맨발을 진흙탕에 굴렀다. 간만에 온몸에 피가 도는 기분이었다.

그날 가스실에 끌려간 사람은 아무도 없었다. 평소에는 얼음장같이 차갑게 구는 구역장 로사조차 이디시어 노래에 감명을 받아 눈물을 훔쳤고 그날 저녁 린테에게 빵을 한 조각 더 나눠줬다.

며칠 후, 미셸은 맞아 죽었다. 그리고 프랑스인들은 대거 끌려갔다.

그들을 태운 트럭이 가스실로 향하는 길, 트럭의 천막을 뚫고 금지곡
〈라 마르세예즈〉가 우렁차게 울려 퍼졌다.

일어나라, 조국의 아이들아,
영광의 날이 왔도다!
우리에 대항하여
압제자의 피 묻은 깃발이 일어났도다.
피 묻은 깃발이 일어났도다.
들리는가, 저 들판의
흉폭한 적병의 고함소리가?
놈들이 우리 지척까지 와서
우리 아들과 남편의 목을 베려 한다!

그날 이후 린테는 앓기 시작했다. 수감자들 중에 안 아픈 사람을
찾기 힘들었다. 하지만 아침에 몸을 일으키고 점호 동안 서 있을 힘
만 있다면 어김없이 안개 낀 습지로 끌려가 노역을 해야 했다. 점호
중에 탈출을 시도하는 사람도 있었지만 허사였다. 잡히는 즉시 교수
형에 처해졌고 나머지 수감자들은 형이 집행되는 것을 꼼짝없이 지
켜본 다음 다시 일하러 가야 했다. 전투기용 플라스틱을 구부려 접
고, 남은 힘을 모두 끌어모아 신발 밑창을 뜯어내고, 카포가 하라는
대로 커다란 돌덩이를 여기서 저기로 날라야 했다. 이런 일이 왜 필요
한지, 어디에 필요한지는 알 수 없었다. 질문하지 마. 그냥 해. 야니는
이 두 문장을 세뇌하듯 되풀이했다. 간혹 으스러진 발목에서 올라오

는 고통을 참기 위해 이를 악물 때조차 내내 두 마디 말을 반복했다. 자매와 같은 조에 편성된 소녀가 야니의 충고를 무시하고 입을 놀렸다가 대가를 톡톡히 치렀다. "이 돌은 왜 옮기는 거죠?" 하고 질문했다가 커다란 암석 위에 무릎을 꿇은 채 하루 종일 머리 위로 돌을 들고 있어야 했다. 팔이 조금이라도 내려오면 뼈만 남은 몸에 몽둥이가 날아들었다.

어느 날 아침, 린테는 정말 다 포기하고 싶었다. 아직 네다섯 시 밖에 되지 않은 어두운 새벽, 점호를 나가야 했다. 늦어서는 안 됐다. 하지만 그딴 건 더이상 신경쓰고 싶지 않았다. 눈을 뜨는 것도 힘들었다. 다리를 들어올려 침대 밑으로 내린 후 몸을 일으키는 것도 마찬가지였다. 차라리 죽는 게 나았다. 온몸이 열로 펄펄 끓고 매초 몸에서 기력이 쭉쭉 빠져나갔다. 야니는 빨리 손을 쓰지 않으면 안 된다고 생각했다. 같은 막사에 있는 소녀가 성홍열에 걸렸다. 인후염을 동반한 성홍열은 박테리아 감염에 의한 것으로 기침을 통해 쉽게 전염됐다. 소녀의 혓바닥과 얼굴, 전신에 붉은 발진이 일어나고서야 막사 사람들은 소녀가 성홍열에 걸린 것을 알아차렸고 이미 막사의 반절 이상은 감염됐으리라 예상했다. 야니는 마지못해 언니를 병리 구역으로 데려다 준 후 무거운 마음으로 홀로 돌아왔다. 두 사람이 떨어져 지내는 건 그때가 처음이었다.

이후 며칠간 야니는 사냥에 나선 맹수처럼 병리 구역 주변을 염탐했다. 들키지 않게 조심하면서 의사와 간호사의 동향을 살폈다. 그들의 몸짓과 속닥거리는 소리, 병리 구역을 떠나는 사람들의 말소리까지, 어떻게든 소식을 들으려 애썼다. 나치 의사들은 병리 구역에도 출몰해 가장 상태가 안 좋은 사람들을 선별해 가곤 했다. 하지만 그게 정확히 언제지? 린테는 계속 잠만 잤고 아무도 린테의 병명이 무엇인지 몰랐다. 남은 기력마저 열이 모두 앗아가면서 린테는 더이상 말도 하지 못했다. 야니는 뜬눈으로 밤을 지새웠다. 추방 전날, 어머니가 가족들을 둘러앉히고 마지막으로 당부하셨던 말씀만이 머릿속을 맴돌았다. "무슨 일이 있어도 꼭 붙어 있어야 한다!"

사흘째 되던 날, 야니는 더이상 손놓고 기다릴 수 없었다. 병리 구역 입구로 다가가 체코인 의사에게 말을 걸었다. 의사는 야니의 말을 듣고 고개를 끄덕인 뒤 안으로 들어갔다. 린테가 침대에 죽은 듯 누워 있었다.

"일어나요. 동생이 데리러 왔어요."

린테가 힘겹게 눈을 뜨고 깊은 숨을 몰아쉰 뒤 다시 눈을 감았다. 그리고 미약하게 고개를 가로저었다.

"못 가겠어요. 너무 아파요."

의사가 린테의 어깨를 잡고 일으켜 세웠다.

"일어나요. 데리고 나올 때까지 기다리겠대요."

의사는 린테가 뼈만 남은 다리를 침대 밖으로 내려 몸을 일으킬 때까지 끈질기게 기다렸다. 린테가 힘겹게 몸을 일으키자 겨드랑이 아래를 잡고 부축했다. 병동 입구에 도착한 후 의사는 야니에게 린테를 건넸다. 야니는 의사에게 감사한 마음을 담아 고개를 꾸벅 숙였다. 린테는 아직 완전히 회복되진 않았지만 다행히 열은 내린 상태였다.

"그날 네가 나를 데리고 나오지 않았더라면 나는 가스실로 끌려갔을 거야." 며칠 후, 린테가 동생에게 말했다. 여전히 기력은 없지만 병은 다 나아 있었다.

다음 선별 작업이 다가온다는 소문이 돌았다. 야니는 어깨를 움츠렸다. 서로가 서로를 돌보지 않으면 언제 목숨을 빼앗길지 몰랐다.

강렬한 전등빛을 등진 남자는 형체만 겨우 알아볼 수 있었다. 하지만 틀림없이 그였다. 뒷짐을 지고 입가에 미소를 띤, 여느 때처럼 활기 넘치는 멩겔레가 마치 합창단 지휘자처럼 사람들 앞에 당당히 버티고 서 있었다. 모두 두려움에 떨며 그의 다음 손짓을 기다렸다. 옆으로는 긴 테이블을 따라 나치 동료들이 펜과 종이를 들고 서 있었다. 그들은 무게를 재서 여자들을 분류했다. 선별실은 발 디딜 틈이 없었다. 이번 선별 작업은 그 어느 때보다도 규모가 컸다.

멩겔레가 고개를 까딱이자 다음 여자가 앞으로 걸어 나왔다. 실오라기 하나 걸치지 않은 민머리였다. 움푹 들어간 배 위로 첨탑 지붕처럼 갈비뼈가 솟아 있었고, 유방이 있던 자리는 축 늘어난 거죽이 대신했다. 척추뼈 마디마디가 훤히 드러나 있었다. 뒷사람도, 옆 사람도, 그 옆 사람도 다 똑같은 몰골이었다. 무릎이 완전히 휜 여자는 체중계 위에 제대로 서 있지도 못했다. 멩겔레의 손이 움직였다.

오른쪽. 가 봐.

다음.

그다음 여자도 이전 여자를 복사한 듯 똑같이 생겼지만 아주 조금 더 힘이 남아 있었다. 찬찬히 보지 않으면 눈치채기도 힘들 만큼의 차이였다.

멩겔레가 손을 움직였다.

왼쪽.

다음.

오른쪽 그룹의 수가 더 빨리 늘어났다. 너무 늙었어. 너무 약해.

"저는 스물아홉 살이에요!" 어느 여자가 멩겔레에게 외쳤다. "*설사도 한 적 없다고요!*"

그는 눈 하나 깜짝하지 않았다.

오른쪽!

멩겔레의 목소리가 건물을 울렸다. 마치 경기장에서 출전 선수 명단을 고르는 것처럼 아무런 감정의 동요가 없었다.

다음.

에디트 프랑크의 차례였다. 멩겔레가 그녀를 보자마자 손을 움직였다.

오른쪽.

에디트는 선별대를 벗어나기 무섭게 몸을 돌렸다. 그 무엇보다 중요한 순간이었다.

다음!

마르고트와 안네가 나왔다. 안네는 옴 발진으로 인한 농포가 나으면서 생긴 딱지와 각질로 온몸이 뒤덮여 있었다. 병리 구역에서 돌아온 지 얼마 되지 않은 때였다. 그동안 마르고트가 내내 안네 곁을 지켰다. 두 사람은 함께 전조등 아래로 가서 선별대 앞에 섰다. 마르고트가 안네의 옆구리를 쿡 찌르자 안네가 몸을 곧게 폈다.

왼쪽!

4. 라 마르세예즈

종이 위로 펜이 움직였다. 자매가 선별대를 벗어나 어두컴컴한 왼쪽 구석으로 사라졌다. 에디트가 숨을 헉 몰아쉬었다.

"내 딸들! 하나님 제발… 내 딸!" 에디트가 간절한 목소리로 외쳤지만 자매는 이미 사라진 후였다.

1944년 10월 30일, 아우슈비츠-비르케나우 수용소 최후의 선별 작업이 끝났다.

5

별 수용소

빵 한덩어리, 소시지 하나, 단단한 치즈 한 조각이 주어졌다. *계속 가,
다음 승강장으로. 빨리, 빨리!* 개 짖는 소리와 몽둥이질, 간수들의 고
함소리. 이제 어떻게 움직여야 하는지 잘 알고 있었다. *가, 가, 빨리.*
베스테르보르크에서와 똑같이 가축용 화물 기차가 대기 중이었다.

"*더 빨리 가! 들어가!*"

화물칸 위로 올라서자 풍기는 익숙한 악취. 하지만 견딜 수 있었
다. 무려 아우슈비츠를 떠나는 게 아닌가. 더 많은 사람들이 밀려들
었다. 린테와 야니는 인파를 헤치고 입구 쪽으로 다가갔다. 맞잡은
손을 절대 놓지 않았다. 낯선 이들이 내 몸을 누르는 익숙한 감각. 하
지만 예전에 비해 훨씬 각지고 딱딱했다. 문이 닫히기 전에 사람들
다리 사이로 물 담긴 양동이가 들이밀어졌고 둔탁한 소리와 함께 어
둠의 장막이 내려앉았다. 칠흑 같은 어둠. 아무리 눈을 깜빡여도 눈
을 뜬 것과 감은 것의 차이가 없었다. 언니의 숨소리가 바로 옆에서
들렸다. 희미한 숨소리였다. 아무것도 보이지 않았지만 언니가 바라
보고 있다는 사실은 알 수 있었다. 볼 수 없지만 자매는 서로를 바라

보고 있었다.

"떠난다." 야니가 나지막이 속삭였다. 언니가 고개를 끄덕이는 것이 느껴졌다.

되돌아가는 기분이었다. 과거를 향해, 머물렀던 곳들을 거슬러, 네덜란드로. 철길을 따라 덜컹이는 기차 바퀴의 규칙적인 박동 소리. 머리가 빙빙 도는 느낌이 들 때까지 그 반복적인 소리에 신경을 곤두세우고 시간을 가늠했다. 하염없이 시간이 흘렀고, 결국 둘을 쓰러지지 않고 버티게 하는 건 종전에 터득했던 방법뿐이었다. 최대한 문 근처에 붙어 서서 틈새로 들어오는 공기를 마시는 것. 유사시 몸을 보호할 수 있게 벽 근처에 있는 것. 서로의 등에 기대어 서는 것. 하지만 이번엔 지난번과 달랐다. 지난번 기차를 탔을 때와 비교할 수 없을 만큼 몸이 상해 있었다. 이전처럼 문명인 흉내를 낼 여유조차 없었다. 어떻게든 각자 알아서 살아남아야 했다.

기차는 공습경보가 울릴 때마다 가다 서다를 반복했다. 사방에서 울려 퍼지는 사이렌소리가 심장 박동 소리를 집어삼킬 때까지 시동 걸린 엔진이 굉음을 냈다. 총소리와 커다란 파열음, 교대를 위해 기차에서 뛰어내리는 간수들 소리가 울려 퍼질 때마다 화물칸 안에 갇힌 사람들은 겁에 질려 뻣뻣하게 굳은 채 밖에서 무슨 일이 일어나고 있는지 궁금해했다. 언제든지 폭탄이 머리 위로 떨어질 것만 같았다. 진군해 오는 연합군에 대한 기대는 연기처럼 사라져 있었다.

낮이 지나고 밤이 왔다. 사람들이 쓰러지기 시작했다. 누군가의 머리가 다리에 치였다. 죽은 이들의 몸에서 담요가 빼앗겼다. 기차가 잠시 멈추고 문이 열렸다. 빵 조각과 물이 밀어 넣어졌고 다시 닫혔다.

기차 안의 공기가 무겁고 답답해서 숨이 모자랐다. 근육이 바짝 긴
장했고 머리가 쿵쿵 울렸다. 얼굴을 벽에다 갖다 대고 입을 뻐끔거리
며 판자 틈 사이로 들어오는 공기를 마셨다. 추웠다. 너무 추웠다. 하
지만 추위도 악취를 가시게 하지는 못했다. 기차 바퀴가 계속해서 선
로 위를 달렸다. 대체 어디로 가는 것인지 알 수 없었지만, 기차 바퀴
소리가 들리는 한 아직 살아 있다는 것만은 알 수 있었다.

또 낮이 지나고 밤이 왔다. 잠시 밖에 나갈 수 있었다. 지평선과 들
판, 참호 옆으로 자란 나무. 모든 게 어둡고 칙칙하고 축축했지만 은
혜롭기만 했다. 누군가 여기는 독일이라고 말했다. 정말 되돌아가고
있는 것이었다. 다시 타, 빨리. 내 손 놓치면 안 돼. 제일 마지막에 타
자. 틈이 있는 문 근처에 서 있자. 칸 뒤쪽의 오물투성이 바닥에는 익
숙한 얼굴들이 눈을 크게 뜨고 턱은 경직된 채 널브러져 있었다. 문
이 닫히고 빗장이 걸렸다. 다시 어둠. 기차가 천천히 움직이기 시작
했다.

밖이 부산스러웠다. 다들 가만히 서서 귀를 기울였다. 다른 기차들
이 속도를 늦추며 내는 귀를 찢는 듯한 철 소리, 날카로운 호루라기
소리, 독일어로 대화하는 소리와 웃음소리. 어두컴컴한 구석에서 누
군가 쉰 목소리로 중얼거렸다.

"라벤스브뤼크 같은데."

베를린 인근의 여성 전용 수용소? 어린아이들이 산 채로 불구덩이
에 던져지고 아기들은 텅 빈 방에 방치된다는 소문이 파다한 곳이었
다. 린테와 야니는 진저리치며 서로를 끌어안았다. 뻣뻣하게 얼어버
린 손가락이, 더러운 마구간용 담요를 두른 앙상한 팔뚝을 그러쥐었

다. 기차가 끽끽 소리 내더니 다시 앞으로 움직이기 시작했다.

또 하루, 다들 죽어 가는 물고기처럼 입을 뻐끔대며 산소를 찾았다. 아직 숨이 붙어 있는 사람들은 벽에 다닥다닥 들러붙어 손톱으로 나무벽을 마구 긁었다. 더이상 빼앗길 게 없다고 생각했는데 오산이었다. 가끔 고개를 들어올리면 아버지가, 어머니가, 야피가 살아서 곁에 앉아 있는 것만 같았다. 손만 뻗으면 만질 수 있을 듯했다. 하지만 손가락을 뻗으면 낯선 이의 얼굴에 닿았고 그들은 으르렁거리며 손을 내리쳤다.

우리 가족과 친구들은 어디에 있을까? 다들 아우슈비츠에 남겨졌나? 볼은 열에 들뜨고 몸은 꽁꽁 얼어붙은 와중에도 가족들의 모습은 더욱 생생해졌다. 하지만 친지도, 가족도, 아우슈비츠에서 함께 지냈던 여인들과 소녀들도 곁에 없었다. 기차가 방향을 바꿀 때마다 누군가 그들 쪽으로 휙 쓰러졌고 자매는 쓰러진 사람을 밀어냈다. 몇 시간이 지났지만 누구 한 명 말하지 않았다. 아니, 모두 목소리조차 잃어버린 것 같았다. 누가 아직 살아 있는지, 쓰러졌는지도 알 수 없었다. 악취에도 무감해졌다. 맞잡은 손가락만 살짝 쥐었다 폈다. 아직 거기 있어? 언니의, 동생의 손가락이 응답하듯 손을 톡 두드렸다.

결국에는 그마저도 멈췄다.

가을날 전나무의 향만큼 감미로운 게 또 있을까? 하루의 시작처럼 신선하고 산뜻한 향이 코를 타고 머릿속까지 말끔히 일깨웠다. 침대를 정리하고 면 시트를 매트리스 아래로 바짝 당겨 넣어 주름을 폈다. 올해 첫 서리꽃이 벌써 창문 한쪽에 피어나 있었다. 계단을 내려가 부엌문을 열고 나섰다. 하얀 입김이 올라왔다. 뺨에 와닿는 공기가 얼린 쇳덩이처럼 차가웠지만 앞으로 다가올 겨울의 추위만큼 매섭지는 않았다. 야니는 보프와 손을 꼭 잡고 황무지를 거닐었다.

구릉이 완만했다. 포근한 안개 자락에 덮인 수풀이 발아래로 끝없이 펼쳐졌다. 꼭 구름 속을 걷는 것만 같았다. 몽글몽글한 솜 위를 떠다녔다. 저 앞에 또 다른 한 쌍의 연인이 떠다니고 있었다. 그들 앞으로 또 한 쌍, 한 쌍. 황무지 위로 사람들이 마치 줄줄이 엮어 만든 화관처럼 이어졌다. 다들 부유하며 보랏빛 지평선 너머로 모습을 감췄다. 희미한 햇살이 먹구름에 가려 빛을 잃어 갔다. 피부 위로 빗방울이 톡 떨어졌다. 야니가 고개를 들었다. 머리 바로 위에 하늘이 맞닿을 듯 깔려 있었다. 먹구름은 황무지를 두꺼운 암막처럼 뒤덮었다. 비가 본격적으로 쏟아지기 전에 서둘러 하이네스트로 돌아가야 했다. 야니는 몸을 돌렸고 누군가와 쿵 부딪혔다. 뒤로도 줄이 끝없이 이어져 있었다. 보프가 어서 가자며 야니의 손을 잡아끌었다.

"야니, 정신 차려!" 린테가 동생의 팔을 잡아끌며 잇새로 말했다.

자매는 계속해서 걸었다. 나무뿌리와 돌부리에 걸려 비틀거려도 멈추지 않았다. 발에 아무런 감각이 없었다. 젖 먹던 힘을 짜내 발을 더 높이 들어 한 발 한 발 내디뎠다. 구름 위를 떠다녔던 건 그저 허상이었다. 야니는 마침내 자신이 어디에 있는지 기억해 냈다. 독일의 첼레 역. 두 발로 서 있는 것조차 힘든 상태에 다다랐을 즈음 기차에서 끌어 내려졌다.

"*가!*"

내리기 전, 기차 칸에서 시체를 끌어 내려야 했지만 그럴 힘도 없었다. 시체를 잡아당기는 내 손이 내 손 같지 않았다. 다리를 벌린 채 승강장에 아무렇게나 던져진 창백한 납덩이같은 몸뚱이들을 뒤로하고 걸었다. 개와 간수들이 사람들을 몰았다.

자매는 몸에 두른 마구간용 담요를 더 바짝 여몄지만 휑하게 드러난 종아리를 추위가 물어뜯었다. 비가 내리기 시작했다. 바람이 강해졌지만 숲의 공기는 여전히 상쾌했다. 몸에서 느껴지는 것은 폐와 심장뿐이었다. 그렇게 또 걸었다.

도보로 이동을 시작했고 마을을 가로질렀다. 피가 점점 빠르게 도는 듯했고 다들 푹 떨궜던 머리를 번쩍 치켜들었다. 문명사회와 평범한 사람들이 보였다. 개와 간수들이, 비틀대는 해골들의 행진을 시민들로부터 격리시켰다. 길을 지나며 자매는 간수들 틈으로 사람들의 얼굴을 봤고 그들과 눈을 마주치려고 애썼다. 남성, 여성, 제빵사, 정육점 주인, 아이, 노인. 하지만 다들 눈이 마주치자마자 고개를 돌려버렸다. 맞은편에서 자전거를 타고 오거나 마차를 타고 오던 사람들도 아무것도 보지 못한 척 눈을 피했다.

발을 질질 끌며 걸었다. 얼마나 걸어온 걸까? 첼레 역을 떠난 게 벌써 몇 시간도 더 전이었다. 숲길이 끝나고 황무지가 펼쳐졌다. 더이상 머리 위를 가려 주는 것이 없었다. 빗방울이 곧장 얼굴을 때렸고 목을 타고 흘러내려 움푹 파인 쇄골에 고였다. 탁 트인 들판에서 바람은 더욱 매섭게 내달렸다. 마치 사람들을 넘어뜨리려는 듯 저 멀리서부터 힘껏 달려왔다. 바람을 버티지 못한 사람들이 픽픽 쓰러졌다. 그럼에도 행렬은 계속됐다. 무릎 들어올려. 발 내디뎌. 한 박자라도 놓쳤다간 그대로 죽는 수밖에 없었다. 툭툭 떨어지던 빗방울은 이내 우박이 됐고, 바람은 돌풍이 됐다. 지독한 날씨. 간수들의 명령도 제대로 들리지 않았다. 다들 몸을 숙이고 힘겹게 나아갔다. 가시철조망이 나타났다. 수용소가 모습을 드러냈다.

베르겐-벨젠이었다.

자매는 마주본 뒤 서로를 힘껏 끌어안았다. 긴 안도의 한숨이 흘러나왔다. 반짝이는 우박 덩어리가 머리칼을 타고 뺨 위로 떨어졌다. 첼레 역에서 누군가 베르겐-벨젠에 가는 게 아니냐고 말했을 때만 해도 믿지 않았는데, 그 말이 사실이었다. 좋은 징조였다. 베르겐-벨젠은 조건이 괜찮은 곳이었다. 이곳에는 가스실이 없었다. 말 그대로 수용소에 불과했다.

이곳에서는 그저 사육장에 방치된 동물쯤으로 취급됐다. 점호도, 줄 서서 대기하는 일도, 노역도, 윽박지름도 없었다. 늘 안개가 낀 황량한 수용소. 빗줄기 속으로 잿빛 그림자가 드리웠다. 헛간과 천막이 끝도 없이 펼쳐졌다. 린테와 야니는 모래 언덕에 웅크리고 앉은 채 서로를 바짝 끌어안고 푹 젖은 담요를 코끝까지 끌어당겼다. 마치 땅속에 있는 것 같았다. 곳곳에 연기와 증기가 차올랐고 사람들은 최대한 기척을 죽이려는 듯 쪼그리고 앉았다. 걸을 때에도 머리 위로 낮게 천장이 깔린 것처럼 몸을 숙였다. 줄무늬 상의만 걸친 십 대 소년이 잔가지처럼 말라비틀어진 다리를 휘저으며 정처 없이 돌아다녔다. 바닥에 앉아 있던 어떤 여자는 지나가는 간수의 손을 덥석 잡고 입을 맞췄다. 여자가 손을 놓지 않자 간수가 머리를 세게 떠밀었고 여자는 진창에 나동그라졌다. 어떤 사람들은 불 위에 냄비를 올리고 그 안을 휘저었다. 한 여자가 상의를 벗고 몸을 앞으로 숙이자, 다른 여자가 양동이에 담긴 얼음처럼 차가운 물을 머리 위로 부어 줬다. 갓 피운 불꽃에서 연기가 피어오르듯 사람들 몸에서 김이 올라와 수용소를 자욱하게 뒤덮었다.

자매는 다시 담요 속으로 몸을 웅크렸다. 더이상 배고픔도 느껴지지 않았다. 배 속의 공허함은 이제 콘크리트 덩어리처럼 단단히 굳어 또아리를 틀었다. 하지만 뼛속까지 스며드는 추위는 어떻게 해도 익숙해지지 않았다. 얼음장 같은 추위에 살갗이 발갛게 얼어 터지고 턱이 딱딱하게 굳었다.

비를 뚫고 유령 같은 사람 그림자가 다가왔다. 바짝 민 머리 두 개가 얼어죽은 새처럼 툭 튀어나와 있었다. 자매와 두 사람이 눈을 마주쳤다. 볼에 따스한 홍조가 번지며 꽉 다물려 있던 턱이 스르르 풀렸다. 환희의 울음소리가 바람을 뚫고 울려 퍼졌다. 자매는 담요를 벗어 던지고 벌떡 일어났다. 네 사람이 눈물을 흘리며 서로 부둥켜안았다. 두 사람은 바로 마르고트와 안네였다.

베르겐-벨젠은 절멸수용소였던 적이 없었다. 전쟁 포로를 수감하기 위한 용도로 독일 내 황무지에 세워졌으며 주로 러시아군이 대거 수감됐다. 전쟁 중 계속해서 규모가 확장돼 면적이 11km²에 달하게 됐고 여러 부대 구역이 형성됐다. 열악한 환경과 잦은 전염병의 확산으로 인해 대부분의 전쟁 포로들이 사망했다. 이질과 장티푸스가 이 구역에서 저 구역으로 퍼졌고 이와 진드기가 전염을 부채질했다. 전염병에 걸리면 그야말로 몸에 난 구멍이란 구멍에서 생명력이 죄다 쏟아졌다. 나치는 그렇게 총알 하나 쓰지 않고도 적군의 군복을 손쉽게 벗겨낼 수 있었다.

자매가 도착하기 한 해 전인 1943년, 나치 친위대가 수용소의 관리를 맡으며 베르겐-벨젠은 유대인 교환수용소가 됐다. 즉, 다른 나라에 붙잡힌 독일인 포로와 유대인을 맞바꾼다는 계획이었다. 그렇게 '선택받은' 유대인 명단은 소위 '팔레스타인 명단'이라고 불렸고 이들은 별 수용소Star Camp(유대인의 표식인 다윗의 별에서 기인한 이름-옮긴이)라는 특별 구역에 수감됐다. 별 수용소에 수감된 사람들은 옷에 노란색 다윗의 별을 달아야 했다. 포로 교환이 실제로 성사된 적은 없었지만 적어도 이곳에 수감된 사람들은 더이상 노역을 하거나 죄수복을 입지 않아도 됐다. 무엇보다 별 수용소에는 가스실이 없었다. 따라서 수용소 중에는 별 수용소가 상대적으로 나은 곳이라는 소문이 유럽 전역에 퍼졌다.

이 신화는 몇 달도 지나지 않아 거짓으로 드러났다. 1944년 봄 독일군은 폴란드와 헝가리의 게토에서 수천 명의 여성을, 기존 수용소에서 병들었지만 죽을 정도는 아닌 유대인을 선별했다. 그러고는 '회복'을 명분으로 이들을 베르겐-벨젠 수용소로 이송시켰다. 새로운 사람들을 받기 위해서는 증축이 필요했다. 이에 커다란 서커스 텐트를 활용한 천막 수용소를 세워 수천 명의 여성을 수감했다. 많을 때는 7,000여 명의 사람들이 이곳에 수감됐다. 의료 지원, 위생 관리, 제대로 된 식수나 음식이 제공되지 않은 건 물론이거니와 새로운 수감자를 수용할 만한 아무런 준비도 갖춰지지 않은 상태였다. 다시 말해 '회복'을 돕는다는 건 새빨간 거짓이었다.

1944년 늦여름, 뤼네부르크 황무지에 천막이 막 세워졌지만 수요

예측에 완전히 실패하여 지옥도가 펼쳐졌다. 사람을 꽉꽉 채운 기차가 베르겐-벨젠에서 16km 떨어진 첼레 역에 사람들을 짐짝처럼 내던지고 가면서, 해방된 수감자들이 개미떼처럼 밀려들었다. 남녀노소 가리지 않고 엄청난 수의 사람들이 유입됐다. 나치 친위대는 부랴부랴 별 수용소 지척의 노동수용소 죄수들을 시켜 추가로 막사를 지었다. 비르케나우에서 3,000명의 새로운 여성 '환자'들이 도착할 예정이었다. 자매도 이송 후 막사에 수용될 예정이었지만 그들이 도착했을 때까지도 막사는 완성돼 있지 않았다.

새 막사가 세워지기를 기다리는 동안 기존 천막에는 그야말로 천장까지 사람이 들어찼다. 생지옥이었다. 천막 한 곳에 족히 1,000여 명이 머무르기도 했다. 린테와 야니, 마르고트와 안네가 도착한 1944년 11월 초, 베르겐-벨젠의 수감 인원은 약 두 배로 폭증했다. 한겨울이 본격적으로 시작되지도 않은 때였다.

이후 몇 달간 붉은군대가 진격을 계속했고 나치는 집단수용소를 차차 폐쇄했다. 브릴레스레이퍼르 자매와 프랑크 자매는 나치의 유대인 이송 작전 중 선봉대에 속해 가축용 화물칸이라도 타는 행운을 누린 것이었다. 새해가 지나고 나치 독일은 제대로 서 있지도 못하는 수백수천 명의 사람들을 남녀노소 가리지 않고 끝이 보이지 않는 '죽음의 행진'으로 내몰았다. 행진 중에 수많은 생명이 기아와 피로, 추위 그리고 간수들의 즉결 처형으로 인해 파리목숨처럼 스러졌다. 극소수의 사람만이 기적적으로 살아남아 베르겐-벨젠에 도착했다.

1944년에서 1945년에 이르는 겨울, 베르겐-벨젠은 역병과 혼란의 구덩이 속으로 끝을 모르고 수직 낙하했다. 그 추락을 저지하는 것은 어디에도 없었다. 불과 몇 개월 동안 수만 명의 수감자들이 목숨을 잃었고 시신은 뒤뜰에 쌓아올린 마른 장작처럼 수용소 주위에 쌓여 갔다.

6   폭풍

천막 안은 발 디딜 틈도 없었다. 3층 선반 침대도 이미 꽉 찬 바람에 네 자매는 지푸라기가 깔린 바닥 한구석에 옹기종기 모여 베르겐-벨젠에서의 첫날 밤을 지새웠다. 린테와 야니는 열 살 어린 프랑크 자매를 친동생처럼 보살폈다. 매일 아침 마르고트와 안네가 밖에 설치된 조그만 식수대에서 몸을 씻고 오도록 시켰다. 얼음장 같은 바람이 울부짖으며 몰아칠 때면 두 소녀는 담요 밖으로 나가는 것도, 입으나 마나 한 옷을 벗는 것도 영 내키지 않아 했다. 하지만 린테, 야니 언니의 말을 따를 수밖에 없었다. 위생을 철저히 지키고, 먹을 수 있을 때 먹었다. 네 사람은 늘 붙어 있기로 했다.

마르고트와 안네는 모래 언덕에서 두 언니를 발견했을 때의 기쁨은 어떤 말로도 표현할 수 없다고 했다. 그동안 네덜란드에서부터 폴란드, 독일까지 너무나 오랜 여정을 거쳤고 베스테르보르크를 떠나면서부터 셀 수 없이 많은 사람들과 작별했기 때문이다. 자매들은 서로 몇 번째 기차 칸에 있었는지, 이송 중에 누구를 봤는지 정보를 공유했다. 너희 엄마, 에디트는 어디 계셔?

"선별당했어요." 안네는 그저 그 말만 했다.

지칠 대로 지친 네 사람은 하루 대부분을 자면서 보냈다. 담요 위로 이가 활개를 쳐도 깨지 않았다. 이 천지였다. 옷에도, 머리에도, 사타구니에도 이가 드글드글 들끓었다. 가끔 야니는 다른 수감자들의 민머리를 홀린 듯이 바라봤다. 마치 피부가 살아 움직이는 것 같았다. 문득 정신을 차리고 다시 보면 피부가 움직이는 것이 아니라, 헬멧처럼 두피를 소복하게 뒤덮은 이들이 기어다니는 것이었다.

낮시간에는 먼지 가득한 막사로 이동해 낡은 가죽 신발의 밑창을 맨손으로 떼어내는 작업을 했다. 대가로 맹물 같은 수프와 빵 조각을 받았다. 고된 작업이었다. 얼마 지나지 않아 손톱과 손가락끝이 퉁퉁 붓고 피투성이가 됐다. 어떤 이들은 패혈증으로 사망했다. 린테와 안네는 곧 포기했다. 야니와 마르고트는 조금 더 오래 버텼다.

다시 비가 내리기 시작했다. 처음에는 천막을 톡톡 두드리는 가랑비였지만 이윽고 폭포수처럼 무자비하게 퍼부어 댔다. 수용소 대지 위로 바람이 울부짖었고 텐트는 찢어질 듯 펄럭였다. 천막 바닥으로 물이 들어오면서 지푸라기도, 담요도 쫄딱 젖었다. 그리고 11월 7일 밤, 폭풍이 수용소를 강타했다.

그날 저녁, 다들 잠자리를 찾는 동안 마르고트와 안네는 밖에서 비를 맞으며 티격태격했다. 천막 안은 병든 사람, 기대와 너무 다른 베르겐-벨젠의 처우에 혼란스러워하는 사람들로 가득했다. 천막을 드나드는 것은 불가능하다시피 했다. 경기장을 방문한 수많은 관람객들이 출입구를 하나만 사용하는 꼴이었다. 천막 안은 어두웠고 수백 명의 사람들로 꽉 차 있어, 한 번 안으로 들어가면 날이 밝을 때까지 밖으로 나오기가 쉽지 않았다. 소변을 보러 가는 것도 당연히 불가능했다. 게다가 변소-설사로 꽉 찬 오물 구덩이-는 불빛 하나 없는 밤중에 다녀오기엔 너무 지저분했다. 사람들은 점차 자신만의 노하우를 터득했다. 가장 좋은 자리를 차지하고 싶은 사람들은 늘 먼저 천막으로 들어갔다. 어떤 사람들은 그때그때 되는대로 움직였다. 린테와 야니의 전략은 항상 똑같았다. 사람들이 서로 밀치며 싸우는 광경을 멀찍이서 지켜보다가 다들 어느 정도 자리를 잡으면 마지막으로 천막 안으로 들어가 자리를 잡았다. 하지만 11월 7일 밤, 마르고트와 안네는 그렇게 오래 기다리고 싶지 않았다. 날씨가 너무 나빠 최대한 빨리 안으로 들어가고 싶었다.

린테와 야니는 추위 속에서 사람들이 하나둘 천막 안으로 사라지는 것을 지켜봤다. 줄은 끝도 없이 이어졌다. 마침내 줄이 끝나자 두 사람도 얼른 안으로 들어갔다. 천막 안은 그 어느 때보다 북적거렸다. 매일 쉬지 않고 새로운 사람들이 도착했다. 자리를 찾으려면 3층 침대 꼭대기까지 기어 올라가야만 했다.

이미 어두웠고 사람들의 기침 소리와 신음 소리, 다투는 소리가 이내 폭풍우 소리에 파묻혔다. 수용소 전체가 뿌리째 흔들리는 것만 같았다. 돌풍이 천막 주위를 휘몰아치며 벽을 두드렸고 우박이 지붕에 부딪혔다. 물이 천막에 스며들어 사람들 얼굴과 바닥 위로 뚝뚝 떨어졌다. 어떤 곳은 이미 천 위로 물이 고이며 축 늘어지기 시작했다. 손을 뻗으면 만질 수 있을 정도였다. 린테와 야니는 더 꼭 붙어 누웠다. 벼락이 치기 시작하자 천막 안이 죽은 듯 조용해졌다. 불빛이 번뜩이며 두려움으로 일그러진 얼굴들을 비추었다. 천둥이 우르릉

거리다가 폭발하듯 쾅 내리쳤다. 땅이 갈라지고 천막이 몽땅 그 틈으로 굴러떨어질 것만 같았다. 사람들은 꼼짝 못 하고 그저 침대에 누워 있었다. 그리고 얼마 후, 비명소리와 함께 지옥에서나 날 법한 소리가 울려 퍼졌다. 천이 찢어지는 소리, 나무가 쪼개지고 침대가 무너지며 사람들 머리를 때리는 소리. 마치 물 아래로 가라앉는 것 같았다. 숨을 쉴 수 없었다. 모든 게 다 깜깜하기만 했다. 사람들의 절규가 웅웅거렸다. 장대가 무너지면서 천이 찢어졌고, 수백 명의 여자들 위로 천막 전체가 무너져 내렸다.

칠흑 같은 어둠 속에서 야니는 미친 듯이 팔을 휘저었다. 발버둥치다 누군가의 턱을 걷어차기도 했다. 하지만 아랑곳하지 않고 그저 위로 또 위로, 천막을 벗어나려 애를 썼다. 숨을 쉬어야 했다. 얼마나 버둥거렸을까. 빗줄기가 민머리를 때리며 공기가 폐 깊숙이 밀려 들어왔다. 탈출에 성공한 것이었다. 언니는 어디 있지? 여기, 나 여기 있어. 빨리 벗어나야 해. 두 사람은 꿈틀거리는 머리와 몸뚱이 위를 필사적으로 기었다. 천막 아래로 비명과 신음 소리가 울려 퍼졌다. 어두워서 아무것도 보이지 않았다.

자매는 가까스로 공터에 닿았다. 온몸이 사시나무 떨리듯 떨렸다. 이빨을 딱딱 맞부딪쳤다. 다친 여자들이 곳곳에 널브러져 있었다. 다른 천막도 곧 무너졌다. 밤마다 검은 실루엣이 드리워졌던 자리들이 텅텅 비어 갔다. 진창에 시체들이 늘어 갔다. 무너진 천막 안에서 수백 명의 여자들이 탈출하기 위해 네 발로 기며 필사적으로 움직였다. 그 몸부림에 천막이 중국 용처럼 꿈틀거렸다. 린테와 야니는 운이 좋았다. 침대 제일 위층에 누워 다른 사람들 아래에 깔리지 않고 근처

6. 폭풍

의 찢긴 구멍을 통해 금방 빠져나올 수 있었다.

나치 친위대가 부랴부랴 모습을 드러냈다. 그들의 고함소리가 폭풍 소리에 묻혔다. 크게 뻐끔거리는 입만 보였다. 목숨을 건진 사람들은 부엌 막사로 끌려갔다. 그곳에서 몸을 다닥다닥 붙이고 선 채 덜덜 떨면서 밤을 지샜다. 마침내 물에 젖은 태양이 대지를 밝혔고 간밤의 참상이 모습을 드러냈다.

수용소 바닥은 나무와 천, 파편, 사람으로 가득했다. 부상을 입은 사람들이 신음하며 비틀비틀 주변을 배회했다. 부엌에 마련된 대피소를 미처 보지 못한 것이었다. 천막 구역 전체가 수용소 지도에서 사라져 버렸다. 여분의 식수도, 음식도, 의료품도 없었다. 부엌에 있던 사람들은 신발 해체 작업동으로 옮겨졌다. 린테와 야니는 그곳에서 마르고트와 안네를 찾아냈다. 추위에 바들바들 떨고 있었지만 다행히 다친 곳은 없었다. 네 사람은 말없이 서로를 껴안으며 엉망진창이 된 주변을 둘러봤다. 해체된 신발이 나뒹구는 작업대와 누더기 더미, 그리고 바닥을 뒤덮은 두꺼운 진흙탕.

네 사람은 더이상 베르겐-벨젠을 구원이라 믿지 않았다.

폭풍에서 살아남은 자들은 소규모 여성수용소로 이송됐다. 간수들은 짚더미와 가시철조망을 세워 여성수용소를 바로 옆의 별 수용소와 차단했다. 철조망에 가까이 접근하거나 철조망 너머 사람과 대화를 나누는 것, 음식이나 물건을 전달받는 것 모두 엄격하게 금지됐다. 이를 어기고 적발된 경우, 끔찍한 처벌을 받았다. 살을 에는 추위 속에서 종일 무릎 꿇고 앉아 돌을 들고 있어야 했다. 최악의 경우 그 자리에서 총살되기도 했다. 그럼에도 불구하고 사람들은 별 수용소 사람들과 접촉을 시도했다. 별 수용소 수감자들은 이들보다 훨씬 좋은 환경에서 지냈다. 고작 외투나 통조림도 여성수용소 사람들에게는 목숨을 내걸 만큼 귀중했다.

새로 옮긴 여성수용동에는 막사가 많지 않았다. 일부 여자들을 다른 구역으로 옮겼지만 매일 새로운 사람들이 유입되면서 베르겐-벨젠은 이미 수용 가능 인원을 훌쩍 넘긴 지 오래였다. 어딜 가도 미어터졌다. 저녁이면 치열하게 눈치 싸움을 하면서 잠자리를 찾아야 했다. 소등 시간 전까지 잘 곳을 찾지 못한 사람들은 총살당했다. 생지옥이 계속되면서 린테와 야니는 며칠이나 프랑크 자매들을 만나지 못하는 날도 있었다.

그 와중에도 상황은 더 나빠지기만 했다. 아우슈비츠-비르케나우에서는 제일 약하고 죽어 가는 사람들이 쭉정이처럼 선별됐고, 두 자매를 비롯해 더 강한 사람들만 남아 있었다. 하지만 옮겨온 수용소에서는 사람들이 죽어 가는 과정을 바로 곁에서 지켜보고, 내 바로 옆에 누운 사람이 마지막 숨을 내뱉는 것을 느껴야 했다. 자그마한 화장장은 시커먼 연기를 매일같이 뿜어냈지만 그 많은 시체를 처리하기에는 턱없이 부족했다. 매일 밤 수용소 전체에서 수백 명의 생명의 불씨가 꺼졌고 매일 아침 막사 밖에 시체가 산처럼 쌓였다. 매일 새로운 수감자들이 베르겐-벨젠에 당도했지만 그토록 많은 사람이 유입되는 것에 비해 수용소 전체 인원은 더이상 눈에 띄게 늘어나지 않았다.

식량 배급이 점점 줄어들고 식수는 더 귀해졌다. 수만 명이 함께

6. 폭풍

사용하는 화장실용 구덩이는 오물이 금방이라도 넘칠 듯했다. 무엇보다 화장실은 질병 감염의 중심지가 됐다. 장티푸스와 결핵, 이질이 만연했다. 오늘 저녁 이야기를 나눴던 사람이 다음 날 아침 막사 밖 시체 더미에 널브러져 있는 식이었다. 이 아비규환은 어떻게 해도 익숙해지지 않았다.

혼자서는 결코 살아남을 수 없다는 사실이 그 어느 때보다 분명해졌다. 린테와 야니는 익숙한 사람들과 함께 무리 지어 행동하기로 했다. 마르고트와 안네를 비롯해 몇 명을 더 찾아냈다. 그날부터 그들은 무슨 일이 있어도 서로 곁에 머물기로 했다.

막사에는 네덜란드인 자매가 세 쌍이었다. 린테와 야니, 마르고트와 안네, 그리고 안네로러와 엘런 다닐 자매. 최근 베르겐-벨젠으로 이송된 소냐 로퍼스 카르도조와 아우귀스터 판펠스 부인도 자매들과 함께하기로 했다. 소냐는 이제 막 열아홉 살이었고, 브릴레스레이퍼르 자매나 프랑크 자매와 사정이 비슷했다. 은신 중에 발각되어 베스테르보르크와 아우슈비츠를 거쳤고 부모님과 오빠 마티우를 남겨두고 혼자 베르겐-벨젠으로 왔다. 가족들이 아직 살아 있는지는 알 수 없었다. 소냐의 모친인 그레이테 판암스텔과 부친 로데베이크 로퍼스 카르도조는 암스테르담의 케르크 거리에 살았고 전쟁 전부터 브릴레스레이퍼르 자매와 알고 지내던 사이였다. 린테와 야니는 활기차고 똑똑한 소냐를 예뻐할 수밖에 없었다. 소냐는 언제나 불평 한마디 없이 언니들의 기운을 북돋기 위해 씩씩하게 굴었다. 빵 조각으로 손가락 인형을 만들어 사람들에게 선물하기도 했다. 누구나 미소 지을 수밖에 없는 따스함을 지닌 소녀였다.

프랑크 자매와 함께 은신했던 아우귀스터 판펠스는 이미 사십 대여인으로 무리에서 가장 나이가 많았다. 프랑크 자매와 막역했기 때문에 모르는 사람들은 그녀가 프랑크 자매의 엄마라고 착각했다. 마지막으로 유대인이자 사회주의계열 저항투사인 라헬 판아메론헌-프랑크포르더르도 함께하기로 했다. 라헬도 브릴레스레이퍼르 가, 프랑크 가 사람들과 마찬가지로 베스테르보르크에 끌려갔다 아우슈비츠로 온 것이었다.

아홉 명의 여자들은 서로를 돌봤다. 기분이 가라앉았을 때 서로를 위로했고 함께 나눌 먹거리도 챙겼다. 막사에는 늘 먹을 것을 찾아다니는 데 혈안이 된 사람들이 있었다. 정신을 바짝 차리고 경쟁에서 이기지 않으면 하루 종일 쫄쫄 굶어야 했다.

마르고트와 안네는 늘 린테와 야니 바로 아래층에서 잤고 함께 수많은 이야기를 나누며 지루한 시간을 버텼다. 동화와 전설, 농담, 암스테르담에서의 추억 그리고 먹고 싶은 음식에 관한 이야기까지. 막사에는 음식 이야기를 듣기 싫어하는 사람도 있었다. 그들은 빈속이 메스껍다고 욕하며 나가 버리곤 했다. 하지만 네 자매는 아니었다. 마치 수석 주방장이 된 양 상상의 부엌을 꾸리고 메뉴를 정했다. 집에 돌아갔을 때 무엇부터 먹고 싶은지 생생하게 묘사했다.

어느 날, 네 사람은 함께 암스테르담의 우아한 레스토랑인 카페 아메리칸에 가는 상상을 했다. 메뉴에서 먹고 싶은 것을 마음껏 주문했다. 다들 눈을 감고, 세련된 레스토랑의 문을 열고 들어가는 제 모습을 상상하며 군침을 삼킬 때였다. 안네가 갑자기 울음을 터트렸다. 암스테르담으로 돌아갈 수 있는 가능성이 점점 줄어들고 있다는 걸

이미 잘 알고 있었다. 제아무리 아름다운 궁전을 상상해 봐도 더이상 자신이 속한 참담한 현실에서 도망칠 수가 없었다.

1944년이 저물 무렵, 헝가리와 체코슬로바키아, 러시아에서 추방된 여자들이 막사를 채웠다. 유대인과 집시, 정치범으로 이루어진 수감자들이었다. 언어 장벽이 소통을 힘들게 했다. 어느 날 아침 점호 시간, 헝가리에서 온 소녀가 야니에게 짧은 독일어로 말을 걸었다. 한눈에도 잔뜩 당황한 게 보였고 정확히 무엇을 원하는지 알아들을 수 없었다. 잠시 후, 소녀가 친구와 함께, 물건이 가득 든 짐 가방을 들고 돌아왔다. 야니는 비로소 상황을 이해했다. 소녀들이 있는 막사가 곧 방역 작업에 들어가는구나. 그러면 소지품을 모두 빼앗길 수밖에 없었다. 제발 저희 짐 좀 맡아 주실 수 없을까요? 두 번 생각할 것도 없었다. 야니는 짐 가방을 침대 제일 위층에 숨겼다. 린테가 그 위에 누웠다. 그날 저녁, 한층 안심한 기색으로 돌아온 소녀들은 야니에게 감사 표시로 무엇이든 주고 싶어 했다. 수용소 안에서는 물물 교환과 거래가 활발했다. 거래 품목은 주로 빵이나 양파 또는 외투, 담요로 만든 바지 따위였다. 하지만 야니는 모두 거절했다. 거래를 원해서 도운 것이 아니었다. 그리 대단한 일을 한 것도 아니었고 그저 도움이 된 것만으로도 기뻤다.

짐 가방을 숨겨준 일은, 브릴레스레이퍼르 자매가 헝가리 출신 여성 정치범들과 동맹을 맺는 계기가 됐다. 그들은 린테와 야니가 도움이 필요할 때면 언제든 소매를 걷고 나섰다. 그들 중 나치 친위대 간수 전용 조리실에서 일하는 사람이 몇 명 있었는데, 기회가 될 때마다 양파나 감자 등 먹거리를 빼돌려 자매에게 나눠 줬다. 린테가 설사로 고생 중인 걸 알고는 사우어크라우트(독일에서 흔히 먹는 발효 식품으로 유산균이 풍부한 양배추절임-옮긴이)도 빼돌렸고 심지어 우유 한 잔을 챙겨 오기도 했다. 단백질이 몽글몽글 덩어리져 있고 시큼한 맛이 났지만, 수용소에서는 그 한 잔의 생명수가 생사를 가를 수도 있었다. 하지만 먹거리보다 더 귀중한 것은 바로 헝가리 여인들이 지닌 바깥세상 정보였다. 야니는 헝가리 여자들과 손짓 발짓과 짧은 독일어로 이야기 나눈 후, 밤이면 네덜란드 식구들에게 이야기를 공유했다. 연합군이 진격하고 있대. 히틀러가 항복하기 일보 직전이래. 진짜 조금만 더 버티면 여기서 살아 나갈 수 있어. 그 소식이 진짜인지 헛소문인지는 아무도 알 수 없었지만, 그것만이 그들을 버티게 하는 힘이었다.

1944년 12월 1일, 요세프 크라머가 베르겐-벨젠 수용소 지휘관으로 부임했다. 자매는 비르케나우에서 그를 본 적이 있었다. 거대한 몸집과 넙데데한 두꺼비상, 작게 오므린 듯한 입이 인상적인 이 인물은 죽음의 천사 멩겔레가 기른 야수였다. 멩겔레가 상냥한 낯을 하고 사람들을 고르면 크라머가 그들을 가스실로 이끌었다. 회계대장 관리가 지지리도 적성에 맞지 않았던 뮌헨 출신의 회계사 크라머는 나치 친위대에 입대하면서 날개를 달았고, 지난 10여 년간 수용소에서 빛나는 경력을 쌓았다. 간수로 시작해서 차근차근 승진을 거듭, 마침내 수용소 지휘관 자리에 오른 것이었다. 크라머가 베르겐-벨젠에 도착했을 무렵, 수감자들은 나치에게 대들기는커녕 손가락 하나 까딱일 힘조차 남아 있지 않았다. 그럼에도 불구하고 그는 공포 정치를 펼쳤다. 고문이 일상이었고 시체 매립지 가장자리로 사형수들을 몰아 산 채로 개에게 뜯어 먹히게 하는 등, 요세프 크라머는 베르겐-벨젠의 야수로 역사에 악명을 남겼다.

1945년 1월부터 베르겐-벨젠에서는 매주 약 2,000여 명의 사람이 사망했다. 매일 동이 트면 300여 구의 시체가 쏟아져 나왔다. 화장장이 포화 상태에 이르자 시체가 장벽처럼 쌓이기 시작했다. 이에 수용소 밖에 공공 수영장 크기의 거대한 웅덩이를 파고 시체를 쓸어 넣었다. 명운이 다해 가는 나치 제국의 희생자들이 구덩이 속으로 사라졌다. 무덤조차 제대로 갖지 못한 익명의 희생자들. 그들의 육신은 영원히 뤼네부르크 황무지에 묻히고 말았다.

린테와 프랑크 자매의 건강이 나날이 악화됐다. 바짝 깎은 머리와 툭
튀어나온 광대가 영락없이 해골처럼 보였다. 한편 헝가리 여자들이
알려 주기를, 연합군이 파죽지세로 진군 중이라고 했다. 연합군이 수
용소 입구에 다다를 때까지 어떻게든 살아남아야 했다. 야니는 크리
스마스와 새해 전야, 하누카를 모두 몰아 12월 마지막날 저녁에 조
촐한 축하파티를 열자고 제안했다. 모두 잔뜩 기대에 부풀었다. 파티
를 준비하는 것만으로도 힘이 났다. 매일 빵 부스러기를 모았고 나
치 친위대 조리실에서 일하는 친구들이 야니에게 감자 껍질을 무려
두 주먹이나 가져다줬다. 안네는 마늘 한 쪽을, 다닐 자매는 기적적으
로 열무와 당근을 구해 왔다. 린테는 간수들에게 노래를 불러 주고
그 대가로 빵 몇 조각과 사우어크라우트 한 숟갈을 얻었다. 고대하던
축제 날 아침, 다들 아침에 배급되는 구정물 한 컵을 잘 챙겨 놓았다.
이따 저녁에 음식과 곁들여 마실 것이 필요했다.

저녁이 되자 다들 3층 침대 위에 맡아 놓은 '네덜란드인 구역'에 둘
러앉아 음식을 펼쳤다. 머리가 바로 위 천장에 닿을 듯했다. 모두 한

자리에 모였다. 린테와 야니, 프랑크 자매, 다닐 자매, 아우귀스터, 소냐까지. 다들 신이 나서 음식을 나눠 먹으며 집으로 돌아가 먹을 군침 도는 음식 얘기에 열을 올렸다. 안네는 이미 상상의 나래를 펼치는 중이었다. 집으로 돌아가면 제일 먼저 프린센 운하와 레이드서 거리가 만나는 모퉁이에 자리한, 디커르&타이스 호텔의 고급 레스토랑에 가고 싶다고 했다. 평소답지 않게 활기찬 분위기에 무슨 일인가 궁금해진 사람들이 주변을 기웃거렸다. 평상 침대 위에 책상다리를 하고 앉아 명절 저녁을 즐기며 뼈까지 스며드는 추위와 고통 그리고 사랑하는 사람을 잃은 슬픔을 잠시나마 잊을 수 있었다. 그때 누군가 오래된 동요를 부르기 시작했다.

작은 수레가 오래된 모랫길을 지나네
달도 밝고 길도 넓구나
망아지가 신이 나서 다가닥다가닥
혼자서도 척척 모랫길을 지나네
마부 아저씨는 깊은 잠에 빠졌네
부디 조심히 들어가세요, 친구여, 내 친구여
조심히 들어가기를, 내 친구여

다 함께 가락에 맞춰 몸을 흔들며 노래를 불렀다. 뒤이어 〈콘스탄트는 흔들목마가 있었네〉와 〈똑딱똑딱 시계〉, 〈작은 태양이 우리를 떠나네〉를 불렀다. 마치 음악 시간에 합창하듯 손뼉을 치며, 마치 살면서 이토록 아름다운 소리는 들어 본 적 없다는 듯 네덜란드어 단어를 하나하나 정성스럽게 발음했다. 어떤 이는 뭐가 그리 즐거워서 난리냐며 조용히 하라고 신경질을 냈다. 프랑스어와 러시아어, 알아들을 수 없는 단어가 쏟아졌지만 무슨 말을 하는지 대충 짐작할 수 있었다. 하지만 가볍게 무시했다. 한참 전에 몸을 떠난 기운이 돌아와 다시 사지를 맴돌았고 흥이 올랐다.

그때였다. 체코 여자들이 다른 사람들보다 더 격렬하게 반응하기 시작했다. 한 체코 여자가 침대에 기댔던 몸을 앞으로 숙이고 입술에 손가락을 갖다 댔다.

"쉿! 쉿!"

야니와 친구들이 깜짝 놀라 노래를 멈췄다. 체코 여자들은 브릴레스레이퍼르 무리와 친했기에 뭐가 문제인지 알 수 없었다. 그때였다. 체코 여자 네 명이 노래를 부르기 시작했다. 막사 전체가 숨을 죽였다. 아름다운 노랫소리가 울려 퍼졌다. 네덜란드어 발음은 어눌했지만 네 사람이 만드는 화음은 완벽했다.

콘스탄트는 흔들목마가 있다네
머리도 없고 꼬리도 없는 말
말을 타고 방을 가로지르네
발가벗은 채….
콘스탄트는 흔들목마가 있다네

그렇게 그들은 노래를 이어 나갔다. 막사 안을 맴돌던 긴장감이 순식간에 사라지고 천장 아래 모여 앉은 네덜란드 여자들은 울음을 터트렸다. 더이상 애써 꿋꿋한 척하지 않아도 된다는 사실에 어찌나 마음이 놓이던지.

1945년 초, 사신死神이 무자비하게 낫을 휘둘렀고 야니는 계란으로 바위를 치는 것만 같았다. 야니가 지내는 소규모 여성수용소의 동기 대부분이 병에 걸렸거나 일을 할 수도 없을 만큼 허약해져 있었다. 마르고트와 안네, 소냐, 아우귀스트는 박테리아의 온상인 막사에서 지냈다. 린테도 앓기 시작했다. 밤이면 지붕에서 얼음장 같은 물이 새어 나와 침대 위로 떨어졌다. 동이 트면, 축축히 젖은 담요로 시체를 감싼 후 막사 밖 시체 더미에 쌓아올렸다.

　야니는 간호사로 자원했고 나치 친위대가 추가로 자원할 사람을 찾자, 묻지도 않고 언니의 팔을 번쩍 들어올렸다. 그렇게 두 사람은 간호사와 간호사 조수가 됐다. 팔에 흰 완장을 두르면 수용소 약제실 출입이 허가됐으며 수용소를 좀더 자유롭게 돌아다닐 수 있었다. 야니는 일개미처럼 쉬지 않고 일하며 막사 대표들에게 부지런히 관리 지침을 전달했다. 야니는 하루가 다르게 몸이 쪼그라들었다. 머리도 점점 무거워지는 걸 느꼈다. 하지만 어머니와 아이들에게 한 약속을 잊지 않았다. 언니와 함께 살아서 돌아가겠다는 약속을. 병자들을 위해 식수가 필요했고 몸을 씻고 옷을 세탁할 물도 필요했다. 하지만 펌프장은 무법 지대였다. 늘 사람이 북적거렸고 몸싸움이 빈번했다. 애써 물을 구해 막사로 돌아오는 길에 다른 사람들에게 빼앗기기 일쑤였다. 야니는 물을 안전하게 가져올 수 있도록 호위해 줄 여성 부대를 조직했다. 다 함께 순서를 정해 움직이며 부지런히 컵과 냄비로

물을 퍼날랐다. 더러운 옷을 헹궈 얼음장 같은 바람에 널어 말렸고, 되도록 위생적인 환경을 만들기 위해 안간힘을 썼다. 조금이라도 환자들의 기운을 북돋기 위해 야니는 약제실에서 냄새나는 약품들을 훔쳐 와 이와 벼룩을 없애는 데 썼다.

어느 날 아침, 린테가 동생에게 막사로 당장 오라 했다. 새로운 수감자들이 막 도착한 직후였다. 놀랍게도 대부분이 네덜란드 사람이었다. 나이 지긋한 사람도, 아주 어린 아이도 있었다. 심지어 야니의 지인인 마리안네 시스 아스허르와 그녀의 세 아이도 함께였다. 아이들은 상태가 좋지 않았고 몇몇 여자들은 곧 숨이 끊어질 듯했다. 신음도, 울음소리도 나지 않았다. 그저 텅 빈 눈동자가 퀭하게 앞을 응시할 뿐이었다.

머지않아 그들이 새로이 베르겐-벨젠에 도착한 게 아니라는 사실을 알게 됐다. 이미 수용소의 특별 구역에서 남편들과 함께 수감돼 있던 사람들이었다. 그들 모두 베르겐-벨젠에 수감된 지 꽤 오래된 보석상 가문 사람들로, 그동안 뇌물을 써서 목숨을 부지해 왔다고 했다. 하지만 수용소 지휘관과 부관들에게 바칠 다이아몬드와 금이 떨어지자 남자들은 즉시 추방됐다고. 이제까지는 함께 붙어 지냈기에 어떻게든 살아남을 수 있지만 가족이 뿔뿔이 흩어지자 이들은 모래성 무너지듯 정신을 놓아 버렸다. 삶에 대한 의지도 남편들과 함께 기차에 실려 떠나가 버린 듯했다.

자매는 즉시 소매를 걷어붙였다. 젊은 여자들에게는 물을 떠 오게 했고 어르신들에게는 누울 자리를 마련해 드렸다. 아이들은 밖으로 데리고 나가 몸을 씻겼다. 살을 에는 날씨였지만 꼼꼼히 씻긴 후 누더기로 닦아 줬다. 그리고 먹을 것도 챙겨 줬다. 시스 아스허르는 무기력했다. 두 아들 요피와 브람이 칭얼거렸고 1943년 말 베스테르보르크에서 태어난 막내딸 트뤼세는 팔다리를 늘어뜨린 채 지저분한 요람 안에 인형처럼 누워 있었다. 야니는 린테와 눈을 마주쳤다. 아무 말도 하지 않았지만 자매는 같은 생각을 했다. 리셀로테, 카팅카. 애써 딸아이 생각을 떨치고 하던 일을 계속했다. 우울하게 있을 시간이 없었다.

새로 도착한 여자와 아이 들은 상태가 너무 나빴다. 린테와 야니가 전담 간호 인력으로 배정돼 이들과 함께 작은 막사로 이동했다. 마르고트와 안네에게도 함께 가자고 제안했지만 마르고트가 설사 증세를 보여 막사 이동이 거부당했다. 장티푸스에 감염됐을 가능성이 있었다. 안네도 제 언니 곁을 지키고 싶어 했기에 린테와 야니는 오가며 자매들을 챙기기로 했다. 브릴레스레이퍼르 자매는 새로 배정된 '다이아몬드 막사' 내 환자와 사망자 들을 관리하며, 수감자들을 위한 물과 음식을 챙기고 될 수 있는 한 막사를 깨끗하게 돌봤다. 이들에게 조금이라도 도움이 되길 바라며 몇 시간이고 담요를 들춰 이를 잡았다.

아스허르 가 여인들 중 헨리에트 판아메론헌이라는 이름의 부인이 있었다. 린테와 야니는 부인에게 자신들이 이전에 있었던 막사에도 같은 성을 가진 사람—라헬—이 있다고 알려 줬다. 놀랍게도 라헬은 부인의 조카딸이었다. 두 사람은 부랴부랴 라헬을 데리고 왔다. 예기치 못한 재회 덕에 판아메론헌 부인은 잠시나마 기력을 찾았지만 그녀를 살리기에는 역부족이었다. 이미 위독했던 부인은 얼마 지나지 않아 숨을 거두었다. 린테와 야니는 부인의 눈을 감겨 드리고 시신을 시체 더미로 날랐다. 다른 사람이 빼앗아 가기 전에 부인의 털 코트와 결혼반지를 챙겨 그날 저녁 라헬에게 전했다.

매일 점호 시간, 야니는 나치 친위대 간수에게 더이상 운신이 불가능한 사람이 몇 명인지 보고해야 했다. 어느 날, 여성 간수가 트뤼세 아스허르의 요람을 들여다보고 화들짝 놀라 물러섰다. 갓난아기의 배는 풍선처럼 부풀고 팔다리는 잔가지처럼 바짝 말라비틀어져 있었다. 아기의 상태에 충격을 받은 간수는 매일 우유죽을 받을 수 있도록 교환증을 발급해 줬다. 바로 그날 오후, 트뤼세는 더이상 숨을 쉬지 않았다. 야니는 교환증으로 다른 아이들을 먹이고 살폈다.

한편, 순수 유대인이 아닌 것으로 추정되는 네덜란드 아이들은 별도의 막사에 격리 수용 당했다. 린테와 야니는 프랑크 자매의 기분을 북돋을 겸 그 아이들을 돌봐 주지 않겠냐고 제안했다. 아이들에게 책을 읽어 주고, 놀아 주고, 손톱과 머리를 다듬어 주는 등, 어떻게든 어린아이들이 하루하루 버티도록 도와주면 됐다. 프랑크 자매는 막사를 방문해 아이들에게 네덜란드 동요를 불러 주고 동화를 들려 줬다. 하지만 얼마 지나지 않아 건강이 급속히 악화되면서 스스로 막사 밖으로 나오기 힘든 상태가 됐다. 마르고트는 더이상 제 힘으로는 서 있지도 못했고 안네는 그런 언니의 곁을 떠나려 하지 않았다.

프랑크 자매가 기력을 되찾을 수 있도록 필사적이었던 린테와 야니는 최후의 수단으로 시스 아스허르의 두 아들 요피와 브람을 데리고 병문안을 갔다. 하지만 두 사람은 아이들과 놀지 못했다. 이미 저승 세계에 한 발을 디딘 프랑크 자매에게는 아기를 향해 웃음 지어 줄 힘조차 남아 있지 않았다.

린테와 야니는 틈날 때마다 먹거리를 챙겨 프랑크 자매를 찾았다. 그러던 어느 날, 두 사람이 누워 있던 자리가 텅 빈 것을 발견했다. 병동으로 옮겨진 것이다. 나쁜 소식이었다. 말이 병동이지 그곳에서는 아무런 처치도 받지 못하고 방치된 채 더 많은 박테리아에 노출될 뿐이었다. 병동에 있는 환자들은 모두 이질이나 장티푸스로 생명이 위독한 상태였다.

린테와 야니는 프랑크 자매를 찾아갔다. 막사로 돌아오라고 설득했지만 소용없었다. 병동은 난방이 되어 따뜻했고 프랑크 자매는 같은 침대를 쓰도록 허락받은 상태였다. 안네는 제 언니와 함께 있고 싶다고 했다. 마르고트는 더이상 말도 하기 힘든 상태였다.

망자의 도시

야니는 거대한 구덩이 가장자리에 서서 뤼네부르크의 황야 위로 뜬 별을 바라보았다. 창백한 달빛이 시체 더미를 비췄다. 어깨를 늘어뜨린 채 담요 자락만 꽉 그러쥐었다. 방금 그 담요에 싸여 있던 발가벗은 여성의 시신을 구덩이로 밀어넣은 참이었다. 다시 담요를 챙겨 돌아가야 했다. 삐죽삐죽 자란 머리를 들어올려 하늘을 바라봤다. 시체 썩는 냄새가 코를 찔렀다. 입을 꽉 다물고 숨을 참아도 시취는 코를 비집고 들어왔다. 까마귀 떼가 하늘을 빙빙 돌며 원을 그리다 구덩이 속 시체 위로 내려앉았다. 야니는 꼼짝도 하지 않고 서서 별을 헤아렸다.

'죽음의 행진'이 이어지며 계속해서 수용소로 사람들이 밀려왔다. 수용소는 과부화 상태로 모든 기능을 상실한 지 오래였다. 80명 정원의 막사 한 채당 1,400명이 들어찼다. 새로 도착한 사람들은 난투극을 벌여야 오물투성이 바닥에서라도 잘 수 있었다. 수많은 사람들이 싸우기를 포기하고 그 자리에서 총살당하는 것을 택했다. 피로한 몸을 마침내 누일 수 있는 유일한 방법, 차라리 기꺼웠다.

이와 진드기는 늘 문제였다. 하지만 관리 당국은 위생 관리에 완전히 손을 놓았다. 수많은 수감자가 새로 유입되며 해충이 걷잡을 수 없이 번졌다. 이로 인해 수용소에 무시무시한 역병이 돌았다. 셀 수 없이 많은 벌레가 막사를 활보하며 몸에서 몸으로 이동했고 피를 빨았고 장티푸스를 옮겼다. 역병을 피할 수 있는 방법은 없었다. 처음에는 두통과 메스꺼움, 미열을 동반한 전신 근육통이 찾아왔다. 일주일 정도 지나면 온몸에 붉은 발진이 번졌고 대부분의 환자들이 혼수상태에 빠지며 생사의 기로에 섰다. 1945년 겨울, 죽음의 안개에서 벗어나 생의 언덕으로 돌아온 사람은 손에 꼽았다.

린테도 증세가 나타나 침대에서 머물렀다. 마르고트는 이미 앓은 지 꽤 됐고 하루가 다르게 상태가 악화됐다. 야니는 이 막사 저 막사 뛰어다니며 사람들을 간호하느라 정신없는 와중에도 근무 교대 시간에 짬을 내 프랑크 자매를 살폈다. 마르고트는 고열이 심했고 꺼질 듯한 목소리로 겨우겨우 말했다. 안네는 마르고트 곁을 떠나지 않았고 본인도 열에 시달렸다. 뺨이 발갛게 익었고 눈이 퀭했다. 안네는 제 언니를 간호하려고 안간힘을 썼다. 하지만 야니가 너도 한 발은 저승에 내딛고 있다며 안네를 말렸다. 야니가 도와줄 수 있는 건 별로 없었다.

머지않아 야니는 제 몸도 성치 않음을 느꼈다. 미열이 났고 시야가 가물가물했다. 하지만 사람들의 목숨이 촌각을 다퉜다. 쉴 수 없었다. 막사들을 뛰어다니며 야니는 린테의 몸을 닦고, 누군가의 동상 걸린 손가락과 발가락을 절단하고, 끝없이 늘어선 환자들을 위해 물을 긷고, 딱딱하게 굳은 빵을 꼭꼭 씹은 다음 먹여 줬다. 하지만 사람들의 목숨은 모래알처럼 야니의 손가락 사이로 줄줄 새어 나갔다. 다이아몬드 막사의 어느 여자는 꼬물거리는 아기를 품에 안은 채 숨을 거두었다. 마치 공장 생산 라인에서 일하듯 야니는 기계적으로 움직여야 했다.

더이상 아무것도 보지 못하는 눈을 감기고, 다른 수감자들이 사용할 수 있을 만한 물건을 벗겨 내고, 알몸이 된 시체를 매립지로 끌고 갔다. 시시포스의 형벌처럼 끝이 없었다. 수용소 곳곳에 시체가 관목처럼 우거졌고 뻣뻣하게 굳은 사지가 하늘을 향해 삐죽 치솟았다. 베르겐-벨젠의 수용 인원은 웬만한 소도시에 비견할 만했지만 막사와 수용소 전체가 늘 침묵에 휩싸여 있었다.

어느 날 안네가 야니를 찾아왔다. 뼈만 남은 맨몸에 담요 한 장만 겨우 두른 채였다. 몹시 추웠고 겨우 눈이 녹기 시작한 때였다. 야니는 안네를 바짝 끌어안았다.

"여기서 뭐 하고 있어? 옷은 어디 갔어?"

"마르고트 언니가 너무 아파요." 안네는 꺼질 듯한 목소리로 힘겹게 말했다. "그리고 이가…." 안네가 움찔대며 손가락으로 머리를 벅벅 긁었다. 앙상한 손가락이 거미 다리 같았다.

"안 아픈 사람이 없네. 이리 와, 안네야." 야니가 옷을 주워 모아 안네의 품에 안겨 줬다.

이제 수용소에는 먹을 것도 남아 있지 않았다. 간부들은 며칠이고 배급을 건너뛰었다. 야니는 린테에게 주려고 챙겼던 마지막 남은 빵 조각을 안네에게 건넸다.

"이거 갖고 돌아가 있어. 내가 최대한 빨리 들를게. 어서 가 봐."

야니와 안네가 헤어지고 얼마 후, 마르고트가 침대에서 떨어지며 콘크리트 바닥에 머리를 부딪쳤다. 그리고 더이상 일어나지 못했다. 이미 부모님도 돌아가셨다고 여겼던 안네는 언니마저 잃자 더이상 살아야 할 이유를 찾지 못했다. 그렇게 안네도 삶의 끈을 놓았다.

며칠 후, 린테와 야니가 프랑크 자매를 만나러 갔을 때 자매의 침대는 텅 비어 있었다. 두 사람은 시체 더미를 뒤져 마르고트와 안네의 시신을 찾아냈다. 다른 여자 두 명의 도움을 받아 자매의 시신을 담요로 감싸 시체 매립지로 향했다. 그리고 한 명씩 천천히 구덩이 깊숙이 떠나보냈다.

마치 눈에서 각막이 떨어져 나간 듯 모든 게 뿌옇게 보였다. 세상의 색이 바래 버렸고 야니가 볼 수 있는 것이라고는 그저 들판을 부유하는 잿빛 그림자뿐이었다. 머리가 쿵쿵 울리고 너무 무거워서 목이 꺾일 것만 같았다. 지금이 낮인지 밤인지도 모른 채 세월과 생명을 흘려보냈다.

린테의 상태는 조금 호전됐지만 야니는 더이상 서 있기도 힘들었다. 수용소는 실성한 자와 아픈 자, 죽어 가는 자들로 가득해 통제가 되지 않았다. 때때로 공습경보가 울렸다. 들판 너머 나무를 뚫고 사이렌이 울렸지만 아무런 일도 일어나지 않았다. 이에 수감자들은 더이상 경보가 울려도 연합군이 그들을 구하러 왔다고 기대하며 고개를 내밀지 않았다. 시체가 도처에 널려 있었다. 더이상 시체를 치울 힘도 없었다. 배수로에, 통로에, 막사 안에 시체가 방치됐다. 수백, 아니 수천 구도 넘을 법했다. 수를 헤아리는 일은 무의미했다.

대부분 사람들이 그저 무기력하게 침상에 누워 있거나 벽에 기대어 있거나 차가운 수용소 바닥에 퍼질러 앉아 있었다. 음식은 없다고 보는 게 맞았다. 간혹 열무 이파리가 섞인 물이 배급됐다. 너무 뜨겁거나 차게 식었거나 상해 있었다. 헝가리 여자들이 야니에게 말도 안 되는 소식을 전했다. 영국군이 이미 베르겐-벨젠에 당도했으나 수용소에 만연한 전염병 때문에 차마 진입하지 못하고 있다는 얘기였다. 그리고 나치가 이 모든 것을 은폐하기 위해 수용소 지반 아래에 폭발물을 설치했다는 말도 했다. 하지만 아무 일도 일어나지 않았다.

추위가 한풀 꺾였다. 아니, 몸에 들끓는 열 때문에 착각한 것일지도 몰랐다. 야니는 약제실에서 아스피린을 훔쳐 몽땅 입에 털어 넣었다. 언니와 자기 자신을 위해 물을 떠오려면 어떻게든 몸을 가눠야 했다. 린테만이 야니의 살길이었다. 언니 없이는 집으로 돌아가고 싶지 않았다.

또다시 공습경보가 울렸고 전투기가 모습을 드러냈다. 사방에서 총성이 울렸다. 독일군의 것인지 연합군의 것인지 분간이 되지 않았다. 간수들이 도망치기 시작했다. 그리고 불현듯 수용소 전체에 쥐 죽은 듯 침묵이 내려앉았다. 몇 사람이 용기를 내어 나치 친위대 막사를 염탐하러 갔다가 부랴부랴 돌아왔다. 다들 사라졌어! 사람들이 비명을 지르기 시작했다. 그러고는 미친 듯 뛰어다니며 벽에 걸린 히틀러의 초상화를 찢어발겼다. 야니는 더이상 손끝 하나 움직일 수 없었다. 사방에서 벌어지는 일을 그저 멍하게 지켜보았다. 누군가 창고를 열었다. 열무가 산더미처럼 쌓여 있었다. 굶주린 수감자들이 달려들자 단 몇 분 만에 열무가 자취를 감추었다. 이제 정말 해방된다는 생각에 그동안 억눌러 왔던 분노가 고삐 풀린 짐승처럼 활개를 쳤다. 곳곳에서 불길이 치솟았고 시뻘건 화염이 잿빛 대지를 살랐다. 몸을 녹이려 나치 친위대 제복을 꺼내 입기가 무섭게 다른 수감자들에게 빼앗겼다.

갑자기 총소리가 들렸고 누군가 외쳤다. 독일 놈들이 돌아왔어! 호루라기 소리와 간부들의 익숙한 고함소리가 그들에게 서둘러 점호를 준비하라 외쳤다. 야니는 혼미한 상태로 몸을 질질 끌고 집합 장소로 향했다. 머리가 빙글빙글 돌았다. 마치 둥둥 떠다니는 듯했다.

수용소 지휘관 요세프 크라머가 모습을 드러냈다. 무슨 바람인지 크라머와 그의 수하들이 모두 팔뚝에 흰 완장을 매고는 평소와 사뭇 다르게 행동했다. 낙담한 수감자들이 사방에서 몰려들며 그의 말에 귀를 기울였다. 크라머가 연단에 올라서더니 얼굴을 찡그리며 사람들을 향해 가까이 오라 손짓했다. 숙녀들, *이리로 와. 어서.* 그때 환호성이 울리며 누군가 외쳤다. 이거 점호 아니야! 영국군이 입구에 있어. 저놈 말 듣지 마!

야니는 그저 제자리에 서 있었다. 사방에서 사람들이 뛰어다녔다. 크라머는 제복을 입은 사람들에게 끌어내려져 구타당했다. 하얀 소매가 찢겨 나갔고 지프차에 태워졌다. 이 모든 광경을 지켜보며 야니는 배 속에서부터 시작된 온기가 몸 전체로 퍼지는 것을 느꼈다. 방역복을 입은 사람들이 다가오는 모습을 끝으로 야니는 정신을 잃었다.

1945년 4월 15일, 영국군이 베르겐-벨젠을 해방시켰다. 6만여명의 수감자가 자유를 찾았다. 부지 곳곳에 쌓인 시체만 해도 1만

3,000여 구에 달했다. 즉각 임시 병원이 설치됐고 생존자들을 위한 구호 조치가 시작됐다. 하지만 해방 이후 몇 주 동안 생존자 6만 명 중 4분의 1이 세상을 떠났다.

마지막 여정

야니가 창문에 머리를 기대고 밖을 바라봤다. 모든 것을 눈에 담고 숨결에 담았다. 암스테르담에 남쪽에서부터 진입했다. 봄이 거리에 색채를 덧입히고 있었다. 이런 빛깔이 존재한다는 것조차 잊고 지냈다. 보라색, 진홍색, 풋사과 같은 연두색 그리고 끝없이 펼쳐진 파란 하늘. 야니는 고개를 들고 하늘을 응시했다. 아버지와 어머니, 야피의 얼굴이 하늘 위로, 붉은 벽돌 위로, 나뭇잎 위로 덧씌워졌다. 어떻게 해도 지워지지 않았다. 봄, 가족들이 사랑하는 계절이었다. 도시가 기나긴 겨울잠에서 깨어나는 시간. 창문이 활짝 열리고, 산들바람을 품은 커튼이 나풀거리면 바테를로 광장은 활기를 띠었다. 피트에와 요세프는 해가 길어지면 일하기가 훨씬 수월하다며 좋아했다. 부모님도 도시 어딘가에 돌아와 계실까? 나와 같은 하늘을 바라보고 계실까? 관자놀이를 칼로 푹 쑤시는 듯한 통증이 찾아왔고 시야가 흐려졌다. 야니는 눈을 꼭 감고 부모님과 야피의 얼굴을 지우려 애썼다. 아직은 생각하지 말자. 지금은 아니야.

노르더르 암스텔란, 아폴롤란

아폴롤란의 고급 주택이 이어진 넓은 거리. 저 모퉁이만 돌면 얀선 자매의 저택이었다. 두 분은 아직 살아 계실까? 거리 양옆으로 늘어선 웅장한 초록빛 나무 대문이 차창 밖으로 휙휙 스쳐지나갔다. 얀선 자매와 계약서를 쓰기 위해 주말 미사용 양복을 차려입고 길을 나서는 보프와 에베르하르트의 모습, 하이네스트, 숲속에서의 삶. 암스테르담에서의 저항활동, 루롤프 하르트 광장에서의 실패한 임무, 배신. 야니는 판바에를레 거리, J.M. 쿠넨 거리, 루롤프 하르트 거리가 만나는 삼거리에서 서성였던 순간을 떠올렸다. 로비의 손을 꽉 잡고 안절부절못했던 그 긴박한 순간. 그날도 날이 참 좋았는데. 마치 수백 년 전 과거처럼, 어린 시절 본 영화의 한순간처럼 멀게만 느껴졌다. 고작 1년도 채 지나지 않았는데 그 모든 게 자신의 삶이 아닌 것처럼 낯설기만 했다.

야니는 뼈만 남은 다리 위에 놓인 제 손을 내려다봤다. 파란 핏줄이 창백한 피부 위로 도드라졌고 허벅지 사이로는 축구공이 들어가고도 남을 지경이었다. 차가 계속 움직였다. 배 속이 단단하게 뭉치며 메스꺼워졌다. 목구멍이 꽉 막혀 침도 삼킬 수 없었다.

아폴롤란-스타디온베흐 교차로

사회신용은행 건물의 철골과 유리로 된 탑이 아직 거기 서 있었다. 노동의 탑. 건물 옥상에 설치됐던 독일군 탐조등. 야니는 언니를 바라봤다. 두 사람 다 같은 생각을 하는 게 분명했다. 린테는 동생 옆에서 몸을 꼿꼿이 세우고 앉아 있었다. 베르겐-벨젠 근처의 피난민 캠

프인 솔타우에서 받은 담배와 맞바꾼 따뜻한 토끼털 코트를 빼입고 있었다. 언니의 두 손은 미동도 없이 무릎 위에 놓여 있었다. 자매는 아무런 말도 할 수 없었다.

우회전해서 베토벤 거리로. 다리를 건넌 다음 두 번째 교차로에서 좌회전. 차가 방향을 틀 때마다 자매의 몸도 이리저리 흔들렸다. 어깨가 닿자 두 사람 모두 몸을 슬쩍 비켰다. 도시는 이전과 다르게 느껴졌다. 텅 비고 더 고요했다. 하지만 다리를 건너는 순간, 모든 것이 변함없는 듯했다. 세상이 멈춰 섰던 시절 따위엔 아무 관심 없다는 듯 물은 무심히도 흐르고 있었다. 지난 겨울의 대기근 소식을 들었다. 추위 속에 수천 명이 기아로 사망했다고 했다. 네덜란드 서부 지역은 나머지 지역과 단절된 채 혹한과 난방 부족에 시달렸다. 하지만 암스테르담의 운하는 변함없이 흐르고 있었다.

야코프 오브레흐트 거리

사각 골조의 큼직한 건물들 대신 아치형 창문의 폭 좁은 주택이 다닥다닥 늘어서 있었다. 야니가 몸을 뒤척였다. 발을 꼼지락거리고 손가락을 손바닥에 거칠게 비볐다. 침을 삼키려고 했지만 입이 바짝 말라 버석거렸다. 저 멀리 작은 광장이 보였다. 콘체르트헤바우가 지척이었다. "오른쪽으로 가 주세요." 린테가 운전사에게 부탁하는 소리가 들렸다. 그가 방향을 틀었다. 26번지요. 린테가 손가락으로 가리키며 말했다.

요하너스 페르휠스트 거리 26번지, 미케와 하콘의 집

차가 멈췄다. 폭이 좁은 건물. 화려하게 장식된 발코니와 아치 아래 대문. 야니는 그 자리에 붙박인 채 현관으로 향하는 계단을 그저 바라보기만 했다. 눈앞에 까만 점이 점멸했다. 차문이 쾅 닫히더니 린테가 계단을 뛰어 올라가는 게 보였다. 언니가 이내 손에 쪽지 하나를 쥐고 내려오더니 부랴부랴 달려서 몇 채의 건물을 지나 어느 집 앞에 멈췄다. 야니는 더이상 견딜 수 없었다. 영겁 같았던 시간이 지나고 린테가 두 번째 편지를 들고 모습을 드러냈다. 곧장 차로 돌아와서는 야니 옆에 다시 앉았다. 그리고 야니의 얼굴에 종이를 들이밀었다. 종이 위로 글자가 적혀 있었다. 야니가 종이를 밀어냈다.

"도저히 못 읽겠어."

"제가 읽어 드릴게요."

운전석에 앉아 있던 남자가 뒤로 팔을 뻗어 편지를 받았다.

"문에 메모를 남겨 뒀더라고." 린테가 말했다.

"린테와 야니에게. 세 집 아래 요피 벤너트 씨에게 가 봐. 에베르하르트가 편지를 맡겼어."

린테가 숨을 헐떡이며 메모를 읽어 줬다. 아직 둘 다 건강이 완전히 회복되지 않은 상태였다. 영국군이 수용소에 도착했을 때 자매는 겨우 28kg이었다. 남자가 두 번째 편지를 읽었다.

"보프는 로비, 리셀로테와 함께 암스텔 101번지에 살고 있어요. 나는 우흐스트헤이스트의 블롬스마 네에서 지내."

린테가 야니의 손을 꽉 쥐었다. 입술이 파들파들 떨렸고 이내 미소를 지었다.

"거 봐, 살아 있댔지?"

야니는 언니를 따라 웃고 싶었지만 그러지 못했다. 몸이 축 가라앉았다. 암스텔 101번지. 왜? 거기가 대체 어디야? 머리가 굳어 아무런 생각도 나지 않았다.

운전사는 길을 잘 몰랐다. 그는 이곳 출신이 아니었다. 자매는 독일과의 접경 지역인 엔스헤더에서 운전사를 만났다. 그곳 폐교에 피난민 수용소가 마련돼 있었다. 갑작스럽게 몰려든 생환자를 아무도 반기지 않았다. 고향으로 돌아가기 위해서는 길고 험난한 여정이 남아 있었다. 길거리에 사람이 쏟아졌다. 수많은 트럭이 모든 곳으로, 아무 곳으로 향했다. 매일 겨우 30km씩 이동했다. 곳곳에서 검문받고 방역 작업과 함께 신원 확인이 진행됐다. 네덜란드는 그들의 귀환을 바라지 않는 것만 같았다.

어느 날, 사람들에게 네덜란드 국기가 쥐어졌다. 사람들이 탄 차가 국경을 넘기 무섭게 네덜란드 국가가 울려 퍼졌다. 트럭 안에 탄 사람들이 흐느끼기 시작했다. 마침내, 이제서야, 거리 양옆으로 아이들이 국기를 흔들며 환호성을 질렀다. 하지만 그 환호는 생환자를 위한 것이 아니었다. 생환자들이 탄 트럭을 수송차로 오해한 것이었다. 즉 막대사탕과 초콜릿, 군것질거리를 싣고 국경으로 진입한 군인들을 향한 환호였다. 생환자들이 탄 트럭이 지나면 아이들은 뚱한 표정으로 슬그머니 도망쳤고 트럭에 탄 사람들은 그저 손에 국기를 쥔 채 묵묵히 있었다.

엔스헤더에 도착한 직후 100여 번째의 방역 작업, 그리고 수천 번째 신원 확인 작업이 이뤄졌다. 자매는 네덜란드 나치 여성 당원들과 같은 숙소에 배정됐다. 그중 한 명이 자매를 향해 고함을 지르기 시작했다. 더이상 견딜 수 없었던 야니는 안내원을 불렀다. "엔스헤더에 오신 것을 환영한다고요? 이 냄새나는 낡은 학교 건물에 처박아 놓고 또 지푸라기 위에서 자라고요? 그럼 뭐, 밥은 뭘 줄 건데요? 열무? 젠장, 다 지긋지긋해!"

아무리 불만을 토로해도 변하는 건 없었다. 전염병이 번지는 것을 막기 위해 노트르흐란트와 자위스흐란트 간의 이동이 금지됐다. 이미 5월 말이었지만 어디로도 가지 못하고 격리된 채 시간을 보냈다. 며칠 후, 여정이 드디어 급물살을 탔다. 일요일에 출소할 수 있도록 자매에게 허가가 내려졌다. 마침 잃어버린 친척을 찾으러 엔스헤더에 방문한 치과의사가 자매 그리고 다른 두 여자를 집까지 태워다 주기로 했다. 그는 얀 헤멜레익을 안다고 했다.

첫 번째 나이 지긋한 아주머니는 하르데르베이크에서 내렸고 다음 젊은 여자는 힐베르쉼에서 내렸다. 하르데르베이크에 도착했을 때 막 정오가 지났다. 거리는 조용했다. 네 여자는 잔뜩 긴장해서 숨을 죽였다. 이곳에서도 환영받지 못하는 걸까. 하지만 아주머니와 가족들이 상봉하는 순간, 온 거리에 기쁨의 환호성이 터져 나왔다. 다음으로 힐베르쉼으로 향했다. 여자의 손에 들린 주소에 다다랐을 때 집은 어둠에 잠겨 있었다. 아무도 살고 있지 않았다. 여자의 남편도, 아이들도 보이지 않았다. 여자의 얼굴에 번지는 표정에 가슴이 미어졌지만 린테와 야니는 가던 길을 계속 가야 했다. 암스테르담으로 가야만 했다. 야니는 건포도와 마지팬이 가득 든 베갯잇과 새하얀 곰인형을 품에서 놓지 않았다. 턱이 긴장으로 딱딱하게 굳어졌다. 린테는 오늘을 위해 가진 옷 중 가장 예쁜 옷을 골라 입었다. 린테가 요하너스 페르휠스트 거리에서 암스텔 101번지로 가는 길을 의사에게 안내했다.

"베를라허 다리까지 되돌아간 다음 거기서 암스텔로 가주세요."

남자가 속력을 높였다. 미케와 하콘의 집이 시야에서 벗어났다.

왔던 길을 되돌아갔다. 다리를 건너서 아폴롤란으로 간 다음 쭉 직진. 다시 노르더르 암스텔란. 벤치를 지났다. 저기 보프와 앉아 있곤 했는데. 보프…. 야니는 남편과 아이들 생각을 하지 않으려 안간힘을 썼다. 혹시나 끝없는 절망의 우물로 굴러떨어지게 될까 두려웠다. 지난 몇 주간 아이들과 보프의 얼굴이 내내 눈앞에 아른거렸다. 울 모자를 쓰고 턱 밑으로 예쁘게 리본을 맨 리셀로테. 숲속을 뛰어다니며 꺄르르 웃는 로비. 일을 마치고 자전거를 끌고 집으로 돌아오는 보프. 저녁 식사 후 소파에 나란히 앉아 신문을 읽어 주는 남편의 목소리. 과연 나를 알아보기는 할까? 야니는 손을 뻗어 제멋대로 뻗은 머리를 쓱쓱 눌렀다. "안 돼요! 자르지 마세요!" 스위스인 간호사가 또 이를 발견하고 머리를 밀려고 하자 야니는 비명을 질렀다. 곧 쓰러질 만큼 쇠약했지만 그것만은 피하려고 발버둥쳤다. 또다시 머리를 밀리는 건 죽어도 싫었다.

야니는 생사의 고비를 넘나들었다. 2주 동안 의식이 돌아오지 않고 사경을 헤맸다. 하지만 더이상 버티지 못하고 죽음의 문턱을 넘으려는 순간마다 살아야 할 이유가 생겼다. 다 트고 갈라진 피부를 덮어 주는 깨끗한 이불. 창문을 통해 쏟아져 들어와 뼛속까지 따뜻하게 데워 주는 햇살. 간호사의 다정한 음성. 늘 "다 잘될 거예요."라며 긍정의 기운을 불어넣어 주던 빨간 머리의 아일랜드인 의사, 짐 박사. 짐은 야니에게 매일 똑같은 질문을 했다. 하지만 야니는 대답할 힘도 없었다.

"고향이 어디예요?" 의사가 여느 때처럼 밝은 미소로 눈을 반짝이며 물었다.

"암스테르담." 야니가 마침내 대답했다.

목소리가 나오지 않고 입만 뻐끔댔을 뿐이지만 의사는 귀신같이 알아들었다.

"언니분을 찾아 드릴게요." 그가 말했다. "이것만 잘 드시고 나면 꼭 언니분을 만날 수 있게 해 드릴게요. 알았지요?"

하지만 야니는 아무것도 삼킬 수 없었다. 입안이 온통 수포로 너덜너덜했다. 몸을 밧줄로 칭칭 동여맨 것처럼 가슴이 죄여 숨을 쉴 수조차 없었다. 어떻게든 음식을 먹어야 했다. 언니를 다시 만나기 위해선 그래야 했다. 혼수상태에 빠진 동안 간호사들이 나누는 이야기가 드문드문 들렸다. 부패하는 시체, 셀 수 없이 많은 환자, 매일 죽어 나가는 수백 명의 사람들, 시체를 파묻는 구덩이. 하루빨리 언니를 찾아야 하는데. 하지만 손가락 하나 까딱일 수 없었다. 정신이 몸에서 분리된 채 부유했다.

다니엘 빌링크 광장, 암스텔 운하 세 줄기가 Y자 모양을 이루며 만나는 곳, 그리고 랜드마크인 12층짜리 고층 건물

광장을 지나는 동안 야니는 고개를 들어 건물을 바라봤다. 콘크리트로 지어 올린 마천루에는 철로 만든 발코니가 있었다. 린테와 야니는 대체 어떤 얼간이가 저렇게 높은 곳에서 살고 싶어 하겠냐며 낄낄 웃곤 했다. 린테라는 분, 사망한 것 같아요. 간호사가 짐 박사에게 작게 말하는 소리가 아직도 귀에 생생했다. 마치 누군가 혈관 속으로 얼음물을 주입한 것 같았다. 온몸이 차게 식고 아무것도 느껴지지 않았다. 발을 힘없이 늘이고 손바닥은 천장을 향해 벌린 채 침대에 누워 있었다. 하지만 육신의 껍데기 안에서 야니는 통곡했다. 눈물이 끊임없이 볼을 타고 흘러내렸다. 멈추지 않고 줄줄 흘러나왔다. 하지만 눈물을 닦을 힘조차 남아 있지 않았다.

마천루를 등지고 라인 거리를 건넜다. 거리에는 사람이 거의 없었다. 8번 트램은 1942년부터 운행되지 않았다. 다리를 뒤로한 채 암스텔란으로 향했다. 린테가 마음씨 좋은 치과의사에게 손짓하며 길을 안내했다. 쭈욱 직진하시면 돼요. 야니는 밤마다 꿈을 꾸었다. 맨발로 수용소를 배회하며 시체 더미를 뒤지는 꿈. 널브러진 팔다리를 헤집다 눈을 뜨면 간호사가 안타까운 눈으로 침대에 누운 야니를 바라보고 있었다. 그 눈이 말했다. 오늘도 언니분을 찾지 못했어요. 야니는 눈길 닿는 곳마다 린테의 환영을 보았다. 병동 끝자락의 창문 너머로 언니가 지나갔다.

하루는 침상 사이로 언니가 걸어왔다. 언니의 목소리가 들렸다. 바로 곁에서 들리는 듯 생생한 목소리에 저도 모르게 손을 들어올렸다. 그리고 짐승처럼 울부짖었다. 마치 두 사람의 몸이 하나가 될 것처럼, 그렇게 절대 다시는 떨어지지 않겠다는 듯, 자매는 서로를 부둥켜안았다.

"데리러 왔어. 다시는 두고 가지 않을게. 가자, 야니야!" 린테가 동생의 귓가에 속삭였다.

린테가 건장한 여자 두 명을 데리고 돌아와 누가 눈치채기 전에 야니를 데리고 병동을 빠져나갔다. 그리고 자신이 지내는 수용동으로 데리고 갔다. 하지만 야니는 너무 쇠약해서 음식도 먹을 수 없었다. 린테는 음식을 꼭꼭 씹어서 동생의 입에 조금씩 밀어넣어 줬다. 하지만 소용없었다. 야니는 침대에 누워 울기만 했다. 상태가 위중했다. 린테는 어미 새가 새끼 새에게 먹이를 먹이듯 동생에게 음식을 먹였다. 힘내, 먹어야 살아. 네덜란드행 비행기가 곧 출발한대. 옳지. 하지만 음식을 삼키지 못해 기도가 막힐 뻔했고 야니를 다시 병동으로 옮기는 수밖에 없었다.

네덜란드행 비행기는 자매를 내버려두고 떠났다.

베를라허 다리. 암스테르담 초입

여정 중 만난 네덜란드 사람들이 말하길, 해방 직후 캐나다 군대가 베를라허 다리를 통해 암스테르담으로 입성했다고 했다. 얼마나 장관이었을까. 다리에 가까이 다가가자 다리에서 가장 높은 부분인 중앙탑이 눈에 들어왔다. 도시 중심가에서 암스텔데이크를 통해 다리로 향하면 중앙탑 꼭대기에 새겨진 조각상 '암스테르담의 수호령'을 볼 수 있었다. 오후 태양의 후광을 받으며 물속에서 솟아나는 여신상이었다. 자매가 아주 어린 시절부터 아버지는 그런 세밀한 부분까지 하나하나 설명해 줬다. 그땐 한 귀로 흘린 듯했는데, 생각보다 아버지 이야기를 열심히 듣고 있었나 보다.

다리를 건넜다. 자동차 바퀴 아래 놓인 트램 레일이 규칙적으로 쿵

쿵 울렸다. 야니는 숨을 참고 엉덩이에 힘을 주었다. 트램 레일과 차도가 만나는 소리를, 느낌을 무시하려 안간힘을 썼다. 베를라허 다리가 점점 뒤로 멀어져갔다.

일주일 후, 야니는 드디어 병동을 벗어났다. 가슴의 통증을 줄여주는 약을 한 병 처방받았다. 짐 박사는 야니의 상태를 걱정했지만 다행히 야니의 심장은 멈추는 일 없이 뛰었다. 그러면 된 거였다. 자매는 트럭 뒤칸에 놓인 나무 벤치에 낯선 사람들과 함께 옹기종기 끼어 앉았다. 모두 우울해하면서 동시에 들떠 있었다. 집에 돌아가면 무엇이 기다리고 있을지, 누가 살아남았을지, 집이 아직 거기 남아 있기나 할지 걱정은 끝이 없었다. 하루에 25km 정도씩 이동했다. 여정은 더디기만 했다. 하지만 수용소에서도 살아 돌아왔으니 이쯤이야 아무것도 아니었다. 게다가 집이 가까워 오는 게 내심 두렵기도 했다. 무엇이 기다리고 있을지 알 수 없었다. 린테는 늘 씩씩한 척했지만 속은 까맣게 타들어 갔다. 도저히 못 버틸 것 같아 몰래 야니의 심장약을 훔쳐먹었다가 정말 죽을 뻔했다. 응급 병동에 실려가 위세척을 했다. 바로 다음 날은 화물 기차로 이동해야 했다. 화물칸에 탄 승객들 모두 문을 닫지 않길 바랐지만 어쩔 수 없었다.

"여기서 왼쪽으로 꺾어 주세요." 린테가 치과의사에게 말했다.

베이스페르제이더, 암스텔 101번지

왜 하필 이곳에 있지? 오른쪽으로 돌면 바로 니우어 아흐테르 운하인데. 혹시 다들 같이 지내고 있는 걸까? 보프와 아이들, 부모님 그리고 야피도⋯ 새로운 집에서 다 같이? 야니는 몸을 좌석에 점점 더 깊숙이 파묻었다. 그렇게 하면 차를 멈출 수 있을 것처럼. 강둑과 물이 뒤섞였다. 그냥 물속으로 운전해 들어가면 안 될까. 천천히 가라앉아 버리는 거야. 보프와 리셀로테, 로비가 무릎 높이의 물에서 놀고 있었다. 야니는 모래 언덕 위, 숲의 가장자리에서 가족을 내려다보는 상상을 했다. 그림책을 펼쳤을 때처럼 시야가 확 트이며 에이설 호수가 발아래로 펼쳐졌다. 가족들이 못 알아보면 어쩌지. 머리칼도 없고, 해골 같은 몰골에 나이도 확 들어 버렸는데. 야니는 초조하게 뒤를 돌아봤다. 당장이라도 도망치고 싶었다. 저 멀리 베를라허 다리의 수호령이 야니를 지켜보고 있었다. 위로 들어올린 손이 마치 야니에게 인사를 건네는 듯, 자매를 응원하는 듯 보였다.

야니가 울음을 터트렸다. 눈물 콧물을 쏟으며 꺼이꺼이 통곡했다. 울음을 멈출 수가 없었다. 치과의사가 걱정스러운 듯 뒤돌아봤다. 베이스페르제이더를 지나는 내내 야니는 짐승처럼 울부짖었다. 린테가 결국 벌컥 화를 냈다.

"좀 웃어, 이 아가씨야! 거의 다 왔잖아! 젠장, 나는 우흐스트헤이스트까지 가야 되는데."

그래도 야니는 울음을 그칠 줄 몰랐고 린테는 점점 더 화가 치밀어 올랐다. 비싼 외투를 껴입은 몸을 홱 돌리더니 동생에게 다다다 잔소리를 쏟아냈다.

"너 진짜 미쳤어? 보프랑 애들이 눈앞에 있는데 그렇게 앉아서 처울기나 할거야? 왜 그 고생을 하며 여기까지 왔는데? 드디어 정신줄을 놓은 거야? 정말 그래?"

린테는 수용소에서 지낸 몇 달간 동생이 저를 혼냈던 걸 앙갚음이라도 하듯 동생에게 욕설과 분노를 퍼부었다.

"이년아! 귓구멍이 막혔어? 작작 좀 하라고!"

야니는 눈물범벅인 얼굴로 피식 웃어 버렸다. 치과의사는 뒷자리의 소란을 무시하고 계속 차를 몰았다. 자매가 옥신각신하는 동안 눈앞에 펼쳐진 웅장한 암스텔 호텔의 모습에 혼자 감탄사를 흘렸다.

골목으로 접어들며 차가 속도를 줄였다. 왼쪽으로는 운하가, 오른쪽으로는 주택가가 이어졌다. 카레 극장에 닿기 직전에야 자매는 비로소 잠잠해졌다. 오른쪽으로 펼쳐진 니우어 아흐테르 운하에 부모님이 살던 집이 있었다. 차가 천천히 좁은 길을 지나자 자매는 마치 무언가를 발견한 듯 동시에 밖을 바라봤다. 아버지가 팔을 활짝 벌리고 가슴을 당당히 편 채 딸들을 마중 나왔을 것만 같았다. 하지만 아무도 없었다. 거리는 텅 비어 있었다. 카레 극장을 지나 가파른 다리를 건넜다. 문득 린테가 야니의 팔을 움켜잡았다.

"봐 봐! 너 헤이그 집에서 쓰던 커튼이야!" 린테가 다리 건너 모퉁이에 자리한 집을 가리키며 외쳤다. "보프가 보여!"

차가 미처 멈춰 서기도 전에 린테가 문을 왈칵 열고 달려나갔다. 야니는 차마 고개도 들지 못하고 자리에 웅크리고 앉아 있었다. 머리를 푹 숙이고 손을 무릎 사이에 감췄다. 몸이 고장나 버린 것 같았다. 보프가 달려와서 문을 열고 아내를 안아 들었다. 그는 마치 깃털 다루듯 조심스럽게 야니를 집 안으로 데리고 들어갔다. 로비가 신이 나서 고함을 지르며 두 사람 주변을 빙빙 돌았다.

"봤지? 우리 엄마가 돌아왔어요! 다들 와 봐! 우리 엄마가 왔어요!" 로비가 두 사람을 따라 들어왔다가 다시 거리로 달려나가서 외쳤다.

"아줌마! 아저씨! 다들 보세요! 저 엄마 있다고 했죠! 우리 엄마가 돌아왔어요!"

다시 현관으로 들어오던 아이는 제 발에 걸려 풀썩 넘어졌다. 엄마 품에 몸을 날리며 로비는 아빠를 쳐다봤다.

"아빠, 제가 말했죠? 엄마가 꼭 돌아온다고 약속했다구요."

현관이 울음바다가 됐다. 치과의사와 보프, 야니, 린테 모두 얼싸 안고 눈물을 흘렸다. 로비는 엄마가 건네준 베갯잇 속에 든 건포도를 거리를 지나는 사람들에게 나눠 줬다.

"우리 엄마가 돌아오셨어요! 다들 와 보세요! 우리 엄마예요!"

로비가 운하가 떠나가라 소리를 질렀다.

야니는 가까스로 정신을 차리고 리셀로테를 찾았다.

"우리 딸은 어딨어요?"

소란에 놀란 리셀로테는 눈을 동그랗게 뜨고 침실에 숨어 있었다. 야니는 딸을 조심스럽게 안아 올려 품에 꼭 안았다. 로비도 낑낑대며 엄마 품을 찾았다. 가족의 새로운 보금자리인 암스텔 101번지 바닥에 다 함께 모여 앉았다.

"오늘은 여기서 주무시고 가는 게 어때요?" 보프가 린테에게 제안 했지만 린테는 고개를 저었다. "우흐스트헤이스트로 갈래요. 그이한 테 가고 싶어요." 린테가 말했다. 그리고 도와줄 수 있냐는 듯 치과의 사를 바라봤다.

"네, 갑시다." 그는 일말의 망설임도 없이 답했다.

피트 페르후버와 하콘 스토테인이 조율을 마쳤다. 우흐스트헤이스트

엠말란의 블롬스마 씨 집에서 여는 마지막 연주회였다. 두 사람 모두 연주회가 끝나는 날을 고대해 왔다. 피트와 하콘이 번갈아 독주를 한 후 피아노와 오보에를 위한 소나타 한 곡, 마지막으로 바흐의 웨딩 칸타타로 연주회를 마칠 계획이었다. 엄숙하고 종교적이며 애수와 속죄에 관한 곡 대신 사랑이 시작되는 순간을 봄에 비유하는 밝고 경쾌한 소프라노 곡을 준비했다. 크라머르 부인이 아리아를 부르기로 했다.

거실에는 손님이 가득했고 활기찬 분위기였다. 페르후버와 스토테인의 연주회는 우흐스트헤이스트에서 많은 사랑을 받았다. 기아로 고통받은 지난 겨울, 두 사람의 연주는 사람들에게 큰 위안을 선사했다. 사람들은 '피트'라고 알려진 인물이 실은 지난 1년 동안 블롬스마 집에서 은신했다는 사실을 까맣게 몰랐다.

언제나처럼 아름다운 연주였다. 연주회가 막바지에 다다랐다. 크라머르 부인이 피트와 하콘의 반주에 맞춰 아리아를 시작했다. 그녀의 맑은 목소리가 칸타타의 경쾌한 멜로디를 타고 자유를 되찾은 길거리에 울려 퍼졌다.

행운이지 않은가,
운명이 선사한 고귀한 선물을 통해
두 영혼이 건강과 축복으로 찬란히 빛나는
하나의 보석을 얻었다네

자동차 한 대가 머뭇대며 엠말란으로 들어섰다. 호기심 어린 얼굴들이 창가에 모습을 드러냈다. 자가용을 마지막으로 본 게 언제였더라. 지난 몇 년간 군용 차량밖에 본 적이 없었다. 한적한 일요일 오후, 하콘의 오보에 소리가 집밖까지 또렷하게 울려 퍼졌다. 순간 차가 황급히 멈춰 섰다. 뒷문이 활짝 열리고 누군가 집을 향해 달려가기 시작했다.

피트의 손가락이 물 흐르듯 건반 위를 날았다. 바흐의 민속 음악에 맞춰 상체가 앞뒤로 흔들렸다. 만족스러운 눈길로 사람이 가득한 거실을 둘러봤다. 모두 눈을 감고 음악을 한껏 즐기는 중이었다. 바로 그때, 거실 창밖으로 머리가 불쑥 솟아올랐다. 커다란 갈색 눈동자와 밤송이 같은 머리. 피트—아니, 에베르하르트가 의자 위로 뛰어올라 그랜드 피아노 너머로 몸을 날렸다. 사람들 사이를 헤치고 현관으로 달려가 린테를 품에 끌어안았다. 두 사람은 펑펑 눈물을 흘리며 입을 맞추며 으스러질 듯 서로를 꼭 끌어안았다. 품에 안은 린테는 뼈밖에 없었다. 린테가 겪었을 고통이 에베르하르트의 뼈에 사무쳤다. 두 사람은 손을 꼭 맞잡고 집 안으로 들어왔다. 다들 자리에서 일어나 눈물을 훔치고 있었다. 이 기적 같은 재회를 자신의 일처럼 기뻐했다. 우레와 같은 박수가 린테를 맞이했다. 하콘이 친구를 꼭 안아줬다. 연주회가 막을 내렸다.

"아니, 아직이요! 계속해요!" 린테가 앞줄에 자리를 잡고 앉아 기대에 찬 눈빛으로 남편을 바라봤다. "좋은 음악을 들은 게 언제인지 몰라요. 계속 들려줘요."

사람들의 시선이 일제히 에베르하르트에게 쏠렸다. 그가 고개를 끄덕이자 다들 제자리로 돌아갔다. 한바탕 눈물을 쏟은 크라머 부인은 노래 마디마디마다 코를 훌쩍이기 바빴다. 하지만 하콘의 오보에 솔로가 마지막 아리아로 이어질 때쯤에는 평정을 되찾았다. 에베르하르트의 손가락도 음을 놓치지 않았다. 귀가 먹을 듯한 박수갈채가 집과 거리를 메웠다. 모두 손바닥이 얼얼해질 때까지 박수를 멈추지 않았다. 린테만 자리를 지켰다. 일어날 힘도 남아 있지 않았다. 에베르하르트가 아내 앞에 무릎을 꿇고 린테의 조그만 얼굴을 두 손으로 감쌌다.

"내일 날이 밝는 대로 바세나르의 실리아와 알베르트 집에서 카팅카를 데려올게요. 다시 셋이 함께하는 거야."

그 시각, 밖에서는 자동차 한 대가 거리를 빠져나갔다. 치과의사는 린테가 은혜에 감사를 전할 새도 없이 조용히 떠나 버렸다. 그 은인은 대체 누구였을까. 자매는 그 사람이 누구인지 평생 알아내지 못했다.

에필로그

고속도로의 차 소리가 멀리서 웅웅거리고 낙엽이 발아래에서 바스라 졌다. 그 외에는 오직 적막만이 이 버려진 장소를 채웠다. 나무 사이 로 비치는 햇살이 오래된 어린이용 침대처럼 작고 판판한 묘석 위로 떨어졌다. 녹슨 울타리와 비석, 잡초가 무성했다. 나는 무덤 가까이 다가가 이름과 생몰년도를 확인했다. 묘석에는 아무것도 적혀 있지 않았다. 다음, 축축한 돌 바로 앞에 어린 잣나무가 자라고 있었다. 글 자를 확인하기 위해 나뭇가지를 치웠다. 너무 닳아 있어 식별이 불가 능했다. 머리가 부러진 천사 상과 무너진 기둥을 따라 걸음을 옮겼다. 맑은 하늘 아래 폐허가 된 석상이 유난히 또렷해 보였다. 푹푹 꺼지 는 두꺼운 낙엽 이불 위로 조심스럽게 발을 내디뎠다. 한 발 내디딜 때마다 발등으로 낙엽을 퍼 올리며 걸었다. 가을이 완연했지만 올해 들어 가장 더운 날이었다. 영상 37도. 무더위가 네덜란드를 강타했다.

처음 30분 정도는 가톨릭 묘지를 훑었다. 복잡한 교차로 옆으로 난 보조 도로를 따라 걸으니 곧장 들판으로 이어졌다. 묘지는 거리에 서 바로 보이는 곳에 있었다. 묘비가 반질거렸고 통로의 잡초도 말끔히 정리돼 있었다. 잘 관리되는 공동묘지였다. 물뿌리개를 든 할머니가 남편분의 묘지를 돌보는 중이었다. 매주 한 번씩 꼭 들른다우. 할머니가 말씀했다. 그 공동묘지에는 나무가 별로 없었다. 태양이 내 정수리에 그대로 내리꽂히며 땀이 관자놀이를 타고 흘러내렸다. 눈가로 할머니가 수돗가를 향해 뒤뚱뒤뚱 걸어가는 모습이 보였다.

한 줄 한 줄, 묘비에 적힌 정보를 확인했다. 어떤 해는 우리 할머니 할아버지를 생각하게 했고 어떤 해는 친구들을 떠올리게 했다. 내 아이들을 생각나게 하는 연도는 곧장 건너뛰었다. 잠시 후, 묘지 중앙에 다다랐을 때 나는 천천히 몸을 돌렸다. 묘비에 적힌 날짜가 너무 최근이었다. 문득 네덜란드에 땅이 모자라 공동묘지를 재활용한다는 기사가 떠올랐다. 기분이 가라앉았다. 내내 나를 지켜보고 있던 할머니가 더이상 참지 못하고 끼어들었다.

"누구를 찾고 있소?"

할머니와 나 사이에는 무덤 열 줄이 놓여 있었다. 내가 사정을 설명하자 할머니는 곰곰이 생각에 잠긴 듯 그저 먼 곳을 응시했다. 불쑥 짜증이 났다. 내가 찾는 게 어디 있을지 할머니가 모르는 게 당연했다. 하지만 괜히 애꿎은 할머니에게 심술이 났다.

"옛 묘지도 확인해 봤수?"

나는 고개를 획 쳐들었다.

"여기가 거기 아니에요?"

할머니가 웃으며 고개를 저었다.

"여기는 가톨릭 묘지지. 개신교와 유대인 묘지는 저ㅡ 쪽이라오."

할머니가 내 등 너머 숲길을 가리키며 말했다.

"옛 나르던 묘지 말씀하시는 거 맞죠?"

할머니가 고개를 끄덕였다. 나는 감사 인사를 하고 알려준 쪽으로 걷기 시작했다. 새로운 가능성에 기운이 솟았다. 물론 얀 타바크 호텔 사거리와 거주 구역 사이에 자리한 숨겨진 폐허에서 대단한 발견을 할 수 있을 거라는 기대는 하지 않았다.

"배웅해 줄게요."

할머니는 손에 물뿌리개를 들고, 나와 같은 방향으로 걸었다. 묘지 입구에 다다랐다.

"봐 봐요." 할머니가 나무 사이로 사라지는 오솔길을 가리키며 말했다. "이 길을 따라 쭉 걷다 보면 왼쪽으로 울타리가 보일 테요. 그게 옛 나르던 묘지야. 문이 열려 있을지는 모르겠구먼."

나는 할머니에게 인사를 하고 오솔길을 따라 깊은 숲속으로 들어섰다. 나무가 우거져 순식간에 사방이 잎사귀로 둘러싸였다. 이윽고 무너진 기둥 사이에 난 커다란 철문이 눈에 들어왔다. 굳게 잠겨 있었다. 그 왼편으로 자그마한 측문이 나 있었다. 힘껏 밀었더니 철이 긁히는 소리와 함께 묘지에 들어설 수 있었다.

생각보다 규모가 컸다. 조금 전 들렀던 곳보다 적어도 세 배는 더 크고 아름다웠다. 라임나무 가로수를 따라 중앙 통로가 펼쳐졌다. 양옆으로 크기가 들쑥날쑥한 비석이 늘어서 있었다. 잡초가 우거진 황동 비석과 덩굴 화관을 쓴 나무 십자가. 부서진 단면이 융단처럼 고운 이끼로 뒤덮인 대리석. 주목나무 울타리로 구획이 나뉜, 잘 정돈된 혼돈.

야생 덤불로 뒤덮인, 무너진 울타리 사이를 거닐었다. 신(新) 고딕

양식 교회 모양으로 지은 가족묘와 작은 예배당, 오랜 세월을 견딘 장식품도 발견했다. 도시의 가장 번화한 사거리에서 숨겨진 비밀 장소를 찾은 것만 같은 기분이었다.

이 동네에서 이처럼 놀라운 장소를 발견한 적이 있었던가. 맞아, 있었지. 불현듯 기억이 났다. 처음 하이네스트의 숲길을 따라 운전했던 날, 집과 정원이 한순간 눈앞에 모습을 드러냈던 순간이 기억났다.

세월이 빗겨간 듯 위풍당당하게 언덕 위에 자리한 집의 자태. 마을을 등지고 숲과 물을 향해 시선을 돌려, 세속의 부산스러움 따위에 조금도 동요하지 않는 집. 말문이 턱 막혔다. 그야말로 최고의 안식처였다. 그 집은 어서 들어와 안을 누비고, 이곳에서 웃고, 따뜻하게 난로를 피우고, 조용히 앉아 쉬라 손짓했다. 금요일 오후, 무덤을 찾아나선 즉흥적인 모험은 게으름과 더위에 지친 피로감에서 시작됐다. 사실 묘지를 방문하는 건 내 연구에 꼭 필요한 단계는 아니었다. 하지만 갑자기 왜 이곳에 왔어야만 했는지가 완벽하게 납득됐다.

내가 찾는 묘지의 주인은 천재 작사가 겸 작곡가인 디르크 비터였다. 1885년 출생한 그는 네덜란드에서 남녀노소, 세대와 귀천을 가리지 않고 널리 사랑받는 명곡 〈기억해요, 삶은 살기 위한 것〉을 만든 장본인이었다. 디르크는 군복무 시절 이 곡을 만들었다. 운전병이어서 전투에 직접 참가한 적은 없었지만 제1차 세계대전과 곳곳에서 밀려오는 피난민이 그에게 깊은 인상을 남겼다. 노래는 저항정신의 정수였다. 비판적인 사고를 장려하는 메시지를 아름답게 표현한 이 노래는 전후 네덜란드에서 공전의 히트를 기록했다.

제대 후, 디르크는 직장을 그만두고 온전히 예술가의 길로 들어섰다. 네덜란드인 카바레 아티스트인 장 루이스 피수이스와 파트너로 일했다. 뷔쉼의 유복한 집안 출신인 연상의 미녀 도라리제 예트 로만과 결혼한 후, 1920년 잔담의 건축가에게 의뢰해 자신들이 꿈꿔 온 집을 지었다. 나르던 자연보호구역 한가운데, 황무지와 숲이 만나는 곳. 마치 요정 이야기에 나올 법한 터에 단단한 시골 저택이 자리잡았다. 저택의 커다란 창문으로는 사방이 내려다보였고 멀리 자위더르 해안까지 보였다. 하늘 위에서 내려다보면 저택은 주변 경관에 자연스럽게 녹아 있었다. 떡갈나무로 둘러싸인 커다란 정원은 자연스럽게 숲과 이어졌고 저택 지붕에는 주변 냇가에서 자라는 노란 갈대를 말려 엮은 이엉지붕이 얹어 있었다.

1921년의 찬란한 여름날, 디르크와 예트는 요람에 누운 갓 태어난 딸과 함께 집을 배경으로 가족사진을 찍었다. 집에는 '하이네스트'라는 이름을 지어 주었다. 그로부터 20여 년 후, 제2차 세계대전이 다시금 인간성을 시험에 들게 하고 네덜란드에 살던 수많은 사람들이 어떻게 해야 할지 발을 동동 구르던 시절, 그의 항전가에 담긴 정신이 그의 집에서 진정 살아 숨쉬게 될 줄 과연 디르크는 알았을까. 마치 노래의 혼이 내내 집에 깃들어 있었던 것처럼 말이다.

이것이 바로 내가 디르크 비터의 묘지를 찾은 까닭이었다. 하이네스트 역사의 최후이자 최초의 퍼즐 조각을 찾아서.

디르크의 아내 예트 로만은 남편의 명곡 〈기억해요, 삶은 살기 위한 것〉의 1절을 남편의 묘비에 새겼다.

삶은 아름다움과 놀라움으로 가득하지요
새장에 숨지 말아요, 날개를 펼쳐요, 그대
기억해요, 삶은 살기 위한 것!
머리를 당당히 들어요, 코를 하늘 높이 추켜들어요
남이 뭐라 생각할지를 왜 걱정하나요?
그대 심장의 온기를 지켜요, 심장이 노래하는 사랑으로
어디를 가든, 당신의 주인은 오직 그대
당신만을 위한 이 선물은 앞으로도 늘 계속될 거예요
기억해요, 삶은 살기 위한 것!

그의 묘지는 오랫동안 기억에서 잊혔고, 1971년쯤에는 알아보지 못할 정도로 글귀가 훼손됐다. 2005년, 디르크 비터는 평생의 연인이었던 아내 예트와 함께 로만 가의 가족묘에 이장됐다. 그 가족묘를 한 시간째 찾는 중이었지만 별다른 소득이 없던 터였다.

나무 그늘 아래의 벤치에 앉아 나를 이곳까지 다다르게 한 긴 여정을 돌이켰다. 2012년 하이네스트에 이사한 이후 나는 유대인 박해와 집단수용소 그리고 당시 세계 정세에 대해 공부했다. 매해 일어난 전투를 정리하고 브릴레스레이퍼르 가 사람들의 여정을 직접 따라가 봤다. 나르던 지역의 네덜란드 나치당 점묘도를 손수 제작해 나치 정권 하의 네덜란드 지식인들의 역할과 저항활동의 경로를 파악했다. 매년 5월 4일에서 5일, 해방 기념일이면 하이네스트 앞에 테이블을 놓고 전쟁 역사를 간단히 설명하는 안내지와 그 당시 상황에 대해 정보를 구하는 방명록을 놓았다.

스티븐 스필버그 감독이 설립한 USC 쇼아 재단의 아카이브에서 하이네스트에 은신했던 아이들이 뒤뜰에서 노는 모습이 담긴 사진을 발견했다. 미국 대학을 통해 집과 관련한 일화 및 지하 활동과 관련한 기록을 찾았다. 전문가와 전기 작가, 친척과 친구 들을 만났고 린테와 야니의 자녀들과도 가까워지면서, 그 어떤 시나리오 작가도 감히 상상하지 못할 이야기들을 들을 수 있었다. 안네 프랑크 아카이브에 소장된 야니의 개인 기록을 접하면서 자매가 가족, 친구와 나눈 편지도 발견했다. 그리고 그중에는 "마르고트와 안네 프랑크는 나와 함께 베르겐-벨젠에서 목숨을 잃었다."라고 적힌 야니의 손글씨도 있었다.

이스라엘에는 네덜란드보다 더 많은 하이네스트 관련 정보가 남아 있었다. 무엇보다 이스라엘에서 만난 사람들은 나에게 매우 중요한 메시지를 전했다. "이 이야기를 꼭 써 주세요. 이 이야기는 세상이 이미 알고 있는 숱한 이야기들과 달라요." 유대인은 결코 순순히 죽음의 구덩이로 걸어 들어가지 않았다. 유대인 저항투사들이 있었다. 심지어 여성 투사들이었다.

하이네스트에 숨어 자랐던 아이들이 이제 70대에 들어섰다. 세계 곳곳에 흩어져 사는 그들은 자신들이 전쟁 중 뛰놀았던 옛집, 이제 내 아이들이 자유롭게 뛰노는 그 집을 지금도 찾아온다. 이 책을 집필한 책상은 유대인 사냥꾼들이 집을 포위했을 때 온갖 귀중한 자료를 쓸어 넣었던 다락 바로 위에 놓여 있다.

하이네스트의 진정한 복원은 무너진 벽을 고치는 것이 아니라, 그 벽 안에서 일어났던 특별한 사건과 이야기를 되살리는 것에 있음을 깨달았다.

어느새 땅거미가 내려앉았다. 묘지가 어두운 그림자에 잠겼다. 더운 공기가 나무 사이를 감돌았다. 나는 벤치에서 일어나 다시 탐색을 이어갔다. 몇 킬로미터 떨어진 곳에서 황조롱이와 차가운 맥주가 나를 기다렸다. 하지만 디르크를 찾기 전까진 돌아가지 않을 작정이었다.

문득 낙엽 사이로 반질반질한 회색 석판이 눈에 들어왔다. 심하게 허물어지지도, 잡초가 우거지지도 않은 것이 마치 내가 올 것을 미리 알고 내내 기다린 것만 같았다. 석판을 가린 낙엽을 쓸었다. 마침내 찾았다. 로만 가 가족묘. 그곳에 그가 있었다. 디르크 비터. 1885~1932. 그게 다였다. 그의 유명한 항전가는 사라지고 없었다.

하지만 중요치 않았다. 내가 이곳에 온 것은 디르크에게 린테와 야니가 어떻게 그가 지은 집에 삶을 불어넣었는지를 들려주기 위해서였으니까. 비록 전쟁의 기억은 점점 바래 가지만, 자매의 불굴의 용기는 하이네스트의 돌담에 영원히 새겨졌음을 알려 주기 위해서였으니까.

남이 뭐라 생각할지를 왜 걱정하나요?
기억해요, 삶은 살기 위한 것!

하이네스트, 그 이후

- 요세프 브릴레스레이퍼르. 1891년 2월 27일 출생. 1944년 9월 6일 아우슈비츠-비르케나우 수용소 도착 직후, 가스실에서 살해당한 것으로 추정된다.
- 피트에 브릴레스레이퍼르-헤릿서. 1891년 1월 14일 출생. 1944년 9월 6일 아우슈비츠-비르케나우 수용소 도착 직후, 가스실에서 살해당한 것으로 추정된다.
- 레베카 린테 레블링-브릴레스레이퍼르. 1912년 12월 13일 출생. 1988년 8월 31일 사망. 1952년 동베를린으로 이주하면서 네덜란드 국적을 상실한다. 1964년 질녀 리셀로테의 결혼식에 참석하기 위해 네덜란드로 입국하나 이민국에 억류된다. 이에 격분한 야니는 주변의 영향력 있는 친구들을 몽땅 끌어모아 이미 감금에 대한 트라우마에 시달리는 언니의 복권 운동을 벌이고 네덜란드 국적 회복을 추진, 성공한다. 린테는 평생 전 세계를 돌며 이디시어 작품과 저항 활동과 관련한 곡으로 공연을 한다. 남편 에베르하르트와 두 딸, 카팅카와 얄다가 그녀의 공연에 함께 서기도 한다.

- 마리안네 야니 브란더스-브릴레스레이퍼르. 1916년 10월 24일 출생. 2003년 8월 15일 사망. 야니와 보프, 그리고 이들의 두 자녀는 암스텔 101번지의 집에서 계속 지낸다. 전쟁 후에도 야니와 보프는 네덜란드 내에서 계속되는 반유대주의에 맹렬히 맞서 싸우며 전쟁 희생자들의 지위 복권을 위해 여생을 바친다. 아우슈비츠 위원회와 안네 프랑크 재단, '40-45' 재단 등에서 활동한다. 매년 2월 파업 기념행사 기간이면 야니는 추위 속에서 군중들이 속을 덥힐 수 있도록 그녀의 집 앞 모퉁이에 커다란 솥을 내걸고 렌틸 수프를 나눠 줬다. 그 자리에는 오늘날까지도 부두 노동자 상이 서 있다.
- 야코프 야피 브릴레스레이퍼르. 1921년 6월 7일 출생. 1944년 9월 6일 아우슈비츠에 도착한 후 9월 15일에서 10월 1일 사이에 사망한다.
- 에베르하르트 레블링. 1911년 12월 4일 출생. 2008년 8월 2일 사망. 에베르하르트는 종전 후 네덜란드 시민권을 취득한 최초의 독일인이 된다. 공산당 계열 신문사 『진실』의 음악 편집자로 일한다. 1952년 동베를린으로 이주하면서 네덜란드 시민권을 상실하고 동베를린에서 예술학교장으로 활동한다. 야드바솀 홀로코스트 기념관의 '열방의 의인'으로 지정된다.
- 보프 브란더스. 1912년 2월 20일 출생. 1998년 9월 27일 사망. 보프는 해방 후 기로 자치은행에서 근무한다. 전쟁의 트라우마와 수많은 가족 구성원을 잃은 고통으로 평생 시달린 아내 야니 곁을 죽을 때까지 든든하게 지킨다. 보프는 심한 뇌전증 발작으로 인해 매일 수많은 약을 복용해야 했다. 야니는 종종 한탄했다. "헤릿 카스

테인이 살아 있었더라면 얼마나 좋을까. 그러면 보프를 도와줄 수
있었을 텐데."

- 카팅카 레블링. 1941년 8월 8일 출생. 어린 시절, 부모님과 함께 동
  독으로 이주한다. 아주 어린 시절부터 바이올린을 배운다. 18세에
  모스크바의 예술학교로 유학을 떠나고 아버지의 뒤를 이어 음악학
  박사 학위를 취득한다. 카팅카는 베를린으로 돌아와 제자를 양성
  하고 전 세계를 다니며 연주회와 강의를 한다.

- 얄다 레블링. 1951년 2월 13일 암스테르담 출생. 한 살 때 부모님과
  언니 카팅카와 함께 동독으로 이주한다. 베를린 연기학교를 졸업하
  고 배우이자 가수로 활동한다. 주된 활동 장르는 유럽 유대인 음악.
  유대교 교회당 임원이자 베를린의 유대인 부활 운동 커뮤니티인
  'Ohel Hachidusch'의 영적 지도자이다.

- 로베르트 로비 브란더스. 1939년 10월 10일 출생. 시각 예술가로
  네덜란드에 거주 중이다. 현재까지도 암스텔 101번지에서 살고 있
  으며 자택에서 내려다보이는 암스테르담과 암스테르담 운하 풍경을
  주제로 한 수채화와 판화를 작업한다.

- 리셀로테 브란더스. 1941년 9월 6일 출생. 네덜란드에 거주 중.

- 예티 드뢰에이프. 1919년 1월 16일 출생. 1944년 7월 31일 트레지
  엔슈타트 수용소로 추방된 후 다시 9월 28일 아우슈비츠로 이송,
  그곳에서 10월 3일 사망한다.

- 시몬 이시도르 판크레벨트. 1921년 1월 27일 출생. 1944년 7월 31
  일 트레지엔슈타트로 추방, 9월 28일 아우슈비츠로 이송, 그곳에서
  10월 3일 사망한다.

- 파울리너 픽 판덴베르흐-발비스흐. 1924년 5월 26년 출생. 1944 년 9월 3일 아우슈비츠-비르케나우로 추방, 10월 27일 리바우 수 용소로 이송된다. 1945년 5월 8일 러시아가 리비우를 해방시킨 후 6월 11일 네덜란드로 생환. 현재 행적은 알려져 있지 않다.

- 아브라함 브람 테세이라 데마토스. 1888년 5월 31일 출생. 1944년 9월 6일 전후로 아우슈비츠-비르케나우 수용소에 도착한 직후 가 스실에서 살해당한 것으로 추정된다.

- 라우이스 루스 테세이라 데마토스-홈퍼스. 1890년 8월 12일 출 생. 1944년 9월 6일 전후로 아우슈비츠-비르케나우 수용소에 도 착한 직후 가스실에서 살해당한 것으로 추정된다.

- 리타 그리트예 예허르. 1920년 출생. 1945년 4월 베스테르보르크 수용소가 해방될 때까지 수용소 청소부로 일한다. 2015년 11월 30 일 사망한다.

- 샤임 볼프 빌리 예허르. 1914년 3월 17일 출생. 1945년 4월 베스테 르보르크 수용소가 해방될 때까지 수용소 제빵사로 일한다. 2006 년 사망한다.

- 얀 헤멜레익. 1918년 5월 28일 출생. 2005년 3월 16일 사망. 종전 후 암스테르담 대학 통계학 교수로 재직한다. 네덜란드 작가 헤라르 트 레버의 소설 『저녁』의 등장인물인 헤르만과 리디아는 알레이트 와 얀 헤멜레익 부부를 모티브로 한 것. 보프 판아메론헌과 함께 유명한 'PP 저항단'을 창립한다. 단체의 이름은 세이스 뷔딩흐의 명 시 〈푸른 배의 맷새〉에 등장하는 환상의 야수 포르헬과 페뤼란에 서 딴 것. 이후 루스 홈퍼스와 산더르 스눕 감독이 PP 저항단에 대

한 다큐멘터리 〈품위 있는 대지〉를 제작한다. 1973년, 얀의 부친 야프 헤멜레익이 사망한 후 야니와 하이네스트 식구들이 은신했던 뷔에르베흐로 향하는 숲속 길은 '헤멜레익의 길'이라 명명된다.

- 알레이트 헤멜레익-브란더스. 1914년 12월 16일 출생. 1999년 11월 28일 사망.
- 레오 픽스. 1908년 12월 29일 출생, 1990년 7월 12일 사망. 레오는 종전 후 대학에서 현대 히브리어와 이디시어를 강의한다.
- 로어스 크리스티너 루스 픽스-데 베튀어. 1905년 출생, 1962년 사망.
- 마르턴 미크 판힐서. 1916년 6월 2일 출생. 1943년 10월 1일 총살형을 당한다.
- 얀 헨드릭 얀릭 판힐서. 1912년 6월 5일 출생. 1944년 3월 28일 나치 비밀경찰을 피해 도주하던 중 총살당한다.
- 헤릿 판데르베인. 1902년 11월 26일 출생. 1944년 6월 10일 총살형을 당한다. 종전 후 나치 보안대 본부와 암스테르담 외테르퍼 가는 각각 그의 이름을 따, '헤릿 판데르베인 학교(현 헤릿 판데르베인 대학)', '헤릿 판데르베인 거리'로 명명된다.
- 디르크 아윕코 스티커르. 1897년 2월 5일 출생. 1979년 12월 23일 사망. 1935년부터 1948년까지 하이네켄의 총지배인을 역임한다. 종전 후 보수 자유주의 정당인 자유민주주의국민당의 초대 당대표가 된다.
- 프리츠 뢰터르. 1912년 2월 19일 출생, 1985년 11월 8일 사망. 종전 후 네덜란드 나치당 하원의원이자 노조 위원장을 역임한다.

- 르헤인비스 페이트흐. 헤이그에서 신경의학과 전문의로 활동. 생몰년도 미상.
- 헤릿 카스테인. 1910년 6월 25일 출생, 1943년 2월 21일 사망. 그가 투신했던 헤이그 빈넨호프의 의회 광장의 방은 2017년 6월 20일 그의 이름을 따, '헤릿 카스테인 방'으로 명명된다.
- 카럴 에마뉘엘 폰스. 1912년 8월 14일 출생, 1992년 3월 12일 사망. 종전 후 국립발레단 공동설립자이자 스카피노 댄스 아카데미의 감독으로 일한다.
- 마리온 프리트하르트-판빈스베르헌. 1920년 11월 7일 출생, 2016년 12월 11일 사망. 종전 후 UN의 전신 기구에서 일했으며, 미국에 정착해 심리상담가로 활동, 죽을 때까지 홀로코스트와 관련한 강의를 계속한다. 야드바셈 홀로코스트 기념관의 '열방의 의인'으로 지정된다.
- 프레드 로데베이크 폴라크. 1907년 5월 21일 출생, 1985년 9월 17일 사망. 종전 후 네덜란드 경제정책분석국 국장을 맡았으며 네덜란드 상원의원과 대학 교수로 일한다. 네덜란드 교육방송국인 텔라크를 설립한다.
- 그리트예 코스. 1905년 1월 7일 출생, 1993년 5월 13일 사망. 종전 후 가면과 꼭두각시, 마리오네트 인형 제작자이자 화가, 조각가로 활동한다.
- 안톤 뮈세르트. 1894년 5월 11일 출생. 1945년 12월 12일 사형을 선고받고 1946년 5월 7일 발스도르페르블라크터에서 형이 집행된다.

- 에뒤아르트 에디 무스베르헌. 1902년 6월 26일 출생. 종전 후 기소되어 1948년 11월 사형이 확정된다. 1949년 율리아나 여왕의 사면으로 종신형으로 감형된다. 1959년 2차 사면으로 23년형(헨네이커 칼럼 중 가장 높은 형량)이 확정, 형기를 마치고 1961년 출소한다. 이후 아내와 네 자녀가 거주 중인 뉴질랜드로 이민하고 그곳에서 1980년 11월 8일 사망한다.
- 빌리 라게스. 1901년 10월 5일 출생, 1971년 4월 2일 사망. 종전 후 기소되어 사형을 선고받으나 사면되어 종신형이 확정된다. 1966년, 장 질병을 호소함에 따라 최대 3개월 간 '인도주의 원칙'에 의해 형 집행이 중지된다. 독일로 이송되어 수술을 받은 후, 네덜란드로의 인도가 불가능해 이후 자유 신분으로 산다.
- 하름 크리커. 1896년 출생. 종전 후 기소되어 사형을 선고받으나 사면되어 종신형이 확정된다. 사망 시기는 알려져 있지 않다. 1969년 7월 15일 『프리서 쿠리어르』 신문에 실린 크리커 가의 부고 기사에서 '하름 크리커'라는 이름의 인물이 1969년 7월 12일 사망했다고 언급된다.
- 빌럼 퓐트. 전쟁 중 암스테르담 경찰청 소속 형사로 근무했으며 종전 후 기소된다. 생몰년도 미상.
- 애니 보호버. 1913년 7월 9일 출생. 종전 직후인 1946년 보호버 부부는 미국 이민을 신청한다. 1949년 7월 16일에서야 이민 허가서가 발급되나 같은 날 애니는 사망한다. 사후 야드바셈 홀로코스트 기념관의 '열방의 의인'으로 지정된다.
- 베르트 보호버. 1910년 10월 1일 출생. 종전 후 미국으로 이민하고

1991년 8월 13일 캘리포니아에서 사망한다. 야드바셈 홀로코스트 기념관의 '열방의 의인'으로 지정된다.

- 에바 베스뇨. 1910년 4월 29일 출생, 2003년 12월 12일 사망. 종전 후 사진작가로 명성을 떨친다.
- 미케 스토테인-린더만, 이후 리자우-린더만이 된다. 1914년 12월 15일 출생, 2009년 4월 23일 사망. 종전 후 정치계에서 활발하게 활동하며(네덜란드 노동당), 암스테르담 폰덜파크-콘체르트헤바우 지역 주민 센터를 창립한다.
- 하콘 스토테인. 1915년 2월 11일 출생, 1964년 11월 3일 사망. 종전 후 로얄 콘체르트헤바우 오케스트라의 솔로 오보에 연주자로 활동한다.
- 퀴르트 카흘러. 1897년 10월 18일 출생, 1953년 교통사고로 사망. 종전 후 영화와 다큐멘터리 제작자로 활동한다.
- 마리안네 헤릿서-로트스턴(피트에의 모친). 1858년 5월 28일 출생, 1916년 12월 23일 사망.
- 야코프 헤릿서(피트에의 부친). 1858년 8월 19일 출생, 1936년 12월 27일 사망.
- 이삭 헤릿서(피트에의 오빠). 1882년 5월 5일 출생, 1943년 8월 27일 아우슈비츠에서 사망. 그의 여섯 자녀 중 다섯 명이 수용소에서 목숨을 잃는다.
- 모세 헤릿서(피트에의 남동생). 1895년 8월 15일 출생, 1944년 1월 1일, 아우슈비츠 제1수용소 인근의 탄광인 야비쇼비츠 노동수용소에서 사망. 아내와 두 자녀 모두 수용소에서 목숨을 잃는다.

- 데보라 베세머르-헤릿서(피트에의 여동생). 1898년 1월 7일 출생, 1943년 5월 21일 소비보르 절멸수용소에서 사망. 남편과 더불어 데보라의 네 자녀 중 세 명이 수용소에서 목숨을 잃는다.
- 알렉산더르 헤릿서(피트에의 막냇동생). 1900년 11월 10일 출생, 1942년에서 1943년 사이 아우슈비츠에서 사망. 그의 아내와 세 자녀도 모두 수용소에서 목숨을 잃는다.
- 트레이스 레마이러. 1919년 1월 15일 출생, 1998년 12월 10일 사망. 종전 후 암스테르담에서 아트 갤러리를 운영했고 사회주의계열 방송 연합인 VARA의 다큐멘터리국 국장, 네덜란드 노동당 PvdA 의 하원의원을 역임한다. 트레이스와 야니는 평생 절친한 친구로 남는다.
- 카롤리나 릴리 비트-하산. 1913년 7월 20일 출생, 1975년 10월 14 일 사망.
- 아니타 레서르-하산. 1935년 12월 17일 출생. 종전 후 소년 법원 판사 및 변호사로 활동하며 암스테르담 법원 부원장을 역임한다.
- 에디트 프랑크-홀란더르. 1900년 1월 16일 출생, 1945년 1월 6일 사망. 1944년 10월 말, 마르고트와 안네가 베르겐-벨젠으로 옮겨졌을 때 두 사람은 어머니가 가스실로 끌려갔을 것이라 착각했다. 얼마 후, 에디트는 질병과 피로로 아우슈비츠에서 사망한다.
- 오토 프랑크. 1889년 5월 12일 출생, 1980년 8월 19일 사망. 1945 년 1월 27일, 러시아군이 아우슈비츠를 해방한 후 네덜란드로 생환. 이후 딸들의 생사를 알기 위해 백방으로 수소문하던 끝에 국제 적십자사를 통해 브릴레스레이퍼르 자매와 연락이 닿는다. 1945년

7월, 린테와 야니를 만나게 되고 두 딸 마르고트와 안네가 베르겐-벨젠에서 사망했음을 알게 된다.

- 마르고트 프랑크. 1926년 2월 16일 출생. 1945년 2월~3월 사이, 베르겐-벨젠에서 사망.

- 안네 프랑크. 1929년 6월 12일 출생. 1945년 2월~3월 사이, 베르겐-벨젠에서 사망.

- 이다 시몬스-로센헤이머르. 1911년 3월 11일 출생, 1960년 6월 27일 사망. 1943년 9월 베스테르보르크로 추방된 후 수용소 오케스트라에서 피아니스트로 일한다. 1944년 테레지엔슈타트 수용소로 옮겨지고 1945년 2월에는 스위스로 이동, 1945년 여름 네덜란드로 생환한다. 종전 후 작가로 명성을 떨친다. 1959년 발간된 그녀의 소설『어리석은 처녀』는 베스트셀러가 된다.

- 알렉산더르 데레이위. 1899년 5월 15일 출생. 네덜란드 점령 후 은신을 이어가다 1941년 체포되고 1942년 7월 아우슈비츠로 끌려간다. 그곳에서 같은 해 8월 4일 가스형을 당한다.

- 케이스 스할커르. 1890년 7월 31일 출생. 1943년 말, 지하 노동당 회의에 참석했다가 체포되어 1944년 2월 12일 발스도르페르블라크터에서 총살형을 당한다.

감사의 말

이 특별한 이야기는 수많은 분들의 도움이 있었기에 쓸 수 있었습니다. 그분들께 너무나 큰 빚을 지었음을 밝힙니다. 우선 오래된 기억을 뒤지고, 제 편지함에 옛 문서와 사진을 남겨 주시고, 직접 방문해 이야기를 들려주시거나 개인적인 이야기로 가득한 이메일을 보내 주신 지역 주민들께 감사합니다.

전쟁에서 희생된 분들의 가족과 친지 여러분께도 감사합니다. 아픔과 슬픔에도 불구하고 용기를 내어 과거의 기억을 꺼내 주시고, 저의 여정을 격려해 주셔서 감사합니다.

제가 적절한 지식과 영감을 얻을 수 있도록 도와준 작가와 역사가 분들께 감사합니다. 특히 고故 에블린 한스에게는 이루 말할 수 없을 만큼 큰 도움을 받았습니다. 이 책을 꼭 선물하고 싶었는데, 더는 전할 수가 없게 됐습니다.

국내외 신문사와 도서관, 집단 수용소 아카이브의 담당자분들께도 감사드립니다. 언제나 열정 넘치는 모습으로 제 연구를 도와주시고, 심지어 직접 정보를 찾아 주시기도 했습니다.

우리 가족을 새로운 이웃으로 따뜻하게 맞아 준 하이네스트의 이웃—프란세 시드저스 베스테르만, 프란스 비안히, 란디와 알로이스 스타스, 오마 아르트예와 오파 람베르트 크라위닝, 마리아 베셀리우스, 코스와 베스틀란트 가 일원들, 마레이케와 니코 뷔에이스—분들께 감사합니다. 사진 자료와 일화, 사소한 정보라도 공유해 주고 더 전해 줄 이야기가 있는지 늘 신경써 주셔서 감사합니다.

네덜란드 문학 재단과 안네 프랑크 재단 그리고 야드바셈에서 도움 주신 루스 홈퍼스, 다비트 슈네이르, 코 롤, 실비아 브라트, 라우이스 파크토르, 뷔크 하우드리안, 마리서 린컬 보호버와 파울 스히페르스, 감사합니다.

내가 힘든 순간에 처할 때마다 든든하게 도와준 기능장 빌리 린드베르와 아드 판림프트에게도 감사를 전합니다.

레보우스키 출판사와 오베람스털 출판사의 팀원들 그리고 늘 유쾌하고 짓궂은 미소를 잃지 않는 오스카르 판헬더런 지부장께도 감사합니다.

나의 편집자이자 친구 야스퍼르 헨더르손. 모든 일을 창밖으로 내던지고 싶은 기분이 들 때면 앉아서 긴장을 풀고 바나나부터 먹으라며 다독여 준 친구에게 감사를 전합니다.

린테와 야니의 자녀분들께 감사를 전합니다. 나를 가족으로 맞이해 주셨고 그분들로부터 너무나 큰 사랑과 신뢰를 받았습니다. 또한 본인들의 기억은 물론 두 분 어머니와 관련한 모든 개인 문서를 기꺼이 공유해 주셨습니다. 부디 제가 여러분에게 누를 끼치지 않았기를 바랄 뿐입니다.

제가 육체적으로, 정신적으로 일에만 몰두하는 동안에도 늘 이해해 주고 든든한 지원군이 되어 준 가족과 친구들, 감사합니다.

그리고 마지막으로 나의 첫사랑이자 마지막 사랑, 요리스, 둘도 없는 친구이자 동반자. 우리 소중한 딸 안네와 요세핀, 뒤크와 시스에게 내가 힘들 때마다 대신 키스와 포옹을 퍼붓고 마요네즈 듬뿍 뿌린 오믈렛과 군것질거리가 잔뜩 든 가방을 챙겨 줘서 고마워요. 당신은 당신이 생각하는 것보다 훨씬 더 나를 행복하게 한답니다.

홀로코스트의 참상에 오랫동안 몰입하는 것은 한 사람의 내면에 돌이킬 수 없는 변화를 초래합니다. 하지만 브릴레스레이퍼르 자매의 의지와 용기, 유쾌함은 평생 내 안에 살아 숨쉬며 끊임없는 가르침을 전할 것입니다. 이 긴 글을 또 다른 저항투사인 알베르 카뮈의 목소리를 빌려 끝내고자 합니다.

"겨울의 한가운데에서 나는 마침내
내 안의 불멸의 여름을 발견했다."

참고 자료

이 이야기는 수많은 자료, 특히 구전 역사를 바탕으로 쓰였다. 증언 대부분은 수차례의 교차 검증과 자료 조사를 통해 신뢰도를 검증했다. 하지만 한 가지 확인이 불가능한 부분이 있어 명기한다. 야니 브릴레스레이퍼르는 늘 프랑크 가족을 암스테르담 중앙역에서 처음 마주쳤다고 회고했다. 물론 그 당시는 가족들을 개인적으로 알기 전이었다. 한편 네덜란드 적십자사의 암스테르담-베스테르보르크 이송자 명단에 따르면 프랑크 일가와 야니 브릴레스레이퍼르는 같은 날 암스테르담을 떠나지 않은 것으로 보인다. 기록과 기억의 불일치는 두 가지 가능성을 시사한다. 야니가 착각을 했거나 행정 기록상의 오류가 있었던 것. 당시 기록 오류는 상당히 흔한 일이기도 했다. 이 글은 야니의 기억에 기반하고 있으며 야니가 늘 자신의 경험을 매우 자세하고 일관되게 전했던 것을 감안하여, 야니의 기억을 따르기로 했다.

개인 소장 자료, 인터뷰

Brandes-Brilleslijper, J. *Voltooid en onvoltooid verleden tijd; memoires voorbeslotenkring* (Past and present time; memoirs for a private circle), 1986.

Brandes-Brilleslijper, J. *Eberhard Rebling: 90 jaar! memoires voorbeslotenkring* (Eberhard Rebling: 90 years! memoirs for a private circle), 2001.

Jaldati, L. and Rebling E. *Sag nie, du gehst den letzten Weg, memoires van Lin Jaldati en Eberhard Rebling* (Sag nie, du gehst den letzten Weg: memoirs of Lin Jaldati and Eberhard Rebling), Berlin, Buchverlag Der Morgen, 1986.

Personal documentation of Eberhard Rebling and the Brilleslijper family in the Yad Vashem Archives.

Personal documentation of Janny Brandes-Brilleslijper and the Brilleslijper family in the Anne Frank Archives.

Personal conversations with Kathinka Rebling, Jalda Rebling, Rob Brandes, Willy Lindwer, Ad van Liempt and many others involved.

Registered conversations with Janny Brandes-Brilleslijper, Lien Rebling-Brilleslijper, Eberhard Rebling, Karel Poons, Marion Pritchard, Bert and Annie Bochove, Jan Hemelrijk and many others involved.

Filmed testimony of Janny Brandes-Brilleslijper, USC Shoah Foundation, the Institute for Visual History and Education, 1996.

Filmed testimony of Janny Brandes-Brilleslijper, *De laatste zeven maanden van Anne Frank* (The last seven months of Anne Frank), documentary by W. Lindwer, 1988.

Filmed testimony of Jalda Rebling, Yiddish Book Center, 11 March 2014.

Slesin, A., *Secret Lives: Hidden Children and Their Rescuers During World War II*, documentary, 2002.

Police interviews, witness statements, transport lists, et cetera, National Archives.

Correspondence and documents of the Dutch Red Cross.

Building plans, permit application and notarial acts of the architect during the
construction of The High Nest, 1920.

아카이브, 웹사이트

Adolf Eichmann's Testimony in Jerusalem about the Wannsee Conference, Haus der
Wannsee-konferenz, Gedenk- und Bildungsstätte *100 jaar Joods Bussum*,
Joodse Gemeente Bussum, online archief (*100 years of Jewish Bussum*, Jewish
Community Bussum, online archives).

Anne Frank Stichting (Anne Frank Foundation); information source: 〈https://
www.web.annefrank.org〉.

Archief *De Vrije Kunstenaar*, Vakbeweging in de oorlog (Archives *The
Free Artist*, trade unions in war time); information source: 〈www.vak-
bewegingindeoorlog.nl/documenten/vrije-kunstenaar〉.

Archief Eemland (Eemland Archives); information source:
〈www.archiefeemland.nl〉.

Archieven.nl, afdelingen erfgoedgids, kranten, personen (Archieven.nl, sections,
archives historical associations and museums, newspapers, people); information
source: 〈www.archieven.nl〉.

Art Is My Weapon: The Radical Musical Life of Lin Jaldati, Media project by David
Shneer; information source: https://www.davidshneer.com/art-is-my-
weapon.html.

Artistiek Bureau, online magazine by Nick ter Wal, information on Gerrit
van der Veen, Mik van Gilse and others; information source: 〈https://
www.artistiekbureau.com〉.

Auschwitz Bulletin, Nederlands Auschwitz Comité (*Auschwitz Bulletin*, Dutch
Auschwitz Committee); information source: 〈https://www.auschwitz.nl/

nederlands-auschwitz-comite/onze-activiteiten/auschwitz-bulletin/⟩.

Beeldbank WO2, NIOD, (Image Bank WW2, NIOD; Institute for War, Holocaust
and Genocide Studies); information source: ⟨www.beeldbankwo2.nl⟩.

Beleidsnota Bestuur Gooise Meren, Beheervisie Oude Begraafplaats Naarden,
2004 (Policy Memorandum, Gooise Meren Council, Management Vision Old
Cemetery Naarden, 2004).

De Theaterencyclopedie, Bijzondere Collecties (UVA) en Stichting TIN(*The
Theatre Encyclopedia*, Special Collections (University of Amsterdam)
and Theatre in the Netherlands Foundation); information source:
⟨www.theaterencyclopedie.nl/wiki⟩.

Dodenakkers.nl, archief van de Stichting Dodenakkers, Funerair Erfgoed, o.a.
over de dood van Jan Verleun en luitenant-generaal Seyffardt(Dodenakkers.nl,
Archives of the Dodenakkers(Graveyards) Foundation, Funerary Heritage,
among others on the death of Jan Verleun and Lieutenant-General
Seyffardt).

Drenthe in de oorlog, Lourens Looijenga en rtv Drenthe,
www.drentheindeoorlog.nl ((*The province of*) *Drenthe in war time*, Lourens
Looijenga and rtv(radio/television) Drenthe); information source:
⟨www.drentheindeoorlog.nl⟩.

Encyclopaedia Britannica, Inc. 2010; information source: ⟨www. britannica.com⟩.

Herinneringscentrum Kamp Westerbork, archief en collectie van Kamp
Westerbork (Memorial Center Camp Westerbork, archive and collection of Camp
Westerbork); information source: ⟨www.kampwesterbork.nl⟩.

Het 'Illegale Parool'-archief 1940–1945 (The 'illegal *Parool*'
(underground newspaper) archives 1940–1945); information source:
⟨www.hetillegaleparool.nl⟩.

Het Verzetsmuseum Amsterdam, collectie en bibliotheek van het museum

(The Amsterdam Resistance Museum, collection and library of the museum); information source: ⟨https://www.verzetsmuseum.org/⟩.

Historical Papers, krantenarchief van Wits University (HistoricalPapers, newspaper archive of Wits University); information source: ⟨http://www.histor icalpapers.wits.ac.za⟩.

Holocaust Survivors and Remembrance Project, Holocaust Rescuers; information source: ⟨www.isurvived.org⟩.

Humanistische Canon, Humanistisch Verbond i.s.m. Humanistisch Historisch Centrum (Humanistic Canon, Humanistic Association in collaboration with Humanist Historical Center); information source: ⟨www.humanistischecanon.nl⟩.

Jewish Virtual Library, American–Israeli Cooperative Enterprise(AICE); information source: ⟨Jewishvirtuallibrary.org⟩.

Joods Monument, Joods Cultureel Kwartier (Jewish Monument, Jewish Cultural Quarter); information source: ⟨www.joodsmonument.nl⟩.

Kranten Regionaal Archief Alkmaar, Regionaal Archief Alkmaar(Newspapers Regional Archives Alkmaar); information source: ⟨www.kranten.archiefalkma ar.nl⟩.

Krantenviewer Noord-Hollands Archief (Newspaper viewer North-Holland Archives); information source: ⟨https://nha.courant.nu/⟩.

Nederlands Instituut voor Oorlogsdocumentatie (NIOD), Instituut voor oorlogs-, holocaust- en genocidestudies (Netherlands Institute for War Documentation (NIOD).

Institute for War, Holocaust and Genocide Studies); information source: ⟨www.niod.nl⟩.

Nederlandse vrijwilligers in de Spaanse Burgeroorlog, database van het Internationaal Instituut voor Sociale Geschiedenis (Dutch volunteers in

the Spanish Civil War, database of the International Institute of Social History);
information source: ⟨www.spanjestrijders.nl⟩.

Notulen van de Wannseeconferentie, d.d. 20 januari 1942, Haus der Wannsee-
konferenz, Gedenk- und Bildungsstätte, en Yad Vashem, The World
Holocaust Remembrance Center (Minutes from the Wannsee Conference of 20
January 1942, Wannsee conference house, memorial and educational site, and Yad
Vashem, The World Holocaust Remembrance Center).

Nuremberg Trials Project, Harvard Law School Library; information source:
⟨https://nuremberg.law.harvard.edu⟩.

Onderzoeksgids oorlogsgetroffenen WO2, terugkeer, opvang, nasleep. Het
Nederlands Instituut voor Oorlogsdocumentatie (NIOD) en het Huygens
Instituut voor Nederlandse Geschiedenis (Huygensing) (*Research guide for WW2
war victims, return, relief, aftermath*. Netherlands Institute for War Documentation
(NIOD) and the Huygens Institute for Dutch History (Huygens ing));
information source: ⟨www.oorlogsgetroffenen.nl⟩.

Parlementaire enquete regeringsbeleid 1940-1945 (Parliamentary inquiry
government policy 1940-1945); information source: ⟨www.parlement.com⟩.

Stichting Joods Erfgoed Den Haag (Jewish Heritage Foundation The Hague);
information source: ⟨www.joodserfgoeddenhaag.nl⟩.

Stichting Oneindig Noord-Holland (Foundation 'Infi nite North-Holland');
information source: ⟨www.onh.nl⟩.

The Holocaust Education & Archive Research Team, h.e.a.r.t.; information
source: ⟨www.holocaustresearchproject.org⟩.

Toespraken van Reichsführer-SS Heinrich Himmler in Poznan op 4 en 6
oktober 1943, (Speeches by Reichsführer-SS Heinrich Himmler in Poznan on 4
and 6 October 1943) Harvard Law School Library, Nuremberg Trials Project.

United States Holocaust Memorial Museum, archieven en interviews(United

States Holocaust Memorial Museum, archives and interviews); information
source: ⟨www.ushmm.org⟩.

Wallenberg Lecture 1996, Marion P. Pritchard, 16 October 1996.

World Holocaust Remembrance Center Yad Vashem, The Holocaust Martyrs'
and Heroes' Remembrance Authority; information source: ⟨https://
www.yadvashem.org/⟩.

도서

*De laatste getuigen uit concentratie- en vernietigingskampen, een educatief
vredesproject*, Brussels, Uitgeverij Asp, 2010.

Agamben, G., *Remnants of Auschwitz*, trans. D. Heller-Roazen (New York:
Zone Books, 2002).

Block, G. and Drucker, M., Rescuers: *Portraits of Moral Courage in the Holocaust*
(New York: Holmes & Meier Publishers, 1992).

Braber, B., *Waren mijn ogen een bron van tranen: Een joods echt paar in het verzet,
1940–1945* (Amsterdam: Amsterdam University Press, 2015).

De Jong, dr. L., *Het Koninkrijk der Nederlanden in de Tweede Wereldoorlog* (The
Hague, Sdu, 1969–1991).

Enzer, H.A. and Solotaroff-Enzer, S. (ed.) *Anne Frank: Reflections on Her Life
and Legacy* (Illinois: University of Illinois Press, 1999).

Fischel, J., *The Holocaust* (Westport, Conn.: Greenwood Press Guide, 1998).

Fournet, C., *The Crime of Destruction and the Law of Genocide: Their Impact on
Collective Memory* (Farnham, Surrey: AshgatePublishing, 2007).

Hoeven, L., *Een boek om in te wonen: De verhaalcultuur na Auschwitz* (Dissertation,
Hilversum: Verloren, 2015).

Keller, S., *Gunzburg und der Fall Josef Mengele: Die Heimatstadt und die Jagd nach
dem NS-Verbrecher* (München: Oldenbourg, 2010).

Kershaw, I., *Hitler*, trans. *M. Agricola* (Amsterdam: Spectrum, 2011).

Klemperer, V., *Tot het bittere einde. Dagboeken 1933–1945* (Amsterdam: Atlas, 1997).

Land-Weber, E., *To Save a Life: Stories of Holocaust Rescue* (Illinois: University of Illinois Press, 2006).

Lee, C.A., *Anne Frank 1929–1945: Het leven van een jong meisje, de definitieve biografie*, trans. *M. de Bruijn* (Amsterdam: Uitgeverij Balans, 2009).

Lee, C.A., *Anne Frank 1929–1945: Pluk rozen op aarde en vergeet mijniet*, trans. *M. Benninga et al* (Amsterdam: Uitgeverij Balans, 1998).

Levi, P., *If This is a Man*, trans. *S. Woolf* (London: The Orion Press, 1959).

Liempt, A. van, *Aan de Maliebaan. De kerk, het verzet, de NSB en de SS op een strekkende kilometer* (Amsterdam: Uitgeverij Balans, 2015).

Liempt, A. van, *Frieda: Verslag van een gelijmd leven* (Hooghalen: Herinneringscentrum Kamp Westerbork, 2007).

Liempt, A. van, *Kopgeld* (Amsterdam: Uitgeverij Balans, 2003).

Lindwer, W., *De laatste zeven maanden van Anne Frank* (Meppel: JustPublishers, 2008).

Lindwer's documentary by the same name was released in 1988.

Minney, R.J., *I Shall Fear No Evil: The Story of Dr. Alina Brewda* (London: Kimber, 1966).

Pollman, T., *Mussert & Co: De NSB-Leider en zijn vertrouwelingen* (Amsterdam: Boom, 2012).

Presser, J. *Ondergang. De vervolging en verdelging van het Nederlandsejodendom, 1940–1945* (The Hague: Staatsuitgeverij, 1965).

Rol, C., *En nu een gewoon Hollandsch liedje. Leven en werken van Dirk Witte (1885–1932)* (Zaandijk: Stichting Vrienden van het Zaantheater, 2006).

Romijn, P., *Burgemeesters in oorlogstijd: Besturen onder Duitse bezetting*

참고 자료

(Amsterdam: Uitgeverij Balans, 2006).

Schütz, R., *Achter gesloten deuren: Het Nederlandse notariaat, de Jodenvervolging en de naoorlogse zuivering* (Amsterdam: Amsterdam University Press, 2010).

Schütz, R., *Kille mist: Het Nederlandse notariaat en de erfenis van de oorlog* (Amsterdam: Boom, 2016).

Seymour, M. and Camino, M., *The Holocaust in the Twenty-First Century* (London: Routledge, 2017).

Went, N., *Hoe de Leider voor volk en vaderland behouden bleef* (Bussem: Autonic, 1942).

Würzner, H., *Österreichische Exilliteratur in den Niederlanden 1934–1940* (Amsterdam: Rodopi, 1986).

Zee, S. van der, *25000 Landverraders, de SS in Nederland / Nederland in de SS* (The Hague: Kruseman, 1967).

잡지, 신문, 기사

Bruggeman, H., 'In memoriam: Jannie Brandes-Brilleslijper (1916–2003), Verzetsvrouw', *Auschwitz Bulletin*, no. 3, September 2003.

Flap, H. and Tamme, P., 'De electorale steun voor de Nationaal Socialistische Beweging in 1935 en 1939', *Mens & Maatschappij*, vol. 83, no. 1, 2008, pp. 23.

Gompes. L., 'Fatsoenlijk land', *Rozenberg Quarterly Magazine*, 2013.

Meyers, J., 'Mussert in mei veertig', *Maatstaf*, vol. 30, 1982.

n.n. 'Mensch durf te leven', *De Omroeper*, vol. 19, no. 2, 2006, pp. 75–80.

Rolfs, D.W. and Professor Schaberg, 'The Treachery of the Climate: How German Meteorological Errors and the Rasputisa Helped Defeat Hitler's Army at Moscow', *Special Topics in History; World War II*, 2010.

Shneer, D., 'Eberhard Rebling, Lin Jaldati, and Yiddish Music in East

Germany, 1949–1962ʼ Oxford University Press, 2014.

Articles by D.J. Zimmerman (chairman of the Military Writerʼs Society of America), Defense Media Network, Military History.

Delpher (regional newspaper archives and online newspaper archives).

De Huizer Courant (newspaper).

De Jacobsladder (quarterly publication of the Historical Society ʻOtto Cornelis van Hemessenʼ).

De Typhoon, Dagblad voor de Zaanstreek (newspaper).

De Zuidkanter (newspaper).

De Groene Amsterdammer (weekly magazine).

De Omroeper, Stichting Vijverberg.

Historisch Nieuwsblad (magazine).

Leeuwarder Courant (newspaper).

Maatstaf (magazine).

The New York Times (newspaper).

Nieuw Israelietisch Weekblad (magazine).

Ons Amsterdam (magazine).

Over Oegstgeest (biannual magazine).

Vrij Nederland (Dutch magazine).

아우슈비츠의 자매

The Sisters of Auschwitz

1판 1쇄 인쇄 2024년 4월 16일
1판 1쇄 발행 2024년 4월 24일

지은이 록산 판이페런
옮긴이 배경린
펴낸이 김영곤
펴낸곳 (주)북이십일 아르떼

미디어사업팀 배성원 유현기
외주편집 원소윤
디자인 이찬형
출판마케팅영업본부장 한충희
마케팅1팀 남정한 한경화 김신우 강효원
출판영업팀 최명열 김다운 김도연 권채영
제작팀 이영민 권경민

출판등록 2000년 5월 6일 제406-2003-061호
주소 (우10881) 경기도 파주시 회동길 201(문발동)
대표전화 031-955-2100
이메일 book21@book21.co.kr
내용문의 031-955-2746

ISBN 979-11-7117-523-9 (03920)